조세포탈죄의
형사법적 이해

이성일

박영사

　　1951년 조세범처벌법이 제정된 이래 70년이 넘도록 조세범처벌법의 핵심을 이루는 조세포탈죄에 관한 형사법적 연구를 집약한 단행본이 없었다. 이에 저자는 2021. 2. 「조세포탈죄의 법적 성격과 성립범위에 관한 연구」라는 주제로 조세포탈죄를 형사법적 관점에서 분석해 박사학위를 수여받은 이후에도 그때까지 제대로 규명하지 못한 주제들에 관한 연구를 계속해 학술등재지에 발표하였고, 그 이후에도 계속 연구를 진행해 이 책을 출판하게 되었다. 따라서 이 책의 전반적 체계와 내용은 저자의 박사학위 논문을 근간으로 삼으나, 세부적 체계나 특정 주제에 관한 의견은 후속 연구성과를 반영해 상당 부분 변경하였음을 밝힌다.

　　이 책은 조세포탈죄를 사기죄, 위계공무집행방해죄, 조세포탈죄와 유사한 행위수단으로 규정된 각종 특별법위반죄와의 전체적 체계에서 조망하고, 현행 조세포탈죄, 체납처분면탈죄, 원천징수의무위반죄의 각 법정형과 공소시효 특례 규정 등을 평등의 원칙과 비례의 원칙 등 헌법적 관점에서 분석하는 등 관련 형사법체계와 헌법상 원칙의 관점에서 일관되게 설명하고자 시도하였다. 이러한 시도를 통해 주요국의 법률체계와 다른 우리나라의 상황을 간과한 채 사기죄로서의 법적 성격에 치우쳐 분석되다 보니 전반적 법률체계와 동떨어진 모습으로 소개되는 조세포탈죄가 아닌 관련 법률체계와 조화를 이룬 조세포탈죄의 진면목을 보여주고자 노력하였다. 한편, 그러한 과정에서 발견한 위계의 개념요소에 관한 이론적 tool이 조세포탈죄 사건에 관한 대법원의 입장을 설명하는 데 유용할 뿐만 아니라 위계공무집행방해죄, 소송사기에 관한 대법원의 입장도 일맥상통하게 설명할 수 있다는 사실을 보여주고자 하였다.

　　저자의 이러한 시도는 이 책의 여러 독자층을 염두에 둔 것이다. 첫째, 이 책은 조세포탈죄를 강의하는 교수나 학위준비생 등 연구자에게는 1951년 조세범처벌법이 제정된 이래 조세포탈죄와 관련된 각종 논문과 연구서에 제시된 의견을 최대한 빠짐없이 소개하는 한편, 이에 관한 저자의 비판적 견해를 제시해 향후 이를 바탕으로 좀 더 풍부한 학문적 논의가 진행될 수 있도록 하였다. 둘째, 조세포탈죄를 다루는 세무공무원, 수사업무 종사자 및 법관, 조세 전문 변호사에게는 관련 판결이나 이론을 소개하는 차원을 넘어 담당 사건의 핵심에 접근하는데 필요한 이론적 tool 내지 insight를 제공해 사건을 해결하는 데 유익을 주고자 하였다. 셋째, 조세포탈죄 관련 법률을 입안하는 업무 종사자에게는 현행 조세포탈죄, 체납처분면탈죄, 원천징수의무위반죄에 관한 법정형의 타당성, 공소시효에 관한 특례규정의 타당성 등을 고민해야 하는 이유와 특히 독일, 미국, 일본 등 주요국의 조세포탈죄 체계와 다른 우리나라의 관련 형사법체계를 분명히 인식하게 해 더 나은 입법을 모색할 수 있는 동기를 제공하고자 하였다.

이 책이 출판되기까지 특별히 감사의 말씀을 드릴 분들이 있다. 지금도 아들을 위해 날마다 기도하시는 어머니, 연구에 빠져 가사를 제대로 살피지 못한 부족한 남편을 충실히 내조해 준 아내 지원과 자랑스럽게 성장하는 아들 서준에게 감사한 마음을 표하고, 그 누구보다 헌신적으로 돌보아주신 장모님의 은혜에 존경의 마음을 담아 깊이 감사드린다. 그리고 저자가 박사학위를 수여받은 후에도 연구에 매진하는 모습으로 모범을 보여주시는 은사인 성균관대학교 법학전문대학원 김성돈 교수님과 납세의무의 확정에 관한 세무학 석사학위를 수여받은 이후 세무학을 넘어 조세포탈죄라는 새로운 주제로 과감히 정진할 것을 권유해 주신 서울시립대학교 세무전문대학원 정지선 교수님께도 감사드린다. 또한 조세포탈죄에 관한 단행본의 필요성을 공감하고 계속된 연구를 응원해 주신 광주고등법원 이승철 판사님, 부산지검 형사2부장 최형원 검사님, 법무법인 로텍 조한직 변호사님, 김앤장 법률사무소 김광수 변호사님, 경찰청 이정철 총경님, 국세청 양영진 사무관님께도 감사드린다. 아울러 저자가 소속된 서울남부지검에서 꾸준한 논문 집필을 진심으로 격려해 주신 양석조 검사장님과 구상엽 제1차장님께도 감사를 드린다.

끝으로 저자의 고민과 나름의 궁리들이 어디선가 같은 고민을 했거나 하고 있을 독자들에게 위안과 용기를 주었으면 좋겠다.

2022. 12. 저자

차 례

제1편 보호법익과 법적 성격

제1장 조세포탈죄의 보호법익

제2편 행위수단과 미수범 처벌

제1장 조세포탈죄의 행위수단

제2장 조세포탈죄의 미수범 처벌

부록 조세범처벌법 주요 변천과정

제1장 조세범처벌법(법률 제00199호)

제2장 조세범처벌법(법률 제00820호)

제3장 조세범처벌법(법률 제08884호)

제4장 조세범처벌법(법률 제09919호)

제5장 조세범처벌법(법률 제13627호)

제6장 조세범처벌법(법률 제17761호)

제1편

보호법익과 법적 성격

CHAPTER

01

조세포탈죄의 보호법익

제1절 서론

오늘날 자신이 부담할 세법상 의무를 타인에게 전가해 담세력에 상응한 과세를 저해하는 성격에 주목해 조세범의 반사회성·반윤리성에 대한 인식이 보편화되었다. 따라서 조세범의 대표적 유형인 조세포탈죄도 반사회성·반윤리성을 본질로 하는 일반 형사범과 달리 취급할 이유가 없다는 인식이 일반화되었다.[1] 헌법재판소도 조세포탈죄가 국가적 법익에 관한 범죄이고, 반사회적, 반윤리적 범죄라고 판단하였다.[2] 2010. 1. 1. 개정 전 구 조세범처벌법 제4조는 형법총칙상 다수 규정의 적용을 배제하였는데, 학계는 비판적 입장이었다.[3] 그후 2010. 1. 1. 개정을 통해 조세범처벌법 제20조는 형법 제38조 제1항 제2호 중 벌금형의 가중제한 규정만 적용을 배제하였음에도 그런 태도에 관해 여전히 책임주의원칙에 철저하지 못하고, 징역형과 불균형하다고 비판하는 견해가 있다.[4] 한편, 2010. 1. 1. 개정된 관세법 제278조도 형법 제38조 제1항 제2호 중 벌금형 가중제한 규정만 적용을 배제하는데, 헌법재판소는 "재정범에 대하여 벌금형을 부과하는 경우 그 성질상 범죄자의 정상 등을 고려하지 않고 그 의무

---

1) 김태희, 조세범 처벌법, 박영사, 2020, 12면; 안대희, 조세형사법, ㈜ 평안, 2015, 130면.
2) 헌재 1998. 5. 28. 97헌바68.
3) 이천현, 우리나라 조세형법의 발전과정과 문제점, 한양법학 제11집, 한양법학회, 2000, 213면이하.
4) 김태희, 앞의 책(주 1), 100면.

위반 사실만을 이유로 획일적으로 처벌할 필요성이 있다. 또한 수차례에 걸쳐 관세법위반 범죄를 행한 경우, 형법상 경합범 가중제한 규정을 그대로 적용할 경우 벌금형이 형벌로서의 위하력을 상실하게 될 것이다. 특히 국제적·조직적·지능적으로, 또한 반복적·계속적으로 행해지는 관세범의 특성상 경합범가중의 원칙을 제한하지 아니할 경우 많은 관세범에 대하여 벌금형이 낮아질 위험이 있다"5)고 언급하면서 합헌으로 결정하였다. 그런데 헌법재판소는 합헌 논거로 관세범의 재정범으로서의 속성을 언급하면서도 관세범의 특성을 강조한 것이어서 조세범에 대한 벌금형 가중제한 규정을 배제한 태도에 관해 비록 조세범도 재정범으로 볼 수 있으나, 합헌으로 판단할지 여부는 단정하기 어렵다. 그리고 개정된 조세범처벌법 제20조는 "제3조부터 제6조까지, 제10조, 제12조부터 제14조까지의 범칙행위를 한 자"에 대해 형법 제38조 제1항 제2호에 따른 벌금형 가중제한 규정을 적용하지 아니하여 제18조 양벌규정의 업무주인 '법인 또는 개인'에게 조세범처벌법 제20조가 적용되는지가 문제된다. 법원은 법인 또는 개인에게 조세범처벌법 제20조를 적용하지 않고, 형법 제38조 제1항 제2호에 따라 벌금형의 가중을 제한하는 입장이다.6) 명문의 규정 없이 법인 또는 개인에게 조세범처벌법 제20조를 적용하는 해석은 피고인에게 불리한 유추해석으로서 허용될 수 없으므로 법원의 태도는 타당하다. 한편, 조세포탈죄를 형사범으로 이해하면 조세포탈죄의 보호법익을 어떻게 이해할지를 살펴봐야 한다. 조세포탈죄의 보호법익에 조세 부과권이 포함되는 것은 다툼이 없으나, 조세 징수권까지 포함되는지에 관해 각국의 관련 법률체계에 따라 해석을 달리할 수 있다. 왜냐하면 조세 징수권을 보호하는 죄명을 별도 규정한다면 일응 조세포탈죄는 조세 부과권만을 보호법익으로 해석하는 것이 타당한 반면, 조세 징수권을 보호하는 죄명이 따로 없다면 조세포탈죄의 보호법익에 조세 징수권까지 포함된다고 해석하는 것이 법률체계에 부합하고 처벌의 공백을 방지하는 차원에서도 타당하기 때문이다. 따라서 조세포탈죄 이외에 조세 징수권을 보호하는 죄명을 규정하는지에 관한 주요국의 태도를 살펴본다. 그리고 2010. 1. 1. 조세범처벌법이 개정되면서 조세 징수권도 조세포탈죄의 보호법익에 포함하는 문구를 명문화시킨 태도7)를 근거로 2010. 1. 1. 조세범처벌법 개정 전과 후로 나누

---

5) 헌재 2008. 4. 24. 2007헌가20.
6) 부산고등법원 2016. 5. 19. 선고 2015노747 판결; 대법원 2016. 9. 23. 선고 2016도8280 판결.

어 살펴본다. 한편, 2010. 1. 1. 개정 전에 이른바 '금지금(金地金)[8] 사건'에 관한 대법원의 전원합의체 판결[9]이 선고되기 전까지 조세포탈죄의 보호법익에 조세 징수권이 포함되는지 여부에 관한 논의가 제대로 없었던 사실을 반영해 그 전원합의체 판결이 선고되기 전과 후로 나누어 살펴본다.

제2절 주요국의 태도 및 평가

Ⅰ. 독일

독일은 조세포탈죄를 조세기본법(Abgabenordnung) 제370조에 규정한다. 즉 조세기본법 제370조 제1항 다음 각 호에 해당하는 자는 5년 이하의 징역 또는 벌금에 처한다. 제1호 세무관청 또는 기타 관청에 대하여 과세상 중요한 사실에 관하여 부정확하거나 불완전한 진술을 하거나, 제2호 의무에 반하여 과세상 중요한 사실을 세무관청에 알리지 아니하거나, 제3호. 의무에 반하여 수입인지 또는 수입증지를 사용하지 아니하여 '조세액을 감소시키거나 자기 또는 타인으로 하여금 부당한 조세상의 이익을 얻게 한 자'.[10] 제2항 미수범은 처벌한다. 제3항 특히 중대한 경우에는 6개월 이상 10년 이하의 징역에 처한다. 다음 각 호에 해당하는 경우에는 원칙적으로 특히 중대한 경우로 본다. 제1호 고의로 현저히 조세를 면탈하거나 부당한 조세상의 이익을 얻은 경우. 제2호 공무원으로서 권한 또는 지위를 남용하는 경우. 제3호 권한 또는 지위를 남용하여 공무원의 원조를 이용하는 경우. 제4호 변조 또는 위조된 문서를 사용하여 반복적으로 조세를 포탈하거나 부당한 조세상의 이익을 얻은 경우. 제5호 제1항에 규정하는 행위를 반복적으로 행할 목적으로 구성된 단체의 구성원으로서 부가가

---

7) 2010. 1. 1. 개정된 조세범처벌법 제3조 제6항은 조세포탈죄의 행위수단인 "사기나 그 밖의 부정한 행위"란 다음 각 호의 어느 하나에 해당하는 행위로서 조세의 부과와 '징수'를 불가능하게 하거나 현저히 곤란하게 하는 적극적인 행위라고 정의함으로써 조세징수권도 조세포탈죄의 보호법익에 포함시켰다.

8) 금지금(金地金)이란 순도 99.5% 이상의 금괴와 골드바 등 원재료 상태의 금을 의미하고, 조세특례제한법 제106조의3 제1항이 그 개념을 규정한다.

9) 대법원 2007. 2. 15. 선고 2005도9546 판결.

10) 작은따옴표 안의 문구는 제1호부터 제3호에 공통적으로 적용되는 결구이다.

치세 또는 소비세를 포탈하거나 부당하게 부가가치세 또는 소비세 이익을 얻는 경우. 제4항 조세액을 감소시킨다는 것은 조세가 없는 것으로 되거나 적정한 금액으로 또는 적정한 시기에 정해질 수 없게 하였다면 성립된다. 이것은 조세가 잠정적으로 혹은 사후심사를 전제로 정해지거나 사후심사를 전제한 조세 확정신고가 이루어진 경우에도 적용된다. 조세보상은 조세상 이익에 해당한다. 부정한 조세상 이익은 그것이 불법적으로 허용되거나 유지되는 한 인정된다. 위와 같은 행위와 관련된 조세가 다른 근거에 의해 감면될 여지가 있었다거나 혹은 다른 근거에 의해 조세상 이익을 청구할 수 있었다고 하더라도 범죄는 성립한다. (이하 생략) 한편, 독일은 현행 조세범처벌법 제7조가 규정한 체납처분면탈죄와 같이 조세 징수권을 보호법익으로 하는 죄명을 따로 규정하지 아니한다.

통설은 조세포탈죄의 보호법익을 적시·적정한 금액의 조세수입에 관한 국가의 이익으로 해석한다.[11) 그리고 조세포탈죄의 대상에 관해 학설은 조세채권이라고 이해하는 견해와 조세수입으로 이해하는 견해가 대립한다. 견해의 차이는 조세채권이 확정된 후 조세징수절차에서 조세포탈죄가 성립되는지 여부인데, 조세채권설은 이를 부정하였고, 조세수입설은 이를 긍정하였다. 그러나 조세채권설을 주장하는 Schleeh가 조세포탈이란 객관적, 법적인 존재를 침해하는 것이 아니라 세무관청에 의한 조세채권의 집행으로 이해하므로 이들 학설은 조세채권이 확정된 이후 조세징수절차에서도 조세포탈죄가 성립한다는 점에서 차이가 없다.[12) 생각건대 조세채권설의 입장을 조세채권이 확정되고 집행되기까지의 과정을 보호대상으로 이해하는 경우에는 조세수입설의 입장과 실질적으로 동일하다고 할 것이다. 결국 독일의 경우에 조세 징수권을 보호법익으로 하는 다른 죄명이 없어 조세포탈죄의 보호법익에 조세 부과권과 함께 조세 징수권까지 포함하는 것으로 이해할 수 있다.

Ⅱ. 일본

일본은 우리나라와 달리, 각 세법마다 조세포탈죄를 규정한다. 예컨대 소

---

11) 佐藤英明, 脫稅と制裁, 弘文堂, 2018, 78면.
12) 佐藤英明, 앞의 책(주 11), 80-81면.

득세법 제238조는 사기 기타 부정한 행위에 의해 소득세를 면하거나 소득세를 환부받은 자는 10년 이하의 징역 또는 8,000만 엔 이하의 벌금에 처하거나 병과한다. 그리고 법인세법 제159조 제1항은 사기 기타 부정한 행위에 의해 법인세를 면하거나 법인세를 환부받은 경우에는 법인의 대표자, 대리인, 사용인, 기타의 종업자로서 그 위반행위를 한 자는 10년 이하의 징역 또는 8,000만 엔 이하의 벌금에 처하거나 병과한다. 상속세법 제68조는 사기 기타 부정한 행위에 의해 상속세 또는 증여세를 면한 자는 10년 이하의 징역 또는 8,000만 엔 이하의 벌금에 처하거나 병과한다. 소비세법 제64조 제1항은 다음 각 호의 어느 하나에 해당하는 자는 10년 이하의 징역 또는 1,000만 엔 이하의 벌금에 처하거나 병과한다. 제1호 사기 기타 부정한 행위를 통해 소비세를 회피하거나 보세지역으로부터 거둔 과세물건에 대한 소비세를 회피하려 한 자. 제2호 사기 기타 부정한 행위를 통해 제52조 제1항 또는 제53조 제1항 또는 제2항의 규정에 따른 환부금을 수령한 자. 제2항은 전항 제2호의 죄의 미수(제52조 제1항에서 규정하는 부족액의 기재에 있어 동항의 신고서를 제출한 자에 관한 것으로 한정)는 처벌한다. (이하 생략한다) 한편, 국세징수법 제187조 제1항은 납세자가 체납처분의 집행을 면할 목적으로 그 재산을 은폐하거나 손괴하거나, 국가에 불이익한 처분을 하거나 또는 그 재산에 관한 부담을 허위로 증가시키는 행위를 한 때에 그 자는 3년 이하의 징역 또는 250만 엔 이하의 벌금에 처하거나 병과한다고 규정한다. 제2항은 납세자의 재산을 점유하는 제3자가 납세자로 하여금 체납처분의 집행을 면하게 할 목적으로 전항의 행위를 한 때에도 전항과 같다고 규정하고, 제3항은 정을 알고 전 2항의 행위에 대해 납세자 또는 그 재산을 점유하는 제3자의 상대방이 된 자는 2년 이하의 징역 또는 150만 엔 이하의 벌금에 처하거나 병과한다고 규정한다. 그런데 체납처분은 조세채권이 확정된 이후에 이를 집행하기 위한 조세 징수권이 발생한 단계에 성립하는 점에서 일본은 조세 징수권을 보호법익으로 하는 체납처분면탈죄를 따로 규정한다고 평가할 수 있다. 그리고 학설은 조세포탈죄의 보호법익을 국가적 법익인 과세권으로 이해하는 견해가 일반적이나,13) 일부 견해는 조세채권으로 이해한다.14) 후자의 견해는 조세포탈죄를 조세채권이라는 국가의 재산권을 침해하는 범죄로 이해하면

---

13) 佐藤英明, 앞의 책(주 11), 282면.
14) 佐藤英明, 앞의 책(주 11), 285면.

서 그 본질을 재산범으로 이해하는 점에서 조세부과와 관련된 국가의 권력작용으로 이해하는 통설과 다르다.15) 또한 일부 견해는 조세포탈죄를 재산범죄로 이해하면서 납세의무자의 조세포탈은 사기이득죄(일본 형법 제246조 제2항)와 죄질을 동일시하고, 특별징수의무자16)의 조세포탈은 횡령죄(일본 형법 제252조)와 그 죄질을 동일시한다.17)

일본은 조세포탈죄 이외에 체납처분면탈죄를 별도로 규정한 체계여서 조세포탈죄의 보호법익은 조세 부과권으로 이해할 수 있는 반면, 체납처분면탈죄는 조세 징수권으로 이해할 수 있다. 그리고 조세포탈죄의 보호법익에 관해 국가의 일방적인 권력적 작용에 주목하면 조세 부과권으로 이해할 수 있는 반면 조세채권에 주목하면 국가의 재산권으로 이해할 수 있다. 다만 독일과 같이 비록 조세채권을 조세포탈죄의 대상으로 이해해도 조세채권이 실현 내지 집행되기까지 과정으로 넓게 이해하면 조세포탈죄의 보호법익에 조세 징수권까지 포함될 수 있으나, 일본은 체납처분면탈죄를 별도로 규정하므로 독일과 같이 조세 징수권도 조세포탈죄의 보호법익에 포함된다고 해석하기는 체계적으로 어렵다고 할 것이다.

Ⅲ. 미국

미국은 26 U. S. Code 제7201조에 "누구든지 어떠한 방법이든 이 법률에 의하여 부과되는(imposed) 어떠한 종류의 조세나 그 납부에 관하여(the payment) 고의로 포탈하거나 침해한 자는 중죄로 처벌되며 10만 달러 이하 또는 5년 이하의 징역에 처한다"고 규정한다.18) 따라서 조세포탈죄에 조세의 부과와 납부를 함께 규정하는 점에서 조세포탈죄는 조세 부과권과 조세 징수권을 모두 보

---

15) 佐藤英明, 앞의 책(주 11), 285－286면.
16) 특별징수의무자의 대표적인 예로 원천징수의무자를 들 수 있다.
17) 金子 宏, 租税法, 弘文堂, 2019, 1121면.
18) 원문은 26 U.S.C §7201(Attempt to evade or defeat tax)
   Any person who willfully attempts in any manner to evade or defeat any tax imposed by this title or the payment thereof shall, in addition to other penalties provided by law, be guilty of a felony and, upon conviction thereof, shall be fined not more than $100,000,000($500,000,000 in the case of a corporation), or imprisoned not more than 5 years, or both, together with the costs of prosecution.

호법익에 포함하는 것으로 해석할 수 있다.

제3절 2010년 개정 전 조세범처벌법의 해석

Ⅰ. '금지금 사건'에 관한 대법원 전원합의체 판결 전의 논의

1. 조세범처벌법 제정 이래 위 전원합의체 판결 전까지 입법

2010. 1. 1. 조세범처벌법이 개정되기 전 구 조세범처벌법(법률 제8884호) 제9조 제1항은 "사기 기타 부정한 행위로써 조세를 포탈하거나 조세의 환급·공제를 받은 자는 다음 각 호에 의하여 처벌된다"고 규정하였고, 보호법익을 알 수 있는 입법 목적에 관한 규정 내지 조세포탈죄의 행위수단의 개념에 관한 규정이 없었다. 이러한 태도는 1951. 5. 7. 조세범처벌법이 제정된 이래 계속 이어졌다. 한편, 조세범처벌법은 제정 당시 제9조에 "사위 기타 부정한 행위로써 조세를 포탈하거나 포탈하고자 한 자는 3년 이하의 징역 또는 그 포탈하거나 포탈하고자 한 세액의 5배 이상 10배 이하에 상당하는 벌금에 처한다"고 규정하였고, 제12조는 "체납자 또는 체납자의 재산을 점유하는 자가 조세를 면탈할 또는 면탈케 할 목적으로 그 재산을 장닉·탈루하거나 또는 허위의 계약을 하였을 때에는 2년 이하의 징역에 처한다. 차압물건의 보관자가 그 보관한 물건을 장닉·탈루, 소비 또는 훼손하였을 때에도 전항과 같다. 그 정을 알고 전2항의 행위를 방조하거나 제1항의 허위의 계약을 승낙한 자는 1년 이하의 징역에 처한다"고 규정하였다. 이렇게 조세범처벌법은 제정 당시부터 조세포탈죄와 체납처분면탈죄를 함께 규정하였고, 그 이후에도 마찬가지였다.

2. 학계와 대법원의 입장

조세포탈죄의 보호법익에 관해 학설은 국가의 조세채권으로 이해하는 견해,[19] 조세제도에 관한 사회공동체의 신뢰로 이해하는 견해,[20] 국가의 재정권과 과세권으로 이해하는 견해[21] 등이 있었다. 한편, 대법원은 "조세범처벌법 제9조 제1항에서 말하는 '사기 기타 부정한 행위'라 함은 조세의 부과와 징수를 불가능하게 하거나 현저히 곤란하게 하는 위계 기타 부정한 적극적인 행위"[22]를 의미한다고 판시하였으나, 직접적으로 조세포탈죄의 보호법익을 언급하지는 않았다.

3. 비판적 검토

국가의 조세채권으로 이해하는 견해와 국가의 재정권과 과세권으로 이해하는 견해는 국가적 법익을 보호하는 범죄로 이해하는 입장으로, 조세제도에 대한 사회공동체의 신뢰로 이해하는 입장은 사회적 법익을 보호하는 범죄로 조세포탈죄의 보호법익을 각각 이해하는 것으로 해석할 수 있었다.[23] 조세포탈죄는 과세권이라는 국가의 일방적 권력작용을 보호하는 점에서 국가적 법익을 보호하는 죄명으로 이해하는 것이 타당하다. 그런데 '과세권'이라는 개념에 조세 부과권만 포함되는지 아니면 조세 징수권까지 포함되는지 여부가 문제되나, 학설은 명확한 입장을 표명하지 아니하였다. 대법원은 비록 조세포탈죄의 행위수단을 '조세의 부과와 징수를 불가능하게 하거나 현저히 곤란하게 하는 행위'라고 판시하였으나, 조세 징수권이 조세포탈죄의 독자적인 보호법익, 즉 조세 부과권을 저해하지 아니한 채 조세 징수권만 저해하는 행위도 포함시키는지 여부는 불분명하였다. 한편, 조세범처벌법은 제정 당시부터 조세포탈죄와 체납처분면탈

---

19) 조연홍, 조세포탈범에 관한 연구, 호남대학교 논문집 제5권, 1985, 406면.
20) 류전철, 조세범죄의 형사범화의 관점에서 조세포탈범의 고찰, 한국형사정책학회 형사정책 제15권 제1호, 2003, 195면.
21) 조용주, 조세범처벌의 문제점과 적절한 양형을 위한 연구, 한국조세연구포럼 조세연구 제6권, 2006, 459면.
22) 대법원 1994. 6. 28. 선고 94도759 판결; 대법원 1999. 4. 9. 선고 98도667 판결; 대법원 2003. 2. 14. 선고 2001도3797 판결.
23) 같은 견해로 황남석, 조세포탈죄의 객관적 구성요건으로서의 부정행위, 사법발전재단 사법 제42호, 2017, 389면.

죄를 함께 규정하였으므로 입법자가 조세범처벌법 제정 당시 양죄의 상호관계를 어떻게 설정하였는지에 관해 살펴볼 필요성이 있다. 그리고 조세범처벌법안이 국회에서 심의될 당시 실제 양죄의 관계에 관해 논란이 되었다. 당시 변진갑 의원은 정부안 제12조가 규정한 체납처분면탈죄의 범행 주체가 과세되기 전 상태인지 여부에 관한 의문을 표시하였는데, 정부안에 규정된 '체납자' 개념과 탈세를 하기 위해서 재산을 감추는 단계는 아직 체납자가 아니기 때문에 '조세를 면탈할' 개념이 서로 상충하는 것이 아닌지에 관해 의문을 제기하였다.[24] 이에 대해 법제사법위원장 엄상섭은 "제12조에 가서 「체납자 또는 체납자의 재산을 점유하는 자가 만일」 운운하는 것이 (중략) 제9조[25]와에 관계에서 그런 의문이 나는 것입니다. 그러나 <u>제9조는 포탈이라는 용어를 우리가 사용한 바와 같이 세금액이 조정되기 전에 세금액 조정하는, 세금액 자체를 주리려고 하는 행위를 규정한 것이고, 제12조는 조정된 세금액을 체납하는 것입니다.</u>[26] 체납자의 재산을 차압할려고 하는데 조세 체납의 재산을 어디다가 옮긴다든지 다른 사람 명의로 한다든지 장부를 감춘다든지 이러한 것을 규정한 것이니까 <u>제9조하고는 중복이 안 되는 것입니다.</u>"라고 발언하였다.[27]

엄상섭의 설명에 따르면 입법자는 애초 조세포탈죄는 조세채권이 확정되는 단계까지의 조세 부과권과 관련된 것으로서, 체납처분면탈죄는 조세채권이 확정된 이후[28]의 조세 징수권과 관련된 것으로서 달리 이해하여 양죄가 중첩되지 않도록 입법화시켰다고 할 것이다. 결국 입법자는 조세포탈죄의 보호법익을 조세 부과권에 한정하고, 조세 징수권을 체납처분면탈죄의 보호법익으로 이해하는 입장이었다고 할 것이다. 이러한 이해를 전제하면 입법자가 조세범처벌법 제정 당시 조세포탈죄의 법정형을 "3년 이하의 징역 또는 그 포탈하거나 포탈하고자 한 세액의 5배 이상 10배 이하에 상당하는 벌금", 체납처분면탈죄의 법정형을 "2년 이하의 징역 또는 1년 이하의 징역"으로 각각 규정해 조세포탈죄의 법정형을 더 높게 규정한[29] 이유를 합리적으로 설명할 수 있다. 왜냐하면

24) 대한민국국회 의안정보시스템 의안번호 020089 조세범처벌법안 제10회 국회정기회의 속기록 9면.
25) 조세범처벌법안 제9조는 조세포탈죄를 규정하고 있었다.
26) 밑줄은 저자가 강조하기 위해 표시한 것이다. 이하도 마찬가지이다.
27) 위 제10회 국회정기회의 속기록(주 24), 13면.
28) 체납처분면탈죄가 조세채권의 확정 이전 단계에서 성립할 수 있는지에 관한 견해의 대립에 관해 허성호·권형기, 징수불능으로 인한 조세포탈죄 법리의 타당성과 그 대안으로서 체납처분면탈죄의 확장해석, 대검찰청 형사법의 신동향 제76호, 2022, 210－215면.

조세 부과권이 저해되면 조세 징수권도 저해될 수밖에 없기 때문에 보호법익의 서열상 조세포탈죄의 법정형을 체납처분면탈죄보다 더 높게 규정하는 것이 타당하기 때문이다.

II. '금지금 사건'에 관한 대법원 전원합의체 판결의 등장 배경

조세범처벌법을 제정할 당시 입법자가 이해한 것처럼 조세포탈죄와 체납처분면탈죄는 각각 보호법익을 달리한다고 해석하고, 입법자의 의사를 존중해 조세포탈죄의 보호법익에 조세 징수권은 독자적으로 보호되지 않는다고 이해하면 이론적으로 명쾌하다. 그러나 조세포탈죄의 보호법익을 반드시 조세 부과권에 한정할 필연성이 있는지는 추가적인 검토가 필요하다. 왜냐하면 체납처분면탈죄는 조세 징수권을 저해하는 행위수단을 한정하는데, 그러한 행위수단에 의하지 아니하고 조세 징수권을 저해하는 행위가 실질적으로는 조세 부과권을 형해화시키는 행위와 동일시할 수 있을 정도의 행위임에도 조세포탈죄로 처벌할 수 없다는 것이 입법자의 명시적 의사 내지 입법적 결단이었다고 볼 만한 자료는 발견되지 않기 때문이다. 따라서 그 행위를 조세포탈죄의 보호법익에 의해 보호되는 조세 징수권을 저해하는 행위로 이해하는 한편, 조세포탈죄의 행위수단인 '사기 기타 부정한 행위'에 종래 포섭된 유형과 본질적으로 같은 유형으로 포섭할 수 있는지 여부가 중요한 문제로 대두된다. 이러한 근본적인 문제의식으로부터 이른바 '금지금 사건'에 관한 대법원 판결이 나온 것으로 이해할 수 있다.

---

29) 형의 경중에 관해 형법 제50조가 규정하고, 대법원 1983. 11. 8. 선고 83도2499 판결과 대법원 1992. 11. 13. 선고 92도2194 판결은 "법정형의 경중은 병과형 또는 선택형 중 가장 중한 형을 기준으로 (한다)"고 판시하였다. 따라서 비록 조세포탈죄는 체납처분면탈죄와 달리 벌금형이 있더라도, 가장 중한 형인 징역형을 기준으로 형의 경중을 판단해야 하므로 조세포탈죄의 법정형이 더 높았다. 병과형 또는 선택형 중 가장 중한 형을 기준으로 형의 경중을 판단해야 한다는 태도는 헌재 2006. 6. 29. 2006헌가7도 마찬가지이다.

III. 면세금지금 변칙거래의 구조와 특징 및 대법원 전원합의체 판결의 대상 사안

　　대법원 전원합의체 판결의 사안을 이해하려면 먼저 면세금지금 변칙거래의 구조와 특징을 이해하는 것이 필요하다.[30] 대부분의 면세금지금 거래단계를 대략적으로 살펴보면, 면세금지금은 외국업체 → 수입업체 → 면세도관업체 → 폭탄업체 → 과세도관업체 → 수출업체 → 외국업체의 단계를 거쳐 유통되고, 그 거래대금은 수출업체에서부터 수입업체에 이르기까지 역방향으로 순차적으로 지급되는 것이다. 이와 관련해서 면세금지금 변칙거래의 흐름을 그림으로 설명하면 다음과 같다.

▌면세금지금 변칙거래의 흐름도 예시

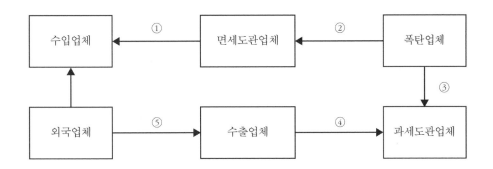

　　① 수입업체는 금지금을 국제시세인 1,000에 수입하고, 1,010에 면세로 매출하여 10의 이윤을 남긴다.

　　② 면세도관업체는 금지금을 1,020에 매출하여 10의 이윤을 남긴다.

　　③ 폭탄업체는 금지금을 공급가액 950, 부가가치세 95(공급대가 1,045)에 과세매출하고 부가가치세를 납부하지 않은 채 잠적한다. 공급가액은 매입가액보다 낮으나 부가가치세를 합한 공급가액은 매입가액보다 높아 25의 이익을 남긴다.

---

30) 면세금지금 변칙거래의 구조와 특징에 관해 김완석·이중교, 면세금지금 변칙거래의 매입세액공제에 관한 연구 ― 유럽지역 회전목마형 사기거래(carousel fraud)와의 비교법적 고찰을 중심으로 ―, 한국조세연구포럼 조세연구 제10-1집, 2010, 13-14면을 인용한다.

④ 과세도관업체는 금지금을 960에 과세매출하여 10의 이익을 남기고 부가가치세 1(96−95)을 납부한다.

⑤ 수출업체는 금지금을 970에 수출하여 10의 이익을 남기고 부가가치세 96을 환급받는다.

이러한 면세금지금 변칙거래는 부가가치세의 착복을 이윤으로 삼는 거래이나, 통상적인 사업모델로 가장해 탈세하는 등의 특징이 있다.

면세금지금 변칙거래에 관한 기본적인 이해를 바탕으로 대법원 전원합의체 판결의 구체적인 사안을 살펴본다. 피고인 A는 1999. 4.경 주식회사 갑의 대표이사로 취임한 후, 위 회사의 실질적 경영주인 B의 지시에 따라 위 회사 과장으로 근무하고 있던 피고인 C와 함께, 외화획득을 위한 수출용 원자재로 금괴를 구입하는 것을 가장하기 위하여 주식회사 갑 명의로 미국에 소재한 K사에 금제품을 수출하는 것처럼 허위의 수출계약서를 작성하여 이를 ○○은행 지점에 제출하고, 같은 달 15.경 ○○은행장 명의의 외화획득용 원료구매승인서를 발급받은 다음, 이를 △△상사 주식회사에 제출하여 외화획득용 금괴 30킬로그램을 329,467,441원에 구입하였다가 이를 구입가격보다 낮은 가격에 국내 업체에 판매한 것을 비롯하여 1999. 7. 8.경까지 사이에 △△상사 주식회사 등으로부터 외화획득용 금괴 합계 7,001킬로그램을 72,091,833,055원에 구입하였다가 구입 즉시 구입물량 전부를 주식회사 ㅁㅁㅁㅁ 등 국내 업체에 구입가격보다 낮은 가격인 합계 68,582,531원에 판매하면서 그 업체들로부터 합계 6,858,293,154원의 부가가치세를 징수하였다. 그 후 피고인 A와 피고인 C는 B의 지시에 따라, 1999. 7.경 1999년도 제1기분 부가가치세 신고를 하면서 징수한 부가가치세 6,318,887,158원 중 세금계산서를 발행하지 않고 판매한 부분의 세액 1,472,727,273원 상당에 대하여 과세표준 및 세액신고서를 제출하지 않아 그에 대한 신고를 누락한 채 나머지 4,854,341,981원 상당의 세액에 대해서만 정상 신고하였고, 1999. 10. 25. 역삼세무서에 주식회사 갑의 폐업신고를 하면서 1999. 7. 1.부터 폐업일인 같은 해 9. 30.까지 징수한 1999년도 제2기분 부가가치세 531,223,900원 전부에 대하여는 과세표준 및 세액신고서를 제출하여 정상 신고하였다.[31]

---

31) 위 '금지금 사건'에 관한 대법원 판결의 원심 판결인 서울고등법원 2005. 11. 23. 선고 2004노3204 판결에 기재된 사실관계이다.

IV. 대법원 전원합의체 판결의 입장과 그 입장에 관한 이해

1. 다수의견

대법원은 "조세범처벌법 제9조 제1항이 규정하는 조세포탈죄는 조세의 적정한 부과·징수를 통한 국가의 조세수입의 확보를 보호법익으로 하는 것으로서, 사기 기타 부정한 행위로써 조세의 부과와 징수를 불가능하게 하거나 현저히 곤란하게 함으로써 성립되는 것인바, (중략) 비록 과세표준을 제대로 신고하는 등으로 조세의 확정에는 아무런 지장을 초래하지 아니하지만 조세범처벌법 제9조의3이 규정하는 조세포탈죄의 기수시기에 그 조세의 징수를 불가능하게 하거나 현저히 곤란하게 하고 그것이 조세의 징수를 면하는 것을 목적으로 하는 사기 기타 부정한 행위로 인하여 생긴 결과인 경우에도 조세포탈죄가 성립할 수 있다고 할 것이다. 다만 조세가 일단 정당하게 확정되면 국세기본법 제38조 이하의 제2차 납세의무에 의한 납세의무자의 확장과 같은 법 제42조의 물적 납세의무 및 일반채권에 대한 국세의 우선권의 보장, 그리고 체납처분을 통한 국세의 강제징수절차 등 조세채권의 만족을 위한 여러 가지 제도적 장치가 마련되어 있는 한편, 조세범처벌법 제12조 제1항이 체납자 또는 체납자의 재산을 점유하는 자가 조세를 면탈할 또는 면탈케 할 목적으로써 그 재산을 장닉, 탈루하거나 또는 허위의 계약을 하였을 때를 체납자등의 불법행위로서 따로 처벌하는 규정을 두고 있는 점 등을 고려하면, 조세의 확정에는 지장을 초래하지 않으면서 그 징수만을 불가능하게 하거나 현저히 곤란하게 하는 행위가 조세포탈죄에 해당하기 위하여는, 그 행위의 동기 내지 목적, 조세의 징수가 불가능하거나 현저히 곤란하게 된 이유와 경위 및 그 정도 등을 전체적, 객관적, 종합적으로 고찰할 때 처음부터 조세의 징수를 회피할 목적으로 사기 기타 부정한 행위로써 그 재산의 전부 또는 대부분을 은닉 또는 탈루시킨 채 과세표준만을 신고하여 조세의 정상적인 확정은 가능하게 하면서도 그 전부나 거의 대부분을 징수불가능하게 하는 등으로 <u>과세표준의 신고가 조세를 납부할 의사가 전혀 없이 오로지 조세의 징수를 불가능하게 하거나 현저히 곤란하게 할 의도로 사기 기타 부정한 행위를 하는 일련의 과정에서 형식적으로 이루어진 것으로서 실질에 있어서는 과세표준을 신고하지 아니한 것과 다를 바 없는 것으</u>

평가될 수 있는 경우이어야 한다고 보아야 할 것이다"라고 판시하였다.[32]

그리고 다수의견은 위와 같은 법리를 설시한 후 "피고인들은 허위의 수출 계약서를 작성하여 외화획득용 원료구매승인서를 발급받아 영세율로 금괴를 구입하고서도 이를 가공·수입하지 않은 채 구입 즉시 구입단가보다 낮은 가격에 국내 업체에 과세금으로 전량 판매하면서 공급가액에 대한 부가가치세를 가산한 금원을 수령하는 방식으로 단 3개월만의 금괴의 구입 및 판매 영업을 한 다음 곧 폐업신고를 하였고, 금괴의 판매대금이 판매법인 계좌로 입금될 때마다 곧바로 이를 전액 인출하여 법인 명의의 재산을 거의 남겨두지 않았던 사실, 위 거래 중 일부 거래에 관하여는 그에 따른 세금계산서를 발행·교부하고 과세표준 및 세액신고서를 제출하였지만 결국은 피고인들의 당초 의도대로 1999년도 제1기분 부가가치세 6,327,069,254원, 제2기분 부가가치세 531,223,900원을 그 납기에 납부하지 아니한 사실을 알 수 있다"고 언급하고, "위와 같은 거래방식은 처음부터 정당한 세액의 납부를 전제로 하면 손해를 볼 수밖에 없는 구조로서 결국은 거래상대방으로부터 거래징수하는 한편 과세관청에 대하여는 책임재산의 의도적인 산일과 그에 이은 폐업신고에 의하여 그 지급을 면하는 부가가치세 상당액이 위 거래에서 상정할 수 있는 유일한 이윤의 원천이자 거래의 동기이었음을 알 수 있으며, 또한 사정이 이와 같다면 일부 거래에 관하여는 그에 따른 세금계산서를 발행·교부하고 과세표준 및 세액신고서를 제출함으로써 조세의 확정이 정상적으로 이루어졌다고 하더라도, 이는 최종적으로는 피고인들로부터 금괴를 구입한 과세사업자가 과세관청으로부터 자신들이 피고인들에게 거래징수당한 부가가치세를 매입세액으로 공제받거나 환급받는 것을 가능하게 해 줌으로써 오히려 현실적인 조세수입의 감소나 국고손실을 초래한다는 의미밖에는 없는 것이어서, 이를 전체적·종합적으로 고찰할 때 피고인들은 처음부터 부가가치세의 징수를 불가능하게 하거나 현저히 곤란하게 할 의

---

32) 다수의견은 "대법원은 대법원 1994. 6. 28. 선고 94도759 판결, 대법원 2003. 2. 14. 선고 2001도3797 판결 등에서 판시한 바와 같이, '조세범처벌법 제9조 제1항에서 말하는 사기 기타 부정한 행위라 함은 조세의 부과와 징수를 불가능하게 하거나 현저히 곤란하게 하는 위계 기타 부정한 적극적인 행위를 말하고, 다른 어떤 행위를 수반함이 없이 단순히 세법상의 신고를 하지 아니하거나 허위의 신고를 함에 그치는 것은 여기에 해당하지 아니한다'는 견해를 표명하여 왔는바, 이러한 판시가 조세포탈죄의 보호법익이 조세채권의 확정만으로 한정된다는 것을 전제로 한 것이 아님은 그 판문상 명백할 뿐 아니라, 조세의 징수의 불가능 등은 따로 문제가 되지 않은 사안에서의 판시이었으므로 앞에서의 설시가 종래 대법원이 표명하여 온 견해와 모순·저촉되거나 배치되는 것은 아니다."라고 언급한다.

도로 거래상대방으로부터 징수한 부가가치세액 상당 전부를 유보하지 아니한 채 사기 기타 부정한 행위를 하는 일련의 과정에서 형식적으로만 부가가치세를 신고한 것에 지나지 아니하여 그 실질에 있어서는 부가가치세를 신고하지 아니한 것과 아무런 다를 바 없고, 그에 따라 국가가 그 부가가치세를 징수하지 못한 이상 피고인들의 행위는 앞서 본 법리에 따라 조세포탈죄에 해당하는 것으로 보아야 할 것이다."라고 판단하였다.

2. 별개의견

대법관 박시환, 김지형, 박일환, 전수안은 "부가가치세와 같은 신고납세방식의 조세에 있어서는 납세의무자의 과세표준 및 세액의 신고에 의하여 그 조세채무가 구체적으로 확정되므로, 그 과세표준 및 세액을 신고할 때에 세법이 정하는 바에 따라 과세대상이 되는 공급가액 또는 거래내역 등을 실질 그대로 신고함으로써 정당한 세액의 조세채권이 확정되는 데 어떠한 방해나 지장도 초래하지 않았다면, 설사 납세의무자가 과세표준의 신고 이전에 조세를 체납할 의도로 사전에 재산을 은닉·처분하는 등의 행위를 하였다고 하더라도 사기 기타 부정한 행위에 의하여 조세포탈의 결과가 발생한 것으로 볼 수는 없다."는 입장이었다.

3. 대법원의 입장에 대한 이해

조세포탈죄와 체납처분면탈죄가 각각 보호법익이 다르다고 해석하면 조세 부과 자체에는 영향이 없고, 체납처분면탈죄가 규정한 행위수단 이외의 수단으로 조세 징수권을 저해하는 사안은 조세포탈죄와 체납처분면탈죄 모두 성립하지 아니한다. 그런데 그 결론이 일반인의 정당한 법감정에 비추어 도저히 용인하기 어려운 사안에 관해 다수의견은 조세포탈죄의 보호법익에 조세 부과권뿐만 아니라 일정한 범위의 조세 징수권까지 포함시키는 해석을 시도한 것으로 이해할 수 있는 반면, 별개의견은 그 경우조차 '법의 흠결'로서 죄형법정주의의 원칙상 처벌할 수 없다는 입장을 고수한 것으로 이해할 수 있다.

Ⅴ. 대법원 전원합의체 판결에 대한 학계의 입장과 비판적 검토

1. 학계의 입장

전원합의체 판결에 관해 다수의견과 별개의견을 모두 비판하는 견해, 다수의견에 찬성하는 견해, 다수의견에 비판적인 견해 등이 제시되었다. 먼저 다수의견과 별개의견을 모두 비판하는 견해는 "금지금 순환은 사업활동을 가장하여 조세 환급 명목으로 국가에 사기 친 사기행위일 뿐이다. 사기행위의 주된 실행행위는 수출업체가 부가가치세 환급을 신청하여 환급을 받아가는 행위이다. 폭탄업체 수입업체 기타 중간 거래업체들의 행위는 수출업체가 부정환급을 받아가도록 보조하는 행위이다. 이들 모든 행위가 조직적으로 행해졌으므로 조직 가담자 모두를 사기죄의 정범으로 처벌해야 했다. 사업활동으로 보지 않는 경우 범죄조직이 납부할 조세는 없지만, 범죄조직이 납부한 부가가치세나 법인세는 사기 치는 수단이었으므로 추징대상으로서 범죄조직에 환급할 필요는 없는 것이다"[33]라고 주장한다. 다수의견에 찬성하는 견해로 우리나라 조세범처벌법의 해석상 전면적 무죄설(별개의견), 전면적 유죄설, 제한적 유죄설(다수의견)이 가능하다고 해석한 다음 각 의견의 논거를 비판하면서도 다수의견에 관하여는 "과세표준의 신고가 '형식적인 것에 불과'하다거나 '실질에 있어서는 과세표준을 신고하지 아니한 것과 다를 바 없는 것으로 평가될 수 있는 경우'라는 요건은 너무 모호한 것이어서 실제 사안에서 판단기준의 역할을 수행할 수 있을지는 지극히 의문이다"[34]는 정도로 언급하는 견해,[35] 그 외 무죄설(별개의견)이 제기하는 유죄설(다수의견)에 대한 구체적인 비판에 관해 그 비판이 타당하지 않다고 언급하는 점에서 다수의견을 지지하는 견해가 있고,[36] "위 다수의견에 의해 2003. 7. 1. 이전에는 영세율제도, 그 이후에는 면세금 제도를 악용하여 금지금 변칙거래를 통해 2조원 이상의 부가세를 포탈하여 국고에 막대한 손실을 초래

---

33) 조성훈, 금지금을 이용한 사기사건의 올바른 처리, 법률신문 제3998호, 2012. 1. 9, 12면.
34) 최동렬, 조세범 처벌법 제9조 제1항의 '조세 포탈'의 의미, 법원도서관 대법원판례해설 제70호, 2007, 612-617면.
35) 이 견해는 별개의견과 달리 다수의견에 관해 원론적 비판을 하는 수준으로 이해되어 다수의견을 지지하는 견해로 이해할 수 있다.
36) 김희철, 조세범처벌법 제9조 제1항의 '조세포탈'의 의미, 한국형사판례연구회 형사판례연구 16, 2008, 503-504면.

한 조직적, 지능적 조세포탈사범에 대한 법리 논쟁에 종지부를 찍고 이들을 하나같이 조세포탈범으로 처벌할 수 있는 법적 토대가 구축되었다."고 주장하면서 다수의견을 지지하는 견해가 있다.[37] 한편, 다수의견에 비판적인 견해로 다수의견과 별개의견 중 어떤 의견을 지지한다는 것을 명백히 밝히지 않고, 다수의견 이후에도 대법원 2007. 6. 28. 선고 2002도3600 판결은 장부조작 등과 같은 적극적 행위가 없으므로 조세포탈죄를 부정한 반면, 대법원 2007. 10. 11. 선고 2007도4697 판결은 차명계좌를 이용한 장부조작의 경우 조세포탈죄를 인정하고 있어 판례가 조세포탈행위 범위의 축소와 확장이 반복되고 있다고 평가하면서 다수의견의 행위개념 확장을 금지된 유추로 이해하는 견해,[38] "부가가치세의 정상적인 신고를 했는데도 신고 당시 납부할 의사가 없었다는 이유로 신고 자체의 조세포탈행위를 인정하는 것을 타당하지 않다. 신고는 납세의무의 확정에 대한 것이고, 납부는 확정된 세액의 확보에 대한 것으로 신고와 납부는 구별하여야 한다. 신고한 세액을 실제로 납부하게 하는 것은 조세채권을 확보하기 위한 국세기본법, 국세징수법상 여러 제도와 체납자 등 처벌에 대한 조세범처벌법 제12조 제1항에 의해 해결할 문제이다."[39]라고 주장하는 견해가 있다.

2. 비판적 검토

다수의견과 별개의견을 모두 비판하는 견해는 금지금 거래에 관여한 자 모두를 사기죄의 공동정범으로 처벌해야 한다는 입장이고, 다수의견에 관해 "체납범에 불과한 폭탄업체를 포탈범으로 만들었다"[40]고 비판한다. 그러나 그 견해는 대법원 2008. 11. 27. 선고 2008도7303 판결을 통해 '기망행위에 의하여 조세를 포탈하거나 조세의 환급·공제를 받은 경우에는 조세범처벌법 제9조에서 이러한 행위를 처벌하는 규정을 별도로 두고 있을 뿐만 아니라, 조세를 강

---

37) 정성윤, 부가가치세 포탈에 있어서의 '사기 기타 부정한 행위' 판시 대법원 전원합의체 판결 평석 － 부가세 신고는 하였으나 징수불능 의도시 조세포탈에 해당한다는 대법원 판결 － , 대검찰청 형사법의 신동향 제10호, 2007, 202면.

38) 류석준, 소세범처벌법 제9소 제1항의 처벌대상 행위와 가벌성의 범위, 한국비교형사법학회 비교형사법연구 제10권 제2호, 2008, 232면.

39) 김갑순·박훈, 금지금 거래 관련 부가가치세 과세문제에 관한 소고, 한국세법학회 조세법연구 제13권 제3호, 2007, 372면.

40) 조성훈, 앞의 논문(주 33), 12면.

제적으로 징수하는 국가 또는 지방자치단체의 직접적인 권력작용을 사기죄의 보호법익인 재산권과 동일하게 평가할 수 없어 형법상 사기죄가 성립하지 않는 다'는 대법원의 입장과 충돌한다. 물론 대법원이 사기죄의 성립을 부정한 위 사안은 금지금 거래와 같이 다수자가 가담한 형태는 아니었으나, 범행가담자가 다수인지 여부에 따라 사기죄 성립이 달라질 수는 없기 때문에 사기죄의 성립을 부정하는 대법원의 논리는 위 '금지금 사건'에도 그대로 적용될 수 있다. 또한 위 견해는 대법원의 다수의견이 폭탄업체가 체납범에 불과함에도 포탈범으로 만들었다고 비판하나, 이 역시 수긍하기 어렵다. 왜냐하면 다수의견이 조세포탈죄의 보호법익에 조세 징수권이 포함된다고 해석하더라도, 조세 징수권을 저해하는 모든 행위를 조세포탈죄로 처벌할 수 있다는 의미가 아니라 '실질에 있어서는 과세표준을 신고하지 아니한 것과 다를 바 없는 것으로 평가될 수 있는 경우'로 제한해 처벌하기 때문이다. 결국 다수의견에 의해 조세포탈죄로 보호되는 조세 징수권은 '조세 부과권을 형해화하는 정도에 이른 경우'에 한정되므로 조세포탈죄에 의해 처벌되는 조세 징수권을 저해하는 행위는 체납처분면탈죄에 의해 처벌되는 조세 징수권을 저해하는 행위에 비해 적어도 결과반가치가 더 크다고 할 수 있다.

　다수의견에 찬성하는 견해들 중 일부 견해는 "(체납처분)면탈죄를 두고 있다는 이유만으로 조세포탈이 조세채권의 확정에만 한정된다고 해석할 수는 없다."[41]고 하면서 "사안의 경우 문제가 되는 것은 조세포탈의 개념을 어떻게 파악할지 여부라 할 것인데, 조세포탈의 의미를 조세의 징수권을 침해하는 것도 포함되는 것으로 해석하는 것이 사회통념에 비추어 보았을 때 자연스러운 해석일 뿐만 아니라 그와 같은 해석이 어의의 가능한 의미를 넘어선 것이라고 할 수 없고, 오히려 조세를 납부할 의사가 전혀 없음에도 불구하고 형식적이나마 과세표준의 신고를 마침으로써 조세의 확정에 지장을 초래하지 않는 경우에 조세포탈죄가 성립하지 않는다 하는 등으로 조세포탈의 의미를 조세채권의 확정에만 지장이 있을 경우로만 축소하는 내용으로 기술적 해석을 하는 것이 일반인의 법감정에 반한다고 보인다."[42]고 주장한다. 이 견해는 일반인의 정당한 법감정에 따른 처벌 필요성이나 조세포탈죄의 보호법익에 조세 징수권을 포함하

---

41) 김희철, 앞의 논문(주 36), 516면.
42) 김희철, 앞의 논문(주 36), 513면.

는 해석이 문언의 가능한 의미의 한계를 넘지 않는다는 것을 주된 논거로 삼는다. 그러나 문언의 가능한 의미의 한계를 넘지 않는 해석이 무조건 정당화된다고 할 수 있는지에 관한 설명이 없고, 양죄의 보호법익에 조세 징수권이 각각 포함되면 일응 양죄가 겹치는 영역이 발생되는데, 조세 징수권을 저해하는 경우에 양죄의 적용영역의 구별기준에 관한 설명이 없는 한계가 있다.

한편, 다수의견은 조세포탈죄의 보호법익에 관한 종전 대법원의 입장43)보다 조세 부과권뿐만 아니라 조세 징수권도 보호법익에 포함된다는 것을 명백히 표명한 점, '국가의 조세수입의 확보'를 조세포탈죄의 보호법익으로 명시한 점에서 의의가 있다. 그런데 다수의견은 독일 조세기본법상 조세포탈죄의 보호법익을 통설이 "적시, 적정한 금액의 조세수입에 대한 국가의 이익"으로 이해하는 입장과 실질적으로 같게 해석하는 것으로 이해될 소지가 있다. 그러나 다수의견이 설시한 조세포탈죄의 보호법익을 독일의 통설과 같은 의미로 이해할 수는 없다. 왜냐하면 독일의 통설은 조세포탈죄의 보호법익으로 보호되는 조세 징수권에 별다른 제한이 없으나, 다수의견은 비록 조세 징수권도 조세포탈죄의 보호법익으로 이해하나, 일정 범위의 조세 징수권으로 한정하기 때문이다. 반면 별개의견은 "조세범처벌법 제9조 제1항 소정의 조세포탈죄는 정당한 조세채권의 확정을 방해하거나 지장을 초래하는 행위를 처벌하는 규정으로 이해하여야 하고, 다수의견에서와 같이 정당한 조세채권의 확정에는 아무런 지장을 초래하지 아니하더라도 조세의 징수를 불가능하게 하거나 현저히 곤란하게 되는 결과가 발생한 경우까지 처벌하는 규정으로 볼 수는 없다."고 판단하였다. 그런데 별개의견은 조세포탈죄의 보호법익을 조세 부과권에 한정시키고 조세 징수권은 포함시키지 아니하므로 종전 대법원이 조세포탈죄의 사기 기타 부정한 행위를 조세부과와 '징수'를 불가능하게 하거나 현저히 곤란하게 하는 행위라고 이해하였던 입장과 일응 모순된다고 할 수 있다. 만약 별개의견이 조세포탈죄의 개념에 관한 종전 대법원의 입장과 모순되지 않으려면 종전에 '조세부과와 징수'에서 언급한 '징수'는 조세 부과권이 저해되는 경우에 뒤따라 조세 징수권도 저해

---

43) 종전 대법원의 입장이란 위 금지금 사건에 관한 전원합의체 판결의 다수의견에서 언급한 대법원 1994. 6. 28. 선고 94도759 판결, 대법원 2003. 2. 14. 선고 2001도3797 판결 등에서 "조세범처벌법 제9조 제1항에서 말하는 사기 기타 부정한 행위라 함은 조세의 부과와 징수를 불가능하게 하거나 현저히 곤란하게 하는 위계 기타 부정한 적극적 행위"라고 언급한 입장을 말한다. 이런 종전 입장은 대법원 1977. 5. 10. 선고 76도4078 판결, 대법원 2006. 8. 24. 선고 2006도3272 판결 등에서도 나타난 대법원의 일관된 태도였다.

되기 때문에 언급한 것일 뿐이고, 조세 징수권 자체를 조세포탈죄의 독자적인 보호법익이라고 이해한 것은 아니라고 해석해야 할 것이다. 그렇다면 조세범처벌법상 체납처분면탈죄의 행위수단 이외의 수단으로 조세 부과권을 형해화시킬 정도로 조세 징수권을 저해한 경우에 조세포탈죄로 처벌하는 것이 법률해석에 의해 허용되는 범위 내인지 아니면 법의 흠결로 이해해야 하는지 여부와 만약 법의 흠결이 아니라면 그 해석이 헌법의 원칙에 부합하는지에 관해 살펴본다.

VI. 다수의견의 법률해석의 한계 일탈 여부

1. 문언의 가능한 의미 범위 내인지 여부

통상 법률해석의 한계로 제시되는 것이 문언의 가능한 의미이다. 즉 어떤 의미가 해당 문언의 가능한 의미 내에 포함되면 해석상 허용되고, 이를 넘는 경우에는 법의 흠결로서 죄형법정주의의 유추해석 금지의 원칙에 의해 허용될 수 없다는 것이다. 대법원은 "형벌법규는 문언에 따라 엄격하게 해석·적용하여야 하고 피고인에게 불리한 방향으로 지나치게 확장해석하거나 유추해석하여서는 안 된다. 그러나 형벌법규를 해석할 때에도 가능한 문언의 의미 내에서 해당 규정의 입법 취지와 목적 등을 고려한 법률체계적 연관성에 따라 그 문언의 논리적 의미를 분명히 밝히는 체계적·논리적 해석 방법은 그 규정의 본질적 내용에 가장 접근한 해석을 하기 위한 것으로 죄형법정주의의 원칙에 부합한다."[44]고 판시하였다.[45] 이러한 입장에 비추어 볼 때 조세포탈죄를 규정한 개정 전 조세범처벌법 제9조 제1항의 '조세'에 조세 징수권까지 포함된다고 해석하더라도 문언의 가능한 의미의 한계를 넘었다고 보기는 어렵다. 따라서 '금지금 사건'에 관해 법의 흠결이 있다고 판단한 별개의견에 동의하기 어렵다. 그렇다면 조세 징수권이 위 문언의 가능한 의미 내에 속한다고 볼 수 있다면 그 해석은 곧바로 정당한 해석이라고 할 수 있을까? 해당 해석이 문언의 가능한 의

---

44) 대법원 2017. 12. 7. 선고 2017도10122 판결.
45) 같은 취지로 대법원 1997. 3. 20. 선고 96도1167 전원합의체 판결; 대법원 2007. 6. 14. 선고 2007도2162 판결; 대법원 2010. 9. 30. 선고 2008도4762 판결; 대법원 2013. 6. 27. 선고 2013도4279 판결; 대법원 2018. 10. 25. 선고 2016도11429 판결.

미 내라고 하더라도 곧바로 그 해석이 정당하다고 볼 수는 없다. 왜냐하면 비록 그 해석이 문언의 가능한 의미 내라고 하더라도 그 해석이 헌법상 원칙에 위반되면 그 해석은 정당성이 없기 때문이다. 즉 문언의 가능한 의미 내라고 하더라도 그 해석이 헌법적 정당성을 구비하는지 여부를 살펴야 한다. 특히 헌법상 평등의 원칙과 비례의 원칙46)의 관점에서 그 해석의 정당성을 살펴볼 필요성이 있다. 따라서 '금지금 사건'에서 조세포탈죄 규정의 '조세' 문구에 조세 부과권을 형해화시킬 정도의 조세 징수권까지 포함시키는 해석이 헌법상 원칙에 위배되는지 여부를 살펴야 한다. 평등의 원칙과 관련해 그 해석에 의해 포섭되는 행위가 종전 조세포탈죄에 의해 포섭된 행위와 실질적으로 동일한 행위로 평가할 수 있는지, 즉 실질적으로 불법이 같다고 볼 수 있는지 여부가 문제된다. 또한 비례의 원칙과 관련해 조세 부과권을 형해화시킬 정도의 조세 징수권을 저해하는 행위를 조세포탈죄로 처벌하는 경우에 체납처분면탈죄와 형벌의 균형성이 유지되는지 여부가 문제된다.

2. 헌법상 원칙에 부합하는지 여부

(1) 평등의 원칙에 부합하는지 여부

평등의 원칙은 본질적으로 같은 것은 같게, 다른 것은 다르게 취급할 것을 요구하는데,47) 달리 표현하면 실질적으로 다른 것을 같이 취급할 것을 금지한다는 의미로 이해할 수 있다. 따라서 종래 조세포탈죄의 행위수단인 '사기 기타 부정한 행위'로 포섭되었던 사안들과 위 '금지금 사건'에 동원된 행위수단과 그

---

46) 비례의 원칙을 죄형법정주의와 독립해 이해할지에 관해 죄형법정주의 중 적정성의 원칙에 포섭해 이해하는 견해(신동운, 형법총론, 법문사, 2022, 36−37면)와 죄형법정주의와 독립해 이해하는 견해(김성돈, 형법총론, 성균관대학교 출판부, 2022, 93−94면)가 대립된다. 비례의 원칙은 헌법 제37조 제2항에서 도출되는 원칙으로 이해되므로 죄형법정주의와 독자적인 의미가 있다. 헌법재판소는 "책임의 정도를 초과하는 형벌을 과할 수 없다는 책임과 형벌간의 비례의 원칙은 과잉금지원칙을 규정하고 있는 대한민국 헌법 제37조 제2항으로부터 도출되는 것이다"고 판시하였다(헌재 2010. 7. 29. 2008헌바88).

47) '같은 것은 같게, 다른 것은 다르게' 처우해야 한다는 것이 헌법상 평등원칙의 내용이고, 본질적으로 다른 것을 같게 취급하면 평등의 원칙에 위반된다고 밝힌 헌법재판소의 결정으로 헌재 1997. 4. 24. 96헌가3; 헌재 1997. 10. 30. 96헌바14; 헌재 2004. 6. 24. 2004헌바16; 헌재 2017. 12. 28. 2015헌마1000; 헌재 2018. 2. 22. 2015헌마552; 헌재 2019. 7. 25. 2017헌바513; 헌재 2019. 11. 28. 2018헌바235・391・460・471, 2019헌바56・95・145(병합). 이러한 입장에 의하면 불법의 실질이 본질적으로 같다고 볼 수 있는지 여부가 평등의 원칙 위배를 판단하는 중요한 기준이라고 할 것이다.

로 인한 결과를 실질적으로 같은 불법으로 판단할 수 있는지 여부가 문제된다. 이에 대해 종전에 조세포탈죄로 포섭된 사안들은 사전소득은닉행위가 사기 기타 부정한 행위의 핵심적인 표지였는데, 위 '금지금 사건'은 그 핵심적인 표지가 있다고 보기 어렵다고 비판하는 견해가 있다.[48] 그러나 그 견해는 수긍하기 어렵다. 왜냐하면 종래 사전소득은닉행위로 포섭된 사안은 과세표준 등 조세부과와 관련된 사항을 은닉한 것인 반면 '금지금 사건'은 외형적으로 과세표준 은닉행위가 없더라도 피의자가 속칭 '폭탄업체' 운영자 등과 공모하여 전체적인 과정을 실질적으로 조세포탈을 실현하는 수단으로 이용한 것으로서 행위반가치 측면에서 사전소득은닉행위를 저지른 경우와 같거나 오히려 더 나쁘게 평가할 수 있다. 그리고 이로 인한 결과반가치는 단순히 조세 징수권만 저해한 정도를 넘어 조세 부과권을 형해화시켰다고 평가할 수 있을 정도에 이르렀다고 할 것이다. 따라서 '금지금 사건'은 행위반가치와 결과반가치가 종래 조세포탈죄에 포섭된 사전소득은닉행위 및 이로 인한 조세 부과권 저해와 충분히 동가치적으로 평가할 수 있다. 따라서 '금지금 사건'은 종래 조세포탈죄로 포섭하였던 사안과 불법의 실질이 같다고 할 수 있어 본질적으로 다른 것을 같게 취급하였다고 볼 수 없으므로 평등의 원칙에 반하지 않는다.

(2) 비례의 원칙에 부합하는지 여부

불법과 법정형의 비례관계가 유지될 것을 요구하는 비례의 원칙[49]과 관련해 조세포탈죄의 보호법익에 일정한 범위의 조세 징수권도 포함시키면 조세 징수권을 보호하는 체납처분면탈죄와 상호관계를 설정하는 문제가 대두된다. 이 문제는 조세포탈죄로서 보호되는 조세 징수권과 체납처분면탈죄로서 보호되는 조세 징수권을 어떻게 구별할 수 있는지와 연관된다. 입법자가 조세포탈죄와 체납처분면탈죄를 평가한 내용은 이들 법정형의 차이로 나타난다.[50] 즉 입법자

---

48) 류석준, 앞의 논문(주 38), 232면은 "대상판례는 그 행위개념을 확장하고 있다. 특히 거의 일관된 입장에서 적극적 수반행위를 본 규정의 행위성립의 요소로 판시하고 있는 기존의 판례의 관점에서 대상판례 사안의 현금 인출행위는 수반행위로서 인정될 수 없었다"고 주장한다.

49) 행위자의 책임을 넘어서지 않는 범위 내에서만 형벌의 양이 정해질 것을 요구하는 내용은 책임주의의 내용으로도 이해할 수 있다[김성돈, 앞의 책(주 46), 369면]. 여기서 '책임'은 불법을 포함한 개념으로 이해할 수 있다.

50) 헌법재판소는 법정형의 종류와 범위의 선택은 그 범죄의 죄질과 보호법익에 대한 고려뿐만 아니라 우리나라의 역사와 문화, 입법 당시의 시대적 상황, 국민 일반의 가치관 내지 법감정 그리고 범죄예방을 위한 형사정책적 측면 등 여러 가지 요소를 종합적으로 고려하여 입법자가 결정할 사항이라는 입장이다(헌재 2004. 2. 26. 2001헌바75).

는 어떤 죄명을 규정함에 있어 법정형을 규정해야 하고, 해당 규정의 법정형은 독자적인 의미가 있는 것이 아니라 관련 규정과의 비교를 통해 평가할 수 있다. 입법자는 조세범처벌법을 제정할 당시부터 2010. 1. 1. 조세범처벌법을 개정하기 전까지 조세포탈죄의 법정형을 체납처분면탈죄의 그것보다 대체적으로[51] 더 높게 규정하였다는 것을 주목할 필요성이 있다. 입법자는 조세포탈죄는 조세 부과권을, 체납처분면탈죄는 조세 징수권을 각각 보호법익으로 설계하였는바, 조세 부과권이 저해되면 조세 징수권도 저해될 수밖에 없으므로 보호법익의 서열상 조세포탈죄의 법정형을 체납처분면탈죄보다 높게 규정한 것으로 이해할 수 있다. 따라서 입법자의 양죄의 법정형에 대한 평가는 비록 입법자의 의사와 달리 조세포탈죄의 보호법익에 일정 범위의 조세 징수권까지 포함된다고 해석하더라도 각각의 법정형과 관련해 정당화될 수 있어야 한다. 생각건대 조세포탈죄가 보호하는 조세 징수권은 체납처분면탈죄가 보호하는 조세 징수권보다 저해의 정도가 심해야 하고, 그 저해의 정도는 실질에 있어서 과세표준을 신고하지 아니한 것과 다를 바 없을 정도에 이르러야 비로소 비례의 원칙에 부합한다고 할 것이다. 즉 체납처분면탈죄에 규정된 행위수단 이외의 수단으로 조세 징수권을 저해한 행위는 원칙적으로 죄형법정주의에 따라 체납처분면탈죄나 조세포탈죄로 처벌할 수 없고, 조세 부과권을 형해화 시키는 정도에 이른 조세 징수권 저해행위만을 조세포탈죄로 처벌할 수 있다. 이러한 관점에 입각할 때 조세포탈죄로 처벌할 수 있는 조세 징수권 저해행위를 단순한 조세 징수권의 저해가 아닌 과세표준을 허위신고한 정도와 동일시할 수 있을 정도의 조세 징수권 저해행위로 좁혀 이해하는 다수의견의 태도를 설명할 수 있다. 비록 전원합의체 판결 대상인 '금지금 사건'을 제외하고 조세 부과권을 형해화시킬 정도로 조세 징수권을 저해하여 조세포탈죄로 처벌해야 하는 사례를 쉽게 떠올리기 어렵더라도,[52] 조세포탈죄의 보호법익으로서 보호되는 조세 징수권은 체

---

51) 1961. 12. 8. 조세범처벌법이 개정되어 제9조에 세목별로 법정형을 달리 규정하면서 제2호 인지세는 벌금 또는 과료로 규정해 체납처분면탈죄를 규정한 제12조의 법정형인 징역형보다 더 낮은 법정형으로 규정하였다. 이를 제외하고 조세범처벌법 제정 당시부터 2010. 1. 1. 조세범처벌법이 개정되기 전까지 조세포탈죄의 법정형을 체납처분면탈죄보다 더 높게 규정하였다.

52) 대법원은 피고인이 나이트클럽을 경영함에 있어서 제3자의 이름으로 사업자등록을 한 뒤 그 이름으로 카드가맹점을 개설하고 신용카드 매출전표를 작성하여 피고인의 수입을 숨기는 등 행위를 한 것은 과세표준을 축소 신고하는 등의 행위를 하지 않더라도 조세범처벌법 제9조 제1항에 정한 '사기 기타 부정한 행위'에 해당한다고 판시하였다(대법원 2006. 6. 15. 선고 2006도1933 판결). 이 입장은 피고인의 행위가 단순히 조세 징수권을 저해하는 행위가 아니라 조세 부과권

납처분면탈죄에 의해 보호되는 조세 징수권보다 좀 더 심한 저해 수준, 즉 조세 부과권을 형해화 내지 무력화시킬 정도에 이른 경우로 제한해야 체납처분면탈죄와 조세포탈죄의 차등화된 법정형에 부합하며, 결국 불법의 양에 상응한 형벌이 부과될 것을 요구하는 비례의 원칙에 부합한다고 할 것이다.

Ⅶ. 후속 대법원의 판결들과 그 의미

1. 대법원 2007. 5. 11. 선고 2006도3812 판결

대법원은 피고인 A가 허위 수출계약서를 제출하여 외화획득용 구매승인서를 발급받은 다음 앞서 본 전원합의체 판결에 나타난 사안과 같이 국내 업체에 애초 구매가격보다 더 낮은 가격으로 판매하는 방법으로 1999. 1. 13.부터 같은 해 6. 29.까지 사이에 관할세무서에 70,168.174,000원을 매출신고하여 7,016,817,000원의 부가가치세를 납부하여야 함에도 불구하고 이를 납부하지 아니하고, 1999. 7. 1.부터 같은 달 14.까지 사이에 19,948,081,000원에 매출한 후 관할세무서에 대한 1,994,808,000원의 부가가치세 신고를 누락하고, 피고인 B는 피고인 A와 공모하여 1999. 1. 13.부터 같은 해 6. 29.까지 7,016,817,000원의 부가가치세를 납부하여야 함에도 불구하고 이를 납부하지 아니한 사안에 관하여(피고인 A는 7,016,817,000원의 부가가치세와 1,994,808,000원의 부가가치세를 납부하지 아니하였고, 피고인 B는 7,016,817,000원의 부가가치세를 납부하지 아니하였다) 위 전원합의체 다수의견이 판시한 내용과 같이 언급하면서 조세포탈죄에 해당하는 것으로 판시하였다.

2. 대법원 2007. 10. 11. 선고 2007도5577 판결

대법원은 "조세의 환급과 관련하여 볼 때 조세범처벌법 제9조에서 말하는 사기 기타 부정한 행위는 조세의 환급을 가능하게 하는 행위로서 사회통념상

을 형해화시키는 행위로서 조세포탈죄를 인정한 것으로 해석될 수 있어 앞서 언급한 전원합의체 판결 대상인 '금지금 사건'과 같은 취지로 이해할 수 있다.

부정이라고 인정되는 행위, 즉 조세의 환급을 가능하게 하는 위계 기타 부정한 적극적인 행위를 말하는 것이다(대법원 2005. 6. 23. 선고 2004도5649 판결, 대법원 2006. 4. 7. 선고 2005도9789 판결 등 참조). 원심은 피고인 2, 피고인 3이 공소사실과 같은 폭탄업체들이 부가가치세를 납부하지 아니하기 위해 이른바 쿠션업체 또는 바닥업체를 통해 전전 유통시킨 수입 금지금들을 주식회사 골든자이 또는 주식회사 골든캐슬을 통해 매입하여 수출한 후 그 매입에 따른 부가가치세를 환급받은 사실은 인정되나, 이와 같이 수입업체들로부터 수출업체에 이르기까지 실제로 금지금이 전전 유통되어 수출될 뿐만 아니라 세금계산서 등 증빙서류까지 각 거래단계마다 제대로 발행되었다면 수출업체가 사전에 폭탄업체 등과 공모하여 위와 같은 행위를 하였을 경우 폭탄업체에 의한 조세포탈범행의 공범으로 인정될 수는 있을지언정, 수출업체에 의한 위와 같은 부가가치세 환급행위 자체가 사기 기타 부정한 행위로 조세의 환급을 받은 것에 해당한다고 할 수 없다고 판시하였다. 앞서 본 법리에 의하면, 원심의 위와 같은 판단은 정당하다."고 판시하였다.

3. 대법원 2008. 1. 10. 선고 2007도8369 판결

대법원은 위 2007도5577 판결을 언급하면서 이와 다른 법리를 전제로 하여 금지금 수출업체인 피고인의 조세환급행위를 사기 기타 부정한 행위로써 조세의 환급을 받는 것에 해당한다고 본 원심 판결을 파기환송하였다.

4. 후속 대법원 판결들의 의미

학설은 "이는 악의적 사업자가 실제로 금지금의 공급이 수반된 거래를 하였음을 전제로 하여 그에 관한 부가가치세 매출세액의 포탈사실을 인정하고 있는 것이다. 즉 변칙 금지금거래에 있어서의 금지금거래가 명목상의 가공거래가 아니라 실제 거래라고 본 것에 의의가 있다. 만약 악의적 사업자의 금지금 거래가 명목상의 가공거래라면 악의적 사업자의 조세포탈죄는 성립할 수 없다"[53]

---

53) 강석규, 금지금 수출업자의 매입세액 공제·환급 주장과 신의칙, 사법발전재단 사법 제17호, 2011, 201면.

고 주장한다. 이 학설은 악의적 사업자와 관련된 금지금 거래행위에 대한 조세
포탈죄를 인정하는 판결을 선고한 이후 2011. 1. 20. 선고 2009두13474 전원합
의체 판결을 선고하기 전까지, 과세관청이 변칙적 금지금거래의 매입세액공제
주장에 대해 이는 재화의 공급이 없는 명목상의 가공거래에 불과하다고 보아
과세도관업체나 수출업체가 교부받은 세금계산서는 실물거래가 수반되지 않은
사실과 다른 세금계산서라는 이유로 부가가치세 매입세액 공제·환급을 거부한
입장에 관하여, 대법원이 2008. 12. 1. 선고 2008두921 등 같은 날 선고된 총
4개의 판결을 통해 종전의 입장과 달리(예컨대 대법원 2008. 6. 26. 선고 2008두
6585 판결 등) 과세도관업체나 수출업체가 교부받은 세금계산서는 실제의 재화
거래가 수반된 것으로서 사실과 다른 세금계산서에 해당하지 않으므로 매입세
액을 공제·환급하도록 판결한 내용과 궤를 같이한다. 또한 위 학설은 "형사판
결이 변칙적 금지금거래에서 악의적 사업자 등이 조세의 징수를 곤란하게 했다
는 등의 이유로 조세포탈죄를 유죄로 인정한 것은 납세의무의 성립을 전제로
하는 것인데 그 납세의무가 성립하기 위해서는 재화의 공급이 있었다는 점이
또한 전제가 되어야 한다"[54]고 주장하는바, 그 주장은 조세포탈죄는 납세의무
의 성립을 전제하고, 납세의무의 성립은 재화와 용역의 실질적인 거래를 전제
하며, 실질적 거래를 전제해야 매입세액 공제가 허용된다는 점에서 타당하다고
할 것이다.

---

54) 강석규, 앞의 논문(주 53), 202면.

제4절 2010년 개정 후 조세범처벌법에서의 해석[55]

I. 서론

조세범처벌법은 2010. 1. 1. 개정되면서 구 조세범처벌법 제9조 제1항 제3호에 규정된 조세포탈죄의 법정형인 "3년 이하의 징역 또는 포탈세액이나 환급·공제받은 세액의 3배 이하에 상당하는 벌금"을 개정 조세범처벌법 제3조 제1항 본문은 "2년 이하의 징역 또는 포탈세액, 환급, 공제받은 세액의 2배 이하에 상당하는 벌금"으로, 단서는 같은 항 제1호와 제2호에 해당하는 경우에 "3년 이하의 징역 또는 포탈세액의 3배 이하에 상당하는 벌금"으로 차등화시켰다. 한편, 구 조세범처벌법 제12조 제1항과 제2항에 규정된 체납처분면탈죄의 법정형인 "2년 이하의 징역"을 개정 조세범처벌법 제7조 제1항과 제2항은 "3년 이하의 징역 또는 3천만 원 이하의 벌금"으로 상향하였다. 이러한 태도는 1951. 5. 7. 조세범처벌법이 제정된 후 1961. 12. 8. 개정되면서 그 법정형을 세목에 따라 달리 규정하면서 제9조 제2호의 인지세의 경우 3만환 이하의 벌금 또는 과료로 규정하여 제12조 제1항과 제2항에 규정된 체납처분면탈죄의 법정형인 2년 이하의 징역보다 낮게 규정한 것을 제외하고는 조세포탈죄의 법정형이 항상 체납처분면탈죄보다 더 높게 규정한 태도를 변경해 조세포탈죄의 기본적 구성요건에 관한 법정형[56]을 체납처분면탈죄보다 더 낮게 역전시킨 것이다.[57] 따라서 2010. 1. 1. 양죄 법정형의 개정 취지에 관한 기존의 견해를 살펴본 후, 법정형을 설정하는 기준 내지 법정형의 위헌 여부를 판단하는 기준에 관한 헌법재판소와 학계의 입장을 살펴보고, 양죄의 법정형이 법정형을 설정하는 기준에 부합하는지와 그 법정형이 헌법상 원리 내지 헌법상 원칙에 부합하는지 여부를

---

55) 이 부분은 이성일, 조세포탈죄와 체납처분면탈죄의 법정형의 적정성 여부, 대검찰청 형사법의 신동향 제75호, 2022, 35면 이하 내용을 체계를 변경해 인용한 것이다.

56) 조세범처벌법 제3조 제1항 제1호는 포탈세액등이 3억 이상이고, 그 포탈세액등이 신고·납부하여야 할 세액의 100분의 30 이상인 경우이고, 제2호는 포탈세액등이 5억 원 이상인 경우이므로 제3조 제1항 단서의 법정형은 가중적 구성요건에 관한 법정형으로 이해할 수 있는 반면, 제3조 제1항 본문은 기본적 구성요건에 관한 법정형으로 이해할 수 있다.

57) 개정 조세범처벌법은 양죄 모두 선택형으로 징역형과 벌금형을 규정하는데, 조세포탈죄의 기본적 구성요건에 관한 법정형 중 징역형을 체납처분면탈죄에 관한 제7조 제1항과 제2항의 징역형과 비교하면 체납처분면탈죄가 더 높으나, 벌금형의 경우에는 포탈세액등에 따라 조세포탈죄의 벌금액이 체납처분면탈죄의 상한인 벌금 3천만 원을 초과할 수 있어 조세포탈죄가 더 높다. 다만 앞서 언급하였듯이 형의 경중은 선택형 중 가장 중한 형을 기준으로 하므로 징역형의 상한이 더 높은 체납처분면탈죄의 형이 더 중하다.

살펴본다.

II. 양죄의 법정형의 개정 취지 및 한계

양죄의 법정형을 개정한 이유에 관해 국세청은 조세포탈죄의 종전 법정형의 문제점으로 "초범 혹은 상습범칙 여부 및 포탈세액 규모 등에 상관없이 형량이 일률적이며, 법정형과 법원의 실제 선고형량 간 차이가 과도하게 커 법실효성 저하"[58]를 지적하면서 "상습 정도, 포탈세액 규모, 납부세액 대비 포탈세액의 비율 등에 따라 양형 차등화"[59]를 시도하였고, 체납처분면탈죄에 관한 제7조 제1항은 "재산은닉은 적극적 조세포탈 시도로 처벌강화가 필요한 바, 징역형을 3년으로 강화하고, 벌금형을 추가"[60]하였으며, 제2항은 "범칙조사 중 압수한 재산의 은닉 등 행위를 처벌하기 위한 것으로 제1항과 마찬가지로 형량을 강화"[61]하였다고 설명한다. 국세청의 입장은 양죄의 법정형을 각각 개정할 필요성에 관한 설명일 뿐이고,[62] 개정된 양죄의 법정형의 상호관계가 이들 죄명의 보호법익과 죄질 등에 부합하는지에 관한 설명이 없는 문제점이 있다.

III. 법정형의 설정기준 내지 법정형의 위헌 판단기준에 관한 헌법재판소와 학계의 입장 및 비판적 검토

1. 헌법재판소의 입장

헌법재판소는 "법정형의 종류와 범위의 선택은 그 범죄의 죄질과 보호법익에 대한 고려뿐만 아니라 우리나라의 역사와 문화, 입법 당시의 시대적 상황,

---

58) 2010 개정세법 해설, 국세청, 2010, 42면.
59) 앞의 책(주 58), 42면.
60) 앞의 책(주 58), 48면.
61) 앞의 책(주 58), 48면.
62) 앞의 책(주 58), 42면은 개정 전 조세포탈죄의 선고형에 관해 "「조세범처벌법」 위반은 포탈세액의 24%, 「특가법」 위반은 포탈세액의 80% 수준을 과형"하였다고 분석한다.

국민일반의 가치관 내지 법감정 그리고 범죄예방을 위한 형사정책적 측면 등 여러 가지 요소를 종합적으로 고려하여 입법자가 결정할 사항으로서 광범위한 입법재량 내지 형성의 자유가 인정되어야 할 분야이다. 따라서 어느 범죄에 대한 법정형이 그 범죄의 죄질 및 이에 대한 행위자의 책임에 비하여 지나치게 가혹한 것이어서 현저히 형벌체계상의 균형을 잃고 있다거나 그 범죄에 대한 형벌 본래의 목적과 기능을 달성함에 있어 필요한 정도를 일탈하였다는 등 헌법상의 평등의 원칙 및 비례의 원칙 등에 명백히 위배되는 경우가 아닌 한, 쉽사리 헌법에 위반된다고 단정하여서는 아니 된다. (중략) 비례의 원칙상 법정형이 당해 범죄의 보호법익과 죄질에 비추어 범죄와 형벌 간에 수긍할 수 있는 정도의 합리성이 있다면, 이러한 법률을 위헌이라고 할 수 없다."[63)]고 판단하였다. 또한 헌법재판소는 "법정형의 종류와 범위를 정함에 있어서 고려해야 할 사항 중 가장 중요한 것은 당해 범죄의 보호법익과 죄질"[64)]이라고 판단하였다. 한편, 헌법재판소는 해당 규정의 법정형이 위헌인지 여부를 검토함에 있어 대체적으로 먼저 해당 규정의 연혁과 입법 목적을 살펴본 다음 책임과 형벌의 비례의 원칙 준수 여부[65)]를 검토하고, 형벌체계의 균형성 및 평등의 원칙 위반 여부를 살펴보는 입장이라고 할 수 있다.[66)]

그런데 헌법재판소는 "체계정당성(systemgerechtigkeit)의 원리[67)]라는 것은 동일 규범 내에서 또는 상이한 규범 간에(수평적 관계이건 수직적 관계이건) 그 규범의 구조나 내용 또는 규범의 근거가 되는 원칙 면에서 상호 배치되거나 모

---

63) 헌재 2004. 2. 26. 2001헌바75.
64) 헌재 2020. 3. 26. 2018헌바206.
65) 책임과 형벌의 비례성원칙 준수 여부를 해당 규정의 공익 및 형사정책적 고려, 집행유예가 불가능한지 여부와 집행유예가 불가능한 것이 책임에 반하는 과잉형벌인지 여부, 해당 기준이 법정형을 가중하는 합리적인 이유라고 볼 수 있는지 여부 순서로 판단한 입장은 예컨대 헌재 2012. 12. 27. 2011헌바217. 해당 법정형이 범죄의 죄질과 책임에 비하여 지나치게 가혹한지 여부와 법정형이 하한이 법률상 감경사유가 없는 한 작량감경하더라도 집행유예의 선고를 할 수 없어 법관의 양형결정권을 과도하게 제한한 것인지 여부 순서로 판단한 입장은 예컨대 헌재 2009. 2. 26. 2008헌바9.
66) 이러한 순서로 판단한 입장은 헌재 2006. 6. 29. 2006헌가7; 헌재 2006. 12. 28. 2006헌가12; 헌재 2008. 10. 30. 2006헌마447; 헌재 2009. 6. 25. 2007헌바25. 이외 형벌체계의 균형성과 평등원칙을 분리하지 아니하고 예컨대 "형벌체계의 균형성에 반하여 평등의 원칙 위반인지 여부", "평등원칙 위배 여부 – 형벌의 체계정당성 위배 여부", "형벌체계의 균형성 및 평등원칙 위반 여부"로 판단한 입장은 헌재 2009. 2. 26. 2008헌바9; 헌재 2012. 12. 27. 2011헌바217; 헌재 2021. 4. 29. 2018헌바113.
67) 한수웅, 헌법학, 법문사, 2021, 1158면은 "'정당성의 문제'가 아니라 '체계에 부합하는지의 문제'이므로 '체계적합성의 원리'란 용어가 보다 의미내용에 충실하다."고 주장한다. 정종섭, 헌법학원론, 박영사, 2022, 479면은 "체계정합성(體系整合性)"이라고 표현한다.

순되어서는 안 된다는 하나의 헌법적 요청(verfassungspostulat)이다. (중략) 그러나 일반적으로 일정한 공권력작용이 체계정당성에 위반한다고 해서 곧 위헌이 되는 것은 아니다. 즉 체계정당성 위반(systemwidrigkeit) 자체가 바로 위헌이 되는 것은 아니고 이는 비례의 원칙이나 평등원칙 위반 내지 입법의 자의금지위반 등의 위헌성을 시사하는 하나의 징후일 뿐이다.[68] 그러므로 체계정당성 위반은 비례의 원칙이나 평등원칙 위반 내지 입법자의 자의금지위반 등 일정한 위헌성을 시사하기는 하지만 아직 위헌은 아니고, 그것이 위헌이 되기 위해서는 결과적으로는 비례의 원칙이나 평등의 원칙 등 일정한 헌법의 규정이나 원칙을 위반하여야 한다."[69]고 판단하였다. 또한 헌법재판소는 체계정당성의 원리를 "국가공권력에 대한 통제와 이를 통한 국민의 자유와 권리의 보장을 이념으로 하는 법치국가원리로부터 도출되는 것"[70]이라고 판단하였다.[71]

2. 학계의 입장

법정형의 설정기준에 관해 일부 학설은 "이상적인 법정형의 내용적 정당성을 세분화하면 '규범적 정당성'의 문제, '현실적 합리성'의 문제, '형식적 체계성'의 문제로 나누어 설명해 볼 수 있을 것이다. 합헌적 법정형을 위한 가장 핵심적인 내용은 '규범적 정당성'에 있다. 특히, 보호법익과 불법성 측면의 비례성이 규범적 정당성을 확보하기 위한 가장 우선적인 요건이다. '현실적 합리성'은 규범적 정당성을 확보하기 위한 부차적 요건일 수 있다. (중략) 이는 형벌의 목적에 대한 고려, 국민의 법의식, 사회를 주도하는 시대정신 등을 통하여 판단될 수 있는 문제이다. '형식적 체계성'은 보다 높은 정당성을 부여하기 위한 추가

---

68) 같은 취지로 서윤호, 입법이론에서의 체계정당성, 건국대학교 인문학연구원 통일인문학, 제65집, 2016, 280면은 "이것은 체계정당성이 그 자체로서 독자적인 의미를 가지고 있는 것이 아니라, 다른 헌법상의 법원칙들과의 관계 속에서 구체적인 의미를 확보하는 복합적인 법원칙임을 보여주는 것이다. 또 다른 한편으로는 법질서 형성의 대상이 되는 생활영역들이 갖고 있는 다양성과 복잡성을 고려하여 우리 법질서가 입법자에게 입법의 재량을 인정하고 있는 데에도 그 이유가 있기도 하다."고 주장한다.

69) 헌재 2005. 6. 30. 2004헌바40.

70) 헌재 2010. 6. 24. 2007헌바101; 헌재 2015. 7. 30. 2013헌바120.

71) 체계정당성의 원리의 헌법적 근거에 관하여 정종섭, 앞의 책(주 67), 479면은 헌법상의 평등보호 조항으로 이해하는 입장이고, 한수웅, 앞의 책(주 67), 1158면은 평등원칙과 법치국가의 원리로 이해한다. 한편, 성낙인, 헌법학, 법문사, 2022, 278면은 "국가공권력에 대한 통제와 이를 통한 국민의 자유와 권리를 보장을 이념으로 하는 법치주의원리로부터 도출된다."고 주장한다.

적 요건이라고 이해할 수 있다."[72]고 언급한다. 또한 이 견해는 헌법재판소가 법정형의 설정기준으로 언급한 죄질과 관련해 "헌법재판소는 '죄질'이라는 용어를 사용하고 있으나 범죄의 질적인 판단은 곧 불법 정도에 대한 판단을 의미한다는 점에서 '죄질'을 '불법'으로 이해하여도 (무방하다)"고[73] 주장한다. 반면, 이제까지 형법적용에서 축적된 양형실무의 경험치를 법정형의 설정기준으로 활용해야 한다는 학설이 있다.[74] 이 학설은 양형위원회가 양형기준을 설정할 때 해당범죄에 대한 법원의 실제 양형사례를 분석하여 그 평균값과 최고치, 최저치 등을 산정하여 범죄별 양형기준을 제시하였는데, 이렇게 법원의 양형실무를 통해 축적된 경험자료를 법정형의 설정기준으로 삼아야 한다고 주장한다.[75]

3. 비판적 검토

법정형의 설정기준으로 보호법익과 죄질 등 규범적 요소를 적용할 것인지 (이하 '전자의 입장'이라 한다) 아니면 법원의 실제 양형사례를 분석한 경험치를 적용할 것인지(이하 '후자의 입장'이라 한다)에 대하여는 전자의 입장이 타당하다고 생각한다. 왜냐하면 후자의 입장은 형법상 죄명에는 타당한 점이 있으나, 양형위원회는 조세범죄 중 체납처분면탈죄에 관한 양형기준을 이제껏 정립하지 못하였다[76]는 점에서 그 입장을 체납체분면탈죄의 법정형의 적정성 여부를 판단하는데 적용할 수는 없기 때문이다. 따라서 양죄의 법정형이 보호법익과 죄질, 일반예방 등의 관점에서 정당화될 수 있는지를 검토할 필요성이 있다. 그리고 체계정당성의 원리의 관점에서 양죄의 법정형이 일본의 각 세법상 조세포탈죄와 국세징수법의 체납처분면탈죄의 각 법정형이나 우리나라 관세법의 관세포탈죄와 체납처분면탈죄 내지 강제징수면탈죄의 법정형과 조화될 수 있는지에

---

72) 김슬기, 한국 형법의 법정형에 관한 연구, 연세대학교 대학원 박사학위논문, 2010, 46면.
73) 김슬기, 앞의 논문(주 72), 68면.
74) 정승환, 현행 형법에서 법정형의 정비방안, 한국형사법학회 형사법연구, 제23권 제4호, 2011, 23-24면.
75) 정승환, 앞의 논문(주 74), 24면.
76) 양형위원회 인터넷 사이트(https://sc.scourt.go.kr)의 조세범죄 양형기준에 의하면 조세범죄 양형기준으로 설정한 대상 범죄는 "조세포탈 등(조세범처벌법 제3조 제1항, 시방세기본법 제102조 제1항), 상습조세포탈 등(조세범처벌법 제3조 제4항, 지방세기본법 제102조 제5항), 특정범죄가중법상 조세포탈죄(특정범죄가중처벌등에관한법률 제8조 제1항), 세금계산서 발급의무 위반 등(조세범처벌법 제10조 제3항, 제4항), 특정범죄가중법상 세금계산서 교부의무 위반 등(특정범죄가중법 제8조의2 제1항)의 죄"를 저지른 성인19세 이상) 피고인에 한정된다.

관해 살펴볼 필요성이 있다.[77] 따라서 양죄의 연혁을 살펴보고, 양죄 중 어떤 죄명의 법정형이 더 중한지에 관해 검토한 다음 양죄의 법정형이 보호법익과 죄질, 일반예방 등 그 설정기준에 부합하게 규정된 것인지, 양죄의 법정형이 일본의 관련 법률 내지 우리나라 관세법의 관련 조항과의 관계에서 체계정당성의 원리에 부합하는지 여부를 살펴본 다음 만약 체계정당성의 원리에 위반된다면 헌법상 평등의 원칙에 위반되는지에 관해 살펴본다.[78]

Ⅳ. 양죄의 연혁 및 법정형의 설정기준에 따른 분석

1. 양죄의 연혁

1951. 5. 7. 제정된 조세범처벌법 제9조는 "사위 기타 부정한 행위로써 조세를 포탈하거나 포탈하고자 한 자는 3년 이하의 징역 또는 그 포탈하거나 포탈하고자 한 세액의 5배 이상 10배 이하에 상당하는 벌금에 처한다."고 규정하고, 제12조는 "체납자 또는 체납자의 재산을 점유하는 자가 조세를 면탈할 의도 또는 면탈케 할 목적으로써 그 재산을 장닉 탈루하거나 또는 허위의 계약을 하였을 때에는 2년 이하의 징역에 처한다. 차압물건의 보관자가 그 보관한 물건을 장닉 탈루, 소비 또는 훼손하였을 때에도 전항과 같다. 그 정을 알고 전2항의 행위를 방조하거나 제1항의 허위의 계약을 승낙한 자는 1년 이하의 징역에 처한다."고 규정하였다. 이처럼 양죄는 조세범처벌법이 제정될 당시부터 규정되어 온 죄명들로서 그 이후에도 계속 조세포탈죄의 법정형이 체납처분면탈죄보다 더 높은 태도를 유지하다가 1961. 12. 8. 조세범처벌법을 개정하면서 제9조 제1항 각 호는 조세포탈죄의 법정형을 세목마다 따로 규정하는 체계를 취하였고, 인지세의 경우 제2호에 "증서·장부 1개마다 3만환 이하의 벌금 또는

---

77) 박영도, 입법학용어해설집, 한국법제연구원, 2002, 301면은 "입법자는 입법의 기능과 효율성을 도모하기 위하여 논리적인 통일체계로서의 실정법의 구조를 고려하는 경우 개개의 법령 상호간의 모순과 저촉을 배제하지 않으면 안 되며, 법령체계 가운데 조화와 균형의 관계가 유지되도록 하여야 한다."고 주장한다.

78) 헌법재판소는 법정형의 위헌 여부를 판단하는데 통상 형벌과 책임의 비례원칙 위반 여부와 평등원칙 위반을 살피는 태도이나, 양죄의 법정형인 3년 이하 징역 또는 2년 이하 징역은 법률상 감경사유가 없더라도 집행유예의 선고가 가능하고, 성폭력범죄의 처벌 등에 관한 특례법이나 특정범죄 가중처벌 등에 관한 법률(이하 '특가법'이라 한다)의 가중처벌 조항과 달리, 그 법정형 자체가 지나치게 가혹한 법정형이라고 보기 어려우므로 형벌과 책임의 비례원칙을 위반하였다고 판단할 수는 없으므로 평등의 원칙 위반을 중점적으로 살펴본다.

과료에 처한다.”고 규정하며, 나머지 세목은 제1호와 제3호에 “3년 이하의 징역 또는 500만환 이하의 벌금”으로 규정하였다. 그리고 체납처분면탈죄에 관한 제12조 제1항과 제2항은 “2년 이하의 징역”, 제3항은 “1년 이하의 징역”으로 규정하였다. 따라서 인지세를 제외한 나머지 세목은 여전히 조세포탈죄의 법정형이 체납처분면탈죄보다 더 높았다. 그런데 2010. 1. 1. 조세범처벌법을 개정하면서 조세포탈죄의 기본적 구성요건에 관한 법정형을 체납처분면탈죄보다 더 낮게 규정하여 현재까지 이어오고 있다.

2. 양죄의 형의 경중 분석

현행 조세포탈죄의 기본적 구성요건에 관한 법정형은 2년 이하의 징역 또는 포탈세액, 환급·공제받은 세액의 2배 이하에 상당하는 벌금인 반면, 체납처분면탈죄에 관한 법정형은 3년 이하의 징역 또는 3천만 원 이하의 벌금이다. 그리고 앞서 언급하였듯이 법정형의 경중은 병과형 또는 선택형 중 가장 중한 형을 기준으로 판단하므로 양죄의 선택형 중 가장 중한 형은 징역형이어서 징역형의 상한이 더 높은 체납처분면탈죄가 더 중한 형이라고 할 것이다.

3. 양죄의 보호법익과 죄질 등 법정형의 설정기준 분석

(1) 보호법익의 우열 및 죄질의 경중

전원합의체 판결의 다수의견은 구 조세범처벌법 제9조 제1항이 규정한 조세포탈죄의 보호법익을 “조세의 적정한 부과·징수를 통한 국가의 조세수입의 확보”라고 판단하였고, 그 다수의견을 수용해 개정된 조세범처벌법 제3조 제6항은 “조세의 부과와 징수를 불가능하게 하거나 현저히 곤란하게 하는 적극적 행위”라고 명문화시켰다. 한편, 체납처분면탈죄는 조세 징수권을 보호법익으로 하는 죄명이다.[79] 따라서 양죄는 모두 국가의 조세수입의 확보를 목적으로 삼

---

79) 김종근, 조세형사법 해설, 삼일인포마인, 2022, 326－327면은 “체납처분면탈죄는 궁극적으로는 조세수입의 확보를 목적으로 하면서도 직접적으로는 국가의 국세징수라는 권력작용 그 자체의 보호를 목적으로 하는 죄라고 봄이 상당하다.”고 주장한다; 김태희, 앞의 책(주 1), 336면은 “본 조 위반죄는 국가적 법익인 조세징수권 및 체납처분 집행기능의 확립을 보호법익”으로 한다고 주장한다; 안대희, 앞의 책(주 1), 139면은 “본 죄는 국가의 조세징수권의 보호를 위한 것”이라

으나, 조세포탈죄는 조세 부과권을 저해하는 행위와 조세 부과권을 형해화시킬 정도로 조세 징수권을 저해하는 행위로부터 이들 법익을 보호하는 기능을 담당하는 반면, 체납처분면탈죄는 조세 부과권을 형해화시키는 정도에 이르지 않은 조세 징수권을 저해하는 행위로부터 그 법익을 보호하는 기능을 담당한다고 할 것이다. 그런데 조세포탈죄의 보호법익인 조세 부과권이 저해되면 조세 징수권도 저해될 수밖에 없다. 따라서 조세포탈죄의 보호법익 중 조세 부과권은 체납처분면탈죄의 보호법익인 조세징수권보다 더 우월한 보호법익이다.

조세포탈죄의 죄질과 체납처분면탈죄의 그것은 어떤 것이 더 중하다고 볼 수 있을까? '죄질'에 관한 대표적인 실정법적 근거로 "(제1항 및 제2항을 제외하고는) 죄질과 범정(犯情)을 고려하여 경중을 정한다"는 형법 제50조 제3항을 들 수 있고, 학설은 "죄질은 행위반가치와 결과반가치를 종합한 불법유형, 즉 구성요건의 유형적 본질을 말한다"고 해석한다.[80] 이 견해는 죄질을 '불법'과 같은 의미로 이해하는 입장이라고 할 수 있다. 따라서 양죄의 죄질은 양죄의 행위반가치와 결과반가치를 검토하여 결정할 문제이고, 조세포탈죄가 성립하기 위해서는 조세 징수권이 저해되는 정도가 조세 부과권을 형해화시킬 정도에 이른 경우에 한정된다. 따라서 조세 징수권이라는 같은 보호법익 측면에서 체납처분면탈죄보다 조세포탈죄의 결과반가치가 더 크다고 할 것이다. 또한 행위반가치의 경우에 국세청이 체납처분면탈죄의 법정형을 강화한 이유로 체납처분면탈죄의 행위수단인 '재산은닉'을 '적극적 조세포탈 시도'로 처벌을 강화할 필요가 있다고 주장하듯이, 조세포탈죄의 행위반가치가 체납처분면탈죄보다 더 경하다고 볼 만한 근거는 없다. 그러므로 보호법익의 서열과 불법의 크기가 모두 조세포탈죄가 체납처분면탈죄보다 더 앞서거나 크다고 할 수 있다. 결국 체납처분면탈죄의 법정형을 조세포탈죄의 기본적 법정형보다 더 높게 규정한 태도는 적어도 양죄의 보호법익과 죄질에 비추어 볼 때 정당화되기 어렵다.

(2) 일반예방 등 다른 고려요소

보호법익과 죄질의 측면에서 양죄의 법정형이 정당화될 수 없더라도 일반예방 등 법정형과 관련된 다른 고려요소에 의해 양죄의 현행 법정형이 정당화

고 주장한다.
80) 이상원, 박상옥 등(편), 주석 형법(총칙 2), 한국사법행정학회, 2020, 463면.

될 수 있을까? 조세 징수권을 저해하는 행위를 엄단하고자 하는 일반예방의 관점에 입각하더라도 체납처분면탈죄보다 더 우월한 보호법익이거나 불법이 더 큰 조세포탈죄보다 더 엄벌할 이유를 발견하기 어렵다. 또한 2010. 1. 1. 조세범처벌법을 개정할 당시 종전과 달리 체납처분면탈죄를 조세포탈죄보다 더 엄벌해야 할 새로운 시대적 상황이 발생하였다고 보기도 어렵고, 국민일반의 가치관 내지 법감정이 변화하였다고 볼 만한 근거도 발견하기 어렵다. 설령 조세 징수권을 저해하는 행위를 엄단할 필요성이 새로 발생하였더라도 체납처분면탈죄의 법정형을 상향하듯이 특히 조세 부과권을 형해화할 정도에 이른 조세 징수권도 보호법익으로 하는 조세포탈죄의 법정형도 상향하는 태도를 취하는 것이 형평에 부합하였다고 할 것이다. 따라서 체납처분면탈죄의 법정형을 조세포탈죄의 기본적 구성요건에 관한 법정형보다 더 높게 규정한 태도는 보호법익이나 죄질, 입법 당시의 시대적 상황, 국민일반의 가치관 내지 법감정 그리고 범죄예방을 위한 형사정책적 측면을 고려하여도 문제가 있다.

Ⅴ. 체계정당성의 원리 내지 평등의 원칙 위반 여부

1. 체계정당성의 원리 위반 여부

(1) 일본의 양죄의 법정형

일본은 조세포탈죄에 관해 소득세법 제238조는 10년 이하의 징역 또는 8,000만 엔 이하의 벌금에 처하거나 병과한다고 규정하고, 법인세법 제159조 제1항은 10년 이하의 징역 또는 8,000만 엔 이하의 벌금에 처하거나 병과한다고 규정한다. 또한 상속세법 제68조는 10년 이하의 징역 또는 8,000만 엔 이하의 벌금에 처하거나 병과한다고 규정하고, 소비세법 제64조 제1항은 10년 이하의 징역 또는 1,000만 엔 이하의 벌금에 처하거나 병과한다고 규정한다. 한편, 체납처분면탈죄를 규정한 일본 국세징수법 제187조 제1항은 3년 이하의 징역 또는 250만 엔 이하의 벌금에 처하거나 병과한다고 규정하고, 제2항은 전항과 같다고 규정하며, 제3항은 2년 이하의 징역 또는 150만 엔 이하의 벌금에 처하거나 병과한다고 규정한다. 따라서 일본은 조세포탈죄의 법정형이 체납처분면탈죄보다 훨씬 높다.

(2) 관세포탈죄와 체납처분면탈죄 내지 강제징수면탈죄의 법정형

1949. 11. 23. 제정된 관세법 제198조는 "관세를 포탈하거나 또는 포탈하려고 한 자는 그 포탈하거나 포탈하려 한 세액의 1배 이상 5배 이하에 상당한 벌금 또는 과료에 처(한다)"고 규정하였고, 변천과정을 거치면서 2010. 1. 1. 개정된 관세법 제270조 제1항은 "3년 이하의 징역 또는 포탈한 관세액의 5배와 물품원가 중 높은 금액 이하에 상당하는 벌금"으로, 제4항은 "3년 이하의 징역 또는 감면받거나 면탈한 관세액의 5배 이하에 상당하는 벌금"으로, 제5항은 "3년 이하의 징역 또는 환급받은 세액의 5배 이하에 상당하는 벌금"으로 각 규정하였으며,[81] 현재까지 같은 법정형을 유지하고 있다. 한편, 체납처분면탈죄는 제정된 관세법에 규정되지 아니하다가 2010. 1. 1. 관세법이 개정되면서 제275조의2 제1항은 "납세의무자 또는 납세의무자의 재산을 점유하는 자가 체납처분의 집행을 면탈할 또는 면탈하게 할 목적으로 그 재산을 은닉·탈루하거나 거짓 계약을 한 때에는 3년 이하의 징역 또는 3천만 원 이하의 벌금에 처한다", 제2항은 "제303조 제2항에 따른 압수물건의 보관자 또는 국세징수법 제38조에 따른 압류물건의 보관자가 그 보관한 물건을 은닉·탈루, 손괴 또는 소비하였을 때에는 3년 이하의 징역 또는 3천만 원 이하의 벌금에 처한다", 제3항은 "제1항과 제2항의 사정을 알고 이를 방조하거나 거짓 계약을 승낙한 자는 2년 이하의 징역 또는 2천만 원 이하의 벌금에 처한다"고 규정하는 방법으로 신설되었다. 그 후 2020. 12. 22. 개정을 통해 제275조의2를 '강제징수면탈죄 등'으로 변경하면서도 법정형은 그대로 유지하고 있다. 따라서 관세포탈죄와 체납처분면탈죄가 같이 규정된 때부터 현재까지 양죄의 형의 경중을 비교해 보면 징역형의 경우에 동일하거나 관세포탈죄가 더 중하고, 벌금형의 경우에 관세포탈죄는 '포탈한 관세액의 5배와 물품원가 중 높은 금액 이하에 상당하는 금액' 내지 '감면받거나 면탈한 관세액의 5배 이하에 상당하는 금액' 또는 '환급받은

---

81) 송관호, 관세범죄 해설, 법문사, 2016, 134-163면은 관세법 제270조의 규정체계를 제1항 제1호와 제2호는 관세포탈죄, 제1항 제3호와 제2항, 제3항은 부정수출입죄, 제4항은 부정감면죄, 제5항은 부정환급죄로 분류한다. 그러나 조세범처벌법 제3조 제1항에 '환급·공제'가 포함되는 점을 감안하면 제270조 제1항 제1호와 제2호뿐만 아니라 제4항과 제5항도 넓은 의미의 관세포탈죄에 포함된다고 해석할 수 있다.

세액의 5배 이하에 상당하는 금액'이 체납처분면탈죄 내지 강제징수면탈죄의 벌금형 상한인 3천만 원 내지 2천만 원을 초과할 수 있어 관세포탈죄가 더 중하다.

(3) 소결

일본 조세포탈죄의 징역형은 일본 형법의 사기이득죄의 법정형인 징역 10년 이하와 균형을 맞춘 것으로서 조세포탈죄의 법적 성격을 사기죄로 이해하는 것을 전제하나, 조세범처벌법의 조세포탈죄 법정형은 형법의 사기죄의 법정형과 균형을 맞춘 것이 아니고, 조세포탈죄와 사기죄의 법정형의 차등화는 조세포탈죄의 법적 성격 항목에서 살펴보듯이, 행위 상대방인 세무공무원과 사인의 정보취득 권한 차이와 전문성 등을 고려한 합리적인 사유가 있으므로 조세범처벌법의 조세포탈죄는 사기죄가 아니라 위계공무집행방해죄로서의 법적 성격으로 이해하는 것이 타당하다. 그러나 조세포탈죄의 법적 성격을 사기죄로 이해할지 여부와 관계없이, 조세포탈죄는 근본적으로 조세 부과권을 보호법익을 삼는 죄명이라는 점에서 조세 징수권을 보호법익을 삼는 체납처분면탈죄보다 보호법익이 우월하므로 일본 세법과 국세징수법이 조세포탈죄의 법정형을 체납처분면탈죄보다 더 높게 규정한 태도는 보호법익의 서열에 부합한다고 할 것이다. 그리고 우리나라 관세법이 관세포탈죄의 법정형을 체납처분면탈죄 내지 강제징수면탈죄의 그것보다 더 높거나 같게 규정한 태도 역시 보호법익의 서열을 고려한 것으로 이해할 수 있다. 따라서 조세범처벌법의 양죄의 법정형은 일본의 관련 법률과 우리나라 관세법의 관련 조항과 체계적으로 부합하지 아니하므로 체계정당성의 원리에 위반된다.

2. 평등의 원칙 위반 여부

(1) 자의금지원칙에 관한 헌법재판소의 입장에 따른 분석

헌법재판소는 평등의 원칙 위반을 판단할 때 원칙적으로 '합리적인 이유가 있는 차별'인지 여부만을 판단한다. 즉 헌법재판소는 "평등의 원칙은 일체의 차별적 대우를 부정하는 절대적 평등을 의미하는 것이 아니라 입법과 법의 적용에 있어서 합리적인 근거가 없는 차별을 하여서는 아니 된다는 상대적 평등을 뜻하고 따라서 합리적인 근거가 있는 차별 또는 불평등은 평등의 원칙에 반하는 것이 아니다. 평등원칙은 행위규범으로서 입법자에게 객관적으로 같은 것을 같게/다른 것은 다르게 규범의 대상을 실질적으로 평등하게 규율할 것을 요구하나, 헌법재판소의 심사기준이 되는 통제규범으로서 평등원칙은 단지 자의적인 입법의 금지기준만을 의미하게 되므로 헌법재판소는 입법자의 결정에서 차별을 정당화할 수 있는 합리적인 이유를 찾아 볼 수 없는 경우에만 평등원칙의 위반을 선언하게 된다. 다시 말하면 헌법에 따른 입법자의 평등실현의무는 헌법재판소에 대하여는 단지 자의금지원칙으로 그 의미가 한정축소(되다)"[82]고 판단하였다.[83] 따라서 체납처분면탈죄의 법정형을 조세포탈죄의 기본적 구성요건에 관한 법정형보다 더 높게 규정한 태도는 합리적인 근거가 있어 자의금지원칙에 반하지 않는지가 문제되는데, 이러한 태도는 합리적인 차별이라고 볼 만한 근거를 발견하기 어렵다. 왜냐하면 양죄의 현행 법정형은 법정형의 설정기준인 보호법익과 죄질, 일반예방 관점 등에 비추어 보더라도 합리적으로 설명하기 어렵고, 일본의 세법과 국세징수법의 법정형 또는 관세법의 관련 조항의 법정형에 비추어 보더라도 체계적으로 부합하지 아니하며, 체납처분면탈죄의 법정형을 조세포탈죄의 기본적 구성요건에 관한 법정형보다 더 중하게 처벌해야 할 필요성 내지 합리적인 근거를 발견하기 어렵기 때문이다. 그리고 헌법재판소의 입장[84]에 의하면 죄질에 있어 약간의 차이가 있어도 그러한 행위에 대해 일반인이 느끼는 비난가능성이나 그 범죄의 일반예방효과를 달성하기 위해 요구되는 법정형의 수준이 별반 차이가 없어 법정형을 동일하게 규정하는 것이 정당화될 수 있는데, 이는 어디까지나 죄질이 약간 차이가 나는 죄명의 법정형을 같게 규정한 경우이다. 그러나 죄질이 더 중한 조세포탈죄의 기본적 구성요건에 관한 법정형을 체납처분면탈죄보다 오히려 더 낮게 규정한 태도는 헌법재판소의 입장에 의하더라도 정당화될 수 없다.

---

82) 헌재 1998. 9. 30. 98헌가7.
83) 이러한 헌법재판소의 입장은 권력분립의 원칙에 입각한 것으로서 타당하다는 견해로 김진욱, 헌법상 평등의 이념과 심사기준(하) — 헌법재판소의 평등심사기준 다시 쓰기, 한국법학원 저스티스, 제135호, 2013, 18면.
84) 헌재 2009. 6. 25. 2007헌바25.

(2) 비슷한 법정형에 관한 헌법재판소의 입장에 따른 분석

헌법재판소는 "형벌체계의 균형성 및 평등원칙의 내용은, 죄질과 보호법익 등이 유사한 범죄는 합리적인 범위 내에서 비슷한 법정형으로 처벌되어야 한다."[85]고 일관되게 판단하였다. 이 입장에 의하면 양죄는 보호법익과 죄질이 유사한 범죄이므로 비슷한 법정형인 3년 이하 징역 내지 2년 이하 징역으로 규정되었기 때문에 합리적인 범위 내의 법정형이라고 볼 수 있다는 견해가 있을 수 있다. 그러나 헌법재판소의 입장에 의하더라도 양죄의 현행 법정형은 평등의 원칙에 위반된다. 먼저 헌법재판소가 앞서 언급한 입장을 표명한 사건 중 대표적인 사례들을 살펴본다. 우선 93헌바40 결정의 대상 조항은 형법상 뇌물수수 죄의 가중처벌 조항으로서 특가법의 "수뢰액이 5천만 원 이상인 때에는 무기 또는 10년 이상의 징역에 처한다."는 규정이었다. 헌법재판소는 그 특가법위반 죄와 살인죄는 보호법익이 국가적 법익과 개인적 법익으로서 상이하고, 살인죄의 법정형인 "사형, 무기, 5년 이상의 징역"과 비교해 볼 때, 선택형 중 더 중한 형인 사형이 특가법에는 없으며, 비록 징역형의 하한이 특가법이 더 높다고 하더라도, 법정형의 하한은 "여러 가지 요소의 종합적 고려에 따라 입법자가 그 재량으로 결정할 사항이며, 범죄의 경중과 법정형의 하한의 경중이 언제나 정비례하는 것은 아니고 당해 범죄의 죄질 및 성격에 따라 각기 다르다."는 입장이었다. 다음으로 92헌바45 결정의 대상 조항은 형법상 절도죄의 가중처벌 조항으로서 군형법상 총포·탄약 또는 폭발물에 대한 절도죄에 "사형·무기 또는 10년 이상의 징역에 처한다."는 규정이었다. 헌법재판소는 "총포 등 군용물이 가지는 전투력의 핵심적 요소로서의 군사적 가치 내지는 그를 통한 국가의 존립 및 안위라는 국가적 이익을 보호하고자 하는 데 그 목적이 있으므로 이를 형법상의 절도죄와 평면적, 산술적으로만 비교 판단할 수는 없는 것"이고, "군형법의 존재의의와 목적, 총포 등 목적물이 가지는 군사상의 가치와 위험성, 남북분단 및 군사적 대립상태의 지속이라는 국가적 상황 등에 비추어 그 합목적적 필요성이 충분히 인정될 수 있을 것이므로 이를 가리켜 법률상의 차별의 합리적 근거가 결여되었다고 볼 수는 없다."는 입장이었다. 끝으로 93헌바60 결

---

85) 헌재 1995. 4. 20. 93헌바40; 헌재 1995. 10. 26. 92헌바45; 헌재 1997. 8. 21. 93헌바60; 헌재 2006. 6. 29. 2006헌가7; 헌재 2006. 12. 28. 2006헌가12; 헌재 2008. 10. 30. 2006헌마447.

정의 대상 조항은 형법의 강도상해죄 법정형인 "무기 또는 7년 이상의 징역"이었다. 헌법재판소는 비록 강도상해죄의 징역형의 하한이 살인죄의 징역형의 하한보다 높으나, "무릇 어느 범죄에 대한 법정형의 하한도 여러 가지 기준의 종합적 고려에 의하여 정해지는 것으로서 죄질의 경중과 법정형의 하한의 높고 낮음이 반드시 정비례하는 것은 아니라고" 판단하였다. 결국 헌법재판소의 입장을 종합하면 판단 대상인 죄명과 비교 대상인 죄명의 보호법익을 먼저 비교하고, 형의 경중은 선택형 내지 병과형의 가장 중한 형을 비교한 다음, 비록 판단 대상인 죄명의 징역형의 하한이 비교 대상인 죄명보다 높다고 하더라도 보호법익이 다른 이상, 이를 평면적·기계적으로 비교해 위헌이라고 단정할 수 없다는 입장으로 이해할 수 있다. 그런데 조세포탈죄와 체납처분면탈죄는 둘 다 국가의 조세수입의 확보를 목적으로 조세 부과권 내지 조세 징수권을 보호하는 죄명으로서 상이한 보호법익을 보호하는 죄명이라고 볼 수 없고, 보호법익의 서열이나 불법의 크기가 조세포탈죄가 더 우월하거나 중함에도 불구하고, 선택형 중 가장 중한 형인 징역형이 조세포탈죄의 기본적 구성요건은 "2년 이하"이고, 체납처분면탈죄는 "3년 이하"로서 형의 '상한'이 체납처분면탈죄가 더 높다. 따라서 비록 체납처분면탈죄의 법정형의 상한이 조세포탈죄보다 1년밖에 더 높지 않더라도, '합리적인 범위 내 비슷한 법정형'으로 규정한 것으로 평가할 수는 없다. 따라서 양죄의 현행 법정형은 헌법상 평등의 원칙에 위반되어 위헌이라고 판단되므로 신속히 개정할 필요성이 있다.[86]

---

86) 조세포탈죄의 보호법익에 일정 범위의 조세징수권이 조세 부과권과 독자적으로 포함된다는 점을 분명히 하기 위해 조세범처벌법 제3조 제6항의 "조세의 부과와 징수"를 "조세의 부과 또는 징수"라고 개정함이 타당하다. 강석규, 조세법 쟁론, 삼일인포마인, 2022, 1655면도 같은 취지이다.

조세포탈죄의 법적 성격

제1절 서론

　　조세포탈죄는 위계로써 조세 부과권 또는 조세 징수권과 관련된 국가작용을 교란시키는 것을 보호하는 측면에서 위계공무집행방해죄로서 성격이 있다고 이해할 수 있는 한편, 국가에 대한 기망을 통해 재산상 이익을 취득한다는 측면에서 사기죄로서의 성격이 있다고 이해할 수도 있다. 따라서 조세포탈죄를 위계공무집행방해죄로서의 성격이 더 강하다고 이해할지 아니면 사기죄로서의 성격이 더 강하다고 이해할지 여부가 문제된다. 이러한 인식의 차이는 조세포탈죄의 법적 성격에 관한 이론적 차원에서의 문제만이 아니라 실천적 측면에 영향을 미친다. 왜냐하면 조세포탈죄를 위계공무집행방해죄로서의 성격에 주목할지 아니면 재산범죄 측면에서 사기죄로서의 성격에 주목할지 여부에 따라 조세포탈죄를 위험범으로 이해할지 여부, 조세포탈죄의 행위수단으로 규정된 '사기나 그 밖의 부정한 행위' 개념을 위계공무집행방해죄의 '위계'와 같이 이해할지 아니면 사기죄의 '기망행위'와 같이 이해할지 여부, 현행 조세포탈죄에 관한 법정형의 타당성 여부, 조세포탈죄의 미수범 처벌규정을 신설할지 여부에 관한 논의에 영향을 미칠 수 있기 때문이다. 또한 조세포탈죄의 보호법익의 보호정도에 관해 조세포탈죄를 위험범으로 이해할지 여부와 만약 위험범으로 이해하면 추상적 위험범으로 이해할지 아니면 구체적 위험범으로 이해할지에 관해 논의할 필요성이 있다. 이는 조세포탈죄를 국가적 법익을 보호하는 죄명으로 이해할지 아니면 국가의 조세채권이라는 재산권을 보호하는 죄명으로 이해할지와 연관된다. 그리고 조세포탈죄는 행위주체를 납세의무자와 양벌규정의 법정책임자로 제한한 범죄인지 아니면 누구나 행위주체가 될 수 있는 범죄인지가 문제된다. 이 문제는 조세범처벌법을 비롯한 관련 법률의 법률해석의 문제인 동시에 형법 제33조의 "신분이 있어야 성립하는 범죄"에 관한 해석과도 관련된다.

제2절 사기죄 또는 위계공무집행방해죄로서의 성격

Ⅰ. 서론

조세포탈죄의 법적 성격과 관련해 위계공무집행방해죄의 성격이 더 강한지 아니면 사기죄의 성격이 더 강한지 여부는 선험적인 영역이라고 할 수 없다. 즉 이 문제는 각 나라마다 조세포탈죄와 사기죄를 비롯한 관련 법률체계, 예컨대 위계공무집행방해죄, 혹은 조세포탈죄의 유사한 행위수단으로 규정된 특별법위반죄를 전체적으로 살펴본 후에야 비로소 판단할 수 있는 문제이다. 그런데 주목할 점은 우리나라는 독일, 일본, 미국 등 주요국과 달리, 형법 제137조에 "위계로써 공무원의 직무집행을 방해한 자는 5년 이하의 징역 또는 1천 만원 이하의 벌금에 처한다"는 규정을 마련한 점이다. 위계공무집행방해죄는 우리나라 형법 제정 당시 일본개정형법가안 제210조에 규정된 "위계 또는 위력을 사용하여 공무원의 직무를 행하는 것을 방해하는 자는 3년 이하의 징역 또는 금고에 처한다."는 규정 중 '위력'을 제외하고 법정형을 5년 이하의 징역으로 입법화시킨 것이다.[87] 따라서 주요국과 달리, 우리나라의 조세포탈죄의 법적 성격을 검토함에 있어 사기죄뿐만 아니라 위계공무집행방해죄와 비교하는 작업이 필요하다. 한편, 현행법상 조세포탈죄의 행위수단인 "사기나 그 밖의 부정한 행위로써"와 동일한 행위수단으로 국가기관을 속여 재산상의 이익 또는 유·무형의 이익을 얻는 범죄를 처벌하는 규정은 없다. 그러나 유사한 행위수단이라

---

87) 형법 제137조의 위계공무집행방해죄의 법정형에 벌금형이 신설된 것은 1995. 12. 29. 형법이 개정되면서부터이다.

고 볼 수 있는 "부정한 방법으로" 또는 "거짓 신청이나 그 밖의 부정한 방법으로", "거짓 또는 부정한 방법으로", "거짓 또는 그 밖의 부정한 방법으로", "거짓이나 그 밖의 부정한 방법으로", "거짓 그 밖의 부정한 방법으로", "속임수나 그 밖의 부정한 방법으로" 국가기관을 속여 재산상 또는 그 밖의 유·무형의 이익을 얻는 형태의 범죄가 각종 특별법에 다수 규정되어 있다. 따라서 조세포탈죄와 유사한 행위수단으로 규정된 특별법위반죄도 검토해야 비로소 조세포탈죄가 사기죄로서의 성격이 더 강한지 아니면 위계공무집행방해죄로서의 성격이 더 강한지 여부를 분명히 파악할 수 있다. 먼저 주요국이 조세포탈죄와 사기죄를 규정한 체계를 살펴볼 필요성이 있는데, 앞서 주요국이 조세포탈죄를 규정한 체계에 관해 이미 살펴본 관계로 여기서는 주요국이 사기죄를 규정한 체계를 살펴보고, 조세포탈죄를 사기죄로서의 성격으로 이해하는 기존의 학계의 입장과 상반된 취지의 대법원의 입장을 살펴본 후 위계공무집행방해죄, 조세포탈죄와 유사한 행위수단으로 규정된 특별법위반죄를 조세포탈죄와 비교해 살펴본다.

II. 주요국의 사기죄에 관한 태도 및 평가

1. 독일

독일 형법(StGB) 제263조에 사기죄를 다음과 같이 규정한다. 즉 독일 형법 제263조 제1항 위법한 재산상의 이익을 자신이 취득하거나 타인으로 하여금 취득하게 할 의사로 허위의 사실로 기망하거나 진실을 왜곡 또는 은폐하여 착오를 야기 또는 유지시킴으로써 타인의 재산에 손해를 가한 자는 5년 이하의 징역 또는 벌금에 처한다. 제2항 미수범은 처벌한다. 제3항은 특히 중대한 경우에는 6개월 이상 10년 이하의 징역에 처한다. 특히 중대한 경우란 특별한 규정이 없는 한, 다음 각 호에 해당하는 행위를 말한다. 제1호 영업적으로 또는 문서위조 또는 사기의 계속된 수행을 목적으로 조직된 범죄조직의 구성원으로서 행위한 경우 제2호 중한 정도의 재산손실을 야기하거나 또는 사기의 계속된 수행으로 수인을 재산손실의 위험에 빠뜨리려고 의도적으로 행위한 경우 제3호 타인을 경제적인 위급에 빠뜨린 경우 제4호 공무원으로서 자신의 권한 또는 지위를 남용한 경우 제5호 행위자 또는 타인이 목적을 위하여 중요한 가치가 있는 불건에 불을 놓거나 방화에 의하여 전부 또는 일부를 소실시키거나 또는 배를 물속에 빠뜨리거나 난파시킨 후에 보험사기로 기망한 경우(제4항 이하는 생략한다). 따라서 앞서 살펴본 독일 조세기본법에 규정된 조세포탈죄와 사기죄를 비교해 보면 첫째, 법정형이 원칙적으로 5년 이하의 징역 또는 벌금이고, 중대한 경우에는 6개월 이상 10년 이하 징역으로 동일한 점, 둘째, 미수범을 처벌하는 점, 셋째, 규정 형식이 자신이나 제3자로 하여금 재산상 또는 조세상 이익을 취득하게 하는 행위를 처벌하는 점, 넷째, 현저한 세금 포탈이나 중한 정도의 재산 손실 야기, 문서위조를 동원한 경우, 공무원의 권한이나 지위 남용을 저지른 경우를 중대한 경우로 처벌하는 점 등을 종합해 보면 조세포탈죄와 사기죄를 상당히 유사한 체계로 규정한다고 평가할 수 있다.

2. 일본

일본 형법 제246조에 사기죄를 다음과 같이 규정한다. 즉 제246조 제1항 사람을 기망하여 재물을 교부하게 한 자는 10년 이하의 징역에 처한다. 제2항 전항의 방법으로 재산상 불법한 이익을 취득 또는 타인에게 이를 취득하게 한 자도 전항과 같다고 규정한다. 그리고 제250조는 미수범을 처벌한다. 따라서 조세포탈죄와 사기죄의 징역형이 10년 이하로서 동일한 사실은 조세포탈죄를 사기죄로 이해할 수 있는 근거가 될 수 있다.

3. 미국

미국은 우리나라, 독일, 일본과 같은 일반적 형태의 사기죄 규정은 없고 특수한 유형의 사기죄를 Title 18 of the United States Code에 규정한다. 따라서 조세포탈죄를 사기죄로 이해할 구조 내지 규율체계에서의 공통점은 발견하기 어렵다고 할 것이다.

III. 학계와 대법원의 입장

1. 학계의 입장

일부 학설은 조세포탈죄와 사기죄를 기망행위를 통해 금전적인 이익을 얻는 점에서 그 속성이 같다고 이해하면서 "기망행위라 함은 허위의 사실을 진술하거나 진실의 사실을 은폐하여 피기망자를 착오에 빠지게 하거나, 이미 착오에 빠져 있는 자에게 그 상태를 지속하게 하는 경우에도 재산적 처분행위를 시킬 수 있을 정도의 것이면 이에 해당한다고 설명하고 있는바, 조세포탈죄의 사기 기타 부정한 행위도 이에 준하여 정의내릴 수 있을 것이다"[88]고 주장한다. 아울러 이 견해는 "기망행위의 본질의 측면에서 볼 때, 사기죄의 기망행위는 널리 재산상의 거래관계에 있어서 자타 상호간에 지켜야 할 신의와 성실의무, 즉 신의칙에 반하는 행위를 그 본질로 하는바, 조세포탈죄의 사기 기타 부정한 행위의 본질도 이와 마찬가지라고 볼 것이다"[89]고 주장한다.[90] 다른 견해는 조세포탈죄에 관해 "본 규정은 국가를 상대로 기망(사기)행위를 함으로써 재산상 이익을 취득 내지는 재물을 교부받은 국가 상대의 사기행위로 이해될 수 있다는 점에서 본 규정의 '사기'는 개인적 법익을 침해하는 사기죄의 기망행위와 달리 이해되지 않으며"[91]라고 주장한다. 또한 "연혁적으로 근대 형법 이전에는 거짓말 자체를 기망죄로 처벌하다가 죄형법정주의가 확립되면서 개인의 재산에 대한 기망은 사기죄로, 법원에 대한 기망은 위증죄로, 국가에 대한 기망, 즉 과세관청에 대한 기망은 조세포탈죄 등으로 발전하여 왔다. (중략) 결론적으로, 과세관청을 기망하여 세수감소를 초래하는 것이 조세포탈죄인 것이다."[92]라고 주장하는 견해도 있다. 이 견해는 "독일의 조세포탈죄의 구성요건이 사기죄의 구성요건과 동일한 조문구조를 가지고 있는 것에서도 조세포탈죄가 기망죄에 그

---

88) 손준성, 조세포탈범의 형사범화에 관한 연구, 서울대학교 대학원 석사학위논문, 2003, 54–55면.
89) 손준성, 앞의 논문(주 88), 55면.
90) 이러한 이해를 바탕으로 손준성, 앞의 논문(주 88), 57면은 "판례가 조세포탈죄의 경우만 유독 기망의 수단으로 적극적 행위가 수반될 것을 요구하고, 악의적인 무신고, 악의적인 허위과소신고의 가벌성을 일률적으로 부정하는 것은 그 근거가 희박하다고 생각된다"고 비판한다.
91) 류석준, 앞의 논문(주 38), 220면.
92) 김천수, 조세포탈의 목적의 체계적 지위에 관한 고찰 – 사기 기타 부정한 행위의 적극적 은닉 의도를 중심으로(2) –, 국민대학교 법학연구소 법학논총 제32권 제2호, 2019, 214–215면.

연혁을 두고 있는 흔적이 나타나고 있을 뿐 아니라 과세관청에 대한 기망행위가 조세포탈행위의 핵심이라는 것을 분명히 드러내고 있다"[93]고 주장한다.

조세포탈죄를 사기죄와 그 법적 성격이 같다고 이해하는 입장에 따르면 조세포탈죄의 재산범죄로서의 성격을 강조하면서 조세포탈죄를 조세 부과권 또는 조세 징수권이 침해되어야 성립하는 침해범으로 이해할 수 있고,[94][95] 조세포탈죄의 행위수단인 사기나 그 밖의 부정한 행위를 사기죄의 기망행위에 준하여 이해하게 되어 종래 대법원이 "조세범처벌법 제9조 제1항 소정의 사기 기타 부정한 행위라 함은 조세의 부과징수를 불능 또는 현저하게 곤란하게 하는 위계 기타 부정한 적극적 행위를 말하고, 그러한 적극적 행위가 수반됨이 없이 단순한 세법상의 신고를 하지 아니하거나 허위의 신고를 하는 것은 위 행위에 해당하지 아니한다"[96]고 해석한 입장보다 좀 더 넓게, 예컨대 부작위의 경우에 기존의 대법원 판결이 인정한 범위보다 좀 더 넓게 인정할 수 있다. 그리고 입법론으로 조세포탈죄의 법정형이 사기죄의 법정형에 비해 지나치게 낮으므로 이를 대폭 상향할 필요가 있다고 볼 수도 있고,[97][98] 재산범죄인 사기죄와 마찬가지로 조세포탈죄의 미수범 처벌규정 역시 적극적으로 도입할 필요성이 있다고 주장할 수 있다.[99][100]

---

93) 김천수, 앞의 논문(주 92), 215면 주 64).

94) 형법학계는 사기죄를 침해범으로 이해하는 견해가 통설이다. 예컨대 정성근·박광민, 형법각론, 성균관대학교 출판부, 2019, 334면은 "(사기죄는) 침해범·결과범·상태범의 성격을 가진 범죄이다."라고 언급한다.

95) 조세포탈죄를 침해범으로 이해하는 입장이 전제되어 조세범을 탈세범과 조세위해범으로 분류하는 것으로 이해할 수 있다. 예컨대 김종근, 앞의 책(주 79), 23면은 "조세범은 조세의 부과·징수권을 직접 침해하여 세수감소를 초래하는 탈세범과 세수감소를 직접 초래하지는 않으나 조세의 부과·징수권의 적정한 행사를 침해할 위험이 있는 각종 의무규정위반행위인 조세위해범으로 구분할 수 있다."고 주장한다. 이러한 견해는 일본의 유력한 학설이 조세범을 탈세범과 조세위해범, 선동범으로 구분하고, 조세포탈범을 탈세범에, 원천징수의무위반죄의 부징수범 등을 조세위해범으로 분류하는 견해와 맥락을 같이한다[金子 宏, 앞의 책(주 17), 1120-1125면].

96) 대법원 1977. 5. 10. 선고 76도4078 판결.

97) 권기환, 조세범처벌법과 형법의 관계, 대검찰청 검찰 제115호, 2004, 334면은 2010년 개정 전 조세범처벌법에 관해 "형법상의 사기죄가 10년 이하의 징역임에도, 그 비슷한 내용인 조세포탈범의 자유형은 3년 이하의 징역이고, (중략) 전혀 균형이 맞지 않는 문제점이 있다."라고 주장한다.

98) 정성윤, 앞의 논문(주 37), 290면은 "조세포탈죄의 구성요건은 사기죄와 유사한데 이처럼 법정형이 2년 이하 징역으로 경하게 규정되어 있어 사기죄에 준하여 법정형을 상향하여 규정할 필요가 있다."고 주장한다.

99) 손준성, 앞의 논문(주 88), 116면은 조세포탈죄 미수범을 처벌해야 한다는 근거로 "형법상의 일반적인 재산범죄의 경우 대부분 미수범을 처벌함에도 불구하고, 현행 조세범처벌법이 합리적인 이유없이 조세포탈죄의 미수범을 처벌하지 않는 것은 조세벌이 결과책임에 흐르는 경향을 반영하는 것으로 조세범죄를 처벌하는 근거를 오직 재정상 손실을 보전하려는 재정정책인 차원에서만 찾는 국고주의적 사고가 반영된 결과이다"라고 주장한다; 조길태, 조세범처벌법에 관한 연

2. 대법원의 입장

대법원은 피고인이 위조한 면세유류공급확인서를 그 정을 모르는 GS칼텍스 주식회사 담당자에게 제출해 그 담당자로 하여금 위조된 확인서를 세무서에 제출하도록 하여 이에 속은 세무서 직원으로 하여금 국세와 지방세를 GS칼텍스 계좌로 환급하게 하여 GS칼텍스로 하여금 동액 상당을 교부하게 하였다는 사기죄의 공소사실에 관하여 "기망행위에 의하여 조세를 포탈하거나 조세의 환급·공제를 받은 경우에는 조세범처벌법 제9조에서 이러한 행위를 처벌하는 규정을 별도로 두고 있을 뿐만 아니라, <u>조세를 강제적으로 징수하는 국가 또는 지방자치단체의 직접적인 권력작용을 사기죄의 보호법익인 재산권과 동일하게 평가할 수 없는 것이므로,</u> 기망행위에 의하여 조세를 포탈하거나 조세의 환급·공제를 받은 경우에는 조세범처벌법 위반죄가 성립함을 별론으로 하고, 형법상 사기죄가 성립하지 아니한다"[101]고 판시하는 한편, "피고인이 위조된 면세유류공급확인서를 이용하여 정유회사를 기망함으로써 공급받은 면세유의 가격과 정상유의 가격 차이 상당액의 이득을 취득한 행위가 피해자 정유회사에 대하여 사기죄를 구성함은 별론으로 한다"고 판시하였다.[102]

Ⅳ. 사기죄로서의 성격으로 이해하는 학설에 대한 비판

1. 기존 학설의 한계

기존 학설들은 조세포탈죄를 사기죄와 비교해 유사한 측면만 부각시켰다고

구: 조세포탈을 중심으로, 성균관대학교 일반대학원 석사학위논문, 2012, 75면은 "조세포탈행위와 본질적으로 유사한 형법상의 사기죄와 횡령죄의 경우에도 미수범처벌규정을 두고(있다)"는 것을 조세포탈죄 미수범 처벌규정을 신설할 논거로 주장한다.

100) 정성윤, 앞의 논문(주 37), 289면은 "오늘날 조세범을 형사범으로 파악하는 것이 대세이고 성격상 사기 범죄와 유사한데 사기죄는 미수범 처벌규정이 있는 점에서 단순한 역내탈세를 포함하여 역외탈세에 대한 미수범 처벌규정 신설이 필요하다"고 주장한다.

101) 대법원 2008. 11. 27. 선고 2008도7303 판결.

102) 서경환, 기망행위에 의한 조세포탈과 사기죄의 성립 여부, 법원도서관 대법원판례해설 제78호, 2009, 602면은 "대상판결은 이른바 면세유 사기에 관하여 하급심에서 다양하게 구성된 법리를 검토한 다음, 기망행위에 의한 조세포탈은 조세범처벌법 위반죄가 성립함은 별론으로 하고, 형법상 사기죄는 성립하지 않는다고 명시적으로 선언한 점에 그 의의가 있다."고 주장한다.

비판할 수 있다. 즉 조세포탈죄가 위계공무집행방해죄로서의 성격이 있음을 부인할 수 없음에도 위계공무집행방해죄와 조세포탈죄를 비교하지 아니한 채 조세포탈죄를 사기죄로서의 성격으로 단정하는 것은 우리나라 형사법체계에 관한 전체적인 검토가 없는 상태에서의 성급한 결론이라고 생각한다. 그리고 연혁적인 관점에서 조세포탈죄가 기망죄로부터 파생되었어도 우리나라의 조세포탈죄의 법적 성격을 사기죄와 동일하게 이해할지 여부는 별개의 문제로서, 이는 각 나라마다 조세포탈죄를 비롯한 관련 법률체계를 어떻게 정립하는지를 전체적 내지 종합적으로 검토해아 할 문제라고 생각한다. 특히 독일 조세기본법 제370조 제1항의 조세포탈죄와 독일 형법 제263조의 사기죄를 비교하면 유사한 규율체계로 규정되었다고 평가할 수 있으나, 조세범처벌법의 조세포탈죄와 형법의 사기죄의 규율체계를 비교하면 유사하다고 보기 어렵다. 한편, 앞서 대법원은 조세포탈죄에 관해 "조세를 강제적으로 징수하는 국가 또는 지방자치단체의 직접적인 권력작용을 사기죄의 보호법익인 재산권과 동일하게 평가할 수 없는 것"이라고 명시한 점은 조세포탈죄는 재산범죄인 사기죄와 그 속성을 달리한다고 판단한 것으로 이해할 수 있다. 따라서 기존의 학설들은 조세포탈죄를 근본적으로 재산범죄로 이해하나, 우리나라의 조세포탈죄는 위 대법원의 입장과 조세의 부과와 징수를 불가능하게 하거나 현저히 곤란하게 할 때 성립한다고 규정한 현행 조세범처벌법에 비추어 보면 조세 부과 내지 징수와 관련된 정당한 권력작용을 교란시키는 행위에 대처하는 성격이 강하다고 이해할 수 있어 사기죄와 그 법적 성격이 다르다고 판단할 수 있다.[103] 그리고 사기죄는 대등한 양당사자를 이념적 전제로 하는 반면, 조세포탈죄는 사인보다 정보 획득 가능성과 정보의 양, 전문성이 우월한 국가기관을 상대로 한 범죄라는 점에서도 근본적으로 다르다.[104] 따라서 사기죄의 기망행위로 인정되는 범위보다 조세포탈죄의 사기나 그 밖의 부정한 행위의 범위를 좀 더 좁게 이해하는 것이 형평에 부

---

103) 박형준, 2000년대 초기 대법원판례의 동향 — 주요 재산범죄 관련 대법원판례를 중심으로 —, 한국형사판례연구회 형사판례연구 20, 2012, 134면은 "기망행위로 조세를 포탈한 경우 사기죄가 성립하는지 여부에 대해 통설은 이를 부정하고 있다. 사기행위로 조세를 포탈함으로써 재산상 이득이나 재물을 취득하는 결과를 가져오더라도 그 본질은 조세를 부과·징수하는 공법상의 권리를 침해하는 것이므로 사기죄는 성립하지 않는다는 취지로 볼 수 있다"라고 주장한다.

104) 사기죄는 개인적 법익을 보호하는 반면, 조세포탈죄를 국가적 법익을 보호하는 점에서 근본적으로 법적 성격이 다르다.

합한다.105) 결국 조세포탈죄를 사기죄와 같이 침해범으로 이해하려는 시도 내지 조세포탈죄의 사기나 그 밖의 부정한 행위를 사기죄의 기망행위와 같이 확대시키려는 시도, 법정형을 사기죄에 준할 정도로 대폭 상향해야 한다는 주장 내지 사기죄와 마찬가지로 미수범 처벌규정을 신설해야 한다는 주장은 사기죄와 조세포탈죄의 행위 상대방인 사인과 국가기관인 세무관청이 본질적으로 다름에도 합리적 이유 없이 같이 취급하려는 것으로서 같지 아니한 것을 같게 취급할 것을 금지하는 평등의 원칙과 관련해 문제가 있다. 이러한 근거에서 전반적인 형사법체계에 대한 분석이 선행되지 아니한 상태에서 조세포탈죄를 사기죄의 법적 성격으로 단정하는 학설들은 설득력이 약하다고 할 것이다.106)

2. 위계공무집행방해죄와 비교

위계공무집행방해죄와 조세포탈죄를 비교하면 모두 국가적 법익을 보호하는 점,107) 행위수단으로 '위계'를 요구하는 점에서 같은 측면이 있다. 이러한 사실에 의하면 기능적 면에서 조세포탈죄는 위계를 통해 조세행정 분야에서 정당한 공권력 행사를 교란시키는 행위에 대응하는 죄명이고, 위계공무집행방해죄는 위계를 통해 그 밖의 다른 분야에서 정당한 공권력 행사를 교란시키는 행위에 대응하는 죄명으로서 각각 적용영역을 달리할 뿐이고, 같은 법적 성격이 있다고 이해할 수 있다. 그리고 구조적인 면에서 위계공무집행방해죄의 행위수단

---

105) 이러한 입장에 따르면 사기죄의 기망행위에 비해 조세범처벌법 제3조 제6항이 조세포탈죄의 행위수단인 '사기나 그 밖의 부정한 행위' 개념을 "조세의 부과와 징수를 불가능하게 하거나 현저히 곤란하게 적극적 행위"로 매우 엄격히 제한한 취지를 이해할 수 있다.

106) 김웅재, 기망행위에 의한 재산취득이 국가적·사회적 법익에 대한 침해를 수반하는 경우 사기죄의 성립 여부 – 대법원 판례의 분석을 중심으로 –, 연세대학교 법학연구원 법학연구 제31권 제1호, 2021, 567–568면은 "조세를 일방적으로 부과·징수하는 국가와 이를 피하고자 하는 납세의무자의 관계는 통상의 거래당사자 사이의 관계와는 질적인 차이가 있다고 할 수 있다. 비록 납세의무자의 자발적 협력에 일차적으로 의존하는 측면이 있다고 하더라도, 국가는 정당한 과세처분을 하기 위해 사실관계를 조사할 권한과 자원을 보유하고 있으므로 납세의무자의 정보우위가 크지 않은 반면 국가의 자기보호가능성은 매우 높다. 또한, 국가의 조세 부과·징수 업무는 납세의무자의 신고나 기타 자료제출이 허위일수도 있음을 당연한 전제로 하여 심사를 거쳐 정당한 과세처분을 하는 것을 업무의 본질적 내용으로 하는 것이므로, 국가와 납세의무자 사이에는 통상의 거래관계보다 낮은 정도의 신뢰관계만이 존재한다고 할 수 있다. 이런 점을 고려하여 납세의무자가 기망행위로 조세를 포탈하는 행위는 통상적인 거래관계에서 발생하는 사기행위보다 불법의 정도가 낮다고 평가할 수 있고, 그 때문에 사기죄보다 낮은 법정형을 정하면서 미수범 처벌규정도 두지 않은 것이라고 이해할 수 있는 것이다."라고 주장한다.

107) 위계공무집행방해죄의 보호법익에 관해 통설은 국가의 기능적 작용으로서의 공무로 이해한다[예컨대 정성근·박광민, 앞의 책(주 94), 761면].

인 "위계로써"는 조세포탈죄의 행위수단인 "사기나 그 밖의 부정한 행위로써"
와, 보호대상인 "공무원의 직무집행"은 "(세무공무원의) 조세의 부과와 징수(라는
직무집행)", 행위108) 또는 구성요건적 결과109)로 이해할 수 있는 "방해"는 조세
포탈죄의 "포탈·환급·공제"110)와 각각 대응시킬 수 있다. 이러한 대칭성은 조
세포탈죄를 사기죄와 비교한 경우보다 훨씬 더 유사하다고 할 것이다. 특히 사
기죄의 필수적 구성요건인 '기망행위에 의한 처분행위'는 납세의무의 확정 유형
중 자동확정방식과 신고납세방식의 경우에 이러한 요소가 없고, 부과과세방식
의 경우에 당사자의 조세협력의무를 위반한 행위를 사기죄의 기망행위와 동가
치적으로 평가하기는 어렵다. 다만 다양한 국가작용을 수행하는 국가기관이 보
유한 권한의 차이에 따라 해당 국가작용을 보호하는 죄명의 성립범위를 결부시
켜 이해하는 것이 정의와 형평에 부합하다고 할 것이다. 따라서 일반 행정적인
인·허가 심사와 관련된 국가작용을 수행하는 일반 행정관청보다 조세행정 분
야에서 세무관청에 강력한 세무조사111) 권한이 부여되어 있고, 조세범처벌절차
법 제8조에 의한 압수수색영장을 신청할 권한이 부여되어 있으므로 이러한 사
정을 조세포탈죄의 행위수단의 성립범위에 관한 해석에 반영해 조세포탈죄는
일반 행정적인 인·허가 심사와 관련된 위계공무집행방해죄의 성립범위보다 더
좁게 인정하는 것이 타당하다.112) 결국 위계공무집행방해죄와 조세포탈죄의 기
능적인 측면과 구조적인 측면을 종합하면 양자는 그 법적 성격이 유사하므로
조세포탈죄의 보호법익에 대한 보호정도, 사기나 그 밖의 부정한 행위의 해석,
법정형의 적정성 여부, 미수범 처벌규정 신설 여부 등에 관한 논의에 위계공무

---

108) 위계공무집행방해죄를 거동범으로 이해하는 입장에 따를 때 '방해'는 행위로 이해할 수 있다.
109) 위계공무집행방해죄를 결과범으로 이해하는 입장에 따를 때 '방해'는 구성요건적 결과로 이해할
　　수 있다.
110) 대법원은 "조세포탈죄에서 범의는 납세의무를 지는 사람이 자기의 행위가 사기 기타 부정한 행
　　위에 해당하는 것을 인식하고 그 행위로 인하여 조세포탈의 결과가 발생한다는 사실을 인식하면
　　서 부정행위를 감행하거나 감행하려고 하는 것이다"라고 일관되게 판시하였다(대법원 1999. 4.
　　9. 선고 98도667 판결; 대법원 2004. 9. 24. 선고 2003도1851 판결; 대법원 2006. 6. 29. 선고
　　2004도817 판결; 대법원 2016. 3. 10. 선고 2013도11233 판결). 대법원의 입장은 조세포탈죄를
　　구성요건적 결과인 조세포탈에 대한 인식을 요구하므로 결과범으로 해석한 것으로 이해할 수
　　있다.
111) "세무조사"란 국세기본법 제2조 제21호가 규정한 "국세의 과세표준과 세액을 결정 또는 경정하
　　기 위하여 질문을 하거나 해당 장부·서류 또는 그 밖의 물건을 검사·조사하거나 그 제출을 명
　　하는 활동"을 말한다.
112) 이런 사항은 위계공무집행방해죄의 성립범위에서 인·허가 심사와 관련된 일반 행정기관을 상대
　　로 한 위계공무집행방해죄보다 수사기관과 사법기관을 상대로 한 위계공무집행방해죄의 성립범
　　위를 더 좁혀야 한다는 견해의 근거가 될 수 있다.

집행방해죄로서의 법적 성격을 바탕으로 논의하는 것이 일관성과 체계성을 담보할 수 있다. 한편, 조세포탈죄가 위계공무집행방해죄로서의 법적 성격이 강하다는 입장에 의하면, 조세포탈죄가 성립하면 위계공무집행방해죄도 성립할 수 있는지 여부가 문제될 수 있다. 일부 견해는 "부과과세방식의 경우에는 과세관청이 조사결정을 통하여 조세를 부과한다는 점에서, 즉 이 경우의 납세의무자에게 부과된 신고의무는 단지 과세관청에 대한 협력의무에 불과하여 위계공무집행방해죄가 성립할 여지가 없고, 자동확정방식의 경우에는 납세의무가 성립함과 동시에 자동적으로 확정된다는 점에서 위계공무집행방해죄가 성립할 여지가 없다. 그리고 신고납세방식의 조세의 경우에는 이 경우의 신고행위의 법률적 성질을 관념의 통지를 요소로 하는 공법상의 준법률행위로 이해하므로 이에 대한 과세관청의 수리 여부가 문제되지 아니하고 신고행위에 의해 바로 조세채무가 확정되므로 이 역시 위계공무집행방해죄가 성립할 여지가 없게 된다"[113]고 주장한다.

　　이 견해는 대법원이 위계공무집행방해죄가 성립하기 위한 행위수단인 '위계'에 관해 일관되게 '행위 상대방에게 오인, 착각, 부지를 일으키게 하여 그 오인, 착각, 부지를 이용하는 것'을 의미한다고 해석하는 입장[114]에 따를 때 타당하다고 생각한다. 왜냐하면 자동확정방식[115]의 조세는 그 확정방식의 성격상 행위 상대방의 오인, 착각, 부지가 개입할 여지가 없어 위계공무집행방해죄가 성립할 수 없고, 부과과세방식[116]의 조세는 과세관청에 대한 협력의무를 위계공무집행방해죄가 성립하는 인·허가 신청행위와 동가치적으로 평가할 수 없어 '위계'라고 볼 만한 행위가 없으므로 위계공무집행방해죄가 성립할 수 없기 때문이다. 한편, 신고납세방식[117]의 조세와 관련해 대법원은 "신고는 사인(私人)이

---

113) 문상배, 출원에 의한 인허가 및 그 유사 행정행위에 있어서의 위계에 의한 공무집행방해죄의 적용범위 － 대법원 2016. 1. 28. 선고 2015도17297 판결을 중심으로 －, 부산판례연구회 판례연구 제28집, 2017, 662－663면.

114) 대법원 2003. 2. 11. 선고 2002도4293 판결; 대법원 2009. 4. 23. 선고 2007도1554 판결; 대법원 2013. 4. 11. 선고 2011도157 판결.

115) 자동확정방식은 납세의무가 성립하는 때에 특별한 절차 없이 그 세액이 확정되는 경우로서, 국세기본법 제22조 제4항이 규정한 원천징수하는 소득세 또는 법인세, 납세조합이 징수하는 소득세 등이 있다.

116) 부과과세방식은 정부가 과세표준과 세액을 결정하는 때에 납세의무가 확정되는 경우(국세기본법 제22조 제3항)로서 상속세, 증여세 등이 있다.

117) 신고납세방식은 원칙적으로 납세의무자가 과세표준과 세액을 정부에 신고하는 때에 납세의무가 확정된다. 그러나 납세의무자가 신고하지 아니하거나 신고한 과세표준과 세액이 세법이 정하는 바와 부합하지 아니하면 정부가 결정 또는 경정하는 때에 납세의무가 확정된다(국세기본법 제22

행정청에 대하여 일정한 사실 또는 관념을 통지함으로써 공법상 법률효과가 발생하는 행위로서 원칙적으로 행정청에 대한 일방적 통고로 그 효과가 완성될 뿐 이에 대응하여 신고내용에 따라 법률효과를 부여하는 행정청의 행위나 처분을 예정하고 있지 아니하므로 신고인이 허위사실을 신고서에 기재하거나 허위의 소명자료를 첨부하여 제출하였다고 하더라도 관계 법령에 별도의 처벌규정이 있어 이를 적용하는 것은 별론으로 하고, 일반적으로 위와 같은 허위 신고가 형법상 위계에 의한 공무집행방해죄를 구성한다고 볼 수 없다. 다만 관계법령이 비록 신고라는 용어를 사용하고 있지만 거기에 비교적 중대한 법률효과가 결부되어 있고, 이에 따라 행정청이 신고에 대하여 형식적·절차적 심사가 아닌 실질적·내용적 심사를 거친 후 수리 여부를 결정할 것을 예정함으로써 사실상 인·허가 등 처분의 신청행위와 다를 바 없다고 평가되는 예외적인 경우에는 위계에 의한 공무집행방해죄가 성립될 여지가 있다"118)고 판시한 내용과 같이, 그 세금 신고행위를 관념의 통지119)로 이해할 수 있어 바로 법률효과가 발생하기 때문에 행위 상대방의 오인, 착각, 부지가 개입할 여지가 없어 위계공무집행방해죄가 성립할 수 없기 때문이다. 결국 납세의무의 확정방식 유형과 관계없이 세금신고에 관해 법리적으로 위계공무집행방해죄가 성립할 수 없고, 조세범처벌법의 별도의 규정에 의해 비로소 처벌할 수 있다고 할 것이다.

3. 3개 유형 특별법위반죄120)의 행위수단의 의미

(1) 조세포탈죄의 행위수단의 의미

1951. 5. 7. 제정된 조세범처벌법 제9조는 조세포탈죄에 관해 "사위 기타

조 제2항). 소득세, 법인세, 부가가치세, 개별소비세 등이 이에 속한다.
118) 대법원 2011. 8. 25. 선고 2010도7033 판결.
119) 이인철, 신고납세방식 조세에 있어서의 신고행위의 하자, 한국세법학회 조세법연구 제2집, 1996, 396면은 신고납세방식의 조세 신고행위는 사인의 공법행위에 해당하고, "신고행위의 법률적 성질에 대한 학설로는 의사표시설·통지행위설·병합설들이 있는데, (중략) 통지행위설에 의하면 이는 관념의 통지로서 무효 또는 취소의 여지가 없게 된다. 통설은 통지행위설로서 민법 규정을 준용하여 취소나 철회를 할 수 없다고 보고 있으며, 판례도 신고행위를 공법상의 준법률행위로 보고 있다고 한다"고 주장한다. 이창희, 세법강의, 박영사, 2020, 135면도 신고납세방식의 신고행위는 "법에 따를 때 내가 낼 세금이 얼마라는 내 생각(관념)을 행정청에 알리는(통지하는) 행위이므로 준법률행위(관념의 통지)에 해당한다"고 주장한다.
120) '3개 유형 특별법위반죄'란 조세포탈죄, 관세포탈죄, 그 외 유사한 행위수단으로 규정된 특별법위반죄를 의미한다.

부정한 행위로써" 조세를 포탈하거나 포탈하고자 한 자를 처벌하는 형태로 규정하다가 1961. 12. 8. 개정되면서 행위수단을 "사기 기타 부정한 행위로써"로 변경하였고, 2010. 1. 1. 개정되면서 제3조 제1항을 "사기나 그 밖의 부정한 행위"로 변경하여 현재까지 동일한 형태로 규정하고 있다. 애초 '사위'에서 '사기'로 변경한 이유에 관해 "조세포탈범의 국가의 조세채권을 침해하는 재정범적 측면을 고려하여 형법상 사기죄와 용어를 통일하기 위한 것으로 보인다"라고 주장하고,[121] 2010. 1. 1. 조세범처벌법이 개정되면서 조세포탈의 행위수단인 제3조 제6항에 '사기나 그 밖의 부정한 행위'를 규정하면서 같은 항 제7호에 '위계'라는 용어를 사용한 이유에 관해 "형법상 '사기'는 상대방을 착오에 빠지게 하여 행위자가 희망하는 재산적 처분행위를 하도록 함으로써 재물의 교부를 받거나 재산상의 이익을 취득하는 것을 말한다. 조세범 처벌법의 경우로 치환하면 세무공무원을 기망하여 납세자가 희망하는 처분행위를 하도록 함으로써 정당한 세액을 납부하지 아니하거나 정당한 세액에 미달하게 납부하는 것을 말한다고 할 것이다. 그런데 세무공무원의 처분행위를 이용하여 조세를 탈루하는 것은 부과과세방식의 조세를 전제로 한다. 만일 제7호가 '사기 기타 부정한 행위'라고 규정되어 있고, '사기'가 구성요건의 내재적 유추로서의 의미를 가진다는 의견을 따를 경우, 납세의무자가 스스로 세액을 확정하여 신고·납부하는 신고납세방식의 조세가 주를 이루는 현황에서 무신고 또는 허위신고 즉시 조세포탈이 완성되기 때문에 그 완성까지 세무공무원의 처분행위가 없음을 들어 '사기 기타 부정한 행위'에 해당하지 않는다는 논의가 대두될 수 있다. 그래서 비록 상대방의 처분행위가 없더라도 행위자의 목적을 이루기 위하여 상대방의 오인, 착각, 부지를 야기하는 '위계'에 의한 행위 역시 조세범 처벌법에 있어서는 '사기 기타 부정한 행위'에 포섭된다는 것을 명확히 한 입법조치로 판단된다"[122]고 주장하는 견해가 있다. 그런데 이 견해는 비록 조세포탈죄를 사기죄와 그 법적 성격이 동일하다고 해석하는지에 관해 명시적인 입장을 밝히지 아니하나, 1961. 12. 8. 조세포탈죄 규정의 용어 변경 이유에서 언급한 내용에 비추어 볼 때 조세포탈죄를 사기죄와 법적 성격이 같다고 이해하는 입장이라고 해석할 수 있다. 그러나 부과과세방식의 조세의 경우에도 과세관청에 대한 협

---

121) 김태희, 앞의 책(주 1), 201면.
122) 김태희, 같은 책(주 1), 206면.

력의무를 사기죄의 기망행위와 동가치적으로 평가할 수 없을 뿐만 아니라 조세범처벌법의 조세포탈죄는 위계공무집행방해죄로서의 성격이 더 강하므로 조세범처벌법 제3조 제6항 제7호에 '위계'라는 용어를 사용하는 것은 조세포탈죄의 그러한 법적 성격에 부합한 용어를 선택한 것이라고 생각한다.

한편, 용어가 변경된 것과 관계없이, 대법원은 조세포탈죄의 행위수단에 관한 해석을 대체로 동일하게 유지해 왔다고 평가할 수 있다. 왜냐하면 1951. 5. 7. 제정된 조세범처벌법이 시행될 당시인 '사위 기타 부정한 행위'의 해석에 관한 대법원 판결을 비록 발견하기 어려우나,[123] 1961. 12. 8. 조세범처벌법이 개정된 이후인 대법원 2009. 1. 15. 선고 2007도3680 판결은 "조세범처벌법 제9조가 규정하는 조세포탈죄에 있어서의 '사기 기타 부정한 행위'라고 함은 조세의 포탈을 가능하게 하는 행위로서 사회통념상 부정이라고 인정되는 행위, 즉 조세의 부과징수를 불능 또는 현저히 곤란하게 하는 위계 기타 부정한 적극적인 행위를 말하는 것"이라고 판시하였고,[124] 2010. 1. 1. 조세범처벌법이 개정된 이후인 대법원 2013. 9. 12. 선고 2013도865 판결에 의하면 "구 조세범처벌법(2010. 1. 1. 법률 제9919호로 전부 개정되기 전의 것, 이하 같다) 제9조 제1항 또는 조세범처벌법 제3조 제1항에 규정된 조세포탈죄에서의 '사기 기타 부정한 행위'나 '사기나 그 밖의 부정한 행위'라 함은, 조세의 포탈을 가능하게 하는 행위로서 사회통념상 부정이라고 인정되는 행위, 즉 조세의 부과와 징수를 불가능하게 하거나 현저히 곤란하게 하는 위계 그 밖의 부정한 적극적 행위를 말한다"고 판시하였으며, 대법원 2020. 1. 30. 선고 2019도11489 판결도 "조세범 처벌법 제3조 제1항에 규정된 조세포탈죄의 '사기나 그 밖의 부정한 행위'란, 조세의 포탈을 가능하게 하는 행위로서 사회통념상 부정이라고 인정되는 행위,

---

123) 대법원 2010. 9. 9. 선고 2010도2985 판결은 "상표법 제96조에서 규정한 '사위 기타 부정한 행위로써 상표등록을 받은 자' 및 디자인보호법 제85조에서 규정한 '사위 기타 부정한 행위로써 디자인등록을 받은 자'라고 함은 정상적인 절차에 의하여서는 상표 및 디자인등록을 받을 수 없는 경우임에도 위계 기타 사회통념상 부정이라고 인정되는 행위로써 상표 및 디자인등록을 받는 자를 가리킨다고 할 것이다"라고 판시하였고, 대법원 2004. 2. 27. 선고 2003도6283 판결은 "특허법 제228조에 정한 '사위 기타 부정한 행위로써 특허를 받은 자'라고 함은 정상적인 절차에 의하여서는 특허를 받을 수 없는 경우임에도 불구하고 위계 기타 사회통념상 부정이라고 인정되는 행위로써 그 특허를 받은 자를 가리킨다고 할 것이다"고 판시하였다. 한편, 현행 상표법 제234조는 "거짓이나 그 밖의 부정한 행위를 하여"로, 디자인보호법 제223조는 "거짓이나 그 밖의 부정한 행위로써"로, 특허법 제229조는 "거짓이나 그 밖의 부정한 행위로"로 각각 용어를 변경하였다.

124) 대법원 2011. 7. 28. 선고 2008도5399 판결도 마찬가지이다.

즉 조세의 부과와 징수를 불가능하게 하거나 현저히 곤란하게 하는 위계 기타 부정한 적극적 행위를 말한다"고 판시하였기 때문이다. 따라서 대법원의 일련의 입장을 종합하면 적어도 1961년 조세범처벌법이 개정된 이후 조세포탈죄의 행위수단에 관한 용어의 변경이 조세포탈죄에 관한 대법원의 해석에 영향을 미쳤다고 보기 어렵다.[125]

(2) 관세포탈죄의 행위수단의 의미

현행 관세법의 관세포탈죄는 "부정한 방법으로"를 행위수단으로 규정한다. 즉 현행 관세법 제270조 제4항은 "부정한 방법으로 관세를 감면받거나 관세를 감면받은 물품에 대한 관세의 징수를 면탈한 자", 제5항은 "부정한 방법으로 관세를 환급받은 자"를 규정한다. 그런데 1951. 12. 6. 관세법이 제정될 당시에는 제198조에 "관세를 포탈하거나 또는 포탈하려 한 자"로 규정해 구체적인 행위수단을 규정하지 않았다가 1953. 10. 30. 개정하면서 제198조 제2문에 "사위 기타 부정한 방법으로써 관세면제의 적용을 받거나 또는 받으려고 한 자는 전항의 예에 준한다"고 규정해 조세포탈죄와 매우 유사한 행위수단으로 규정하였다. 그리고 1961. 4. 10. 제198조 제1문에 "사위 기타 부정한 방법으로 관세의 전부 또는 일부를 포탈한 자"라고 규정하였고, 그 이후 "사위 기타 부정한 방법으로"라는 문구는 관세법이 1963. 12. 5. 개정되면서 제198조 제1항에, 1967. 11. 29. 개정되면서 제180조 제1항에 각각 규정되었으며, 2000. 12. 29. 개정되면서 제270조 제4항과 제5항에 "부정한 방법으로"라는 형태로 규정되었다. 대법원은 "관세법 제180조 소정의 '사위 기타 부정한 방법'이라 함은 관세등의 부과결정을 불능 또는 현저하게 곤란케 하는 위계 기타 부정한 적극적 행위를 말한다고 할 것"[126](이하 '전자의 판결'이라 한다)이라고 판시하였다가 이후에는 "관

---

125) 국가기록원 나라기록관을 통해 1961. 12. 8. 조세범처벌법이 개정되기 전의 '사위 기타 부정한 행위로써'의 의미에 관해 언급한 대법원 판결을 찾고자 하였으나 그 의미를 설시한 판결을 찾기 어려웠다. 다만 1961. 12. 8. 조세범처벌법이 개정되기 전 '사위 기타 부정한 행위로써'와 동일한 문구의 의미에 관해 설시한 앞선 대법원 판결들(주 123)에 의하면 조세범처벌법의 '사위 기타 부정한 행위로써'는 '위계 기타 사회통념상 부정이라고 인정되는 행위'를 의미한다고 추정할 수 있다.

126) 대법원 1984. 2. 28. 선고 83도2470 판결; 대법원 1984. 11. 13. 선고 84도553 판결. 이 판결들은 '사위 기타 부정한 방법'에 관해 '사회통념상 부정이라고 인정되는 행위'라고 정의하지 아니하고, 거래가격을 허위기재한 신용장 및 송품장을 작성하고 이에 맞추어 수입가격을 실제 가격보다 저렴한 가격으로 허위신고하고 그 차액을 수입 후 국내에서 정산하는 방법으로 통관하여 실제 수입가격과 수입신고 가격의 차액에 관한 관세 등을 포탈하였다면 이는 관세 등의 부과결정을 현저히 곤란케 하는 것이라고 할 것이라고 판단하였다.

세법 제180조 소정의 '사위 기타 부정한 방법'이라 함은 결과적으로 탈세를 가능하게 하는 행위로서 사회통념상 사위, 부정으로 인정되는 모든 행위를 말하며 적극적 행위(작위)뿐만 아니라 소극적 행위(부작위)도 포함한다."[127](이하 '후자의 판결'이라 한다)고 판시하였다.[128] 그런데 후자의 판결이 조세포탈죄의 행위수단에 '위계 기타 (부정한) 적극적 행위'를 언급한 대법원의 판결 및 전자의 판결보다 그 성립범위를 더 넓게 인정한 것으로 해석할 수 있더라도,[129] 관세포탈죄의 행위수단을 해석함에 있어 전자의 판결과 후자의 판결 모두 '사위 기타 부정한 방법'이라는 동일한 문구에 관한 해석이라는 점에서 실정법의 변경에 따른 것이 아님은 다툼의 여지가 없다.[130]

(3) 그 외 유사한 특별법위반죄의 행위수단의 의미

첫째, "거짓 신청이나 그 밖의 부정한 방법으로"를 행위수단으로 하는 범죄는 보조금 관리에 관한 법률 제40조 제1호의 "거짓 신청이나 그 밖의 부정한 방법으로 보조금이나 간접보조금을 교부받거나 지급받은 자", 지방재정법 제97조 제1항의 "거짓 신청이나 그 밖의 부정한 방법으로 지방보조금을 교부받은 자" 등이 있다. 대법원은 구 보조금의 예산 및 관리에 관한 법률 제40조에 관해 "여기서 '허위의 신청 기타 부정한 방법'이란 정상적인 절차에 의해서는 보

---

127) 대법원 1987. 11. 24. 선고 87도1571 판결은 사위 기타 부정한 '행위'라고 언급하였으나 해당 관세법 조항은 부정한 '방법'이 정확하다. 그 이후 대법원 1990. 12. 26. 선고 90도2432 판결; 대법원 1991. 2. 8. 선고 90도2408 판결; 대법원 1990. 5. 8. 선고 90도422 판결; 대법원 1990. 9. 28. 선고 90도683 판결은 사위 기타 부정한 '방법'으로 언급한다, 특히 위 90도683 판결은 대법원 1969. 11. 18. 선고 69도1332 판결에 의하면 여행자가 별도의 구두나 서면의 신고없이 휴대품을 세관검사대에 올려놓은 행위는 정식수입신고가 된다고 판단하였던 것을 번복한 것으로 이해된다(박대위, 관세포탈죄의 작위 및 부작위적 해석 ─ 대법원 판례를 중심으로 ─, 서강대학교 경영대학원 서강경영연구소 서강경영논집 제3권, 1992, 93면).

128) 피고인이 세관검사를 받음에 있어 밍크피가 든 대형가방과 여자용 세이코 손목시계 2개가 든 서류가방은 검사대 위에 올려놓고 검사를 받았으나 롤렉스 손목시계 1개는 출국당시 차고 간 신변 휴대품인 양 피고인의 손목에 차고 세관에 신고하지 아니한 채 몰래 반입하려고 하다가 세관공무원에게 적발된 사안에 관해 대법원은 위 87도1571 판결을 통해 "피고인이 위 롤렉스 시계를 본래의 용법대로 손목에 차고 있었다 하더라도 이를 몰래 반입할 의사가 있었던 이상 관세법 제180조 소정의 '사위 기타 부정한 행위'에 해당한다 할 것이다"고 판시하였다.

129) 후자의 판결이 관세포탈죄의 행위수단의 개념요소로 '위계'를 요구하지 않으면서 '결과적으로 탈세를 가능하게 하는 행위'로 족하다고 판단하였기 때문이다. 이에 관해 조세포탈죄의 행위수단 중 '위계에 의한 행위' 항목에서 자세히 살펴본다.

130) 이런 근거에 의해 관세포탈죄를 제외한 유사한 행위수단으로 규정된 특별법위반죄의 행위수단인 '거짓 신청이나 그 밖의 부정한 방법으로', '거짓 또는 부정한 방법으로', '거짓 또는 그 밖의 부정한 방법으로', '거짓이나 그 밖의 부정한 방법으로', '거짓 그 밖의 부정한 방법으로', '속임수나 그 밖의 부정한 방법으로' 문구는 원칙적으로 현행 법률의 문구를 기준으로 살펴본다.

조금을 지급받을 수 없음에도 위계 기타 사회통념상 부정이라고 인정되는 행위로서 보조금 교부에 관한 의사결정에 영향을 미칠 수 있는 적극적 및 소극적 행위를 의미한다"[131]고 판시하였다. 둘째, "거짓 또는 부정한 방법으로"를 행위수단으로 하는 범죄는 방위사업법 제62조 제1항의 "거짓 또는 부정한 방법으로 (중략) 융자금 또는 보조금을 받거나 융자금 또는 보조금을 그 용도 외에 사용한 자", 소비자생활협동조합법 제85조 제2항의 "조합등의 임직원 또는 청산인이 다음 각 호의 어느 하나에 해당하는 행위를 한 때"와 같은 항 제3호의 "거짓 또는 부정한 방법으로 등기를 한 때" 등이 있다. 대법원은 "구 소비자생활협동조합법(2014. 10. 15. 법률 제12833호로 개정되기 전의 것, 이하 '법'이라 한다) 제85조 제2항 제3호(이하 '이 사건 처벌조항'이라고 한다)는 소비자생활협동조합(이하 '조합'이라 한다) 등의 임직원 또는 청산인이 '거짓 또는 부정한 방법으로 등기를 한 때' 처벌하도록 규정하고 있다. 여기서 '거짓 또는 부정한 방법으로 등기를 한 때'라 함은 정상적인 절차에 의해서는 조합의 등기를 마칠 수 없는 경우임에도 불구하고, 위계 기타 사회통념상 부정이라고 인정되는 행위로 그 등기를 마친 경우를 말하고, 설립인가를 거짓 기타 부정한 방법으로 받은 다음 정당하게 설립인가를 받은 것처럼 가장하여 설립등기를 신청하여 설립등기를 한 경우도 이에 포함된다"[132]고 판시하였다.

셋째, "거짓 또는 그 밖의 부정한 방법으로"를 행위수단으로 하는 범죄는 문화재수리 등에 관한 법률 제58조 제1호의 "거짓 또는 그 밖의 부정한 방법으로 등록을 하고 문화재수리업등을 영위하는 자" 등이 있다. 넷째, "거짓이나 그 밖의 부정한 방법으로"를 행위수단으로 하는 범죄는 영유아보육법 제54조 제2항 제1호의 "거짓이나 그 밖의 부정한 방법으로 보조금을 교부받거나 보조금을

---

131) 대법원 2016. 11. 24. 선고 2016도8419 판결. 참고로 구 보조금의 예산 및 관리에 관한 법률(법률 제93475호) 제40조는 "허위의 신청이나 기타 부정한 방법으로 보조금의 교부를 받은 자와 간접보조금의 교부를 받은 자 또는 그 사실을 알면서 보조금이나 간접보조금을 교부한 자는 5년 이하의 징역 또는 500만원 이하의 벌금에 처한다"고 규정하였다. 같은 취지의 판결로 대법원 2001. 1. 5. 선고 99도4101 판결; 대법원 2011. 10. 27. 선고 2009도12948 판결. 한편, '허위의 신청이나 기타 부정한 방법으로'는 2011. 7. 25. 보조금 관리에 관한 법률(법률 제10898호)이 일부 개정되면서 '거짓 신청이나 그 밖의 부정한 방법으로' 용어가 변경되었다. 대법원은 용어가 변경된 후에도 "보조금 관리에 관한 법률 제40조의 '거짓 신청이나 그 밖의 부정한 방법'이라 함은 정상적인 절차에 의해서는 법에 의한 보조금을 지급받을 수 없음에도 위계 기타 사회통념상 부정이라고 인정되는 행위로서 보조금 교부에 관한 의사결정에 영향을 미칠 수 있는 적극적 및 소극적 행위를 뜻한다(대법원 2001. 1. 5. 선고 99도4101 판결, 대법원 2011. 6. 30. 선고 2010도14257 판결 등 참조)."라고 판시하였다(대법원 2015. 6. 23. 선고 2015도5046 판결).

132) 대법원 2017. 4. 7. 선고 2016도19980 판결.

유용한 자", 제4항 제2호의 "거짓이나 그 밖의 부정한 방법으로 제13조 제1항에 따른 어린이집의 설치인가 또는 변경", 제4항 제4호의 "거짓이나 그 밖의 부정한 방법으로 제34조 및 제34조의2에 따른 비용을 지원받거나 타인으로 하여금 지원을 받게 한 자", 5·18 민주유공자예우에 관한 법률 제70조 제1항 제1호의 "거짓이나 그 밖의 부정한 방법으로 이 법에 따른 예우를 받거나 예우를 받게 한 사람", 계엄법 제14조 제1항의 "거짓이나 그 밖의 부정한 방법으로 이 법에 따른 보상금을 받은 자", 고엽제후유의증 등 환자지원 및 단체설립에 관한 법률 제33조 제1항 제1호의 "거짓이나 그 밖의 부정한 방법으로 이 법에 따른 지원을 받거나 지원을 받게 한 사람", 폐기물관리법 제64조 제2호의 "거짓이나 그 밖의 부정한 방법으로 (중략) 재활용환경영향평가기관으로 지정 또는 변경지정을 받은 자", 제6호의 "거짓이나 그 밖의 부정한 방법으로 제25조제3항에 따른 폐기물처리업 허가를 받은 자", 산지관리법 제53조 제1호의 "거짓이나 그 밖의 부정한 방법으로 산지전용허가를 받아 산지전용을 한 자", 먹는물관리법 제57조 제2호의 "(생략) 거짓이나 그 밖의 부정한 방법으로 허가 또는 변경허가를 받은 자", 국민연금법 제128조 제1항의 "거짓이나 그 밖의 부정한 방법으로 급여를 받은 자", 산업재해보상보험법 제127조 제1항의 "산재보험 의료기관이나 제46조 제1항에 따른 약국의 종사자로서 거짓이나 그 밖의 부정한 방법으로 진료비나 약제비를 지급받은 자", 고용보험법 제116조 제2항의 "거짓이나 그 밖의 부정한 방법으로 실업급여·육아휴직 급여 및 출산전후휴가 급여 등을 받은 자", 중소기업제품 구매촉진 및 판로지원에 관한 법률 제35조 제1항 제1호의 "거짓이나 그 밖의 부정한 방법으로 (중략) 중소기업간 경쟁입찰 참여 제한 대상에 해당하지 아니함을 중소기업청장으로부터 확인받은 자" 등이 있다. 대법원은 "구 영유아보육법(2013. 1. 23. 법률 제11627호로 개정되기 전의 것, 이하 같다) 제54조 제2항에 정한 '거짓이나 그 밖의 부정한 방법'이란 정상적인 절차에 의하여는 보조금을 지급받을 수 없음에도 위계 기타 사회통념상 부정이라고 인정되는 행위로서 보조금 교부에 관한 의사결정에 영향을 미칠 수 있는 적극적 및 소극적 행위를 하는 것을 뜻한다."[133]고 판시하였다. 또한 대법원은

---

133) 대법원 2016. 12. 29. 선고 2015도3394 판결, 구 영아보육법(2013. 1. 23. 법률 제11627호로 개정되기 전의 것) 제54조 제2항은 "거짓이나 그 밖의 부정한 방법으로 보조금을 교부받거나 보조금을 유용한 자는 3년 이하의 징역 또는 1천만 원 이하의 벌금에 처한다."고 규정하였다.

"구 산지관리법(2010. 5. 31. 법률 제10331호로 개정되기 전의 것, 이하, '법'이라고만 한다) 제53조 제1호에서는 '제14조 제1항 전단의 규정을 위반하여 산지전용허가를 받지 아니하고 산지전용을 하거나 거짓 그 밖의 부정한 방법으로 산지전용허가를 받아 산지전용을 한 자'를 처벌하도록 하고 있는바, 위 처벌조항은 정상적인 절차에 의해서는 산지전용허가를 받을 수 없음에도 거짓 기타 사회통념상 부정이라고 인정되는 행위로서 산지전용허가에 관한 의사결정에 영향을 미칠 수 있는 행위를 하여 산지전용허가를 받아 산지전용을 한 자를 처벌하고자 하는 규정"[134]이라고 판시하였다. 그리고 대법원은 "원심은, 구 중소기업제품 구매촉진 및 판로지원에 관한 법률(2014. 3. 18. 법률 제12499호로 개정되기 전의 것. 이하 '구 판로지원법'이라 한다) 제35조 제1항 제1호에서 정한 '거짓이나 그 밖의 부정한 방법'이라 함은 정상적인 절차에 의해서는 중소기업청장에게 중소기업자간 경쟁입찰 참여제한 대상에 해당하지 않음을 확인받을 수 없는데도, 위계, 거짓, 은폐 등 사회통념상 부정이라고 인정되는 행위로서 중소기업청장의 위 확인결정에 영향을 미칠 수 있는 적극적 및 소극적 행위를 의미한다고 판단하였다. (중략) 원심 판결 이유를 기록에 비추어 살펴보면, 원심의 위와 같은 판단은 정당하고"[135]라고 판시하였다.

다섯째, "거짓 그 밖의 부정한 방법으로"를 행위수단으로 하는 범죄는 남극활동 및 환경보호에 관한 법률 제24조 제2호의 "거짓 그 밖의 부정한 방법으로 제4조의 규정에 의한 남극활동의 허가 또는 그 변경허가를 받은 자", 공공기관의 개인정보 보호에 관한 법률 제23조 제3항의 "(생략) 거짓 그 밖의 부정한 방법으로 공공기관으로부터 처리정보를 열람 또는 제공받은 자" 등이 있다. 대법원은 "구 공공기관의 개인정보보호에 관한 법률(2011. 3. 29. 법률 제10465호로 제정된 '개인정보 보호법'에 의하여 폐지되기 전의 것, 이하 '법'이라고 한다) 제23조 제3항의 '거짓 그 밖의 부정한 방법'이라 함은 법에 따른 절차에 의해서는 처리정보 보유기관으로부터 처리정보를 열람 또는 제공받을 수 없음에도 이를 열람 또는 제공받기 위하여 행하는 위계 기타 사회통념상 부정한 방법이라고 인정되는 것으로서 처리정보 열람 또는 제공에 관한 의사결정에 영향을 미칠 수 있는

---

134) 대법원 2013. 5. 9. 선고 2012도11588 판결. 다만 위 판결의 '거짓 그 밖의 부정한 방법으로'라는 문구는 '거짓이나 그 밖의 부정한 방법으로'가 정확하다.
135) 대법원 2017. 9. 7. 선고 2017도6871 판결.

적극적 및 소극적 행위를 뜻한다."136)고 판시하였다. 여섯째, "속임수나 그 밖의 부정한 방법으로"를 행위수단으로 하는 범죄는 국토의 계획 및 이용에 관한 법률 제140조 제1호의 "(생략) 속임수나 그 밖의 부정한 방법으로 허가 또는 변경허가를 받은 자" 등이 있다. 대법원은 구 국토의계획및이용에관한법률 제140조 제1호, 제56조 제1항에서 규정하는 '사위 그 밖의 부정한 방법'의 의미에 관하여 "원심은 (위 조항의 의미는) 정상적인 절차에 의하여는 허가를 받을 수 없는 경우임에도 불구하고 위계 기타 사회통념상 부정이라고 인정되는 행위로 허가를 받았을 때를 가리킨다고 보아야 할 것이라고 전제한 후 (중략) '사위 그 밖의 부정한 방법'에 관한 법리를 오해한 위법이 있다고 할 수 없다."137)고 판시하였다.

(4) 소결

3개 유형 특별법위반죄는 그 행위수단을 달리 규정한다. 그럼에도 대법원은 조세포탈죄에 관해 "사회통념상 부정이라고 인정되는 행위"라고 판시하였고, 관세포탈죄에 관한 후자의 판결은 "사회통념상 (사위) 부정으로 인정되는 (모든) 행위"라고 판시하였으며, 그 외 특별법위반죄에 관해 "사회통념상 부정이라고 인정되는 행위"라고 판시하였다. 그리고 '사회통념상 부정이라고 인정되는 행위'와 '사회통념상 부정으로 인정되는 행위'는 같은 의미로 이해할 수 있다. 따라서 대법원은 3개 유형 특별법위반죄의 행위수단의 의미를 대체적으로 동일하게 이해한다고 할 것이다.138) 결국 3개 유형 특별법위반죄의 행위수단에 관한 법률 문언의 차이는 이들 행위수단의 의미에 관한 해석에 영향을 미치지 못한다고 판단할 수 있다.

4. 3개 유형 특별법위반죄의 기능 내지 형태

기능적인 측면에서 3개 유형의 특별법위반죄는 모두 사인이 국가기관을 상대로 부정한 수단을 통하여 경제적 수급권 내지 경제적 이익, 더 넓게는 유·

---

136) 대법원 2014. 2. 27. 선고 2013도10461 판결.
137) 대법원 2005. 1. 28. 선고 2004도7359 판결, 2009. 2. 6. 국토의계획및이용에관한법률(법률 제9442호)로 개정되면서 종전의 '사위 그 밖의 부정한 방법으로'를 '속임수나 그 밖의 부정한 방법으로'로 변경하였다.
138) 3개 유형 특별법위반죄의 행위수단에 관한 대법원 입장의 차이는 조세포탈죄의 행위수단 중 '조세부과·징수를 불가능 내지 현저히 곤란하게 하는 행위' 항목에서 자세히 살펴본다.

무형의 이익을 취득한다는 점에서 공통점이 있다. 따라서 3개 유형의 특별법위 반죄는 결국 부정한 행위 내지 부정한 방법으로 국가기관의 정당한 심사기능을 저해하여 유·무형의 이익을 취득하거나 이를 취득할 수 있는 지위를 획득한다는 점에서 그 법적 성격이 같다고 볼 수 있고, 그 법적 성격은 위계공무집행방해죄의 성격으로 이해할 수 있다. 그리고 형태적인 측면에서 조세포탈죄의 행위수단인 "사기"의 의미에 관해 일부 견해는 '사기 기타 부정한 행위'의 사기를 기타 부정행위의 예시에 불과하다고 이해하는 견해를 비판하고, 이를 '구성요건 내재적 유추'를 허용하겠다는 입법자의 의사를 반영한 것으로 이해할 수 있다고 주장하면서 "이러한 구성요건 내재적 유추에 의하면 본 규정의 '사기'는 '기타 부정한 행위'의 예시에 불과함에 그치는 것이 아니라 기타 부정행위의 범위를 결정하는 기준이 된다. 즉 기타 부정한 행위는 사기행위와 그 법적 평가가 동일한 한도에서 인정될 수 있는 것이다"[139]고 주장한다. 그러나 이 견해는 조세포탈죄를 사기죄로서의 법적 성격으로 이해하는 점에서 타당하지 아니하고, 기타 부정한 행위가 어떤 경우에 '사기행위'와 동일하게 평가될 수 있는지에 관한 구체적인 기준을 제시하지 못하는 점에서 수긍하기 어렵다. 따라서 '사기'는 '그 밖의 부정한 행위'의 대표적인 예시로 이해할 수 있어 "부정한 행위"를 핵심적인 행위수단으로 이해할 수 있다. 그리고 "부정한 행위"는 "부정한 방법"과 질적인 차이가 있다고 볼 만한 근거가 없다. 특히 조세포탈죄보다 사기죄로서의 성격이 더 강한[140] 보조금 사기에 대해 보조금 관리에 관한 법률 제40조 제1호는 조세포탈죄의 "사기나 그 밖의 부정한 행위"라는 용어를 사용하지 아니하고 "거짓 신청이나 그 밖의 부정한 방법으로"라고 규정한 점을 주목할 필요가 있다. 따라서 "거짓 신청"과 "사기", "부정한 방법"과 "부정한 행위"는 각각 동가치적인 의미로 이해할 수 있다. 결국 이러한 용어들의 호환적 의미 내지 등가적 의미에 의하여도 조세범처벌법의 행위수단인 '사기'나 그 밖의 특별법위반죄의 행위수단인 '거짓 신청' 또는 '허위의 신청', '속임수', '거짓'은 같은 의미가 있다고 할 것이다.[141] 그러므로 3개 유형의 특별법위반죄는 부정한 수

---

139) 류석준, 앞의 논문(주 38), 220면.

140) 보조금 사기가 조세포탈죄보다 사기죄적 성격이 너 강한 근거는 첫째, 보조금 관리에 관한 법률 제40조 제1호는 10년 이하의 징역 또는 1억 원 이하의 벌금에 처한다고 규정하여 형법상 사기죄의 법정형인 10년 이하의 징역 또는 2천만 원 이하의 벌금보다 높은 점, 둘째, 독일 형법은 제22장에 사기와 배임의 죄를 규정하면서 제263조에 사기죄, 제264조에 보조금 사기를 각 규정한 점을 들 수 있다.

단을 통해 국가기관의 정당한 심사작용을 교란시킨다는 측면에서 위계공무집행
방해죄의 법적 성격으로 통일적으로 이해할 수 있다. 따라서 조세포탈죄의 행
위수단에 "사기"로 표현한 점을 지나치게 숭시해 조세포탈죄의 법적 성격을 사
기죄로서의 성격으로 이해하는 입장은 우리나라의 특별법체계에 관한 전반적
또는 종합적 이해 없이 조세범처벌법의 단편적인 문구에 집착한 견해로서 설득
력이 적다고 할 것이다.

V. 위계공무집행방해죄로서의 성격에 대한 이해의 정당성

조세포탈죄, 위계공무집행방해죄, 관세포탈죄를 비롯한 조세포탈죄와 유사
한 행위수단으로 규정된 특별법위반죄의 각 행위수단의 의미, 각 죄명의 기능
과 형태에 대한 분석을 통해 우리나라의 조세포탈죄는 위계를 통해 국가의 조
세 부과 또는 조세 징수와 관련된 정당한 국가작용을 방해하는 범죄에 대처하
는 측면에서 위계공무집행방해죄로서의 법적 성격이 강하다고 볼 수 있고, 대
등한 사인간의 관계를 규율하는 사기죄와는 그 법적 성격이 다르다는 것을 알
게 되었다. 따라서 조세포탈죄가 위계공무집행방해죄로서의 법적 성격이 강하
다는 이해를 바탕으로 조세포탈죄의 침해범 여부, 행위수단인 사기나 그 밖의
부정한 행위와 위계의 관계, 법정형의 적정성, 미수범 처벌규정의 신설 필요성
여부 등을 접근하는 것이 타당하다. 다만 조세포탈죄는 조세 부과와 징수를 담
당하는 세무관청의 권한이 다른 국가작용, 예컨대 일반 행정작용에서의 인·허
가를 담당하는 행정관청의 심사권한보다 훨씬 강하다는 점을 염두에 둘 필요성
이 있다. 이러한 이해를 전제할 때 사기죄, 위계공무집행방해죄, 조세포탈죄의
각 법정형의 차이를 제대로 이해할 수 있다.[142] 즉 행위 상대방인 개인과 국가

---

141) 이러한 특별법 규율체계에 따르면 조세포탈죄의 행위수단을 '사위 기타 부정한 행위'에서 '사기
  기타 부정한 행위'로 변경한 이유를 조세포탈죄가 사기죄의 속성이 있기 때문이라고 설명하는
  것은 타당하지 않다. 왜냐하면 '사기'와 '사위', '속임수'는 동가치적인 의미가 있는 점에서 국토의
  계획 및 이용에 관한 법률 제140조 제1호의 '속임수나 그 밖의 부정한 방법으로'는 사실상 조세
  포탈죄의 행위수단인 '사기나 그 밖의 부정한 행위'와 질적인 차이가 없고, 국토의 계획 및 이용
  에 관한 법률의 조항은 전형적인 위계공무집행방해죄로서의 성격이 있으며, 이를 사기죄로서의
  성격으로 이해할 수는 없다고 할 것이다.
142) 조세포탈죄와 유사한 행위수단으로 규정된 각종 특별법의 법정형은 징역 10년 이하부터 징역 1
  년 이하까지 상당히 다양하게 규정되어 있다. 이는 위계를 통해 취득한 각종 유·무형의 이익이

기관의 정보 획득 내지 접근권한의 차이, 국가의 여러 업무 분야 중 세무관청의 조세행정 분야의 강력한 세무조사권한 등 국가기관의 실질적인 권한의 차이 등을 종합해 볼 때 비록 범죄가 성립하더라도 개인의 정보 접근권한 등이 제한되는 사기죄를 더 엄히 처벌해야 하고, 다음으로는 위계공무집행방해죄, 맨 마지막으로 조세포탈죄 순서대로 법정형을 차등화시켜 낮게 규정하는 것이 형평에 부합하고, 현행법상 법정형도 그 순서대로 차등화되어 있다.[143] 이와 달리 일본의 경우 사기죄의 징역형은 10년 이하이고, 조세포탈죄의 징역형은 소득세법, 법인세법, 상속세법, 소비세법에 10년 이하로 각 규정되어 우리나라의 법정형 체계와 다르다. 그런데 일본은 위계공무집행방해죄가 없어 조세포탈죄의 법적 성격을 위계공무집행방해죄로 해석할 수 없는 점에서 우리나라와 차이가 있어 조세포탈죄의 법정형을 사기죄에 준해 규정한 것으로 이해할 수 있다.[144] 이처럼 나라마다 범죄의 법정형을 규정함에 있어 그 나라의 법률체계에 따라 상이하게 규정할 수 있기 때문에 그 나라의 전반적 법률체계에 부합하는 해석이 필요하다. 그럼에도 종래 조세포탈죄를 사기죄로서의 법적 성격으로 이해한 학설들은 우리나라의 관련 형사법체계에 관해 전반적인 고찰을 하지 아니한 상태에서 외국의 실정법이나 논의를 전제하거나 조세포탈죄의 행위수단에 '사기' 용어를 사용한 점을 지나치게 중시해 우리나라의 조세포탈죄는 주요국과 달리 위계공무집행방해죄로서의 법적 성격이 강하다는 것을 간과하였다고 할 것이다.

제3절 위험범 여부

I. 서론

조세포탈죄의 보호법익을 조세 부과권 내지 조세 부과권을 형해화시킬 정도의 조세 징수권으로 이해할 때 조세포탈죄는 그 보호법익이 침해[145]된 경우

다른 점을 감안한 것으로 이해할 수 있다.

143) 각 범죄의 현행 법정형을 살펴보면, 사기죄는 10년 이하의 징역 또는 2,000만 원 이하 벌금, 위계공무집행방해죄는 5년 이하의 징역 또는 1,000만 원 이하 벌금, 조세포탈죄는 기본적으로 2년 이하의 징역 또는 포탈세액등의 2배 이하에 상당하는 벌금으로 규정되어 있다.

144) 이러한 사정은 독일도 일본과 마찬가지이다.

에 성립하는 범죄인지 아니면 그 보호법익이 침해될 위험146)이 발생하면 성립하는 범죄인지 여부를 논의할 필요성이 있다. 이는 조세포탈죄를 침해범으로 이해할지 아니면 위험범으로 이해할지의 문제이다. 침해범은 당해 형벌법규가 보호하려는 법익이 현실적으로 침해되는 경우에 성립하는 범죄이다. 반면, 추상적 위험범은 당해 형벌법규에 규정된 범죄행위가 행하여지면 입법자가 정형적으로 법익에 대한 침해의 위험이 있다고 간주하여 그 자체로 범죄성립을 인정하고 별도로 법익에 대한 위험 발생을 범죄성립요소로 요구하지 않는 범죄이다. 이에 반해 구체적 위험범은 일정한 범죄행위를 형벌법규에 규정하는 이외에 보호법익에 대한 위험발생을 범죄성립요소로 명시한 범죄이다. 결국 추상적 위범범인지 아니면 구체적 위험범인지 여부는 입법자가 위험발생을 구성요건적 결과로 명시하는지 여부147)에 따라 달라진다.148)

조세포탈죄가 위험범인지 여부는 조세포탈죄의 보호법익을 국가적 법익으로 이해할지 아니면 국가의 조세채권인 재산권으로 이해할지 여부와 관계가 있고, 이는 조세포탈죄를 위계공무집행방해죄로서의 법적 성격으로 이해할지 아니면 재산범죄인 사기죄로서의 법적 성격으로 이해할지 여부와 연관된다. 즉 조세포탈죄의 법적 성격을 사기죄로서 이해하면 조세포탈죄를 사기죄와 마찬가지로 침해범으로 이해할 수 있는 반면, 위계공무집행방해죄로서의 성격으로 이해하면 일단 형법상 위계공무집행방해죄의 위험범 여부에 관한 논의를 살펴볼 필요성이 있다. 다만 조세포탈죄를 위계공무집행방해죄로서의 법적 성격으로 이해하더라도 조세포탈죄가 위험범인지 여부는 궁극적으로 조세범처벌법의 해석 문제로 귀착될 수 있기 때문에 조세범처벌법에 규정된 조세포탈죄에 관한

---

145) 여기서 '침해'는 위험범과 대비되는 개념인 침해범을 뜻할 때 사용되는 침해의 의미로서 아직까지 사용한 '저해'와 다른 의미이다.

146) 여기서 '위험'은 침해범과 대비되는 위험범을 뜻할 때 사용되는 의미로서 '위태화'라고도 표현할 수 있다.

147) 추상적 위험범과 구체적 위험범의 구별기준에 관해 형식적인 관점, 즉 입법자가 구성요건적 결과에 보호법익에 대한 위험의 발생을 명시하는지 여부가 아니라 비록 명시하지 아니하더라도 '해석상' 구성요건적 결과에 위험 발생이 요구된다고 판단하는 경우까지 구체적 위험범으로 이해하는 견해가 있을 수 있다. 그러나 이러한 견해는 구별기준의 명확성 관점에서 타당하지 아니하다.

148) 위험범을 형벌법규의 규정형식에 따라 구체적 위험범과 추상적 위험범으로 양분하는 방식에 따르면 침해범이 아니고 구체적 위험범도 아니면 추상적 위험범으로 해석하게 되어 추상적 위험범의 개념적 내포가 명확하지 않은 것을 지적하면서 추상적 위험범으로 분류되는 각각의 범죄유형을 가치합리적으로 판단되는 규범적 성격의 차이에 따라 '추상적 위험성범'과 '구체적 위험성범'으로 구분하는 견해는 김성규, 추상적 위험범의 가벌성에 관한 해석론, 한양대학교 법학연구소 법학논총 제32집 제2호, 2015, 17－18면.

법률해석이 필요하다. 그러므로 조세포탈죄의 위험범 여부에 관한 학계의 입장
을 살펴본 후 앞서 조세포탈죄를 위계공무집행방해죄로서의 법적 성격이 강하
다고 판단하였으므로 위계공무집행방해죄의 위험범 여부에 관한 견해의 대립을
살펴본다. 그리고 2010. 1. 1. 조세범처벌법이 개정되면서 조세포탈죄의 행위수
단인 사기나 그 밖의 부정한 행위에 관해 "조세의 부과와 징수를 불가능하게
하거나 현저히 곤란하게 하는 행위"라는 문구를 신설하였는데, 그 문구를 조세
포탈죄의 보호법익에 관한 위험의 발생을 징표하는 문구로 해석하여 2010. 1.
1. 조세범처벌법이 개정되면서부터 조세포탈죄를 구체적 위험범으로 해석할 수
있는지 여부에 관해 견해가 대립할 수 있으므로 2010. 1. 1. 조세범처벌법이 개
정되기 전과 후로 나누어 살핀다.

II. 학계의 입장과 비판적 검토

1. 학계의 입장

학설은 2010. 1. 1. 조세범처벌법이 개정되기 전인지 후인지와 관계없이
조세포탈죄를 '결과범'[149]이라고 언급한다. 이 견해는 "조세포탈죄는 결과범으로
서 조세포탈의 결과가 발생하여야 한다."[150]고 언급하면서 "조세포탈범은 조세
의 포탈 또는 조세의 환급·공제를 받는 결과발생이 요구되는 결과범이다."[151]
라고 주장하고, "조세포탈범은 조세의 포탈·환급·공제의 결과가 발생하여야
기수가 되는 결과범이다."[152]고 주장한다. 또한 일부 견해는 "조세포탈범은 결
과범이므로 동일하게 행위와 결과 사이에 인과관계가 있어야 성립한다."[153]고

---

149) 임광주, 몇 가지 유형의 범죄에 대한 재정립, 한양대학교 출판부 법학논총 제25집 제4호, 2008,
71면은 "종래 의미의 결과범에 있어서 '결과'는 그 개념이 명확히 정의되어 사용하는 경우가 거
의 드물다. 그렇기 때문에, 범죄를 보호법익에 대한 침해의 정도에 따라 침해범과 위험범으로
구분하는 경우에, 결과범에 속하는 범죄가 침해범인지 위험범인지를 정확히 판단하기가 쉽지 않
다."고 주장한다. 같은 논문, 72면은 "형법적 의미의 결과란, 인간의 행동에 의해 빚어져 행위객
체에 나타나는 (행위자를 기준으로 한) 외부세계의 상태적 변화를 말한다."고 주장한다.
150) 김태희, 앞의 책(주 1), 178면.
151) 김태희, 앞의 책(주 1), 183면.
152) 김태희, 앞의 책(주 1), 264면
153) 소순무·윤지현, 조세소송, 조세영화통람, 2018, 894면.

주장한다. 그리고 다른 견해는 "포탈범은 조세의 면탈을 요건으로 하는 결과범"154)이라고 주장하기도 한다. 한편, 조세포탈죄를 침해범으로 이해하는 듯한 견해는 "조세포탈은 부정행위에 의하여 국가의 조세부과·징수권을 현실로 침해하여 조세수입의 감소 결과를 가져 온 점에서 전형적인 결과범(실질범)이다."155)라고 주장하는 견해와 "조세범처벌법 제3조에서 처벌하는 행위는 '조세포탈'과 '부정환급', '부정공제'의 3가지 유형으로 분류된다. '조세포탈'은 조세수입의 감소를 초래하는 결과의 발생에 의하여 국가의 과세권이 현실적으로 침해되는 것"156)이라고 이해하는 견해, "조세포탈은 세수의 감소를 가져와 국가의 재정권과 과세권을 침해하는 행위이다."157)라고 이해하는 견해가 있다. 그 외 조세포탈죄를 명시적으로 침해범이라고 이해하는 견해는 "침해범(통설)인 조세포탈죄에 있어 '조세포탈'의 개념을 어떻게 볼 것인가 (후략)"158)라고 언급한다.

2. 비판적 검토

결과범(실질범)159)이란 구성요건이 결과의 발생을 요건으로 하는 범죄를 의미하고, 대비되는 개념인 거동범(형식범)은 구성요건에 결과 발생이 필요 없이 법에 규정된 행위를 함으로써 충족되는 범죄이다.160) 구체적 위험범의 경우에 보호법익에 대한 위험 발생은 침해범의 경우 보호법익에 대한 침해적 결과와 마찬가지로 구성요건적 결과가 된다.161) 따라서 결과범에는 침해범과 구체적 위험범이 모두 포함될 수 있다.162) 주목할 점은 결과범에 침해범과 구체적 위험범뿐만 아니라 추상적 위험범도 포함될 수 있다는 점이다.163) 추상적 위험범

---

154) 권기환, 앞의 논문(주 97), 319면.
155) 안대희, 앞의 책(주 1), 217면.
156) 강석규, 앞의 책(주 86), 1636면.
157) 조용주, 앞의 논문(주 21), 459면
158) 최동렬, 앞의 논문(주 34), 593면, 이 견해는 통설이 조세포탈죄를 침해범으로 이해하는 근거에 관해 언급하지 아니한다.
159) 이재상·장영민·강동범, 형법총론, 박영사, 2022, 82면은 결과범을 실질범이라고도 하고, 거동범을 형식범이라고도 한다.
160) 김성돈, 앞의 책(주 46), 134면; 신동운, 앞의 책(주 46), 150면.
161) 김성돈, 침해범/위험범, 결과범/거동범, 그리고 기수/미수의 구별기준, 한국형사판례연구회 형사판례연구 17, 2009, 12면.
162) 김성돈, 앞의 논문(주 161), 12면. "구체적 위험범은 침해범과 동일하게 예외 없이 결과범으로 분류된다는 점에 이견이 없다."고 주장한다.
163) 김성돈, 형법각론, 성균관대학교 출판부, 2022, 40－41면은 "모든 침해범은 결과범이다. 뿐만 아

에 속하면서도 결과범에 속하는 대표적인 죄명으로는 현주건조물방화죄를 들수 있다. 현주건조물방화죄는 추상적 위험범으로 이해되나, 형법 제164조 제1항은 구성요건적 결과로 '불태운'을 요구하는 점에서 결과범으로 해석된다.164) 따라서 조세포탈죄를 결과범으로 해석하는 학설은 조세포탈죄의 위험범 여부에 관한 논의를 제대로 하지 못한 것으로 평가할 수 있다. 그리고 조세포탈죄를 침해범으로 해석하는 견해는 조세포탈죄를 침해범으로 해석하는 근거를 제시하지 못한 것으로 이해된다. 반면, 조세포탈죄를 결과범으로 언급하는 것과 달리, 체납처분면탈죄에 관하여는 '위험범' 또는 '위태범'이라고 명시하는 견해가 많다. 즉 예컨대 "본 죄는 위태범으로서 현실적으로 체납처분의 집행을 받을 우려가 있는 객관적인 상태에서 주관적으로 이를 면탈하려는 목적으로 납세의무자의 재산을 은닉·탈루하거나 거짓 계약을 체결함으로써 국가의 징수권을 해할 위험이 발생하면 성립하고, 반드시 체납처분을 면탈하는 결과가 야기되거나 행위자가 어떤 이득을 취하여야 하는 것은 아니다"165)고 언급하는 견해, 2010. 1. 1. 개정 전 조세범처벌법 "제12조 제1항은 형법상의 강제집행면탈죄에 대응하는 조항으로 보이고, 동조 제2항은 형법 제142조의 공무상보관물의 무효죄에 대응하는 것으로 보인다. 형법상의 대응조항이 있음에도 굳이 명문화한 것은 위와 같은 경우에도 세무관서의 고발을 요하도록 하기 위한 것으로 판단된다"166)는 견해가 있다. 따라서 조세포탈죄의 침해범 여부에 관해 아직까지 본격적으로 분석되지 못한 상태라고 할 것이다.

이렇게 조세포탈죄의 위험범 여부에 관한 논의가 아직까지 제대로 이루어

나라 구체적 위험범도 ─ 구체적·현실적 위험이 결과로서 발생해야 할 것이 요구되므로 ─ 결과범으로 파악할 수 있다. (중략) 추상적 위험범은 결과범이 아니라 거동범의 형식으로 만들어지는 것이 전형적일 수 있다. 그러나 침해범＝결과범, 구체적 위험범＝결과범이라는 도식이 타당한 것과 달리, 추상적 위험범＝거동범이라는 도식은 실정법상 그 타당성을 인정받을 수 없는 잘못된 도식이다. 침해범/위험범의 분류방식과 결과범/거동범이라는 분류방식은 동일한 구성요건을 서로 다른 기준에 따라 구분되는 다른 층위의 것이기 때문이므로 입법자의 입법구상에 따라 추상적 위험범＝거동범은 도식은 얼마든지 해체될 수 있기 때문이다."라고 주장한다.

164) 추상적 위험범이 거동범, 부진정 결과범, 결과범 형식과 모두 결합할 수 있기 때문에 추상적 위험범의 경우에 인과관계가 요구되지 않는다는 견해가 타당하지 않다는 구체적인 설명으로는 김성돈, 앞의 책(주 163), 41면 이에 대하여 정성근·박광민, 앞의 책(주 94), 518면은 현주건조물방화죄에 관하여 "거동범의 일종이다."라고 주장하면서도 같은 책(주 94), 520면은 "방화죄와 실화죄의 구성요건적 결과는 소훼이다."라고 주장한다.

165) 예컨대 김태희, 앞의 책(주 1), 339면.

166) 권기환, 앞의 논문(주 97), 325-326면. 그런데 강제집행면탈죄는 "침해의 결과가 반드시 발생되어야 할 필요는 없고 일반적·추상적 위험이 발생하면 족한 위험범"이다[이헌섭, 김대휘 등(편), 주석 형법(각칙 5), 한국사법행정학회, 2017, 290-291면].

지지 못한 이유로 조세범처벌법이 현행 법률 중 유일하게 기수시기를 명문으로, 즉 조세범처벌법 제3조 제5항에 명시한 사실을 일응 생각해 볼 수 있다.[167] 즉 침해범 여부에 관한 논생은 일응 조세포탈죄가 언제 기수가 되는지에 관한 논의와 연관되는데, 조세범처벌법이 명문으로 조세포탈죄의 기수시기를 규정한 이상, 조세포탈죄를 위험범으로 이해할지 여부와 관계없이 조세포탈죄의 기수시기는 적어도 구성요건적 결과인 '포탈'의 경우에는 제3조 제5항이 규정한 때라고 보아야 하기 때문이다. 이 문제와 관련해 먼저 기수시기의 판단을 구성요건에 관한 법률해석의 문제로 이해하는 견해와 보호법익과 결부시켜 이해하는 견해가 대립하는데,[168] 기수시기를 반드시 보호법익과 결부시켜 이해할 필요는 없다고 생각한다. 예컨대 추상적 위험범인 위증죄의 경우에 기수시기를 심리가 종결되어 더 이상 허위의 진술을 철회할 수 없을 때로 이해하면서, 심리가 종료되기 전까지는 언제나 증인이 종전의 허위증언을 시정할 수 있고, 만약 그렇게 허위증언이 시정된다면 더 이상 국가의 사법기능이 침해되지 않기 때문에 위증죄가 성립하지 않는다고 해석하는 견해가 있다.[169] 이 견해는 위증죄의 기수시기를 위증죄의 보호법익인 국가의 사법기능과 결부시켜 국가의 사법기능을 저해할 위험이 없다면 기수로 이해할 수 없다는 입장으로서, 위증죄의 보호법익을 기수시기와 결부시켜 위증죄의 성립범위를 축소하려는 견해라고 할 수 있다. 그러나 이 견해는 우선 실정법적 근거가 없다고 비판할 수 있다. 즉 위증죄가 성립하기 위해 '심리가 종료'될 것을 요구할 실정법적 근거가

---

167) 이천현, 조세포탈죄의 기수시기와 죄수, 경희대학교 법학연구소 경희법학 제48권 제4호, 2013, 323면은 "조세범처벌법에서는 조세포탈죄에 대한 기수(旣遂) 시기를 명문으로 규정하고 있다. 이러한 규정은 우리나라 법률상 유일한 경우일 뿐만 아니라 다른 나라의 입법례에서도 찾아보기 어려운 경우이다."라고 언급한다. 1962. 12. 8. 조세범처벌법 개정 당시 제9조의3에 기수시기를 규정하였다.

168) 김성돈, 주거침입죄의 주거개념과 기수시기, 한국형사법학회 형사법연구 제42호, 2010, 61면은 "기수/미수의 구별은 구성요건의 실질적인 해석기준인 보호법익의 문제보다는 구성요건적 결과라는 형식적인 요건의 충족과 보다 밀접하게 연관되어 있는 문제이다"라고 주장한다. 이에 대해 추상적 위험범도 보호법익을 기준으로 기수와 미수를 구분함이 타당하다는 견해는 김재현, 형법 도그마틱에 의한 위험범의 제한적 해석, 서울대학교 법학연구소 서울대학교 법학 제165호, 2012, 78면. 한편, 미수와 기수의 구별기준으로 법익을 고려해야 하나, 이는 어디까지나 구성요건적 내용범위를 제한하는 방법으로 고려되는 것이 바람직하다는 견해는 김성규, 법익을 통한 기수와 미수의 구별에 대한 비판적 검토 – 주거침입죄의 기수와 미수의 구별에 관한 법익론적 사고방식을 중심으로 –, 한국비교형사법학회 비교형사법연구 제18호, 2008, 67면.

169) 박달현, 위증죄의 해석론의 비교법적 접근 – 보호법익의 시각에서 본 '진술의 허위성 및 기수시기에 대한 체계적 이해'를 중심으로 –, 한국비교형사법학회 비교형사법연구 제16호, 2007, 230면; 양승국, 형법상 위증죄에 관한 연구: 허위진술의 개념을 중심으로, 아주대학교 대학원 박사학위논문, 2016, 95면.

없으므로 위증죄의 기수시기는 법률에 규정된 '허위의 진술을 한 때'로 해석함이 타당하다.[170] 또한 이러한 주장을 추상적 위험범인 무고죄에도 일관되게 적용하면 허위의 사실을 신고한 후에 아직 수사절차나 징계절차가 진행되지 아니한 상태에서 신고를 철회한 경우에는 무고죄의 주된 보호법익인 국가의 형사사법권 또는 징계권의 적정한 행사와 부차적 보호법익인 개인의 부당하게 처벌 또는 징계받지 아니할 이익[171]을 저해할 위험이 없어 무고죄의 기수에 이른 것이 아니라고 해야 할 것이다. 그러나 무고죄의 기수시기는 법률에 규정된 "허위의 사실을 신고한 (때)"로 해석하는 것이 타당하고, 대법원도 허위사실의 신고가 수사기관에 도달되면 무고죄의 기수에 이른다는 입장이다.[172] 결국 보호법익을 기수시기와 결부시켜 해석하는 견해는 범죄 성립범위를 축소하기 위한 의도라고 이해하더라도, 법률해석의 일반적 방법 중 보호법익과 관련된 목적론적 해석을 문리적 해석 등 다른 해석방법론보다 우선적으로 적용시켜야 하는 근거를 제시하지 못하고, 그 입장을 추상범 위험범 중 거동범 내지 결과범에 모두 적용하는 입장인지, 만약 일부 죄명만 적용한다면 그 적용 여부에 관한 판단기준이 무엇인지를 제시하지 못하는 한계가 있다. 따라서 기수시기의 판단은 구성요건에 관한 법률해석 문제, 특히 조세포탈죄와 같은 결과범의 경우에는 구성요건적 결과에 관한 법률해석 문제로 귀착된다고 할 것이다.

또한 비록 조세범처벌법 제3조 제5항이 구성요건적 결과인 '포탈'이 발생한 때를 명문으로 규정하여 그 시점을 조세포탈죄의 기수시기로 해석하는 것이 타당하더라도, 조세포탈죄의 위험범 여부에 관한 논의의 실익이 없는 것은 아니라고 생각한다. 즉 조세포탈죄는 조세의 부과와 징수를 불가능하게 하거나 현저히 곤란하게 한 때에 성립하는데, 조세의 부과와 징수를 불가능하게 하거나 현저히 곤란하게 한 경우를 누구를 기준으로 판단할지의 문제는 조세포탈죄를 위험범으로 해석할지 여부와 연관된다. 즉 조세포탈죄를 침해범으로 해석하면 그 판단기준은 행위 상대방인 세무공무원이 되는 반면, 위험범으로 해석하면

---

170) 그 외 위증죄의 기수시기를 보호법익과 연결시켜 해석하는 견해에 대한 비판은 이성일, 위증죄의 법적 성격과 죄수 판단기준, 법조협회 법조 제748호, 2021, 383 – 385면.
171) 대법원 2005. 9. 30. 선고 2005도2712 판결.
172) 대법원 1985. 2. 8. 선고 84도2215 판결. 이 판결은 "피고인이 최초에 작성한 허위내용의 고소장을 경찰관에게 제출하였을 때에 이미 허위사실의 신고가 수사기관에 도달되어 무고죄의 기수에 이른 것이라 할 것이므로, 그 후에 고소장을 되돌려 받았다고 하더라도 이는 무고죄의 성립에 아무런 영향이 없다."고 판시하였다.

평균적인 세무공무원이 된다. 이처럼 위험범 여부에 따라 판단주체가 달라지는 것은 협박죄에 관한 전원합의체 판결에서도 알 수 있다. 즉 대법원 2007. 9. 28. 선고 2007도606 전원합의체 판결의 다수의견은 "협박죄가 성립하려면 (중략) 일반적으로 사람으로 하여금 공포심을 일으키게 하기에 충분한 것이어야 하지만, 상대방이 그에 의하여 현실적으로 공포심을 일으킬 것까지 요구하는 것은 아니며, 그와 같은 정도의 해악을 고지함으로써 상대방이 그 의미를 인식한 이상, 상대방이 현실적으로 공포심을 일으켰는지 여부와 관계없이 그로써 구성요건은 충족되어 협박죄의 기수에 이른 것으로 해석하여야 한다. 결국 협박죄는 사람의 의사결정의 자유를 보호법익으로 하는 위험범이라 봄이 상당하(다)"고 판시한 반면, 반대의견은 "현행 형법의 협박죄는 침해범으로서 일반적으로 사람으로 하여금 공포심을 일으킬 정도의 해악의 고지가 상대방에게 도달하여 상대방이 그 의미를 인식하고, 나아가 현실적으로 공포심을 일으켰을 때에 비로소 기수에 이르는 것으로 보아야 한다"고 판시하였다. 그러므로 위험범으로 해석하는 다수의견에 의하면 협박죄의 기수 여부는 일반인을 기준으로 판단하는 반면, 침해범으로 해석하는 반대의견에 의하면 기수 여부는 행위 상대방을 기준으로 한다. 그리고 대법원 전원합의체 판결의 견해 대립은 협박죄를 침해범으로 이해하면 행위 상대방을 기준으로 보호법익인 의사결정의 자유가 침해되었는지 여부를 판단해야 하는데, 이는 사실상 행위 상대방의 입장에 따라 기수 여부가 좌우되어 그 판단기준을 객관적으로 정립할 수 없는 것이 아닌가라는 문제의식에서 비롯된 것으로 이해할 수 있다. 따라서 협박죄에 관한 전원합의체 판결에 나타난 대법원의 입장에 의하면 조세포탈죄의 경우에도 위험범 여부에 따라 조세의 부과와 징수를 불가능하게 하거나 현저히 곤란하게 하는 경우의 판단주체가 달라지게 된다. 그러므로 조세포탈죄의 기수시기에 관해 조세범처벌법이 명문규정을 두고 있더라도, 조세포탈죄의 위험범 여부에 관해 논의할 필요성은 충분하다고 할 것이다.

Ⅲ. 위계공무집행방해죄의 위험범 여부

1. 서론

조세포탈죄를 위계공무집행방해죄로서의 법적 성격이 강하다고 이해하는 입장에 따르면 위계공무집행방해죄를 침해범으로 이해할지 여부에 관한 견해를 먼저 살펴볼 필요성이 있다. 다만 주된 관심사는 위계공무집행방해죄의 위험범 여부와 관련된 개별적 논거의 타당성이 아니라 어떤 죄명이 위험범인지 여부를 판단할 수 있는 보편적 구별기준이 있는지 여부라고 할 것이다. 아울러 헌법재판소는 비록 위계공무집행방해죄에 관한 것은 아니나, 업무방해죄와 관련해 위험범과 침해범을 판단하는 기준에 관한 입장을 표명하였으므로 그 판단기준의 타당성을 살펴볼 필요성이 있다. 우선 위험범 여부의 판단기준에 관한 헌법재판소의 입장을 살펴본 후 위계공무집행방해죄의 위험범 여부에 관한 대법원과 학계의 각 입장을 검토한다.

2. 헌법재판소의 입장

헌법재판소는 1998. 7. 16. 97헌바23을 통해 "어떠한 범죄의 구성요건이 보호법익에 대한 현실적 침해를 필요로 하는 침해범이냐 그렇지 아니하면 법익침해의 구체적 또는 일반적 위험만을 필요로 하는 위험범이냐 하는 문제는 그 법문의 문리적 의미, 보호법익, 입법목적 기타 관련 법조문과의 관계 등을 종합적으로 고려하여 그 의미와 내용을 밝히는 일반법규의 해석과 적용의 문제로서, 이는 원칙적으로 헌법재판소의 심판대상이라고 할 수 없다."[173]고 판시하였다.[174]

---

173) 헌재 2011. 12. 29. 2010헌바54·407도 마찬가지이다.

174) 헌법재판소는 업무방해죄 규정이 죄형법정주의 명확성의 원칙에 위배되는지 여부를 판단함에 있어 업무방해죄의 '방해'의 의미에 관해 "방해란 업무에 대한 어떤 지장을 주거나 지장을 줄 위험을 발생하게 하는 것을 뜻하는 것으로 해석할 수 있(다)."고 언급함으로써 간접적으로 '방해'에 방해의 위험을 포함하는 해석이 문리적 해석에 반하지 아니한다는 것을 언급하였다.

3. 대법원의 입장

대법원이 위계공무집행방해죄를 위험범 내지 위태범이라고 명시한 판결은 발견하기 어렵다. 그리고 대법원은 1995. 12. 29. 형법 개정 전이나 후에도 대체적으로 위계공무집행방해죄가 성립하기 위해서는 공무원의 구체적인 직무집행을 구체적이고 현실적으로 방해할 것을 요구하는 입장이다.[175] 대법원의 입장에 관해 구체적 위험범으로 해석하는 견해,[176] 침해범으로 해석하는 견해[177]로 대립되고,[178] 일부 견해[179]는 대법원의 태도가 명확하지 않으나, 허위주소를 기재하여 소환장이 허위주소로 송달케 한 사안에서 '이로 인하여 법원 공무원의 구체적이고 현실적인 어떤 직무집행이 방해되었다고 할 수 없다'는 이유로 위계공무집행방해죄의 성립을 부정한 판결에 관해 대법원이 결과범으로 해석한 것으로 이해한다. 한편, 위계공무집행방해죄에 관한 대법원의 이러한 태도는 대법원이 공무집행방해죄에 관해 "형법 제136조에서 정한 공무집행방해죄는 직무를 집행하는 공무원에 대하여 폭행 또는 협박한 경우에 성립하는 범죄로서 여기서의 폭행은 사람에 대한 유형력의 행사로 족하고 반드시 직무집행의 방해라는 결과발생을 요하지도 아니한다."[180]고 판시한 것과 대비된다.

4. 학계의 입장

추상적 위험범으로 해석하는 견해들이 있다. 구체적인 논거로 "공무집행을 방해한다는 점에서 다른 공무집행방해죄와 본질적으로 그 성질이 동일하므로

---

175) 1995. 12. 29. 형법 개정 전의 태도는 대법원 1977. 9. 13. 선고 77도284 판결; 대법원 1978. 1. 31. 선고 77도3708 판결; 대법원 1996. 10. 11. 선고 96도312 판결. 1995. 12. 29. 형법 개정 후의 태도는 대법원 2009. 4. 23. 선고 2007도1554 판결; 대법원 2015. 2. 26. 선고 2013도13217 판결; 대법원 2017. 4. 27. 선고 2017도2583 판결; 대법원 2021. 4. 29. 선고 2018도18582 판결.

176) 박동률, 판례를 통해 본 위계공무집행방해죄 – 법적 성격과 위계의 범위를 중심으로 –, 경북대학교 법학연구소 법학논고 제29집, 2008, 182–183면은 "대법원이 '현실적 곤란'이나 '결과를 초래할 위험'이라고 표현한 부분과 아울러 고려해 보면, 대법원은 위계공무집행방해죄를 구체적 위험범으로 보고 있다고 해석함이 타당하다."고 주장한다.

177) 이상주, 김대휘 등(편), 주석 형법(각칙 1) 한국사법행정학회, 2017, 602면.

178) 최복규, 법령에서 명한 금지행위의 위반과 위계에 의한 공무집행방해죄의 성립 여부, 법원도서관 대법원판례해설 통권 제48호, 2004, 548면. 이 견해는 대법원 1967. 5. 23. 선고 67도650 판결을 언급하면서 추상적 위험범으로 해석한다. 다만 67도650 판결은 위계공무집행방해죄의 '방해'의 의미에 관한 법리를 설시하지 아니한 채 원심 판결을 유죄 취지로 파기하여 환송하였다.

179) 정성근·박광민, 앞의 책(주 94), 776면.

180) 대법원 2005. 10. 28. 선고 2005도6725 판결; 대법원 2018. 3. 29. 선고 2017도21537 판결.

반드시 추상적인 국가의 기능적 작용으로서 공무가 침해될 필요가 없다고 해야 한다."181)고 주장하는 견해, "본죄와 공무집행방해죄를 전혀 성질을 달리하는 범죄로 파악할 필요는 없으므로, 반드시 직무집행이 방해된 결과가 현실로 발생할 것을 요하는 것이 아니라 그 위험이 있으면 본죄는 성립된다고 하는 것이 타당하다."182)고 주장하는 견해, "위계에 의한 공무집행방해죄를 추상적 위험범으로 볼 것인가 침해범으로 볼 것인가를 결정하기 위해서는 직무의 개념에 대한 이해가 선행되어야 할 것이다."183)고 언급하면서, "허위진술이 있는 경우 공무원은 불필요한 조사를 하거나 그렇지 않으면 허위진술에 따른 행위나 처분을 하게 되어 직무의 내용이나 공정성을 침해당하게 될 것이므로 위계행위인 허위진술이 있는 경우 위계에 의한 공무집행방해죄가 성립한다고 보아야 한다는 점에서 통설과 같이 추상적 위험범으로 보는 것이 타당하다고 할 것이다."184)고 주장하는 견해, "공무집행을 방해하는데 적합한 위계는 그 자체로 처벌대상이 되어야 한다. 즉 본죄는 형식범으로 해석되어야 한다. 이는 통설이기도 하다."185)고 언급하면서, "다수설은 본죄를 형식범, 추상적 위험범으로 해석하고 있다."186)고 언급하는 견해, "본죄는 결과범인 구체적 위험범이나 침해범으로 보는 것보다는 추상적 위험범으로 파악하는 것이 보다 입법자의 의도에 부합하는 해석이라 할 수 있겠다."187)고 언급하면서, "본죄에 있어서의 '방해'는 '살해', '상해' 등과는 달리 침해의 결과만을 의미하는 단어가 아니라, 그릇된 처분이나 행위에 이르는 과정까지 아울러 의미하는 단어로 볼 수 있다. 따라서 '방해'에는 현실적으로 공무집행을 저지한 경우뿐만 아니라 공무집행의 적정성을 저해한 경우까지도 포함하는 의미를 지니고 있다."188)고 주장하는 견해, "(공무원의 직무집

---

181) 김성돈, 앞의 책(주 163), 834면.
182) 이재상·장영민·강동범, 형법각론, 박영사, 2021, 762면; 정성근·박광민, 앞의 책(주 94), 775-776면.
183) 박홍식, 형사절차에서의 허위진술 허용여부에 대한 연구 - 위계에 의한 공무집행방해죄의 해석론을 중심으로 -, 연세대학교 대학원 박사학위논문, 2016, 145면.
184) 박홍식(주 183), 166면. 이 견해는 적어도 허위진술의 경우에 성립하는 위계공무집행방해죄에 관해 추상적 위험범으로 해석하는 입장으로 이해할 수 있다.
185) 이정원, 위계에 의한 공무집행방해죄의 적용범위, 한국비교형사법학회 비교형사법연구 제5권 제2호, 2003, 372면.
186) 이정원, 앞의 책(주 185), 360-361면.
187) 조상제·이종민, 위계에 의한 공무집행방해죄의 성격 - 전국연합학력평가 모의고사 문제 유출사건을 중심으로 -, 아주대학교 법학연구소 아주법학 제3권 제2호, 2009, 269면. 이 견해는 추상적 위험범으로 해석하는 것이 왜 입법자의 의도에 부합하는지에 관한 구체적인 설명이 없다.
188) 조상제·이종민, 앞의 논문(주 187), 268면.

행을 방해한다는 것은) 직무집행을 방해할 위험이 있는 행위가 있음으로써 족하고, 직무집행이 현실적으로 방해될 필요는 없다(추상적 위험범)."[189]고 주장하는 견해가 있다.[190]

한편, 비록 위계공무집행방해죄에 관한 주장은 아니나, 위험범과 침해범의 판단기준으로 미수범 처벌규정의 취지를 논거로 하는 견해들이 있다. 이 견해들은 예컨대 협박죄와 관련해 "형법이 협박죄의 미수범을 처벌하고 있는 취지에 비추어 해악고지로 인하여 상대방이 공포심을 일으키지 못하면 미수죄가 된다고 해야 하므로 침해범이라고 함이 타당하다."[191]고 하거나 미수범 처벌규정이 협박죄를 침해범으로 해석할 논리필연적 근거가 되는 것은 아니라고 인정하면서도,[192] "그러나 미수처벌규정을 고려한다면 해악을 고지할 때에는 실행행위가 종료하고, 상대방이 공포심을 느낄 때에 기수가 된다고 해석하는 것이 좀 더 자연스럽다."[193]거나 "다른 자유에 관한 죄도 그 범죄구성요건의 유형이 모두 침해범이므로 협박죄도 침해범으로 보아야 한다. 침해범으로 볼 때 미수범 처벌규정이 의미를 가질 수 있다."[194]고 설명한다. 이 견해들은 미수범 처벌규정의 존재 자체를 근거로 침해범 여부를 판단하는 것은 아니더라도, 미수범 처벌규정이 있다면 그 규정의 취지를 살리기 위해서 해당 규정을 침해범으로 해석하여야 한다는 입장으로 이해될 수 있다. 따라서 이 견해들에 따르면 미수범 처벌규정이 없는 위계공무집행방해죄는 위험범으로 해석할 수 있다고 할 것이다.

구체적 위험범으로 해석하는 견해는 "직무유기죄의 경우에 구성요건에서 명문으로 위험의 발생을 규정하고 있지 않음에도 대법원은 해석을 통해 구체적 위험범을 인정하고 있다. 따라서 구성요건에 '~위험을 발생하게 한 자'라는 표현이 반드시 있어야 구체적 위험범으로 볼 수는 없다."[195]고 언급하면서, "본죄가 '위험의 발생'을 구성요건요소로 하는 구체적 위험범의 형식을 취한다면 현

---

189) 임웅, 형법각론, 법문사, 2020, 985면. 이 견해는 위계공무집행방해죄를 추상적 위험범으로 해석해야 하는 실질적 근거를 제시하지 않은 것으로 이해된다.
190) 그 외 추상적 위험범으로 해석하는 견해는 이형국·김혜경, 형법각론, 법문사, 2019, 811면; 정영일, 형법각론, 학림출판사, 2019, 704면.
191) 정성근·박광민, 앞의 책(주 94), 135면.
192) 오영근, 형법각론, 박영사, 2022, 110면.
193) 오영근, 앞의 책(주 192), 110면.
194) 하태훈, 협박죄의 범죄구성요건적 유형, 한국형사판례연구회 형사판례연구 16, 2008, 103면.
195) 한가람, 공무집행방해죄에 관한 연구, 경북대학교 대학원 석사학위논문, 2017, 86면.

재 해석론에 의존하여 본죄의 적용범위를 제한하는 방법보다 더욱 명확성과 실효성을 가질 것으로 생각한다.”196)고 언급하는 견해, “위계공무집행방해죄의 성립범위를 제한하면서 조문상의 ‘방해’라는 구성요건에도 합치되는 구체적 위험범설이 타당하다.”197)는 견해가 있다.198)

반면, 침해범으로 해석하는 견해는 “위계에 의한 공무집행방해죄가 성립하려면 구체적이고 현실적인 직무집행이 방해되어야 한다.”199)고 주장하면서, “협의의 공무집행방해죄(법136①)는 직무를 집행하는 공무원에 대하여 폭행·협박이 있을 때 기수에 이른다. 이에 반해 위계에 의한 공무집행방해죄(법137)는 구체적인 직무집행을 저지하거나 직무집행이 현실적으로 곤란하게 되어야 기수에 이른다.”200)고 해석하는 견해, “(일반공무집행방해죄와 위계공무집행방해죄의 법정형이 같은 이유에 관하여) 그것은 제136조의 공무집행방해죄가 성립하기 위해서는 공무집행의 위험성을 다분히 가진 ‘직무를 집행하는 공무원에 대하여 폭행 또는 협박’ 그 자체로써 족한데 반하여, 제137조의 위계에 의한 공무집행방해죄가 성립하기 위해서는 행위태양인 위계가 폭행 또는 협박보다 위험성·불법성이 훨씬 적지만 그로 인해 ‘공무집행방해’라는 법익침해의 결과가 발생할 것이 요구된다는 점에서 찾아야 할 것이다.”201)라고 주장하는 견해가 있다.

5. 비판적 검토202)

(1) 헌법재판소의 입장에 대한 비판적 검토

헌법재판소의 입장에 의하면 해당 규정이 위험범인지 여부는 법률해석의

---

196) 한가람, 앞의 논문(주 195), 90-91면.
197) 박동률, 앞의 논문(주 176), 184면.
198) 그 외 “구체적인 직무집행을 저지하거나 현실적으로 곤란하게 하는 데까지 이르지 않은 경우에는 위계에 의한 공무집행방해죄로 처벌할 수 없다. 즉 방해가 현실적인 필요는 없지만 공무집행의 구체적 위험은 있어야 한다”고 주장하는 견해[배종대, 형법각론, 홍문사, 2022, 741면; 최성진, 위계에 의한 공무집행방해죄의 적용범위에 대한 비판적 고찰, 한국형사법학회 형사법연구 제23권 제2호, 2011, 247면.]가 있는데, 이러한 견해들은 구체적 위험범으로 해석하는 이론적 근거를 제시하지 않은 것으로 이해된다.
199) 신동운, 형법각론, 법문사, 2018, 193면.
200) 신동운, 앞의 책(주 199), 190면; 문상배, 앞의 논문(주 113), 646면.
201) 김태명, 업무방해죄의 법적 성질과 결과발생의 요부, 한국형사판례연구회, 형사판례연구 18, 2010, 126면.
202) 대법원의 입장은 위계공무집행방해죄의 위험범 여부에 관해 명시적인 입장을 표명하지 아니하였으므로 검토 대상에서 제외한다.

문제로서 일반적 해석방법인 문리적 해석, 논리적·체계적 해석, 목적론적 해석, 연혁적 해석203)을 종합하여 판단해야 한다는 입장이라고 할 것이다. 그러나 법률해석의 일반적 방법을 동원하더라도 어떤 죄명이 보호법익에 대해 어느 정도로 보호하는 것으로 해석해야 하는지 여부가 명확하다고 볼 수 없다. 왜냐하면 위계공무집행방해죄의 보호법익에 대한 보호정도를 위험범으로 설정했는지 여부에 관한 입법자의 의사를 알 수 있는 명확한 자료가 없고, 미수범 처벌규정이 없는 규율체계는 입법자가 처벌범위를 확대하려고 하지 아니한 사실을 알 수 있을 뿐이며, 미수범 처벌규정이 없다는 사실로부터 곧바로 위계공무집행방해죄가 위험범이라거나 침해범이라고 단정할 수는 없다. 한편, 문리적 해석상 '방해'의 의미에 현실적 방해뿐만 아니라 방해의 위험까지 포함되는지 여부에 관해 견해가 대립될 수 있고, 설령 방해의 위험까지 포함시키는 해석이 문언의 가능한 범위 내에 속하더라도 이로써 그러한 해석이 곧바로 정당화된다고 할 수 없다. 즉 문언의 가능한 범위 내의 해석이어도 그러한 해석이 헌법적 정당성을 구비하는지 여부, 예컨대 평등의 원칙이나 비례의 원칙을 구비하는지 여부를 검토해야 한다. 따라서 헌법재판소가 언급한 법률해석의 일반적 방법만으로는 해당 죄명이 위험범인지 여부에 관해 명확히 해결할 수는 없다고 할 것이다.

(2) 학계의 입장에 대한 비판적 검토

추상적 위험범설은 첫째, 위계공무집행방해죄는 공무집행방해죄와 같이 국가의 기능으로서 공무를 보호하므로 그 보호법익의 성격상 공무집행방해죄와 마찬가지로 추상적 위험범으로 해석해야 한다는 것, 둘째, 위계공무집행방해죄는 형식범이어서 추상적 위험범으로 볼 수 있다는 것, 셋째, 위계공무집행방해죄는 미수범 처벌규정이 없어 위험범으로 볼 수 있다는 논리에 근거한 것으로 이해할 수 있다. 첫째 논거는 위험범 여부는 보호법익의 특성에 대한 정확한 이해를 전제한다는 점에서 타당하다. 왜냐하면 위계공무집행방해죄도 국가의 기능으로서 공무를 보호하므로 행위객체에 불과한 상대공무원의 의해 범죄성립 여부가 좌우되도록 하는 것은 국가적 법익을 보호하는 성격에 부합하지 않기

---

203) 헌법재판소가 비록 입법자의 입법의사와 관련된 연혁적 해석을 명시적으로 언급하지 아니하였으나, 법률해석의 방법론으로 연혁적 해석을 배제해야 한다는 의미로 이해할 수는 없다.

때문이다. 둘째 논거는 위계공무집행방해죄가 우선 형식범인지를 검토해야 하는데, 설령 형식범이더라도 형식범과 위험범은 구별기준을 달리하므로 형식범이 반드시 추상적 위험범이라고 단정할 수 없다는 점에서 타당하지 아니하다. 추상적 위험범이면서도 결과범인 대표적인 예로는 현주건조물방화죄를 들 수 있다. 더욱이 위계공무집행방해죄의 '방해'는 행위로서의 측면과 구성요건적 결과로서의 측면이 모두 있다고 볼 수 있고, 위계공무집행방해죄와 구조적으로 유사한 업무방해의 경우 규정형식상 '위력으로써', '허위의 사실을 유포하거나 기타 위계로써'를 행위수단으로 이해할 수 있고, '방해'를 그로 인한 구성요건적 결과로 이해할 수 있으며, 결과범으로 이해할 때 행위와 구성요건적 결과 사이에 인과관계을 요구하여 자칫 무분별하게 범죄성립범위를 확장시킬 위험성을 감소시킬 수 있는 점에서 결과범으로 이해함이 타당하다고 생각한다. 셋째 논거는 비록 미수범 처벌규정 자체가 아니라 미수범 처벌규정의 취지를 살리기 위해서더라도 미수범 처벌규정이 있는 죄명을 반드시 침해범으로 해석해야 하는 것은 아니라고 할 것이다. 대표적인 예로 첫째, 미수범 처벌규정이 있는 현주건조물방화죄를 들 수 있는데, 통설은 현주건조물방화죄는 미수범 처벌규정이 있음에도 추상적 위험범으로 해석한다. 둘째, 2010. 1. 1. 개정 전 구 조세범처벌법 제9조 제1항 단서는 조세포탈죄 중 주세포탈죄에 한해 미수범을 처벌하였는데,[204] 미수범 처벌규정의 취지를 살리기 위해서 주세포탈죄는 침해범으로, 나머지 조세포탈죄는 위험범으로 해석해야 한다는 것은 주세포탈죄와 나머지 조세포탈죄는 세목만 달리할 뿐 공통된 속성이 있는 점에서 불합리하다. 한편, 주세포탈죄와 나머지 주세포탈죄를 구별해 주세포탈죄만 미수범 처벌규정을 마련한 태도가 평등의 원칙이나 비례의 원칙에 위반된다는 명확한 근거를 발견하기 어려운 이상, 미수범 처벌규정을 마련할지 여부는 입법자의 정책적인 판단 문제로서 광범위한 입법재량의 영역에 속한다고 할 수 있다.

해석상 구체적 위험범설은 공무집행방해라는 결과는 살인이나 상해의 결과와 비교해 그 태양이 다양하고, 어떠한 방해가 발생하였는가라는 결과를 입증

---

204) 송쌍종, 조세범죄의 실태 및 대처방안, 한국형사정책연구원 형사정책연구 제6권 제2호, 1995, 106−107면은 과거 주세포탈죄에 한정해 미수범 처벌규정을 두었던 이유에 관하여 "이는 과거에 밀조주 단속필요성이 있을 때에 제도화된 것이 그대로 남아 있는 예이다. 그런데 다른 여타의 조세포탈에 대하여는 미수범불처벌이 당위성을 지니는가에 관하여 의문이 생긴다. 범칙행위자의 고의가 중요시되는 책임주의적 조세범처벌법이 되려면, 전반적인 미수범처벌제도의 도입에 관한 재검토가 되어야 할 줄로 안다."고 주장한다.

하기가 쉽지 않아 행위로부터 결과발생을 추정할 수밖에 없는 경우가 있다는 점을 고려하면 추상적 위험범의 성격을 띤다고 볼 수도 있으나, 추상적 위험범으로 해석하면 처벌범위를 부당하게 확대할 위험이 있어 방해라는 결과가 현실적으로 발생할 것까지 요구하지는 않더라도, 방해가 발생할 구체적 위험은 필요하다는 입장으로 이해된다. 이 견해는 추상적 위험범으로 해석하면 범죄의 성립범위가 지나치게 확대될 위험이 있어 해석을 통해 '위험 발생'을 요구하는 한편, 침해범설의 난점인 행위 상대방의 태도에 따라 범죄성립 여부가 달라지는 불합리한 결과를 피하기 위한 견해로 이해할 수 있다. 그러나 어떤 경우에 명문의 규정이 없음에도 불구하고 해석상 위험의 발생을 요구할지가 명확하지 않고, 범죄의 성립범위가 넓어질 위험을 방지할 방법이 해석상 위험의 발생을 요구하는 입장에 의해서만 달성될 수 있는 것은 아니라고 할 것이다.

침해범설은 공무집행방해죄와 달리 위계공무집행방해죄의 구성요건이 명문으로 직무집행을 '방해한 자'를 처벌하도록 규정하므로 죄형법정주의의 원칙상 현실적으로 공무집행이 방해되어야 본죄가 기수에 이른다고 해석해야 한다는 것, 위계가 공무원의 충실한 심사에 의해 발각되었다고 하더라도 위계 자체가 다른 구성요건에 해당하지 않는다면 위계 개념의 광의성에 비추어 이를 처벌하지 않겠다는 것이 입법자의 의도였다고 보여진다는 것을 논거를 제시한다.[205] 그러나 침해범설은 문언적 해석에 충실한 견해이나, 위계공무집행방해죄와 같이 형법 제314조 제1항의 업무방해죄도 "(업무를) 방해한 자"라고 동일하게 규정함에도 업무방해죄를 추상적 위험범으로 해석하는 입장과 논리적 일관성이 있는지에 관해 의문이 제기된다.[206] 물론 양죄의 법적 성격이 업무방해죄는 개인적 법익을 보호하는 반면, 위계공무집행방해죄는 국가적 법익을 보호하는 것으로서 그 법적 성격을 반드시 같게 이해할 필요는 없다고 생각한다. 그러나 위계공무집행방해죄를 공무집행방해죄와 달리 침해범으로 이해하는 입장의 근거로 공무집행방해죄와의 문언의 차이를 제시한다면 업무방해죄의 문언이 위계공무집행방해죄와 같음에도 업무방해죄는 추상적 위험범으로 해석하는 입장은

---

205) 이상주, 앞의 책(주 177), 601-602면; 박동률, 앞의 논문(주 176), 179면.
206) 예컨대 신동운, 앞의 책(주 199), 791-792면은 "업무방해죄의 성립에는 업무방해의 결과가 실제로 발생함을 요하지 않는다. 업무방해의 결과를 초래할 위험이 발생하면 족하다. 이러한 의미에서 업무방해죄는 추상적 위험범이다. 이 점은 위계에 의한 공무집행방해죄(법137)가 공무집행방해의 결과발생을 요하는 것과 뚜렷이 구별되는 부분이다."라고 주장한다.

논리적 일관성이 결여된 주장이라고 생각한다. 그리고 위계공무집행방해죄의 보호법익은 국가적 법익임에도 행위 상대방의 태도에 따라 범죄성립 여부가 좌우되고, 더욱이 미수범 처벌규정이 없는 위계공무집행방해죄는 예컨대 미수범 처벌규정이 있는 협박죄의 경우와 비교하면 미수 또는 기수로 처벌할지에 관한 처벌 정도가 아닌 처벌 유무가 좌우되는 부당한 결과를 초래한다. 한편, 침해범설은 방해의 개념에 현실적인 방해의 결과가 필요하다고 해석하는데, '방해'의 의미에 관해 방해의 위험을 넘어 현실적인 방해의 결과가 발생할 것을 요구하는 해석이 반드시 침해범설을 전제하는 것은 아니라고 할 것이다. 즉 추상적 위험범으로 이해하더라도 '방해'의 의미를 현실적인 방해의 결과가 발생할 것을 요구하는 해석을 할 수 있다.207) 왜냐하면 위계공무집행방해죄의 '방해'는 구성요건인데, 구성요건의 해석을 반드시 보호법익과 결부시켜 이해할 필요는 없기 때문이다.208) 또한 앞서와 같이 위계공무집행방해죄를 결과범으로 해석하여 행위수단인 위계와 구성요건적 결과인 방해의 인과관계를 요구할 수도 있다. 따라서 위계공무집행방해죄의 성립범위를 축소시키기 위해 필연적으로 침해범으로 해석할 이유는 없다. 그러므로 보호법익의 특성에 부합한 추상적 위험범으로 이해함이 타당하다.

(3) 위험범 여부의 판단기준에 관한 검토

근본적으로 어떤 죄명의 위험범 여부를 판단하는 기준은 무엇일까? 이와 관련해 "구성요건의 특성상 구성요건적 행위의 속성과 그 행위가 당해 구성요건이 보호하는 보호법익에 대해 미치는 효과 등을 실질적으로 평가하는 과정을 거쳐야만 침해범인지 위험범인지를 판단할 수 있는 구성요건도 있다"209)고 주장하면서 협박죄의 경우에 "협박행위가 항상 사람의 의사결정의 자유를 침해할 수 있는 것이 아니다. (중략) 협박죄의 보호법익인 의사결정의 자유는 그 보호법익의 속성상 침해(현실적 공포심유발)여부가 피협박자인 행위객체의 특성에 따라 현격하게 달라지는 것이라면 '보호법익'(=보호객체)에 대한 침해와 당해 구

---

207) 대표적인 예는 직권남용권리행사방해죄를 들 수 있다. 대법원 1978. 10. 10. 선고 75도2665 판결은 직권남용권리행사방해죄를 위험범으로 해석하면서도 현실적인 방해의 결과를 요구한다.

208) 추상적 위험범으로 해석하면서도 방해의 의미를 방해의 결과가 발생한 경우로 해석할 수 있는 근거는 이성일, 업무방해죄와 위계공무집행방해죄의 법적 성격과 '방해'의 의미에 관한 통일적 이해, 사법발전재단 사법 제60호, 2022, 524-527면.

209) 김성돈, 앞의 논문(주 161), 8면.

성요건의 행위객체(=공격객체)에 대한 일정한 결과가 항상 일치해야 한다는 침해범의 성격을 가질 수가 없다"210)고 주장하는 견해가 있다. 이 견해는 이러한 판단기준을 통해 협박죄를 위험범으로 해석한다. 즉 이 견해는 침해범은 개념상 보호법익(=보호객체)에 대한 침해와 당해 구성요건의 행위객체(=공격객체)에 대한 일정한 결과가 항상 일치하는데, 같은 행위를 하였음에도 행위 상대방에 따라 보호법익에 대한 침해 여부가 달라지는 범죄는 이러한 침해범의 개념 본질과 부합하지 아니하므로 위험범으로 인식하여야 한다는 의미로 이해할 수 있다. 이 견해는 '침해범은 결과범이다'라는 보편적으로 수용되는 명제를 근거로 결국 침해범으로서의 본질적 성격을 갖추지 못한 범죄는 위험범으로 인식하여야 한다는 견해이다.211) 이 견해는 침해범의 본질적 요소를 구비하지 못하면 위험범으로 분류한다는 점에서 우회적인 판단기준을 동원하는 한계가 있으나, 침해범은 항상 구성요건적 결과발생을 구비한다는 점과 보호법익에 대한 보호정도를 기준으로 범죄를 분류할 때 위험범과 침해범을 제외한 제3의 범주를 설정할 수 없는 점을 감안할 때 나름 타당성을 인정할 수 있다. 따라서 이 견해에 따르면 위계공무집행방해죄는 행위자가 행위 상대방에 동일한 '위계'를 사용하더라도 행위 상대방인 세무공무원에 따라 보호법익에 대한 침해가 항상 발생한다고 볼 수는 없으므로 위험범으로 해석함이 타당하다고 할 것이다.

그런데 근본적으로 위험범 여부를 판단하기 위해서 해당 죄명의 보호법익부터 검토할 필요성이 있다. 왜냐하면 침해범과 위험범은 '보호법익'에 대한 보호정도에 따른 구별이므로 해당 죄명의 보호법익의 특성에 대한 정확한 이해가 전제될 필요성이 있기 때문이다. 그런 관점에서 위계공무집행방해죄의 보호법익은 '국가 또는 공공기관의 기능적 작용인 공무'212)라는 국가적 법익이다. 그리고 이러한 공무는 비록 개별 공무원의 적정한 공무집행을 통해 비로소 달성된다고 하더라도, 개별 공무원이 보호되는 것은 공무라는 국가의 기능적 작용

---

210) 김성돈, 앞의 논문(주 161), 8-9면.
211) 김재현, 위험범의 본질적 구조, 한양대학교 법학연구소 법학논총 제34집 제1호, 2017, 164면. "폐기물관리법이나 물환경보전법의 벌칙규정에서는 모두 추상적 위험범의 형태를 띠고 있다. (중략) 이와 같이 '폐기물을 버린' 행위, 또는 '폐기물을 매립'한 행위만으로 처벌되는 추상적 위험범이다. 즉, 당해 행위만으로 환경과 국민생활이 바로 침해되지 않기 때문에 위험범으로 해석될 수밖에 없다."는 설명 역시 구성요건적 행위를 보호법익에 대한 침해로 직결시킬 수 없어 침해범으로 해석할 수 없으므로 위험범으로 해석해야 한다는 견해와 같은 논리구조라고 이해된다.
212) 김성돈, 앞의 책(주 163), 832면.

을 보호하여 발생하는 결과일 뿐이다.[213] 따라서 행위객체인 공무원의 직무집
행이 방해되었다고 하더라도 이로써 곧바로 공무라는 보호법익이 침해되었다고
볼 수는 없다. 만약 행위객체인 공무원의 집무집행이 방해되었다고 곧바로 공
무라는 국가의 기능적 작용이 침해되었다고 판단하면 이러한 결과는 행위객체
에 불과한 공무원을 마치 개인적 법익의 피해자인 것처럼 취급하는 것이다. 또
한 행위객체인 공무원의 입장에 따라 국가의 기능적 작용이라는 보호법익의 침
해 여부를 좌우되도록 하는 것은 국가적 법익을 보호하는 위계공무집행방해죄
의 성격과도 조화롭지 못하다. 따라서 위계공무집행방해죄는 그 보호법익의 성
격상 위험범으로 이해함이 타당하다.

Ⅳ. 조세포탈죄의 위험범 여부

1. 서론

조세포탈죄가 사기죄로서의 법적 성격보다는 위계공무집행방해죄로서의 법
적 성격이 더 강하고, 위계공무집행방해죄는 국가적 법익을 보호하는 성격과
해당 규정에 보호법익에 관한 위험의 발생을 징표하는 문언이 존재하지 않는
점에 근거해 추상적 위험범으로 이해함이 타당하다는 것을 알게 되었다. 그렇
다면 위계공무집행방해죄로서의 법적 성격이 강한 조세포탈죄를 추상적 위험범
이라고 단정할 수 있을까? 앞서 헌법재판소의 입장과 위험범 여부의 판단기준
에 관한 검토에서 살펴보았듯이 조세포탈죄의 위험범 여부를 판단하기 위해서
는 조세포탈죄의 규정에 관한 법률해석이 필요하고,[214] 특히 조세포탈죄의 보
호법익에 관한 목적론적 해석과 조세포탈죄 규정에 관한 문리적 해석이 문제된
다고 할 것이다. 그리고 조세포탈죄를 규정한 체계마다 법률해석을 달리할 수
있기 때문에 우선 주요국의 조세포탈죄의 위험범 여부에 관한 태도를 살펴볼

---

213) 같은 취지는 김성돈, 앞의 책(주 163), 821면. "공무원은 이 죄의 행위객체일 뿐이고 이 죄에 의
해 공무원의 신분 또는 지위가 보호되는 것은 반사적 효과에 불과하다."고 주장한다.
214) 같은 견해로 김태명, 앞의 논문(주 201), 120면은 "어떤 범죄를 침해범으로 볼 것인지 위험범으
로 볼 것인지 여부는 범죄의 형태상 당연한 것을 제외하고는 실정법의 해석문제이다."라고 주장
한다.

필요성이 있다. 그리고 2010. 1. 1. 조세범처벌법이 개정되어 조세포탈죄의 행위 수단인 "사기나 그 밖의 부정한 행위"에 관해 조세포탈죄의 보호법익과 관련된 실정법적인 근거로 이해할 수 있는 같은 법 제3조 제6항의 "조세의 부과와 징수"라는 문구를 입법화하기 전과 후로 나누어 살펴볼 필요가 있다. 왜냐하면 첫째, 2010. 1. 1. 조세범처벌법에 그 문구가 도입되기 전에는 조세포탈죄의 보호법익에 관한 실정법적인 근거를 발견하기 어려웠으나, 2010. 1. 1. 조세범처벌법이 개정되면서 조세범처벌법 제3조 제6항에 위 문구를 규정하면서 조세포탈죄의 보호법익을 조세 부과권 내지 조세 징수권이라고 해석할 수 있게 되었기 때문이다. 둘째, 2010. 1. 1. 조세범처벌법이 개정되면서 조세포탈죄의 행위수단을 조세의 부과와 징수를 "불가능하게 하거나 현저히 곤란하게 하는" 행위로 명시하였는데, 그 문구를 조세포탈죄의 보호법익인 조세 부과권 내지 조세 징수권에 대한 '위험의 발생'을 명문화시킨 것으로 해석할 수 있는지에 관해 견해가 대립할 수 있기 때문이다.

2. 주요국의 태도 및 평가

(1) 독일

조세기본법 제370조 제1항과 제4항의 관계에 관해 Kohlmann은 제4항은 제1항의 내용을 보충하는 것이고, 양자를 통일적으로 해석해야 한다는 견해를 취하면서 '제4항에 의한 보호법익이 침해되지 않았으나 포탈의 결과가 발생하였다면 그 포탈의 결과는 보호법익에 대한 위험 범위에 포함된다'는 해석을 통해 '조세포탈'이란 '조세를 감소시킨다라는 의미가 아니라 보호법익에 해당하는 각각의 조세의 완전한 수입을 위협하는 것으로서 해석해야 한다'는 입장이다. 이는 조세포탈죄를 위험범으로 이해하는 입장이다.[215] 이에 반하여 Samson과 Göggerle 등은 제370조 제1항과 제4항을 별개로 이해하면서 조세포탈죄 개념은 제4항과 무관하게 예상되는 조세수입과 현실의 조세수입의 사이에 차액을 발생시키는 것이라고 정의하고, 제4항 제1문은 특별규정으로서 조세채권이 확정이 되지 아니한 경우에 특별히 그것을 위험범으로 규정한 것으로 이해한다.

---

215) 佐藤英明, 앞의 책(주 11), 82-83면.

이 입장은 조세포탈죄를 근본적으로 침해범으로 이해하는 입장이다.[216] 독일의 학설 대립에 관해 "위 문언[217]이 없었다면 독일에서도 위 통설[218]의 존재 이유가 없고, 위 유력설[219]처럼 해석될 것이라는 점에는 의문의 여지가 없어 보인다"고 주장한다.[220]

이들 견해는 모두 조세징수절차에서도 조세포탈죄가 성립하고 이 경우에는 위험범이라고 해석하는 입장은 동일하나, 조세부과절차에서 성립하는 조세포탈죄를 위험범으로 통일적으로 이해할지 또는 침해범으로 달리 이해할지 여부에 관한 다툼으로 이해된다. 그리고 조세부과절차에서의 조세포탈죄를 침해범으로 이해할지 여부에 관해 견해가 대립되는 근본적인 이유를 반드시 보정금지조항과 결부시킬 필요성은 없다고 생각한다. 왜냐하면 조세포탈죄의 보호법익을 국가의 조세채권을 보호하는 재산범죄의 측면과 조세수입이 현실적으로 징수되기까지의 과정을 보호하는 측면 중 어느 쪽을 중시할 것인지에 관한 판단에 따라 침해범으로 인식할지 여부가 달라질 수 있기 때문이다. 만약 재산범죄라는 입장을 강조하면 조세포탈죄를 침해범으로 이해하려는 경향이 강할 수 있고, 조세수입이 징수되기까지의 과정을 보호하는 측면을 강조하면 위험범으로 이해하려는 경향이 강할 수 있다.

(2) 일본

조세포탈죄를 조세채권이라는 국가의 재산권을 '침해'하는 범죄로 이해하고 그 본질을 재산범이라고 표현하면서 형법상 사기이득죄로 이해하는 견해[221]와 조세포탈죄가 성립하기 위해서는 '조세채권의 침해'가 필수적이라고 이해하는 견해[222]가 있다. 이 견해들은 조세포탈죄를 침해범으로 이해하는 입장이라고 할 수 있다.

---

216) 佐藤英明, 앞의 책(주 11), 83면
217) 이 문언이란 조세기본법 제270조 제4항의 보정금지조항을 의미한다.
218) Kohlmann의 견해를 의미한다.
219) Samson과 Göggerle의 견해처럼 제1항과 제4항의 보정금지조항을 분리해 해석하는 입장을 말한다.
220) 최동렬, 앞의 논문(주 34), 604면.
221) 佐藤英明, 앞의 책(주 11), 286면.
222) 金子 宏, 앞의 책(주 17), 1121면.

(3) 미국

연방대법원은 Sansone v. United States 사건에서 조세포탈죄가 성립하기 위한 세 가지 요건을 언급하였는바, 첫째, 고의(willfulness), 둘째, 조세 부족분의 존재(the existence of a tax deficiency), 셋째, 조세포탈을 위한 적극적인 행위(an affirmative act constituting an evasion or attempted evasion of the tax)이다. 이러한 입장에 의하면 둘째 요건을 조세포탈죄를 침해범으로 이해하는 근거로 해석할 수 있다.[223]

3. 2010년 개정 전 조세포탈죄의 위험범 여부

(1) 서론

2010. 1. 1. 개정되기 전 조세범처벌법은 조세포탈죄의 구성요건으로 조세의 포탈·공제·환급을 요구하므로 결과범으로 해석하는데 다툼이 없었다. 그런데 결과범에 침해범, 구체적 위험범, 추상적 위험범까지 포함될 수 있다. 문리적 해석에 따른 조세범처벌법 제9조 제1항의 조세포탈죄의 문언만으로는 조세포탈죄가 침해범인지 여부를 근거지울 수 없었다. 그리고 목적론적 해석에 의하면 조세포탈죄의 보호법익을 살펴볼 필요성이 생기는데, 2010. 1. 1. 조세범처벌법이 개정되기 전에 학설들은 조세포탈죄의 보호법익에 관해 국가의 조세채권으로 이해하는 견해와 국가의 재정권과 과세권으로 이해하는 견해는 국가적 법익을, 조세제도에 관한 사회공동체의 신뢰로 이해하는 입장은 사회적 법익을 각각 보호하는 것으로 해석할 수 있었다. 대법원은 "조세를 강제적으로 징수하는 국가 또는 지방자치단체의 직접적인 권력작용"[224]으로 이해하는 입장과 "조세범처벌법 제9조 제1항이 규정하는 조세포탈죄는 조세의 적정한 부과·징수를 통한 국가의 조세수입의 확보를 보호법익으로 하는 것"[225]이라는 입장에 비추어 볼 때 국가적 법익을 보호하는 것으로 해석할 수 있었다. 이처럼 조세포탈죄를 국가적 법익이나 사회적 법익을 보호하는 성격으로 이해할 때 조세

---

223) 최동렬, 앞의 논문(주 34), 596면.
224) 대법원 2008. 11. 27. 선고 2008도7303 판결.
225) 대법원 2007. 2. 15. 선고 2005도9546 판결; 대법원 2007. 10. 11. 선고 2007도5577 판결.

포탈죄를 위험범으로 이해하는 것이 타당할까? 아니면 침해범으로 이해하는 것이 타당할까? 이 문제에 대답하기 위해서는 형법상 국가적 법익을 보호하는 죄명 중 결과범에 해당하는 죄명과 사회적 법익을 보호하는 죄명 중 결과범에 해당하는 죄명에 대한 위험범 여부에 관한 견해들을 살펴볼 필요성이 있다. 왜냐하면 형법상 결과범이면서 국가적 법익 또는 사회적 법익을 보호하는 죄명은 2010. 1. 1. 조세범처벌법이 개정되기 전에 결과범이면서 국가적 법익 내지 사회적 법익을 보호하는 조세포탈죄와 동일한 구조로 이해할 수 있기 때문이다. 논의의 편의상 결과범이면서 사회적 법익을 보호하는 죄명부터 논의한다.

(2) 결과범이면서 사회적 법익을 보호하는 죄의 위험범 여부

결과범이면서 사회적 법익을 보호하는 대표적인 죄명으로 형법 제164조 제1항의 "불을 놓아 사람이 주거로 사용하거나 사람이 현존하는 건조물, 기차, 전차, 자동차, 선박, 항공기 또는 지하채굴시설을 불태운 자"를 처벌하는 현주건조물방화죄가 있다. 이 죄는 외계에서의 물리적·화학적 상태의 변화[226]인 "불태운"이라는 구성요건적 결과를 요구하는 점에서 결과범이다. 방화죄의 보호법익에 관해 공공의 안전과 평온을 1차적인 보호법익으로 하여 공공위험범에 해당하나, 개인의 재산권도 부차적인 보호법익으로 하는 재산범적 성격도 가진다는 이중성격설이 통설이다.[227] 또한 공공의 위험 발생을 구성요건에 규정하지 아니한 점에서 추상적 위험범으로 해석하는데 이견이 없다. 결국 현주건조물방화죄는 '불태운'이라는 구성요건적 결과를 요구하는 점에서 결과범이고, 공공의 안전과 평온이라는 사회적 법익을 주된 보호법익으로 하는 점에서 추상적 위험범이라고 이해할 수 있다. 그리고 형법 제242조는 "영리의 목적으로 사람을 매개하여 간음하게 한 자"를 음행매개죄로 처벌한다. 위 규정은 상대방이 간음에 이르러야 한다는 점에서 결과범으로 이해할 수 있다. 위 규정의 위험범 여부와 관해 "사회의 성도덕 내지 성풍속뿐만 아니라 부차적으로 개인의 성적 자유도 보호하는 침해범"[228]으로 이해하는 견해와 "피해자의 성적 자유가 침해되

---

226) 임웅, 형법총론, 법문사, 2022, 115면.
227) 김성돈, 앞의 책(주 163), 576면, 방화의 죄가 재산범죄의 성격이 있다는 점은 형법 제166조 제2항의 자기소유건조물방화죄의 법정형이 타인 소유의 그것보다 낮게 규정된 사실과 형법 제167조 제2항의 자기소유물건방화죄의 법정형이 타인 소유의 그것보다 낮게 규정된 사실에 의해서도 나타난다.
228) 이재상·장영민·강동범, 앞의 책(주 182), 645면.

었다고 해서 선량한 성풍속이 무너졌다고 할 수는 없으므로 추상적 위험범"[229)]으로 이해하는 견해가 있다. 음행매개죄는 상대방이 간음할 것이 구성요건적 결과인 점에서 결과범으로 이해할 수 있고, 비록 상대방의 성적 자유를 보호하는 측면이 있더라도 현주건조물방화죄와 마찬가지로 선량한 성풍속이라는 사회적 법익을 본질적으로 보호하는 죄명이라는 점에서 추상적 위험범으로 이해하는 입장이 타당하다. 따라서 결과범이면서 사회적 법익을 보호하는 죄명의 위험범 여부는 해당 죄명의 본질적 법익 혹은 주된 보호법익이 사회적 법익으로 이해할 수 있는지 여부에 따라 결론을 달리 할 수 있다.

(3) 결과범이면서 국가적 법익을 보호하는 죄의 위험범 여부

결과범이면서 국가적 법익을 보호하는 대표적인 죄명으로 형법 제123조의 직권남용권리행사방해죄를 들 수 있다. 형법 제123조는 "공무원이 직권을 남용하여 사람으로 하여금 의무없는 일을 하게 하거나 사람의 권리행사를 방해한 때"를 처벌한다. 이 규정은 의무없는 일을 하게 하거나 권리행사를 방해할 것을 요구한다는 점에서 결과범으로 해석할 수 있고,[230)] 보호법익은 국가기능의 공정한 행사라고 할 것이다.[231)] 대법원은 "제123조의 죄가 원판결 설시와 같이 그 보호객체(법익)가 국권의 공정에 있고 그 법익침해는 침해결과의 발생의 위험이 있으면 족하다고 보아야 하는 점에서 강학상 위태범이라 함은 옳으나 이 문제와 행위객체로서의 범죄구성요건에 있어서의 행위에 결과가 있어야 그 요건이 충족된다 함은 다르기 때문에 위태범이라는 이유를 들어 제123조의 죄에 있어서 그 권리침해사실이 현실적으로 있을 필요가 없다고 할 수는 없다."[232)]고 판시하였다.[233)] 직권남용권리행사방해죄는 결과범으로 해석되고, 사람의 권리행사를 방해하거나 의무없는 일을 하게 하는 구성요건과 관련해 형법 제324조 제1항의 강요죄와 유사하나, 제123조는 '공무원이 직권을 남용하여' 위 구성

---

229) 김성돈, 앞의 책(주 163), 718면.
230) 김성돈, 앞의 책(주 163), 789면은 직권남용죄에 관하여 "결과범"이라고 주장한다.
231) 정성근·박광민, 앞의 책(주 94), 724면은 직권남용죄에 관하여 "보호법익은 국가기능의 공정한 행사이며, 보호받는 정도는 추상적 위험범으로서의 보호이다."라고 주장한다.
232) 대법원 1978. 10. 10. 선고 75도2665 판결; 대법원 2006. 2. 9. 선고 2003도4599 판결도 "형법 제123조가 규정하는 직권남용권리행사방해죄에서 (중략) 공무원의 직권남용행위가 있었다고 할지라도 현실적으로 권리행사의 방해라는 결과가 발생하지 아니하였다면 본죄의 기수를 인정할 수 없다."고 판시하였다.
233) 신동운, 앞의 책(주 199), 91면은 "판례는 범죄불성립의 이유를 위험범과 결과범의 차이에서 구하고 있다."고 언급한다.

요건을 실현하는 것으로서 그 보호법익이 국가기능의 공정한 행사 내지 국권의 공정이라는 국가적 법익을 보호하는 점에서 침해범인 강요죄와 달리 추상적 위험범으로 이해하는 것이 타당하다. 따라서 위험범 여부를 결정하는 것은 해당 규정이 구성요건적 결과를 요구하는지 여부가 아니라 그 규정의 보호법익에 관한 목적론적 해석에 따른다는 것을 알 수 있다. 그리고 형법 제141조 제1항은 "공무소에서 사용하는 서류 또는 전자기록 등 특수매채기록을 손상 또는 은닉하거나 기타 방법으로 그 효용을 해한 자"를 공용서류무효죄 등으로 처벌한다. 일부 학설은 "손괴죄의 일종이지만 행위객체가 공용물이라는 점에서 목적물의 소유관계와 무관하게 공무 그 자체를 보호하려는 구성요건이다. 침해범이다."[234]라고 이해하고, 다른 학설은 "성질상 손괴죄(제366조)의 일종이다. 다만 행위객체가 개인의 재물·문서·전자기록이 아니라 공무소에서 사용하는 것이라는 점에서 공무방해의 성질도 갖고 있으므로 이 죄를 특별공무집행방해죄의 일종으로 규정한 것이다. 침해범·상태범에 해당하는 범죄이다."[235]라고 이해한다. 위 규정은 "손상, 은닉, 효용을 해하는" 것을 요구하는 점에서 결과범으로 이해할 수 있고, 비록 공무라는 국가적 법익을 보호하는 면이 있으나, 근본적으로 개인적 법익을 보호하는 형법 제366조의 손괴죄로서의 법적 성격이 강하다는 점에서 침해범으로 이해하는 것이 타당하다. 따라서 결과범이면서 국가적 법익을 보호하는 죄명이 위험범인지에 관한 판단은 해당 규정이 본질적으로 국가의 기능을 보호하는 성격인지 아니면 개인적 법익을 보호하는 성격인지 여부에 따라 달라진다고 할 수 있다. 결국 그 판단은 앞서 언급한 결과범이면서 사회적 법익을 보호하는 죄명의 위험범 여부의 판단기준과 실질적으로 동일하다고 할 수 있다.

(4) 소결

형법상 결과범이면서 사회적 법익을 보호하는 죄로서 현주건조물방화죄, 음행매개죄와 결과범이면서 국가적 법익을 보호하는 죄로서 직권남용권리행사방해죄와 공용서류무효죄에서 살펴본 것처럼 해당 죄명이 근본적으로 공공의 안전 내지 국가의 기능을 보호하는 법익으로 해석할 수 있다면 그 보호법익

---

234) 김성돈, 앞의 책(주 163), 845면.
235) 정성근·박광민, 앞의 책(주 94), 789면.

의 특성상 위험범으로 이해하는 입장이 타당하다. 이러한 결론은 위험범 여부의 판단기준에 관한 검토에서 해당 죄명의 보호법익의 특성에 따라 위험범 여부를 판단해야 한다는 입장과도 궤를 같이한다. 따라서 조세포탈죄의 보호법익을 '조세제도에 관한 사회공동체의 신뢰'라는 사회적 법익으로 이해하든, 아니면 '국가의 조세채권' 또는 '국가의 재정권과 과세권'이라는 국가적 법익으로 이해하든, '조세를 강제적으로 징수하는 국가 또는 지방자치단체의 직접적인 권력작용' 내지 '조세의 적정한 부과·징수를 통한 국가의 조세수입의 확보'라는 국가적 법익으로 이해하든, 보호법익의 성격상 위험범으로 해석함이 타당하다. 또한 조세포탈죄를 침해범으로 해석하면 같은 행위를 하더라도 행위객체인 세무공무원마다 조세포탈이라는 결과가 달라지게 되므로, 사회적 법익 또는 국가적 법익으로서의 성격에 부합하지 아니한다. 결국 2010. 1. 1. 개정 전 조세범처벌법의 조세포탈죄는 위험범으로 이해하는 것이 타당하고, 조세포탈죄에 보호법익에 대한 위험의 발생을 표상하는 문구가 없으므로 추상적 위험범으로 이해하는 입장이 타당하였다.[236)]

4. 2010년 개정된 조세포탈죄의 위험범 여부

(1) 서론

2010. 1. 1. 개정된 조세범처벌법은 조세포탈죄의 행위수단인 사기나 그 밖의 부정한 행위에 관해 조세범처벌법 제3조 제6항에 "다음 각 호의 어느 하나에 해당하는 행위로서 조세의 부과와 징수를 불가능하게 하거나 현저히 곤란하게 하는 적극적 행위"라고 정의하였다. 이는 대법원이 조세포탈죄의 행위수단에 관해 "조세의 부과 징수를 불능 또는 현저히 곤란케 하는 위계 기타 부정한 적극적인 행위"[237)]라고 판시한 것을 입법화시킨 것으로 평가할 수 있다.[238)] 그렇다면 신설된 "조세의 부과와 징수를 불가능하게 하거나 현저히 곤란하게

---

236) 입법자는 조세포탈죄를 추상적 위험범으로 구성하면 자칫 범죄성립의 범위가 지나치게 넓어질 수 있는 위험성에 대비해 조세포탈죄를 결과범으로 구성한 것으로 이해할 수 있다.

237) 예컨대 대법원 2003. 2. 14. 선고 2001도3797 판결; 대법원 2006. 8. 24. 선고 2006도3272 판결.

238) 종전 대법원이 조세포탈죄를 개념 정의한 것 중 '위계'와 '부정한 행위'는 2010. 1. 1. 개정된 조세범처벌법 제3조 제6항 제7호에 "그 밖에 위계(僞計)에 의한 행위 또는 부정한 행위"로 입법화되었다.

하는"이라는 문구를 근거로 조세포탈죄를 구체적 위험범으로 규정한 것으로 해석할 수 있을까? 이러한 의문이 제기되는 이유는 조세포탈죄는 조세 부과권 내지 조세 부과권을 형해화시킬 정도의 조세 징수권을 보호법익으로 이해할 수 있는데, 조세범처벌법 제3조 제6항은 조세포탈죄의 행위수단을 정의하면서 조세포탈죄의 보호법익인 조세 부과권 내지 조세 징수권에 대한 보호를 "불가능하게 하거나 현저히 곤란하게 하는" 것으로 제한한다. 따라서 이러한 행위수단의 제한을 조세포탈죄의 보호법익에 대한 위험의 발생을 명문화시킨 것으로 해석할 수 있는지 여부가 명백하다고 볼 수 없기 때문이다. 만약 행위수단의 제한 규정을 형법상 구체적 위험범의 "공공의 위험 발생" 용어를 사용한 것과 같이 조세포탈죄의 보호법익에 대한 위험의 발생을 명시한 것으로 이해하는 입장에 의하면 입법자는 종전과 달리 2010. 1. 1. 조세범처벌법을 개정하면서 조세포탈죄를 구체적 위험범으로 변경하였다고 할 것이다. 이에 반해 위 행위수단의 제한 규정은 조세포탈죄의 행위수단을 좁게 이해하는 대법원의 종전 입장을 그대로 명문화시킨 것에 불과하고, 형법상 구체적 위험범의 경우에 보호법익에 대한 위험의 발생을 명시한 것과 다르다고 이해할 수도 있다. 따라서 구체적 위험범으로 이해하기 위해서 "공공의 위험" 또는 "위험"이라는 용어를 반드시 사용해야 하는지 여부를 형법상 구체적 위험범의 규정 형태 항목으로 살펴본 후 2010. 1. 1. 개정된 조세범처벌법의 이러한 행위수단의 제한 규정을 구체적 위험범으로 이해하는 견해의 논거와 그 논거의 타당성에 관해 살펴본다.

(2) 형법상 구체적 위험범의 규정 형태

형법상 구체적 위험범으로 해석하는데 다툼이 없는 죄명으로는 자기소유건조물방화죄 등 여러 죄명이 있고, 이들 죄명은 모두 "공공의 위험"이라는 통일된 용어로 규정한다.[239] 그런데 "공공의 위험"이란 불특정·다수인의 생명·신체·재산이 침해될 가능성이 있는 상태를 의미하므로[240] 이는 사회적 법익을

---

239) 구체적 위험범으로 "공공의 위험"을 구성요건으로 규정하는 형법의 죄명은 형법 제166조 제2항의 자기소유건조물등방화죄, 제167조 제1항의 일반물건방화죄, 제170조 제2항의 실화죄, 제173조 제1항의 가스등공급방해죄, 제179조 제2항의 자기소유건조물등일수죄, 제181조의 과실일수죄이다.

240) 신동운, 앞의 책(주 199), 300면. 김성돈, 앞의 책(주 163), 571면도 "공공위험범이란 법익침해를 요하지 않는 위험범 가운데 특히 공공(불특정 또는 다수인)의 생명, 신체 또는 재산에 대한 위험이 있으면 성립하는 범죄를 말한다. 형법상 공공위험범으로는 폭발물에 관한 죄 외에도 방화와 실화에 관한 죄, 일수에 관한 죄, 교통방해의 죄, 음용수에 관한 죄 등이 있다"고 주장한다.

보호하는 죄명에 적합한 용어이고, 국가적 법익을 보호하는 죄명에 적합한 용어는 아니다. 따라서 국가적 법익을 보호하는 구체적 위험범의 경우에 "공공의 위험 발생"이라는 용어를 사용하는 것은 적절하지 않다. 그리고 국가적 법익을 보호하는 죄명을 구체적 위험범으로 구성하기 위해서 반드시 "위험"이라는 용어를 사용해야 하는지가 문제될 수 있으나, 반드시 "위험"이라는 용어를 사용해야 하는 것은 아니라고 생각한다. 왜냐하면 구체적 위험범이란 당해 법규에 의해 보호되는 법익에 대한 위험 내지 위태화를 구성요건으로 규정하면 되기 때문이다. 그런데 규정 형태 면에서 형법상 사회적 법익을 보호하는 죄명의 경우에 "공공의 위험"이라는 통일적 용어를 사용한 반면 국가적 법익을 보호하는 죄명의 경우에는 위험 또는 위태화를 명시적으로 규정한 것으로 볼 만한 죄명을 발견하기 어렵다.[241] 그러나 구체적 위험범을 해당 죄명의 보호법익에 대한 위해, 위험, 위태화를 구성요건으로 명문화시킨 범죄로 이해하는 한, 반드시 "위험"이라는 용어를 사용할 필요는 없다고 할 것이다. 따라서 해당 규정이 구체적 위험범인지 여부는 해당 문구를 보호법익에 대한 위험 발생을 표상하는 것으로 해석할 수 있으면 족하다고 할 것이다.

(3) 구체적 위험범으로 이해하는 입장

개정된 조세범처벌법에 도입된 위 문구를 조세포탈죄의 보호법익에 대한 위험의 발생을 표상하는 것으로 이해하는 견해가 있다. 이 견해는 "조세포탈죄가 구체적 위험범에 해당하는지 여부에 관한 쟁점은 조세의 부과와 징수가 불가능하게 하거나 현저히 곤란하게 되었다는 구체적 위험이 발생하지 않았음에도 이를 들어 조세포탈죄가 성립하였다고 할 수 있는지 여부와 관계된 것이다"[242]고 주장하면서 "납세의무자의 잘못된 신고 내용을 조세의 부과권 및 징수권을 적정하게 행사하는 것을 통하여 바로 잡는 것은 과세관청의 통상적인 권한 범위에 속한 것이다. 따라서 납세의무자의 행위로 인하여 조세의 부과와

---

241) 국가적 법익을 보호하는 죄명 중 구체적 위험범 또는 추상적 위험범 여부에 관해 다툼이 있는 죄명은 형법 제87조의 내란죄와 형법 제122조의 직무유기죄가 있다. 그런데 2개 규정 모두 해당 조항에 명시적으로 해당 보호법익에 대한 위험 또는 위태화를 규정하지 않는 점에서 사회적 법익을 보호하는 죄명 중 구체적 위험범으로 해석되는 조문과 규정 형식상 차이가 있다. 위 2개 규정에 대한 추상적 위험범설과 구체적 위험범설의 대립에 관해 내란죄는 정성근·박광민, 앞의 책(주 94), 846면. 직무유기죄는 김성돈, 앞의 책(주 163), 776면.
242) 이준봉, 조세포탈죄의 고의에 관한 연구, 세경사 조세법연구 제25-3호, 2019, 184면.

징수가 불가능하게 하거나 현저히 곤란한 상태에 이르게 하는 구체적 위험이 발생하지 않았음에도 이를 조세포탈죄로 의율하는 것은 타당하지 않다"[243)고 주장한다. 이 견해는 "조세의 부과와 징수를 불가능하게 하거나 현저히 곤란하게 하는"이라는 문구가 조세포탈죄의 보호법익에 대한 위험의 발생을 표상하는 것으로 이해함을 전제한다. 또한 이 견해에 대해 조세범처벌법이 이러한 문구를 행위수단인 사기나 그 밖의 부정한 행위를 정의하면서 규정하였기 때문에 구성요건적 결과에 규정한 경우와는 다르다는 비판에 관해 비록 앞서 형법상 구체적 위험범의 경우와 규정 형식에 있어 차이가 있으나, 이는 입법기술상의 문제로서 보호법익에 대한 위험 발생을 행위수단에 규정할지 아니면 구성요건적 결과에 규정할지 여부에 따라 구체적 위험범으로서의 성격이 달라지는 것은 아니라는 반론을 제기할 수 있다. 즉 보호법익에 대한 위험의 발생을 행위수단에 규정할지 아니면 구성요건적 결과와 관련해 규정할지 여부는 입법기술상의 문제로서 입법재량에 속하고, 행위수단이나 구성요건적 결과 모두 범죄의 객관적 구성요건요소라는 점에서 다를 바 없으므로 실질적으로 차이가 없다고 주장할 수 있다. 따라서 구체적 위험범으로 해석하는 견해는 2010. 1. 1. 조세범처벌법이 개정되면서 조세포탈죄를 구체적 위험범으로 입법화시킨 것으로 이해하는 것이 문언에 충실한 해석일 뿐만 아니라 구체적 위험범에 관한 법리에도 부합하는 해석이라고 주장할 수 있다.

(4) 구체적 위험범으로 이해하는 입장에 대한 비판

그러나 비록 2010. 1. 1. 조세범처벌법이 이런 문구를 조세포탈죄에 규정하였더라도 조세포탈죄는 여전히 추상적 위험범으로 해석하는 것이 타당하다. 왜냐하면 첫째, 입법자가 2010. 1. 1. 개정 전 추상적 위험범으로 규정한 조세포탈죄를 구체적 위험범으로 변경할 이유를 찾아보기 어렵기 때문이다. 즉 2010. 1. 1. 개정된 조세범처벌법은 조세포탈죄의 행위수단에 관한 대법원의 입장을 반영해 행위수단을 엄격하게 정의한 것이고, 개정 당시 입법적인 자료에 의해도 구체적 위험범으로 규정한 것이라고 볼 만한 근거가 없다. 둘째, 2010. 1. 1. 개정된 조세범처벌법의 조세포탈죄를 구체적 위험범으로 이해하는 견해는 두 가지 논리에 근거한 것으로 이해할 수 있는데, 먼저 '불가능하게 하거나 현

---

243) 이준봉, 앞의 논문(주 242), 184면.

저히 곤란하게 한 경우'를 '위험의 발생'으로 해석할 수 있다는 점과 '위험의 발생'을 의미하는 문구를 행위수단에 규정하든 아니면 구성요건적 결과에 규정하든 구체적 위험범으로 해석할 수 있다는 것이다. 따라서 우선 '불가능하게 하거나 현저히 곤란하게 한 경우'를 '위험의 발생'과 같은 의미로 해석할 수 있는지를 살펴본다. 이를 살피기 위해 추상적 위험범으로 해석되는 죄명에 관해 대법원이 '위험의 발생'을 어떤 의미로 이해하는지부터 살펴볼 필요성이 있다. 대법원이 위험범 내지 추상적 위험범으로 명시적으로 판시한 범인도피죄, 일반교통방해죄, 특별법상 응급의료에 관한 법률 제60조 제2항 제1호, 제12조에 관한 판결에 나타난 '위험의 발생'의 의미를 살핀다.

　　형법 제151조 제1항은 "벌금 이상의 형에 해당하는 죄를 범한 자를 은닉 또는 도피하게 한 자"를 범인도피 내지 범인은닉죄로 처벌한다. 범인도피죄는 추상적 위험범으로 해석된다.[244] 대법원은 "형법 제151조 소정의 범인도피죄에서 '도피하게 하는 행위'는 은닉 이외의 방법으로 범인에 대한 수사, 재판 및 형의 집행 등 <u>형사사법의 작용을 곤란 또는 불가능하게 하는</u> 일체의 행위를 말하는 것으로서 그 수단과 방법에는 어떠한 제한이 없고, 또한 위 죄는 위험범으로서 현실적으로 형사사법의 작용을 방해하는 결과가 초래될 것이 요구되지 아니한다"[245]고 일관되게 판시하였다. 그리고 대법원 2013. 1. 10. 선고 2012도13999 판결에 의하면 "수사기관은 범죄사건을 수사함에 있어서 피의자나 참고인의 진술 여하에 불구하고 피의자를 확정하고 피의사실을 인정할 만한 객관적인 제반 증거를 수집·조사하여야 할 권한과 의무가 있는 것이므로, 참고인이 수사기관에서 범인에 관하여 조사를 받으면서 그가 알고 있는 사실을 묵비하거나 허위로 진술하였다고 하더라도, 그것이 적극적으로 수사기관을 기만하여 착오에 빠지게 함으로써 <u>범인의 발견 또는 체포를 곤란 내지 불가능하게 할 정도</u>의 것이 아니라면 범인도피죄를 구성하지 않는다고 보아야 한다."[246]고 판시하

---

244) 김성돈, 앞의 책(주 163), 858면; 정성근·박광민, 앞의 책(주 94), 807면은 "국가의 형사사법기능을 보호하는 추상적 위험범이다."라고 주장한다.

245) 예컨대 대법원 2000. 11. 24. 선고 2000도4078 판결; 대법원 2003. 2. 14. 선고 2002도5374 판결; 대법원 2015. 2. 12. 선고 2014도8605 판결.

246) 위 판결은 법리를 설시한 다음 "게임장 등의 운영 경위, 자금 출처, 게임기 등의 구입 경위, 점포의 임대차계약 체결 경위 등에 관해서까지 적극적으로 허위로 진술하거나 허위 자료를 제시하여 그 결과 수사기관이 실제 업주를 발견 또는 체포하는 것이 곤란 내지 불가능하게 될 정도에까지 이른 것으로 평가될 수 있어야 범인도피죄를 구성한다."고 판시하였다.

였다.247) 또한 대법원은 "이와 같은 법리는 피의자가 수사기관에서 공범에 관하여 묵비하거나 허위로 진술한 경우에도 그대로 적용된다"고 판시하였다.248) 결국 대법원은 범인도피죄를 추상적 위험범으로 이해하면서 그 보호법익에 대한 위험의 발생을 "형사사법의 작용 내지 범인의 발견 또는 체포를 불가능하게 하거나 곤란하게 하는 경우'로 해석한다고 이해할 수 있다.249)

또한 대법원은 "일반교통방해죄는 이른바 추상적 위험범으로서 <u>교통이 불가능하거나 또는 현저히 곤란한 상태가 발생하면 바로 기수가 되고</u>, 교통방해의 결과가 현실적으로 발생하여야 하는 것은 아니다."250)라고 판시하였다. 끝으로 응급의료에 관한 법률 제60조 제2항 제1호, 제12조를 살펴본다. 위 법률 제60조 제2항 제1호는 "제12조를 위반하여 응급의료를 방해하거나 의료용 시설 등을 파괴·손상 또는 점거한 사람"을 처벌하고, 제12조 제1항은 "누구든지 응급의료종사자의 응급환자에 대한 구조·이송·응급처치 또는 진료를 폭행·협박, 위계, 위력, 그 밖의 방법으로 방해하거나 의료기관 등의 응급의료를 위한 의료

---

247) 같은 취지의 대법원 판결로 대법원 2010. 9. 30. 선고 2010도8099 판결; 대법원 2012. 8. 30. 선고 2010도13694 판결.

248) 대법원 2010. 9. 9. 선고 2010도6631 판결; 대법원 2012. 2. 9. 선고 2011도15743 판결. 대법원 2010. 7. 29. 선고 2010도4801 판결은 "이 사건 양도소득세 포탈의 범행은 김○○가 한 것이고 피고인은 이에 관여한 바 없음에도 불구하고, 경찰과 검찰 등 수사기관에서 피고인이 피의자로 수사를 받으면서 자신이 허위의 신고를 하여 양도소득세 포탈의 범행을 한 것처럼 허위의 진술을 하기는 하였으나, 피고인은 당초 세무당국의 조사과정에서는 위 양도소득세 포탈의 경위를 알지 못한다고 위 범행을 부인하였고, 그럼에도 불구하고 세무당국이 고발을 하자 수사기관에서 비로소 위와 같이 허위의 진술을 한 것이며 그와 같은 허위의 진술 외에 달리 새로운 자료를 제출하는 등의 적극적인 기만수단을 사용하지는 않았음을 알 수 있는바, 사안이 이러하다면 피고인이 적극적으로 수사기관을 기만하여 착오에 빠지게 함으로써 범인의 발견 또는 체포를 곤란 내지 불가능하게 한 것으로 볼 수 없다."고 판시하였다.

249) 대법원은 위계공무집행방해죄도 법인도피죄와 마찬가지 수준의 위험의 발생을 요구하는 것으로 이해할 수 있다. 즉 대법원은 "수사기관이 범죄사건을 수사할 때 피의자 등의 진술 여하에 불구하고 피의자를 확정하고 피의사실을 인정할 만한 객관적인 모든 증거를 수집·조사할 권한과 의무가 있다. 피의자는 진술거부권, 자기에게 유리한 진술을 할 권리와 유리한 증거를 제출할 권리를 가질 뿐이고, 수사기관에 대하여 진실만을 진술하여야 할 의무가 있는 것은 아니다. 피의자 등이 수사기관에 대하여 허위사실을 진술하거나 피의사실 인정에 필요한 증거를 감추고 허위의 증거를 제출하였다고 하더라도 수사기관이 충분한 수사를 하지 않은 채 이와 같은 허위의 진술과 증거만으로 증거의 수집·조사를 마쳤다면, 이는 수사기관의 불충분한 수사에 기인한 것으로서 피의자 등의 위계로 수사가 방해되었다고 볼 수 없어 위계공무집행방해죄가 성립한다고 할 수 없다. 그러나 피의자 등이 적극적으로 허위의 증거를 조작하여 그 증거 조작의 결과 <u>수사기관이 그 진위에 관하여 나름대로 수사를 하더라도 제출된 증거가 허위임을 발견하지 못할 정도</u>에 이르렀다면, 이는 위계로 수사기관의 수사행위를 적극적으로 방해한 것으로서 위계공무집행방해죄가 성립한다."고 판시하였다(대법원 2011. 2. 10. 선고 2010도15986 판결; 대법원 2012. 4. 26. 선고 2011도17125 판결; 대법원 2019. 3. 14. 선고 2018도18646 판결; 대법원 2020. 2. 13. 선고 2019도12194 판결).

250) 대법원 2005. 10. 28. 선고 2004도7545 판결; 대법원 2018. 5. 11. 선고 2017도9146 판결; 대법원 2019. 4. 23. 선고 2017도1056 판결; 대법원 2019. 7. 10. 선고 2017도15215 판결.

용 시설·기재·의약품 또는 그 밖의 기물을 파괴·손상하거나 점거하여서는 아니 된다."라고 규정한다. 하급심은 구 응급의료에 관한 법률(2019. 1. 15. 법률 제16252호로 개정되기 전의 것) 제12조와 제60조 제2항 제1호의 해석에 관해[251] "응급의료용 기물 등의 점거에 따른 응급의료에관한법률위반죄는 이른바 추상적 위험범으로서 <u>응급의료를 위한 의료용 기물 등의 사용이 불가능하거나 또는 현저히 곤란한 상태가 발생하면</u> 바로 기수가 되고, 응급의료를 방해하는 결과가 현실적으로 발생하여야 하는 것은 아니다."라고 판시하면서 "피고인들의 진술에 의하더라도, 피고인들이 헬기장에 들어가 약 1시간 15분가량 이 부분 공소사실 기재와 같이 이 사건 헬기 위에 올라타거나 메인 로터를 강제로 회전하는 등의 행위를 하였다는 것인바, 피고인들의 위와 같은 행위는 응급의료상황에 투입되어야 할 이 사건 헬기를 일정 시간 동안 점유하는 방법으로 이 사건 헬기의 장래 운용을 사실상 불가능하게 하거나 현저히 곤란하게 함으로써 응급의료의 방해에 관한 추상적 위험을 발생시키는 정도의 '점거' 행위를 하였다고 보아야 할 것이다."라고 판단하였다. 대법원은 그 하급심의 판단에 관해 "응급의료에 관한 법률 제12조의 응급의료를 위한 의료용 기물, 점거, 같은 법률 위반죄의 성립 등에 관한 법리를 오해한 잘못이 없다."[252]고 판단하였다. 그러므로 대법원은 국가적 법익을 보호하는 죄명(법인도피죄)이든, 사회적 법익을 보호하는 죄명(일반교통방해죄, 응급의료에관한법률위반)이든, '위험의 발생'에 대해 해당 보호법익에 대한 보호를 '불가능하게 하거나 곤란 또는 현저히 곤란하게 한 경우'로 해석한다고 이해할 수 있다. 따라서 2010. 1. 1. 개정된 조세범처벌법 제3조 제6항의 '조세의 부과와 징수를 불가능하게 하거나 현저히 곤란하게 하는'이라는 문구를 조세포탈죄의 보호법익에 대한 위험의 발생으로 이해하는 견해는 일응 타당하다.

　'위험의 발생'을 의미하는 문구를 행위수단에 규정하든지 아니면 구성요건적 결과에 규정하든지 모두 구체적 위험범으로 해석할 수 있는지에 관해 살펴본다. 이와 관련해 구체적 위험범의 개념에 주목할 필요가 있다. 즉 구체적 위험범의 개념에 관해 "구체적 위험범에 있어서는 위험의 발생이 구성요건요소이

---

251) 대전지방법원 2020. 4. 29. 선고 2019노1546 판결은 제60조 제1항 제1호 언급하였으나 "제1항"은 제2항의 오기로 보인다.
252) 대법원 2020. 8. 20. 선고 2020도6174 판결.

기 때문에 위험에 대한 인식이 고의의 내용이 (된다)"[253]는 견해가 있는데, 이 견해에 의하면 '위험의 발생'을 행위수단에 규정하든 아니면 구성요건적 결과에 규정하든 행위수단과 구성요건적 결과는 모두 구성요건요소이므로 위험의 발생을 행위수단에 규정한 경우도 구체적 위험범이라는 논리가 성립한다고 이해될 소지가 있다. 그러나 '위험의 발생'은 구성요건적 결과로 규정해야 한다.[254] 왜냐하면 형법상 구체적 위험범으로 해석하는데 다툼이 없는 자기소유건조물방화죄 등은 '공공의 위험 발생'을 모두 구성요건적 결과로 규정하고, 구체적 위험범은 결과범으로 이해되는데,[255] 만약 '위험의 발생'을 행위수단에 규정해도 구체적 위험범이 된다면 구체적 위험범이 거동범이 될 수 있어 구체적 위험범은 결과범이라는 보편적인 인식에 반하게 된다. 또한 행위수단에 보호법익에 대한 위험의 발생을 규정한 경우까지 구체적 위험범이라고 해석하는 견해가 타당하지 않은 것은 강간죄와 관련해서도 알 수 있다. 즉 형법 제297조는 "폭행 또는 협박으로 사람을 강간한 자"를 구성요건으로 규정한다. 그리고 폭행·협박의 정도에 관해 통설은 상대방의 항거를 불능하게 하거나 현저히 곤란하게 할 정도일 것을 요구한다.[256] 그런데 만약 입법자가 강간죄를 개정하면서 폭행·협박의 개념에 관해 종전의 통설과 판례의 입장에 따라 "(성적 자기결정권을 가진) 상대방의 항거를 불가능하게 하거나 현저히 곤란하게 하는 폭행 또는 협박으로 사람을 강간한 자"로 규정하는 경우에 앞서 개정된 조세포탈죄를 구체적 위험범으로 해석하는 입장에 따르면 이러한 형태의 강간죄도 구체적 위험범으로 해석해야 할 것이다. 그러나 이렇게 규정하더라도 위 문구는 강간죄의 성립범위를 줄이기 위해 행위수단을 엄격히 규정한 것에 불과하고, "(성적 자기결정권을 가진) 상대방의 항거를 불가능하게 하거나 현저히 곤란하게 하는"이라는 문구에 따라 강간죄가 성적 자기결정권을 보호법익으로 하는 침해범이라는 법적 성격이 바뀌는 것은 아니다. 따라서 구체적 위험범은 반드시 구성요건적 결과에 보호법익에 대한 위험의 발생을 명시해야 하므로 2010. 1. 1. 개정된 조세범처벌

---

253) 이재상·장영민·강동범, 앞의 책(주 159), 82면; 신동운, 앞의 책(주 46), 149면도 "구체적 위험범은 법익침해의 위험성이 구성요건에 구체적으로 명시된 범죄를 말한다."라고 설명한다.

254) 김성돈, 앞의 책(주 163), 40면이 구체적 위험범에 관하여 "범죄구성요건에 명문으로 위험발생을 <u>구성요건적 결과로 규정하는</u> 형식을 띠고 있다."고 언급한 것은 정확한 표현이다.

255) 김성돈, 앞의 책(주 163), 40면은 "구체적 위험범도 − 구체적·현실적 위험이 결과로서 발생해야 할 것이 요구되므로 − 결과범으로 파악할 수 있다."고 주장한다.

256) 김성돈, 앞의 책(주 163), 198면.

법의 조세포탈죄를 구체적 위험범으로 이해하는 견해는 설득력이 적다.

(5) 소결

2010. 1. 1. 개정된 조세범처벌법 제3조 제6항의 "조세의 부과와 징수를 불가능하게 하거나 현저히 곤란하게 하는" 문구를 조세포탈죄의 보호법익인 조세 부과권 내지 징수권에 대한 위험의 발생을 표상한 것으로 이해해 구체적 위험범으로 해석하는 견해는 위 문구는 조세포탈죄의 행위수단을 엄격하게 제한한 종전의 대법원의 입장을 명문화시킨 것에 불과하고, 구체적 위험범은 구성요건적 결과에 보호법익에 대한 위험의 발생을 명시해야 하는데, 위 문구는 행위수단에 명시된 점에서 타당하지 아니하다. 따라서 2010. 1. 1. 조세범처벌법 개정을 통해 비록 조세범처벌법 제3조 제6항에 위 문구가 신설되었더라도 조세포탈죄는 종전과 같이 추상적 위험범으로 해석하는 것이 타당하다.

제4절 진정신분범 또는 의무범 여부

I. 서론

조세포탈죄가 형법 제33조가 규정한 "신분이 있어야 성립되는 범죄"(이하 '진정신분범'이라 한다)에 해당하는지에 관해 일부 견해[257]를 제외한 통설과 주류적인 판례는 조세포탈죄를 납세의무자와 조세범처벌법의 양벌규정에 규정된 행위자(법정책임자[258])만이 그 행위주체가 될 수 있는 진정신분범으로 해석한다. 그리고 통설은 그 주된 논거로 조세포탈죄는 납세의무를 전제하므로 논리적으로 조세포탈죄의 행위주체는 납세의무자로 제한되고, 납세의무자로 행위주체가 제한되어 실제 행위자를 처벌하지 못하는 처벌의 공백이 발생하여 이를 메우기

---

257) 통설과 달리, 문리적 해석에 따라 조세포탈죄를 비신분범으로 해석하는 견해로, 박정우·마정화, "조세범처벌제도의 실효성 확보방안", 한국세무학회 세무학연구 제23권 제4호, 2006, 236면.

258) 조세범처벌법의 양벌규정의 '행위자'는 '법인의 대표자, 법인 또는 개인의 대리인, 사용인, 기타 종업원'을 의미한다. 조세포탈죄를 진정신분범으로 이해하는 입장은 이와 같은 사람을 양벌규정에 의해 비로소 신분을 취득하여 형사책임을 지게 된다는 의미에서 '법정책임자'라고 한다.

위하여 일정 범위의 행위자를 양벌규정에 의해 처벌한다고 이해한다. 그런데 첫째, 조세포탈죄가 납세의무의 성립을 전제하면 필연적으로 행위주체를 납세의무자로 제한해야 하는 것인지, 둘째, 진정신분범으로 해석하는 견해의 전제인 납세의무의 성립이 형법 제33조의 "신분"에 해당하는지, 셋째, 조세포탈죄와 관련된 양벌규정이 조세포탈 실행위자를 처벌하지 못하는 법적 공백을 메우기 위해 마련된 규정인지에 관해 면밀히 검증되지 못한 것으로 보인다. 그런데 조세포탈죄를 진정신분범으로 이해할지 아니면 비신분범으로 이해할지 여부는 이론상 관점의 차이를 넘어 다음과 같은 차이를 낳는다. 첫째, 형법 제33조에 관한 일반적 해석론과 같이 비신분자, 즉 납세의무자가 아닌 자가 납세의무자를 도구로 이용한 간접정범의 형태, 즉 단독정범의 형태로 조세포탈죄를 저지를 수 있는지 여부에 관해 진정신분범으로 이해하면 이를 부정하나, 비신분범으로 이해하면 이를 긍정한다.[259] 둘째, 조세포탈죄를 진정신분범으로 이해하면 조세범처벌법 제18조를 법정책임자를 처벌하기 위한 특별규정으로 이해하므로 "대표자", "대리인", "사용인", "종업원", "업무에 관하여"와 관련된 요건, 즉 대표권, 대리권, 종속관계 내지 지휘감독관계, 업무 관련성을 입증해야 하나, 비신분범으로 이해하면 조세범처벌법 제18조를 다른 특별법의 양벌규정과 마찬가지로 법인의 형벌능력을 실정법적으로 인정한 규정으로 이해할 뿐이기 때문에 조세포탈의 실행위자를 처벌하기 위해 대리권 등의 요건을 입증할 필요성이 없다. 셋째, 조세포탈죄를 진정신분범으로 이해하면 납세의무자가 아닌 자를 납세의무자와 조세포탈죄의 공동정범으로 기소하는 경우에 공소장이나 판결문에 조세범처벌법 제3조, 형법 제30조 이외에 형법 제33조 본문을 기재해야 하나, 비신분범으로 이해하면 형법 제33조 본문을 기재할 필요가 없다. 그리고 조세포탈죄가 납세의무의 성립을 전제하므로 행위주체는 납세의무자로 한정해야 한다는

---

259) 대법원 2003. 6. 27. 선고 2002도6088 판결은 자동차 대여사업 회사가 자동차를 구입할 때에 실질적인 소유자들과 공모하여 영업용 차량인 것처럼 구입 신청을 함으로써 그 정을 모르는 납세의무자인 자동차회사로 하여금 자동차 반출시에 특별소비세 및 교육세를 반입자로부터 징수, 납부하지 아니하게 하였다면, 위 자동차 대여사업 회사에게 특별소비세 포탈의 고의가 인정될 뿐 아니라 위와 같은 일련의 행위는 그로 인하여 처벌받지 아니하는 자동차회사를 이용하여 결과적으로 특별소비세 등의 부담을 면한 것으로서 조세범처벌법 제9조 제1항의 '사기 기타 부정한 행위'에 해당한다고 하였다. 그러나 조세포탈죄를 진정신분범으로 이해하면, 특별소비세 납세의무자인 자동차회사는 조세포탈의 고의가 없고, 납세의무 없는 자동차 대여사업 회사가 조세포탈의 고의가 없는 납세의무자인 자동차회사를 이용하더라도 간접정범으로 처벌할 수 없다는 점에서 비판의 여지가 있다. 같은 취지의 비판으로, 심규찬, 조세포탈죄의 형사법적 특수성에 관한 연구, 서울시립대학교 세무전문대학원 석사학위논문, 2014, 27면.

논리는 Roxin이 주창한 전(前)형법적인 의무에서 비롯된 범죄는 그 의무주체만 정범적격이 있다는 의무범 이론과 연관되므로 그 이론을 국내에 수용할지에 관해 살펴볼 필요성이 있다.

II. 진정신분범 여부에 관한 학계와 대법원의 입장 및 분석

1. 학계의 입상

학설은 조세포탈죄가 성립하려면 납세의무가 성립[260]하여야 한다고 이해하고,[261] 통설은 조세포탈죄를 진정신분범으로 해석한다. 통설이 조세포탈죄를 진정신분범으로 해석하는 구체적인 근거를 확인하기 위해 대표적인 견해들을 살펴본다. 첫째, "납세의무가 있어야 조세의 포탈이 가능하므로 조세포탈의 주체는 납세의무자여야 한다. 또한 조세범 처벌법 제18조는 '법인의 대표자, 법인 또는 개인의 대리인, 사용인, 그 밖의 종업원'이 그 법인 또는 개인의 업무에 관하여 조세범칙행위를 하면 그 행위자를 벌하도록 하였으므로, 위와 같은 신분에 있는 사람 역시 조세포탈죄의 주체가 된다. 구성요건상 범죄의 주체가 일정한 신분을 갖출 것을 요하는 범죄를 신분범이라 한다. 여기서의 신분이란, 성별, 자격, 지위, 친족관계 등 범인의 인적 요소와 관련된 특수한 지위 또는 상태를 말하는데, 납세의무자, 대표자, 대리인, 사용인, 종업원이라는 지위 또는

---

260) 예컨대 납세의무의 성립에 관해, 이태로·한만수, 조세법강의, 박영사, 2020, 79면은 "납세의무의 성립이란 납세의무자·과세물건·과세표준·세율 등 세법이 정하는 과세요건이 충족되어 추상적 납세의무가 발생된 상태를 말한다. 납세의무자나 과세관청 어느 쪽의 행위도 필요 없고 과세요건사실이 발생하게 되면 그 시점에서 법률상 당연히 납세의무는 성립하게 된다."고 주장한다. 납세의무의 성립 개념은 납세의무의 확정과 다른 개념이다. 예컨대 이태로·한만수, 같은 책, 82면은 "납세의무가 일정액의 현실적인 금전채무로 구체화하기 위해서는 납세의무의 확정절차를 거쳐야 한다(구체적 납세의무). 다시 말하면 납세의무의 성립에는 세법상의 아무런 절차를 요하지 않는 데 반하여, 납세의무의 확정에는 납세신고 또는 부과처분이라는 절차를 요한다. 다만 예외적으로 확정할 내용이 단순하여 자동적으로 확정될 수도 있다."고 주장한다.

261) 예컨대 이준봉, 조세법총론, 삼일인포마인, 2021, 1071면은 "사기 기타 부정한 행위에 해당하는지 여부에 대한 판단이 조세납부의무의 존재를 전제로 하는 것"이라고 주장한다; 이동식, 일반조세법, 준커뮤니케이션, 2018, 593면은 "세법이 정한 납세의무자가 아니거나, 세법상 과세대상 소득 또는 거래가 아니거나, 그 과세물건이 특정의 납세주체에 귀속되었다는 사실이 확정되지 않거나, 직접적으로 세액산출의 기초가 되는 과세물건의 수량 또는 가액이 없을 때에는 세법상의 과세요건을 충족하였다고 볼 수 없고, 이런 경우에는 조세형사범으로 처벌할 수도 없게 되는 것이다."라고 주장한다.

직책 역시 신분을 나타내므로 조세포탈범은 신분범에 해당한다"262)고 언급하면서 조세포탈죄의 양벌규정의 "그 행위자를 벌할 뿐만 아니라"라는 문구에 관해 "신분범이 아니라는 이유로 실제로 행위를 한 자가 처벌을 빠져나가는 것을 방지하기 위하여 비록 처벌 본조의 신분이 없다 하더라도 그러한 범칙행위를 한 자를 처벌할 것도 규정하고 있는 것이다."263)라고 언급하는 견해가 있다.

둘째, "조세범 처벌법 제3조 제1항은 '사기나 그 밖의 부정한 행위로써 조세를 포탈하거나 조세의 환급·공제를 받은 자…'로만 규정하여 범행의 주체를 명시적으로 규정하고 있지 아니하다. 그러나 조세의 포탈은 납세의무를 전제로 하고 있으므로 명시적 규정은 없으나 세법상의 납세의무자가 주체가 된다. 또한 조세범 처벌법 제18조에 의하여 법인의 대표자, 법인 또는 개인의 대리인, 사용인, 그 밖의 종업원은 납세의무자를 위한 행위자로서(이하 '행위자'라 한다) 조세포탈죄의 주체가 된다. 즉 조세포탈은 납세의무자와 그 행위자만이 주체가 될 수 있는 형법상의 신분범에 해당한다."264)고 언급하고, "조세포탈은 납세의무를 전제로 하고 있고 또한 조세범 처벌법 제18조에서 처벌되는 행위자를 명시하고 있어 납세의무자와 행위자만이 조세범의 주체가 될 수 있으므로 당연히 신분범으로 해석하여야 하며 현재의 대법원의 판례는 위와 같이 조세포탈범이 신분범임을 일관되게 판시하고 있다."265)고 언급하면서 조세포탈죄의 양벌규정에 관해 "이 규정은 영업주의 양벌책임과 법인의 형벌능력을 규정하는 외에 행위자에 대한 처벌의 근거를 명시하는 의미가 있다. 조세범 중 납세의무자 등 신분범으로 그 주체를 한정한 경우에 주체가 되지 아니하는 행위자는 그 조항 자체만으로는 처벌할 수 없고, 양벌규정에 명시한 '행위자를 벌하는 외에'를 근거로 이를 처벌할 수 있게 된다. 즉 양벌규정에 의하여 신분범만 처벌하도록 된 개별 조항상의 조세범의 구성요건이 수정되는 의미가 있다."266)고 언급하는 견해가 있다.

셋째, "형법상 진정신분범의 경우 정범표지가 구성요건에 직접 명시되어 있는 경우가 대부분인데, 조세포탈죄의 경우 '납세의무자'라는 정범표지가 구성

---

262) 김태희, 앞의 책(주 1), 187면.
263) 김태희, 앞의 책(주 1), 81면.
264) 안대희, 앞의 책(주 1), 236면.
265) 안대희, 앞의 책(주 1), 236면.
266) 안대희, 앞의 책(주 1), 204면.

요건에 직접 명시되어 있지 않다는 점이 문제된다. 그러나, 정범표지가 직접 명시되어 있지 않다고 하더라도 당해 구성요건의 해석상 그 주체에 대해 범죄행위와 관련된 범인의 인적 관계인 특수한 지위 또는 상태를 요구할 때에는 이를 진정신분범으로 보아야 할 것이다. 조세범처벌법 제9조 제1항의 구성요건을 보면 '사기 기타의 부정한 행위로 조세를 포탈하거나 조세의 환급·공제를 받은 자'로 규정되어 있고, 이때 조세를 포탈한다든지, 환급, 공제를 받는다는 것은 납세의무가 있음을 전제로 하는 개념이기 때문에 그 규정형식을 보아도 납세의무자만을 범죄의 주체로 하는 것을 예정하고 있다고 보여진다."267)라고 언급하는 견해가 있다.

넷째, "조세포탈범은 구성요건상 행위주체에게 일정한 신분이 있음을 요하는 신분범이다. '신분'의 개념에 대해 우리나라의 통설 및 판례는 '형법 제33조 소정의 신분관계라 함은 남녀의 성별, 내외국인의 구별, 친족관계, 공무원의 자격과 같은 관계뿐만 아니라 널리 일정한 범죄행위에 관련된 범인의 인적 관계인 특수한 지위 또는 상태를 지칭하는 것'이라 보고 있다. 이때, 신분개념에 계속성은 요구되지 않으며, 이러한 신분요소에는 행위자와 관련된 요소만 포함되고, 행위와 관련된 요소는 포함되지 않는다고 한다. 조세포탈죄의 경우도 조세를 납부할 의무가 있는 납세의무자와 과세관청 사이의 조세법률관계를 중심으로 맺어진 행위자 관련적 요소에 의해 규율되어 진다는 점에서 위 '신분'의 개념에 부합하는 것으로 보인다."268)고 언급하는 견해가 있다.269)

다섯째, "조세범처벌법 제3조 제1항은 '사기나 그 밖의 부정한 행위로써 조세를 포탈하거나 조세의 환급·공제를 받은 자'라고 규정하고 있을 뿐 조세포탈죄의 주체를 규정하고 있지는 않다. 그러나 조세를 포탈한다는 것은 조세를 납부하지 않거나 적게 납부하는 것으로 당연히 납세의무의 존재를 전제로 하는 것이므로 조세범처벌법 제3조 제1항의 주체는 납세의무자라고 볼 수밖에 없다. 또한 부과과세방식의 조세의 경우에는 사기죄와 유사한 면이 있지만, 사기죄의 경우에는 행위의 주체와 그로 인한 이득의 귀속주체가 서로 다른 제3자를 위한

---

267) 손준성, 앞의 논문(주 88), 18−19면.
268) 심규찬, 앞의 논문(주 259), 7−8면.
269) 김종민, 조세포탈범의 형사처벌과 관련한 제문제, 법원도서관 사법논집 제45집, 2007, 437−438면. 이 견해도 조세포탈죄는 납세의무를 전제로 하고 납세의무는 행위자 관련적 요소에 의해 규율된다는 점에서 진정신분범으로 해석한다.

사기의 경우를 규정하고 있으나, 조세포탈죄의 경우에는 제3자를 위한 조세포탈을 규정하고 있지 않은 것으로 미루어 보아 입법 당시에 조세포탈죄의 주체를 납세의무자로 한정한 것으로 볼 수밖에 없다."[270]고 언급하는 견해가 있다.

따라서 조세포탈죄의 행위주체를 납세의무자와 법정책임자로 한정해 진정신분범으로 해석하는 견해에 따르면 연대납세의무자,[271] 제2차 납세의무자[272]는 납세의무자의 일종으로서 조세포탈죄의 단독정범이 되는 반면, 원천징수의무자, 부가가치세의 재화 또는 용역을 공급받는 자는 납세의무자로 볼 수 없으므로 조세포탈죄의 공범은 될 수 있을지언정 조세포탈죄의 단독정범은 될 수 없다.

2. 대법원의 입장

대법원은 조세포탈죄가 성립하기 위해 납세의무의 성립[273]을 전제한다.[274] 그리고 대법원은 "조세범처벌법 제9조 소정의 범죄[275]나 특정범죄가중처벌등에관한법률 제8조 소정의 범죄가 신분관계로 인하여 성립되거나 그 형이 가중되

---

270) 이승식, 조세포탈죄의 구성요건에 관한 연구, 경희대학교 대학원 박사학위논문, 2013, 73면.

271) 연대납세의무자는 하나의 납세의무자에 대해서 두 사람 이상이 연대하여 책임지는 것을 의미한다.

272) 제2차 납세의무는 납세의무자의 재산으로 체납처분을 하여도 그가 납부하여야 할 국세 및 체납처분비에 충당하기에 부족한 경우 그 납세의무자와 일정한 관계가 있는 자(제2차 납세의무자)가 부족액에 대하여 지는 세법상의 고유한 이행책임을 말한다[이태로·한만수, 앞의 책(주 260), 101면].

273) 대법원 2015. 6. 11. 선고 2015도1504 판결은 "이 사건 봉안당 분양권의 양도가 재화의 공급에 해당하지 아니하여 부가가치세 납부의무가 성립하지 않는 이상, 위 피고인들이 부가가치세법에 따른 사업자등록을 하지 아니하고 세금계산서를 교부하지 아니한 행위는 사기 기타 부정한 행위에 해당할 여지가 없다"고 판시하였다; 대법원 2020. 5. 28. 선고 2018도168641 판결은 "조세범처벌법 제3조와 특정범죄가중법 제8조에서 정한 조세포탈죄가 성립하기 위해서는 세법이 정한 과세요건이 충족되어 조세채권이 성립해야 하므로, 과세요건을 갖추지 못해 조세채무가 성립하지 않으면 조세포탈죄도 성립할 여지가 없다. (중략) 이처럼 각 사업연도를 단위로 계산되는 법인의 소득에 대하여 과세하는 법인세를 포탈하였다고 하기 위해서는 특정 사업연도에 귀속되는 익금 누락 또는 가공 손금 계상 등을 통하여 해당 사업연도에 과세소득이 감소되어야 한다"고 판시하였다.

274) 대법원이 조세포탈죄의 성립요건에 납세의무의 성립을 전제하는 이유에 관해 이준봉, 앞의 논문(주 242), 182-183면은 "「조세범 처벌법」 제3조가 '조세'를 포탈하거나 '조세'의 환급·공제를 받을 것을 구성요건으로 규정하고 있고, 사기나 그 밖의 부정한 행위 역시 '조세'의 부과와 징수를 불가능하게 하거나 현저히 곤란하게 하는 적극적 행위를 의미한다고 규정하는바, 위 각 판시들은 납세의무가 성립하지 않은 이상 위 각 문언상 '조세'로서의 구성요건을 충족하지 못하는 것이라는 점에 근거한 것이라고 볼 수 있다."고 주장한다.

275) 2010. 1. 1. 조세범처벌법(법률 제9919호)로 개정되기 전의 구 조세범처벌법은 조세포탈죄를 제9조에 규정하였고, 2010. 1. 1. 개정되면서 제3조에 규정하였다.

는 범죄가 아님은 위 각 법률의 규정취지에 비추어 볼 때 분명하므로 위 각 범죄의 주체는 법인의 대표자, 법인 또는 개인의 대리인, 사용인 기타의 종업원에 한한다고 할 수 없다"276)고 판단하였다. 그러나 그 이후에는 "조세범처벌법 제9조 제1항은 '사기 기타 부정한 행위로써 국세를 포탈하거나 환급, 공제를 받은 자는 다음 각 호에 의하여 처벌한다'라고 규정하고 있고, 조세범처벌법 제3조는 '법인의 대표자, 법인 또는 개인의 대리인, 사용인, 기타의 종업원이 그 법인 또는 개인의 업무 또는 재산에 관하여 본법에 규정하는 범칙행위를 한 때에는 행위자를 벌하는 외에 그 법인 또는 개인익 대해서도 각 본조의 벌금형에 처한다. 다만 국세기본법에 의한 과점주주가 아닌 행위자에 대하여는 정상에 의하여 그 형을 감면할 수 있다'고 규정하고 있는바, 이에 의하면 조세범처벌법 제9조 제1항 소정의 조세포탈범의 범죄주체는 위 제9조 제1항에 의한 납세의무자와 같은 법 제3조 소정의 법인의 대표자, 법인 또는 개인의 대리인, 사용인, 기타의 종업원 등 행위자라고 할 것이고(이와 같은 법정책임자 이외의 제3자가 공범으로서 범죄의 주체가 될 수 있음은 물론이다), 다만 행위자가 아닌 법인과 개인에 대하여는 행위자가 범칙행위를 한 때에 양벌규정인 위 제3조에 의하여 벌금형을 과하게 되는 것이다."277)라고 판단했다.278)

3. 비판적 검토

기존 입장의 근거를 정리하면, 첫째, 조세포탈죄는 논리적으로 납세의무의 성립을 전제하므로 조세포탈죄의 행위주체는 납세의무자로 한정시키는 것이 타당하다. 둘째, 납세의무는, 정확히는 납세의무의 성립은 행위자 관련적 요소이

---

276) 대법원 1987. 12. 22. 선고 87도84 판결.
277) 대법원 1992. 8. 14. 선고 92도299 판결; 대법원 2008. 4. 24. 선고 2007도11258 판결은 "부가가치세법 제2조 제1항은 사업상 독립적으로 재화 및 용역을 공급하는 사업자를 부가가치세 납세의무자로 하고 있으므로, 거래상대방인 공급을 받는 자는 이른바 담세자에 불과할 뿐 세법상의 납세의무자가 아니고, 조세범처벌법 제9조 제1항 소정의 조세포탈범의 범죄주체는 국세기본법 제2조 제9호 소정의 납세의무자와 조세범처벌법 제3조 소정의 법인의 대표자, 법인 또는 개인의 대리인, 사용인, 기타의 종업원 등의 법정책임자이며, 이러한 신분을 가지지 아니한 자는 납세의무자의 조세포탈에 공범이 될 수 있을 뿐, 독자적으로 조세포탈의 주체가 될 수 없다."고 판시하였다.
278) 이승식, 앞의 논문(주 270), 71면은 "조세포탈죄를 신분범이 아니라고 본 판결은 대법원 1987. 12. 22. 선고 87도84 판결이 유일한 것 같고, 그 이후 대법원 판례는 조세포탈죄가 신분범이라고 판시하여 87도84 판결은 사실상 변경된 것으로 보인다."라고 주장한다.

고, 이는 형법상 신분에 해당한다. 셋째, 형법상 신분에는 범인의 인적 요소와 관련해 계속적 성격의 특별한 인적 성질과 같은 성격의 특별한 인적 관계뿐만 아니라 계속적 성격 또는 일시적 성격의 특별한 인적 상태도 모두 포함된다.[279) 넷째, 조세포탈죄의 문언에 의하면 사기죄의 문언과 달리, 납세의무자가 아닌 제3자가 납세의무자를 위해 조세포탈을 한 경우까지 처벌하는 문구가 포함된다고 해석할 수 없다. 다섯째, 조세포탈죄는 납세의무자로 행위주체를 한정할 수밖에 없기 때문에 처벌의 공백이 발생해 조세범처벌법 제18조는 일정한 요건 하에 법정책임자를 처벌하기 위한 근거조문으로서 기능하고, 법정책임자를 처벌하는 근거로 조세범처벌법 제18조의 '행위자를 벌하는 외에'라고 규정한 것으로 이해하는 입장으로 해석할 수 있다. 한편, 대법원은 비록 조세포탈죄의 행위주체를 납세의무자와 법정책임자로 제한하여 해석하나, 행위주체를 제한해 해석하는 이유를 제시하지 못한 것으로 이해할 수 있다.

따라서 기존 입장의 근거들 중 첫째 근거는 조세포탈죄가 납세의무의 성립을 전제하면 필연적으로 행위주체를 납세의무자로 제한해야 하는지 여부를 검토해야 하는데, 이는 일정한 의무자만이 정범적격이 있다는 독일의 이른바 의무범 이론을 국내에 수용할 수 있는지 여부와 만약 의무범 이론을 국내에 수용할 수 없다면 입법자가 조세포탈죄를 납세의무자로 제한했는지에 관한 법률해석을 살펴봐야 하고, 설령 의무범 이론을 국내에 수용할 수 있더라도 조세포탈죄의 행위주체를 실제 납세의무자로 제한해 규정했는지 여부는 법률해석을 통해 판단할 수밖에 없다고 할 것이다. 둘째부터 셋째까지 근거는 형법 제33조의 "신분" 개념과 관련해 납세의무의 성립이 "신분"에 해당하는지, 해당한다면 특별한 인적 성질, 특별한 인적 관계, 특별한 인적 상태 중 어떤 항목에 속하는지를 검토해야 한다. 넷째 근거는 조세포탈죄의 규정 형식을 사기죄의 그것과 비교한 것으로서 이 견해는 조세포탈죄와 사기죄의 법적 성격이 비슷하다는 것을 전제한다. 다섯째 근거는 입법자가 개별 세법에 처벌규정을 마련하지 아니하고 조세범처벌법이라는 단일 법률을 마련한 취지에 관한 연혁적 해석과 조세포탈죄를 비롯한 조세범처벌법의 각 규정에 관한 논리적 내지 체계적 해석이

---

279) 조세포탈죄를 진정신분범으로 이해하는 견해들은 형법 제33조의 "신분"의 개념에 포함될 수 있는 특별한 인적 성질, 관계, 상태 중 납세의무의 성립이 정확히 어떤 개념에 속하는지와 납세의무의 성립을 일시적인 성격으로 이해하는지에 관해 분명한 입장을 표명하지 않는다.

필요하며, 행위자 처벌근거로서 기능하는 양벌규정과 조세포탈죄와 관련된 양
벌규정을 비교해야 한다. 따라서 제3자가 이익향유자를 위해 행위한 경우에 대
한 처벌규정의 포함 여부가 진정신분범의 해석에 영향을 미치는지 여부를 편의
상 먼저 살펴보고, 납세의무의 성립이 형법 제33조의 "신분"에 해당하는지 여
부, 조세포탈죄가 납세의무의 성립을 전제하므로 조세포탈죄의 정범적격을 납
세의무자로 제한해야 하는지에 관한 의무범 이론의 국내 수용 여부, 조세포탈
죄의 행위주체 제한 여부에 관한 법률해석 순서로 살펴본다.

III. 제3자의 이익향유자를 위한 행위 처벌 규정 형식의 영향

1. 서론

조세포탈죄의 규정 형식과 사기죄를 비교해 조세포탈죄는 제3자가 납세의
무자를 위해 행위한 경우까지 처벌하는 것으로 해석할 수 없기 때문에 납세의
무자만이 행위주체가 될 수 있다는 견해는 조세포탈죄와 사기죄의 법적 성격이
유사한 것을 전제한다. 앞서 조세포탈죄의 사기죄 또는 위계공무집행방해죄로
서의 성격 항목에서 살펴보았듯이, 조세포탈죄는 기만적 행위를 통해 재산상
이익을 취득하는 점과 독일, 일본, 미국 등 주요국은 형법 제137조의 위계공무
집행방해죄가 없는 점 등을 종합하면 사기죄로서의 성격으로 이해할 수도 있으
나, 사기죄는 대등한 양 당사자를 이념적 전제로 하는 반면, 조세포탈죄는 공권
력을 통해 사인보다 정보 획득 가능성과 정보의 양, 전문성이 우월한 국가기관
을 상대로 한 범죄라는 점에서 근본적으로 차이가 있다. 그리고 조세포탈죄의
행위수단을 "사기나 그 밖의 부정한 행위로써"로 규정해 '사기'로 표현한 문구
를 조세포탈죄를 사기죄로서의 성격으로 이해하는 실정법적 근거라고 이해할
수도 있다. 그러나 조세포탈죄보다 사기죄로서의 성격이 더 강한 보조금 사기
에 보조금 관리에 관한 법률 제40조 제1호는 "거짓 신청이나 그 밖의 부정한
방법으로"라고 규정하고 '사기'라고 규정하지 아니한 점을 고려하면 그 근거는
설득력이 적다. 오히려 "부정한 방법으로"를 행위수단으로 규정한 관세포탈죄
등 조세포탈죄와 유사한 행위수단의 각종 특별법위반죄의 규정 형식을 전체적

으로 살피면 조세포탈죄의 "사기"와 보조금 사기의 "거짓 신청", "부정한 행위"와 "부정한 방법"은 동가치적인 의미가 있고, 조세포탈죄를 비롯한 이와 유사한 행위수단의 각종 특별법위반죄는 모두 사인이 국가기관을 상대로 부정한 수단을 통해 경제적 수급권 내지 경제적 이익, 더 넓게는 유·무형의 이익을 취득하는 점에서 공통점이 있고, 결국 부정한 행위 내지 부정한 수단을 방법으로 국가기관의 정당한 심사기능을 저해해 유·무형의 이익을 취득하거나 이를 취득할 수 있는 지위를 획득하는 점에서 그 법적 성격이 같다고 볼 수 있다. 이런 성격은 위계공무집행방해죄로서의 성격으로 이해할 수 있어 우리나라의 조세포탈죄는 재산범죄로서의 사기죄로서의 법적 성격보다는 조세 부과 내지 징수와 관련된 국가적 법익을 보호하는 위계공무집행방해죄로서의 성격이 더 강하다. 그러므로 넷째 근거의 전제는 타당하지 않다. 다만 조세포탈죄를 위계공무집행방해죄로서의 법적 성격이 강하다고 이해하여도 위계공무집행방해죄를 비롯한 형법의 국가적 법익을 보호하는 죄명 및 조세포탈죄와 유사한 행위수단의 관세포탈죄 등 각종 특별법위반죄의 경우에 유·무형의 이익을 얻는 자를 위해 제3자가 행위한 경우를 처벌하는 형태가 있는지 여부를 살펴볼 필요성이 있다.

2. 형법의 죄명

형법의 위계공무집행방해죄뿐만 아니라 국가적 법익을 보호하는 죄명은 실제 행위자가 이익향유자를 위해 행위한 경우를 처벌하는 형식이 없다. 이 태도는 보호법익과의 관계에서 행위자의 불법은 국가적 법익을 저해 정도에 상응하는 것이고, 그 범죄로 인한 부당한 이익의 귀속 여부는 법정형의 범위 내 양형사유에 불과하다고 볼 수 있으므로 정당성이 있다. 반면, 개인적 법익을 보호하는 죄명은 경제적 이익을 다른 사람에게 귀속시키는 제3자를 처벌하는 형식이 사기죄, 형법 제348조 제2항의 준사기죄, 제349조 제2항의 부당이득죄, 제350조 제2항의 공갈죄, 제355조 제2항의 배임죄와 제336조의 인질강도죄, 제347조의2 컴퓨터등사용사기죄, 제357조 제1항의 배임수재죄가 있다. 따라서 조세포탈죄와 사기죄를 비교해 조세포탈죄가 이익향유자인 납세의무자를 위해 행위한 제3자를 처벌하는 형식이 없다는 이유로 진정신분범으로 이해하는 견해는 국가적 법익과 개인적 법익이라는 본질적으로 다른 법익을 보호하는 조세포탈죄와 사기죄를 같은 차원에서 비교한 오류가 있다. 오히려 조세포탈죄의 법적 성격을 국가적 법익을 보호하는 성격으로 이해할 때 이익향유자를 위해 행위한 제3자를 처벌하는 형식을 별도로 마련하지 아니한 태도가 국가적 법익을 보호하는 죄명들과 체계적으로 부합한다고 할 것이다.

3. 특별법위반죄

우선, 보조금 관리에 관한 법률 제40조 제1호는 "거짓 신청이나 그 밖의 부정한 방법으로 보조금이나 간접보조금을 교부받거나 지급받은 자 또는 그 사실을 알면서 보조금이나 간접보조금을 교부하거나 지급한 자"를 처벌할 뿐이고, "보조금이나 간접보조금을 교부하게 하거나 지급받게 한 자"를 처벌하는 형식이 따로 없는 점을 주목할 필요가 있다. 둘째, 조세포탈죄와 유사한 행위수단의 특별법위반죄들은 대체적으로 보조금 관리에 관한 법률 제40조 제1호와 마찬가지로 실제 행위자가 이익향유자를 위해 행위한 경우를 따로 처벌하는 형식을 취하지 아니한다.[280] 반면, 예컨대 영유아보육법 제54조 제4항 제4호는 "거짓이나 그 밖의 부정한 방법으로 (중략) 비용을 지원받거나 타인으로 하여금 지원을 받게 한 자", 5·18 민주유공자예우에 관한 법률 제70조 제1항 제1호는 "거짓이나 그 밖의 부정한 방법으로 이 법에 따라 예우를 받거나 예우를 받게 한 사람", 고엽제후유의증 등 환자지원 및 단체설립에 관한 법률 제33조 제1항 제1호는 "거짓이나 그 밖의 부정한 방법으로 이 법에 따른 지원을 받거나 지원을 받게 한 자"로 각 규정하여 실제 행위자와 해당 행위의 수익자가 다른 경우에 처벌하는 형식의 규정을 두고 있다. 그러나 이 규정들은 조세포탈죄와 유사한 행위수단의 특별법위반죄들이 대체적으로 그런 처벌규정을 두고 있지 아니하는 태도에 비추어 오히려 이례적이라고 할 것이다. 따라서 조세포탈죄의 규정 형식이 납세의무자를 위해 행위한 제3자를 처벌하는 형식을 취하지 아니한다는 근거는 조세포탈죄를 진정신분범으로 해석하는 타당한 근거라고 보기 어

---

280) 예컨대 관세법 제270조 제4항과 제5항, 지방재정법 제97조 제1항, 방위사업법 제62조 제1항, 계엄법 제14조 제1항, 국민연금법 제128조 제1항, 산업재해보상보험법 제127조 제1항, 고용보험법 제116조 제2항 등은 실제 행위자가 이익향유자를 위하여 행위한 경우에 따로 처벌하는 형식의 규정이 없다.

렵다.

IV. 납세의무 성립의 형법 제33조의 "신분" 여부

1. 형법 제33조의 "신분"에 관한 학설의 입장

(1) 행위자 관련적 요소

학설은 형법 제33조의 "신분"과 관련해 신분은 행위자 관련적 요소에 포함된다는 점에서 견해를 같이한다.[281] 즉 행위자를 중심으로 하여 그 행위자에게만 인정되는 성질·관계·상태가 "신분"인 것이고, 이러한 관점에서 "신분"은 행위자 관련적 요소라고 한다.[282] 그리고 이와 비교되는 개념으로 행위 관련적 요소가 있는데, 이는 불법 자체에 영향을 미치는 요소를 의미한다.[283]

(2) 특별한 인적 성질, 특별한 인적 관계, 특별한 인적 상태

형법 제33조의 "신분"의 개념을 독일 형법 제14조 제1항의 "특별한 인적 표지"와 같은 개념으로 이해하는지에 관해 학설은 대립한다. 독일 형법 제14조(타인을 위한 행위) 제1항은 "행위자가 다음 각 호의 자격으로 행위한 때에는 특별한 인적 성질·관계·상태(특별한 인적 표지)가 가벌성의 기초를 이루는 법률을 적용함에 있어서 그와 같은 표지가 대리인에게는 존재하지 아니하고 본인에게만 존재하는 경우에도 그 대리인에 대하여 이 법률을 적용한다. (이하 생략)", 제28조(특별한 인적 표지) 제1항은 "정범의 범죄성립의 기초가 되는 특별한 인적 표지(제14조 제1항)가 공범(교사범 또는 방조범)에게 존재하지 아니할 때에는 그에 대한 형은 제49조 제1항에 따라서 감경한다.", 제2항은 "법률이 특별한 인적 표지를 형의 가중 또는 감경 또는 조각의 사유로 규정하고 있는 때에는 이는 그 인적 표지가 존재하는 관여자(정범 또는 공범)에 대해서만 적용한다."고 규정한

---

281) 예컨대 김성돈, 앞의 책(주 46), 722면.
282) 신동운, 앞의 책(주 46), 736면.
283) 이와 관련해 성낙현, 형법총론, 박영사, 2020, 705면은 "행위관련 표지는 누구에 의해서든 범해질 수 있는 불법을 특성화하는 것이므로 이에 대해서는 일반적인 종속성의 원칙이 적용되며, 행위자 관련표지만 신분요소가 될 수 있으므로 양자는 구별되어야 할 필요가 있다."고 주장한다.

다.284) 즉 독일 형법은 특별한 인적 표지라는 개념 범주 하에 특별한 인적 성질, 특별한 인적 관계, 특별한 인적 상태를 포괄한다.285)

통설은 특별한 인적 성질이란 "성별·연령·친족관계와 같은 정신적·육체적·법적인 본질표지"를 의미하고,286) 특별한 인적 관계란 "공무원·의사·타인의 사무를 처리하는 자·법률에 의하여 선서한 증인(제152조 제1항) 같이 사람이 타인, 국가 또는 사물에 대하여 갖는 사회적 지위 또는 관계"를 의미하며,287) 특별한 인적 상태란 "신분적 특성이나 신분적 관계에 속하지 않는 특별한 신분 표지로서 업무성, 상습성(대법원 1984. 4. 24. 선고 84도195 판결), 누범 및 특별한 심정표지"288)를 의미하는 것으로 이해한다. 이와 관련해 학설은 형법 제33조의 "신분"을 독일 형법의 "특별한 인적 표지"와 마찬가지로 이해해 "신분"에 특별한 인적 성질, 특별한 인적 관계, 특별한 인적 상태가 모두 포함되고, 특히 특별한 인적 상태는 일시적인 인적 상태도 포함한다고 해석하는 학설과 형법 제33조의 "신분"의 개념은 어느 정도 계속성을 요구하므로 특별한 인적 성질, 특별한 인적 관계는 그 개념상 계속성을 띠므로 "신분"에 해당되나, 특별한 인적 상태는 일시적인 상태와 계속적인 상태를 모두 내포하는 개념이고, 이 중 일시적인 성격의 특별한 인적 상태는 "신분"에 속하지 아니한다는 학설로 대립한다.289)

2. 형법 제33조의 "신분"에 관한 대법원의 입장

대법원은 피고인이 모해할 목적으로 타인으로 하여금 위증하도록 교사한 사안에서 "형법 제33조 소정의 이른바 신분관계290)라 함은 남녀의 성별, 내·외국인의 구별, 친족관계, 공무원의 자격과 같은 관계뿐만 아니라 널리 일정한 범

---

284) 독일 형법에 관한 번역은 신동운, 앞의 책(주 46), 730−731면에 따른 것이다.
285) 독일 형법이 '특별한 인적 표지'라는 개념을 설정하기까지 독일 형법규정의 변천사에 관하여는 이인영, 공범과 신분에 관한 연구, 서울대학교 대학원 박사학위논문, 2001, 10−20면.
286) 예컨대 김일수·서보학, 새로쓴 형법총론, 박영사, 2018, 498면.
287) 예컨대 김일수·서보학, 앞의 책(주 286), 498면. 위 예시 외에 정성근·박광민, 형법총론, 성균관대학교 출판부, 2020. 480면은 "중재인, 재물보관자, 감정인·통역인, 변호사, 사법경찰관, 배우자"를 언급한다.
288) 예컨대 김일수·서보학, 앞의 책(주 286), 498면.
289) 각 학설의 근거는 이성일, 앞의 논문(주 170), 366−368면.
290) 형법 제33조는 2020. 12. 8. 일부 개정을 통해 종전 "신분관계" 용어를 "신분"으로 변경하였고, 대법원 판결은 개정 전에 선고되었으므로 "신분관계"라 표현한다.

죄행위에 관련된 범인의 인적 관계인 특수한 지위 또는 상태를 지칭하는 것이다.”291)라고 판시하였다.292)293) 이 입장은 일본 메이지 44년 3월 16일 선고된 대심원의 판결, 즉 “(일본) 형법 제65조 소위 신분이라 함은 반드시 소론에 달하는 남녀의 성, 내외국인의 차이, 친족의 관계, 공무원으로서의 자격과 같은 관계에만 한정되지 아니하는 포괄적인 일정의 범죄행위에 관한 범인의 인적관계 또는 특수한 지위나 상태를 지칭한다.”는 판시와 대동소이하다고 할 것이다.294)

3. 비판적 검토

(1) 행위자 관련적 요소

행위자 관련적 요소와 행위 관련적 요소를 구별할 수 있는 보편적 구별기준이 비록 없으나,295) 신분은 누구에게나 인정될 수 있는 주관적 내지 내심적인 성격이 아니라 특정인에게만 인정되는 외부적이고 객관적인 성격이 강하다는 점에서 행위자 관련적 요소로 이해할 수 있다고 생각한다. 그리고 납세의무의 성립은 납세의무자에게만 성립되는 객관적인 인적 요소이므로 행위자 관련적 요소로 이해할 수 있다. 또한 조세법률주의에 따라 과세요건이 객관적으로 충족되어야 비로소 인정할 수 있기 때문에 고의, 동기 등 행위자의 주관적·심리적 요소가 아니라 객관적·외부적 요소라는 점에서 일단 형법 제33조의 “신

---

291) 대법원 1994. 12. 23. 선고 93도1002 판결은 “형법 제152조 제1항과 제2항은 위증을 한 범인이 형사사건의 피고인 등을 ‘모해할 목적’을 가지고 있었는가 아니면 그러한 목적이 없었는가 하는 범인의 특수한 상태의 차이에 따라 범인에게 과할 형의 경중을 구별하고 있으므로, 이는 바로 형법 제33조 단서 소정의 ‘신분관계로 인하여 형의 경중이 있는 경우’에 해당한다고 봄이 상당하다.”고 판시하였다.

292) 강동범, “공범과 신분(2) ― 목적과 신분”, 형법 판례 150선, 박영사, 2019, 139면은 “대상판결은 형법 제33조의 신분의 개념을 밝힌 최초의 판결로서, 모해위증죄의 초과주관적 구성요건요소인 ‘모해할 목적’도 신분에 해당하며, 형법 제33조 단서가 형법 제31조 제1항에 우선하여 적용됨으로써 신분 있는 교사범이 신분 없는 정범보다 중하게 처벌된다고 판시한 제33조의 해석에 관한 매우 의미 있는 중요한 판결이다. 이 판결에 의하면, 제33조 단서는 신분 없는 자가 신분 있는 자의 범죄에 가공한 경우는 물론 신분 있는 자가 신분 없는 자에게 가공한 경우에도 적용된다.”고 주장한다.

293) 위 판결에 관해 김성돈, 앞의 책(주 46), 722면, 각주 315)는 친족관계, 공무원인 자격 등은 특수한 관계뿐만 아니라 ‘특수한 지위’에도 동시에 포함될 수 있다는 점에서 앞선 대법원 93도1002 판결의 판시내용을 신분 개념으로 삼기에는 부적절한 면이 있다고 주장한다.

294) 이런 신분의 개념에 관한 메이지 44년 판결은 쇼와 27년 9월 19일의 일본 최고재판소 판결에도 이어진다.

295) 임웅, 앞의 책(주 226), 535면 주 173).

분"에 속한다.

(2) 특별한 인적 성질·특별한 인적 관계·특별한 인적 상태

형법 제33조가 2020. 12. 8. 법률 개정을 통해 종전 "신분관계"로부터 "신분"으로 용어를 변경하였다고 하더라도, 그 개정 이유는 "형법에 사용된 일본식 표현이나 어려운 한자어 등 개정이 시급한 대표적인 법률용어들을 국민의 눈높이에 맞추어 알기 쉬운 우리말로 변경하고, 법률 문장의 내용을 정확히 전달할 수 있도록 어순구조를 재배열하는 등 알기 쉬운 법률 문장으로 개정함으로써 형법에 대한 국민의 접근성 및 신뢰성을 높이려는 것"이므로 종전 "신분관계"에 관한 해석을 변경할 이유가 없고,296) 종전에 "신분관계"로 표현한 점을 중시할 때 "특별한 인적 관계"는 "신분관계"에 포함되고, "특별한 인적 성질"도 "특별한 인적 관계"와 마찬가지로 계속성을 띠는 개념이라는 점에서 "신분관계"라는 문언의 가능한 의미의 한계 내라고 이해할 수 있는 반면, "특별한 인적 상태"는 그 개념상 일시적 성격과 계속적 성격을 모두 내포하는 개념으로서 이 중 '일시적 성격의 특별한 인적 상태'는 우리나라 형법이 독일 형법과 달리, 특별한 인적 성질, 특별한 인적 관계, 특별한 인적 상태를 아우르는 상위 개념인 "특별한 인적 표지"라는 개념을 명시적으로 규정하지 아니하므로 이를 포함시키는 해석은 계속성을 요구하는 "신분관계"의 문언의 가능한 의미의 한계를 넘는다고 할 것이다. 따라서 형법 제33조의 "신분"은 개념 자체에서 계속성을 띠는 "특별한 인적 관계"와 "특별한 인적 성질", 그리고 "계속적 성격을 띠는 특별한 인적 상태"만 포함되고, "일시적 성격을 띠는 특별한 인적 상태"는 포함되지 않는다고 할 것이다.297)

(3) 납세의무 성립의 계속적 성격 여부

그렇다면 납세의무의 성립은 과연 계속성을 띤다고 이해할 수 있을까? 이

---

296) 형법 개정 전 "신분관계"에 계속성을 요구하는 것으로 해석한 학설들은 개정 후에도 여전히 계속성을 요구하는 것으로 해석한다. 예컨대 김성돈, 형법총론, 성균관대학교 출판부, 2020, 699면은 형법 개정 전에 계속성을 필요하다고 해석하였고, 앞의 책(주 46), 725면은 형법 개정 후에도 여전히 계속성을 요구한다.

297) 백광렬, 한국근대선환기 '신분'(身分)·'신분제'(身分制) 용어의 성립과 변전, 한림대학교 한림과학원 개념과 소통 제22호, 2018, 169면은 신분(제) 개념의 구성요소로 "① 특권/차대(差待)의 위계, ② 법/사회적 강제, ③ 세습성"이라고 주장한다. 이러한 주장에 의해도 신분은 계속성을 본질적으로 요구하는 개념이라고 할 수 있다.

와 관련해 종전에 거의 논의가 없었는바, 이를 판단하기 위해 개념적으로 계속성을 띠는 특별한 인적 성질과 특별한 인적 관계에 해당한다고 예시하는 대상이 왜 계속성을 띤다고 이해할 수 있는지부터 살펴볼 필요가 있다. 우선 특별한 인적 성질로 예시하는 "성별·연령·친족관계"는 생물학적 특성 내지 혈연 또는 혼인관계의 특성에 비추어 개념적으로 계속성을 띤다고 이해할 수 있다. 그리고 특별한 인적 관계 중 "공무원·의사"는 그 직업[298]적 성격에 비추어 계속성을 띤다고 이해할 수 있다.[299] 따라서 이들 개념이 계속성을 띠는 근거는 개념 자체의 속성에서 비롯된 것으로 이해할 수 있다. 그런데 "과세요건이 충족되어 추상적 납세의무가 발생된 상태"라는 납세의무 성립의 개념 자체로는 그 속성이 계속성을 띤다고 이해해야 할지 여부가 불명확하다. 그런데 납세의무는 과세요건이 충족되는 때 성립하는 것이고, 과세요건의 충족되는 때는 조세법률주의에 따라 개별 세법의 규정에 따를 수밖에 없으므로 납세의무의 성립이 과연 계속성을 띠는지 여부는 과세요건이 충족되는 때를 규정한 개별 세법에 관한 법률해석 문제로 귀착된다.

　이와 관련해 납세의무의 성립에 관해, 국세기본법 제21조 제1항은 과세요건이 충족되면 납세의무가 성립한다고 규정한다. 구체적으로 국세의 납세의무 성립시기에 관해 국세기본법 제21조 제2항이 규정하는바, 예컨대 기간과세되는 세목인 소득세와 법인세, 부가가치세는 같은 항 제1호와 제4호에 의해 각 "과세기간이 끝나는 때"에 성립하고, 수시과세되는 세목인 상속세, 증여세, 개별소비세, 인지세, 증권거래세의 경우에, 예컨대 상속세는 같은 항 제2호에 의해 "상속이 개시되는 때", 증여세는 같은 항 제3호에 의해 "증여에 의하여 재산을

---

298) 인터넷 국립국어원 표준국어대사전에 의하면 직업이란 "생계를 유지하기 위하여 자신의 적성과 능력에 따라 일정한 기간 동안 계속하여 종사하는 일"로 정의한다.

299) 통설은 위증죄의 선서한 증인을 계속적 성격으로 이해하나[예컨대 김성돈, 앞의 책(주 46), 725면은 형법 제33조의 신분 개념에 계속성이 필요하다고 해석하면서 김성돈, 앞의 책(주 163), 869면은 위증죄의 주체에 관해 "법률에 의하여 선서한 증인이다(진정신분범)"라고 주장한다], 우리나라 형법상 위증죄의 주체인 "선서한 증인"은 비록 '선서' 개념이 계속성을 띠더라도, 증인은 선서하였기 때문에 행위자 관련적 요소를 취득하는 것이 아니라, 본질적으로 과거에 일정한 사실을 경험하여 이를 그대로 증언함으로써 법관의 실체적 진실발견을 위해 협력할 공법상 의무가 존재하기 때문에 행위자 관련적 요소를 취득하는 것이므로 '선서'가 위증죄의 본질적인 요소가 아닌 점, 증인의 협력의무는 증인의 의사와 관계없이 공익상 필요에 의해 강제적으로 부과되는 의무이므로 이를 최소화시키는 것이 바람직하다는 점 등에 의해 증인의 이러한 협력의무는 형사소송법 제161조의2와 이를 구체화시킨 형사소송규칙 제75조부터 제79조에 이르기까지 하나의 신문절차에서 주신문, 반대신문, 재주신문 등이 일단락되기까지 법관의 실체적 진실발견을 위해 협력해야 할 일시적 상태로 이해할 수 있다는 견해는, 이성일, 앞의 논문(주 170), 371-375면.

취득하는 때",[300] 개별소비세는 같은 항 제5호에 의해 "과세물품을 제조장으로
부터 반출하거나 판매장에서 판매하는 때", 인지세는 같은 항 제6호에 의해
"과세문서를 작성한 때", 증권거래세는 같은 항 제7호에 의해 "해당 매매거래가
확정되는 때" 각각 성립한다. 따라서 각종 세목 중 기간과세되는 세목은 그 기
간의 종료일에, 수시과세되는 세목은 과세물건이 발생하는 때마다 성립한다고
해석할 수 있다.[301]

그런데 수시과세되는 세목 중 예컨대 상속세에 관해 상속세법 및 증여세법
제3조는 "상속개시일 현재"(at the day on which inheritance commences)를 기준
으로 규정한다. 이에 관해 "개시"라는 용어를 사용한 점을 중시해 "종료"라는
개념과 대비해 볼 때 상속세의 성립이 계속성이 있다는 견해가 주장될 수 있으
나, 예컨대 민법상 "성년후견개시의 심판"(민법 제9조)과 "성년후견종료의 심판"
(민법 제11조)에서 사용된 "종료"와 대비되는 개념인 "개시" 용어와 달리, 상속
은 민법 제997조에 의해 사망으로 인하여 개시되는데, 사망이라는 개념이 갖는
절대성과 불가역적 성격에 비추어 볼 때 "상속이 개시되는 때"의 '개시'는 상속
의 원인이 되는 사망의 종료라는 개념이 성립할 수 없어 '상속의 종료'라는 개
념 역시 성립할 수 없으므로, '어떤 일이 시작되는 때'를 의미하는 것이 아니라
어떤 시간이나 부분을 의미하는 우리말인 "때"와 같은 의미라고 이해할 수 있
다. 또한 사망 시점은 사망이 갖는 법적 의미에 비추어 특정 시점으로 이해할
수 있고 계속성을 인정할 수 없다고 할 것이다. 따라서 상속개시일은 특정 시
점이고 계속성이 없으므로 논리적으로 "상속개시일 현재"로 표현할 수 있다.
만약 상속세 납부의무의 성립시기가 계속성이 있다면 계속되는 기간 중 어떤
시점을 "현재"라고 이해할지가 불분명하기 때문에 "현재"라는 개념과 조화되기
어렵다고 생각한다. 그러므로 "상속개시일 현재"는 상속세 납부의무의 성립시기
가 일시적 성격이 있다는 실정법적 근거라고 이해할 수 있다. 한편, 다른 수시
과세되는 세목의 경우에도 그 규정의 해석상 특정 시점에 과세요건이 충족된
상태를 의미할 뿐이고, 그 상태가 계속된다는 의미까지 포함된다고 이해할 수

---

300) 대법원 1991. 1. 25. 선고 90누6477 판결은 "국세기본법 제21조 제1항 제3호에 증여세에 있어서
는 증여에 의하여 재산을 취득하는 때에 증여세를 납부할 의무가 성립한다고 규정되어 있으므로
등기를 요하는 부동산증여에 있어서는 민법 제187조의 경우를 제외하고 등기일이 그 부동산의
취득일로써 증여시기가 된다."고 판시하였다.
301) 이태로·한만수, 앞의 책(주 260), 79-80면.

없는 것은 상속세와 마찬가지이다. 따라서 수시과세되는 세목은 해당 규정에 관한 법률해석상 계속적 성격을 인정하기 어렵다고 할 것이다. 그리고 기간과세되는 세목의 경우에 납세의무는 과세기간 중 과세기간이 끝나는 시점에 성립하고, 그때 비록 납세의무가 성립하더라도 그 이후의 과세기간에도 계속하여 과세요건이 충족된다는 의미까지 포함하는 개념으로 이해할 수는 없으므로 기간과세되는 세목도 일시적인 성격으로 이해할 수 있다. 결국 수시과세되는 세목과 기간과세되는 세목을 불문하고, 이들 세목에 관한 과세요건이 충족되는 때를 명시한 개별 세법 규정의 법률해석상 납세의무의 성립은 '과세요건이 객관적으로 충족되는 특정 시점'이라고 이해할 수 있고, 비록 특정 시점에 과세요건이 충족되더라도 그 이후에도 과세요건이 충족된 상태가 지속된다는 의미까지 포함하는 개념은 아니라고 할 것이다. 그러므로 납세의무의 성립은 '특정 시점에 과세요건이 객관적으로 충족된 일시적인 상태'라고 할 것이다.

한편, 납세의무의 성립이 갖는 기능을 살펴보면, 납세의무의 성립은 국세기본법 제18조 제2항에 따라 소급과세 금지의 원칙의 기준일로 기능하고, 국세기본법 제39조에 의해 출자자의 제2차 납세의무의 유무도 납세의무 성립을 기준으로 한다. 우선 소급과세 금지의 원칙은 과세요건이 충족되는 시점의 세법이 적용된다는 것으로서, 그 기능은 납세의무의 성립이 일시적인 성격이 있음을 전제한다고 할 것이다. 왜냐하면 납세의무의 성립은 과세요건이 충족된 특정 시점인바, 만약 특정 시점의 상태가 계속성이 있다면 과세요건이 충족된 상태가 어느 정도 지속되어야 하는데, 특정 시점 이후에 과세요건이 충족된 상태가 계속된다는 보장이 없고, 언제까지 계속성을 인정할 수 있는지에 관한 한계를 설정할 수 없어 결국 어떤 시점에 시행되는 세법을 적용할지 여부를 판단할 수 없기 때문이다. 이런 결과는 소급과세 금지의 원칙이 납세의무자에게 예측가능성을 보장해 주기 위한 목적[302]으로 규정된 것임에도 그 목적을 달성하기가 불가능하다는 것을 의미한다. 다음으로 출자자의 제2차 납세의무는 법인에게 성립된 납세의무를 법인이 이행하지 못하는 경우에 법인과 일정한 관계가

---

302) 대법원 1993. 5. 11. 선고 92누14984 판결은 "종전보다 가중된 납세의무를 규정하는 세법조항은 공포시행 이후에 가중요건이 충족되는 경우에 비로소 적용될 수 있다고 보는 것이 국민의 조세법 적용에 관한 예측가능성과 법적 안정성을 보호할 수 있고 소급입법에 의한 재산권 박탈금지를 규정한 헌법 제13조 제2항, 조세법률주의를 규정한 헌법 제38조, 제59조의 정신에 합치하는 해석이라고 할 것이다."라고 판시하였다.

있는 제3자에게 보충적으로 납세의무를 이행할 책임을 지우는 것이다.303) 그런데 출자자의 제2차 납세의무를 규정한 국세기본법 제39조는 제2차 납세의무를 이행할 자의 기순 시점에 관하여 "납세의무 성립일 현재"(the date on which the national tax liability is established)라고 규정한다. "납세의무 성립일 현재"라는 표현은, 앞선 "상속개시일 현재"와 마찬가지로, 수시과세되는 세목뿐만 아니라 기간과세되는 세목도 납세의무의 성립이 일시적인 성격이 있음을 나타내는 실정법적 근거로 이해할 수 있다고 할 것이다. 왜냐하면 국세기본법 제39조는 출자자의 제2차 납세의무의 대상에 관해 "그 법인에 부과되거나 그 법인이 납부할 국세"로 규정하는바, 그 "국세"에 예컨대 개별소비세 등 수시과세되는 세목뿐만 아니라 예컨대 법인세 등 기간과세되는 세목도 포함되며, "납세의무 성립일"을 일시적인 상태로 이해하면 그 과세요건이 충족되는 때인 그 특정 시점을 "현재"라고 논리적으로 이해할 수 있으나, 계속적 성격으로 이해하면 "납세의무 성립일"이라는 기간 중 과연 어떤 시점을 "현재"로 이해할지가 불분명하기 때문이다.

그리고 납세의무의 성립은 조세포탈죄의 죄수를 정하는 기준이 되고, 포탈세액도 납세의무의 성립을 기준으로 하며, 확정판결의 기판력의 범위를 정하는 기준도 납세의무의 성립이다.304) 이 중 특히 조세포탈죄의 죄수와 관련해 살펴보면 죄수 판단기준인 납세의무는 세목별로, 그리고 그 세법이 정한 과세기간별로 또는 거래사실별로 성립한다. 예컨대 부가가치세의 일반과세자는 과세기간인 매년 1월 1일부터 6월 30일까지(제1기), 7월 1일부터 12월 31일까지(제2기)를 단위로 납세의무가 각각 성립하므로, 각 과세기간마다 1죄의 조세포탈죄가 성립한다.305) 따라서 조세포탈죄가 과세기간을 단위로 각각 성립한다는 것

---

303) 대법원 2019. 5. 16. 선고 2018두3610 판결은 "국세기본법 제39조에 규정된 제2차 납세의무는 조세징수의 확보를 위하여 원래의 납세의무자인 법인의 재산에 대하여 체납처분을 하여도 징수하여야 할 조세에 부족이 있다고 인정되는 경우에 사법질서를 어지럽히는 것을 최소화하면서 실질적으로 법인의 운영을 지배할 수 있는 출자자에 한하여 법인으로부터 징수할 수 없는 액을 한도로 하여 보충적으로 납세의무를 부담케 하는 제도이다. 한편 위 조항의 취지는, 회사의 경영을 사실상 지배하는 실질적인 운영자인 과점주주는 회사의 수익은 자신에게 귀속시키고 손실은 회사에 떠넘김으로써 회사의 법인격을 악용하여 이를 형해화시킬 우려가 크므로 이를 방지하여 실질적인 조세평등을 이루려는 데 있다."고 판시하였다.

304) 안대희, 앞의 책(주 1), 75면.

305) 대법원 2000. 4. 20. 선고 99도3822 판결은 "원래 조세포탈죄의 죄수는 위반사실의 구성요건 충족 회수를 기준으로 하여, 예컨대, 소득세포탈범은 각 과세연도의 소득세마다, 법인세포탈범은 각 사업년도의 법인세마다, 그리고 부가가치세의 포탈범은 각 과세기간인 6월의 부가가치세마다 1죄가 성립하는 것이 원칙이다."라고 판시하면서도 "특가법 제8조 제1항은 연간 포탈세액이 일

역시 납세의무의 성립이 일시적인 성격이 있음을 뒷받침한다고 할 것이다. 왜냐하면 납세의무의 성립을 계속적 성격으로 이해한다면, 예컨대 부가가치세 포탈의 경우에 일반과세자가 1월 1일부터 12월 31일까지 연속해 부가가치세를 포탈한 경우에 과세기간에 상관없이 포괄하여 1죄로 해석하는 것이 자연스럽기 때문이다. 결국 '납세의무의 성립'을 규정한 개별 세법에 관한 법률해석 및 그 개념이 갖는 기능을 종합해 볼 때 수시과세와 기간과세 모두 납세의무의 성립은 '과세요건이 충족된 일시적 상태'를 의미하기 때문에 '일시적 성격의 특별한 인적 상태'라고 이해함이 타당하므로 본질적으로 계속성을 요구하는 형법 제33조의 "신분"에 포함되지 않는다고 생각한다. 따라서 조세포탈죄는 형법 제33조의 진정신분범이 아니라고 할 것이다.

Ⅴ. 납세의무 성립과 의무범 이론

1. 서론

조세포탈죄는 납세의무의 성립을 전제하고 납세의무는 대한민국헌법 제38조에 의한 공법상 의무이어서 전(前)형법적 의무를 전제하는 일정한 범죄는 그 의무주체만 정범적격이 있다는 Roxin의 의무범 이론과 연관성이 있다. 그런데 조세포탈죄를 의무범 이론과 연관해 설명하는 견해는 발견하기 어렵다.[306] 즉

정액 이상이라는 가중사유를 구성요건화하여 조세범처벌법 제9조1항의 행위와 합쳐서 하나의 범죄유형으로 하고 그에 대한 법정형을 규정한 것이므로, 조세의 종류를 불문하고 1년간 포탈한 세액을 모두 합산한 금액이 본항 소정의 금액 이상인 때에는 본항 위반의 1죄만이 성립하고, 또한 본항 위반죄는 1년 단위로 하나의 죄를 구성하며 그 상호간에는 경합범 관계에 있다."고 판시하였다.

306) 신동운, 앞의 책(주 46), 601−602면은 "범죄의 특성이 사태의 진행에 있는 것이 아니라 일정한 의무의 이행에 놓여 있는 범죄유형이 있다. 이와 같이 의무이행이 범죄의 중점을 이루는 범죄유형을 가리켜서 의무범이라고 한다. 의무범의 구체적인 사례는 특히 각종 신분범에서 찾아볼 수 있다. 예컨대 조세범 처벌법 제10조가 규정하고 있는 세금계산서 발급의무 위반죄의 주체는 사업자등록을 한 사업자이다. 사업자등록을 한 A의 위임을 받지 아니하고 사업자등록이 없는 갑이 허위세금계산서를 발급하였다면 갑은 범행에 대한 직접적 행위지배를 하였다고 할지라도 세금계산서 허위발급죄의 정범이 될 수 없다. 갑은 사업자등록을 한 자라는 신분을 갖추고 있지 못하기 때문이다"라고 언급하면서 대법원 2012. 5. 10. 선고 2010도13433 판결을 언급한다. 그러나 2013. 6. 7. 부가가치세법이 개정되면서 세금계산서를 발급해야 할 주체에 관해 종전 구 부가가치세법 제16조 제1항의 "납세의무자로 등록된 사업자"로부터 개정된 부가가치세법 제32조 제1항은 "사업자"로 변경하였다. 이와 관련해 구 조세범처벌법(2010. 1. 1. 법률 제9919호 전부 개정

조세포탈죄를 진정신분범으로 이해한 견해들은 조세포탈죄를 납세의무를 전제하므로 조세포탈죄의 행위주체는 납세의무자로 한정하는 것이 타당하다고 주장하면서도 그런 주장의 이론적 근거가 될 수 있는 의무범 이론을 살펴보지 아니하였다. 그러나 일정한 의무주체만 정범적격이 있다는 내용은 의무범 이론의 핵심적 주장으로서 납세의무자만 조세포탈죄의 정범적격이 있는지 여부를 판단하기 위해 의무범 이론의 타당성을 살펴볼 필요성이 있다. 납세의무의 성립이 형법 제33조의 "신분"에 포함되지 아니한다는 입장에서는 의무범 이론의 타당성 내지 국내 수용 여부를 살펴볼 필요성이 더욱 크다. 따라서 의무범 이론의 주창자인 Roxin이 주장한 의무범 이론의 내용을 살펴보고, 의무범 이론의 국내수용 여부에 관한 견해의 대립을 살펴본다.

2. Roxin의 의무범 이론의 내용

Roxin은 공범과 정범의 구별기준에 관해 행위지배설을 주장하면서 행위지배가 공범과 정범의 구별기준으로 영향력을 발휘하지 못하는 범죄를 의무범(Pflichtdelikte)이라고 정의하였다. 의무범은 지배범(Herrschaftsdeliike)과 대비되는 개념이고, 의무범의 개념표지로서 "형법 외적인 의무(auβerstrafrechtliche Pflicht)"를 중시한다. 이 의무는 반드시 모든 범죄 관여자에게까지 확장되는 것도 아니고 특히 형법규범에 논리적으로 선행하는, 일반적으로 다른 법영역에서 생겨나

되기 전의 것) 제11조의2 제4항의 해석에 관해 대법원 2012. 5. 10. 선고 2010도13433 판결과 이에 대한 평석으로 조현욱·류여해, 타인의 사업자등록을 이용하여 그 명의로 세금계산서를 발급한 재화공급자의 죄책, 한국비교형사법학회 비교형사법연구 제17권 제2호, 2015, 97–111면. 한편, 조세범처벌법(법률 제16108호) 제10조 제1항 제1호는 "부가가치세법에 따라 세금계산서를 발급하여야 할 자"를 위반주체로 규정하고, 부가가치세법에 따라 세금계산서를 발급하여야 할 자는 부가가치세법 제32조 제1항에 따라 "사업자"이므로 위반주체를 아예 규정하지 아니한 조세포탈죄의 구조와 다르다. 개정된 부가가치세법의 '사업자'와 관련된 조세범처벌법의 세금계산서를 발급하여야 할 자에 관해 대법원 2019. 6. 27. 선고 2018도14148 판결은 "'사업자'란 부가가치세법상 사업자등록 여부를 불문하고 사업 목적이 영리이든 비영리이든 관계없이 사업상 독립적으로 재화 또는 용역을 공급하는 자를 말한다(개정된 부가가치세법 제2조 제3호). 이와 같은 관련 규정의 체계와 입법취지 및 개정된 부가가치세법의 문언 내용 등에 비추어 보면, 개정된 부가가치세법이 시행된 2013. 7. 1. 이후에 재화 또는 용역을 공급한 <u>'사업자'는 부가가치세법에 따른 사업자등록을 하였는지와 상관없이 구 조세범 처벌법 제10조 제1항 제1호의 '부가가치세법에 따라 세금계산서를 작성하여 발급하여야 할 자'에 해당한다고 봄이 타당하다.</u> 다만 위에서 '사업자'는 일반과세자를 말하므로 간이과세자 및 면세사업자는 이에 해당하지 않고, 일반과세자도 세금계산서 발급의무가 면제되는 경우(부가가치세법 제33조)와 영수증 발급대상인 경우(같은 법 제36조)에는 구 조세범 처벌법 제10조 제1항 제1호의 '부가가치세법에 따라 세금계산서를 작성하여 발급하여야 할 자'에 해당하지 않는다고 할 것이다."라고 판시하였다.

는 특별한 의무(Spezifische Pflicht)라고 이해하였다. 그리고 그런 의무의 예로 공법상의 직무수행의무, 신분법상의 비밀엄수명령 및 민법상의 부양 혹은 성실의무 등을 제시한다.[307) Roxin은 의무범의 정범성을 근거지우는 전형법적인 특별의무와 대립 요소로서 모든 이에 대한 형법상의 명령과 요구를 대치시키고 있다. 모든 이에 대한 형법상 의무는 독일 형법 제183조의 음부노출죄의 행위주체를 "남자"로 한정한 것과 독일 형법 제121조의 특수도주죄의 행위주체를 "피구금자"로 한정한 것을 든다. Roxin은 이 규정들은 현상학적 고려에서 순수하게 사실적으로 제한된 경우로 이해하였고, "형법외적 특별의무"와 아무런 관련이 없으며, 입법자에 의해 포착된 현실 단면의 상태를 감안해 행위자(정범) 범위를 제한하는 경우로 이해하였다.[308) 또한 Roxin은 의무범에 행위지배개념이 무용하므로 수인이 어떤 범죄에 가담한 경우 그 수인에게 각자 의무위반사실만 있으면 족하고 기능적 행위지배사실은 인정될 필요가 없다고 한다.[309) 그리고 Roxin은 부진정부작위범을 포함한 모든 신분범, 특히 진정직무범죄와 부진정직무범죄가 의무범에 해당하고, 그 외에 배임죄(독일 형법 제266조), 횡령죄(독일 형법 제246조), 부양의무위반죄(독일 형법 제170조), 보호 또는 교육의무위반죄(독일 형법 제171조), 피보호자에 대한 성적남용죄(독일 형법 제174조) 등을 의무범으로 이해하였다.[310) Roxin은 자수범의 유형을 행위지배로 실현될 수 없는 경우를 진정자수범이라고 이해한 반면 의무원리에 기초한 정범성을 근거지우는 의무위반을 행위자 스스로 실행해야 하는 경우를 부진정자수범으로 이해하고, 후자를 의무범으로 분류하면서 그 예로 허위선서죄(독일 형법 제154조) 등을 언급하였다.[311) 다만 Roxin은 범죄구성요건을 지배범 또는 의무범으로 규율할지 여부는 입법자의 결단에 달린 문제라고 이해하였다. 즉 의무적 지위에 의해 범죄의 가벌성 내용이 본질적으로 영향을 받는다고 입법자가 판단하면 행위의 결과를 고려할 것 없이 그 의무를 가진 자를 정범으로, 반대의 경우에는 입법자가 지배구조를 우선해 외부적으로 나타나는 행태에 중점을 두게 될 것이라고 주장하였다. 따라서 의무범과 지배범의 구별은 논리적 내지 개념적 문제가 아니라 목적

---

307) 김성돈, 이른바 '의무범'에 있어서 정범과 공범 - 록신의 이론을 중심으로 -, 공범론과 형사법의 제문제 하권, 삼영사, 1997, 13면.
308) 김성돈, 앞의 논문(주 307), 14면.
309) 김성돈, 앞의 논문(주 307), 14면.
310) 김성돈, 앞의 논문(주 307), 21면.
311) 김성돈, 앞의 논문(주 307), 21면.

론적 문제이고, 개별 구성요건의 해석 문제라고 이해하였다.[312]

3. 의무범 이론의 국내 수용 여부에 관한 입장

(1) 학계의 입장

국내 수용에 긍정적 견해 중 일부 학설은 의무범 이론을 수용해야 하는 근거로 "우리 형법 해석상 특히 의무범의 존재를 인정하여야 할 필요성은 형법 (제33조)이 전형법적 특별의무를 갖지 않은 자(비신분자)에 대해서도 일반적으로 정범이 될 가능성을 열어놓고 있는데서 찾을 수 있다"[313]고 주장하면서 진정신분범을 의무범(행위자관련신분범)[314]과 비의무범(결과관련신분범)[315]으로 나누고 공범과 신분에 관한 형법 제33조 본문 중 공동정범의 적용범위와 관련해 진정신분범 중 의무범에 관해 비록 비의무자가 의무자와 공동했더라도 공동정범이 성립될 수 없다고 해석해야 한다고 주장한다.[316][317]

다른 학설은 자수범 여부에 관한 판단기준과 관해 "자수범의 성립 여부는 진정자수범·부진정자수범의 분류방법에 따라서 점검해 들어가는 것이 타당하다"[318]고 주장하면서 "원래 의미의 자수범은 지배범의 영역에서만 설정할 수 있다. 이러한 의미에서 지배범의 경우에 인정되는 자수범을 가리켜서 진정자수범이라고 한다. (중략) 특정한 사람만이 의무범의 주체로 등장할 수 있는 경우를 가리켜서 부진정자수범이라고 한다"[319]고 언급하는 견해가 있다. 이 견해는

---

312) 김성돈, 앞의 논문(주 307), 20면.
313) 김일수·서보학, 앞의 책(286), 424면.
314) 김일수·서보학, 앞의 책(주 286), 424면은 "우리 형법상 의무범은 진정신분범의 특수형태로서 대부분 결과관련신분범이 아니라 행위자관련신분범이다. 공무원의 직무상의 범죄, 직업적 비밀준수의무침해행위, 배임죄, 부진정부작위범 등 의무범적 진정신분범은 동시에 행위자관련적신분범에 해당한다."고 주장한다.
315) 김일수·서보학, 앞의 책(주 286), 422−423면은 "존속살해죄(제250조 제2항)에서 직계비속이라는 신분, 학대죄(제273조 제1항)나 아동혹사죄(제274조)에서 보호자 또는 감독자의 신분, 그리고 강간죄(제297조), 업무상 위력 등에 의한 간음(제303조) 등에서 남성이라는 자연적 신분처럼 결과의 저지가 법률의 주목적이 되어 있어 비신분자라도 공범이나 공동정범으로 가담하면 처벌할 수 있게 한 범죄를 결과관련신분범"이라고 이해한다.
316) 김일수·서보학, 앞의 책(주 286), 424면.
317) 이용식, 의무범 이론에 관한 소고, 서울대학교 법학연구소 서울대학교 법학 제43권 제1호, 2002, 372면은 "의무범적 사고를 우리 형법의 입장에서 재구성하여, 행위지배개념을 바탕으로 신분범 중에서 특별의무를 지는 행위자를 전제하는 강한 행위자관련성을 가진 범죄만이 형법 제33조 본문에 의한 공동정범의 성립을 배제한다고 해야 할 것이다."라고 주장한다.
318) 신동운, 앞의 책(주 46), 729면.
319) 신동운, 앞의 책(주 46), 727면.

자수범을 지배범적 성격의 범죄와 의무범적 성격의 범죄를 나누어 설명하는 Roxin의 견해와 궤를 같이 하는 것으로서 의무범 이론을 수용하는 것을 전제한 것이라고 평가할 수 있다. 그 외 긍정적 학설로 "의무범 또한 일정 행위태양을 규정해 둔 형법에 포함되는 분류의 하나라는 점에서 달리 볼 수 없으므로 '특별의무를 가진 자'라는 전제요건을 갖춘 자에 한해서 적용하되, 행위태양이 주된 역할을 하는지 아닌지에 따라 정범과 공범이 구분됨에는 다름이 없어야 한다"[320]고 주장하는 견해가 있다. 이 견해는 의무범 이론을 수용하는 것을 전제하면서도 의무범에서도 정범과 공범의 구별기준으로 행위태양을 고려해야 한다는 입장으로 이해할 수 있다. 또 다른 학설로 "특별한 의무범은 범행자의 자격, 지위가 구성요건에 지정되어 있는 이른바 '신분범'(또는 특별범)과 다른 개념이다[321]"라고 언급하는 견해가 있다. 이 학설도 종래의 신분범과 다른 유형으로서 의무범 이론을 인정하는 입장으로 이해된다.

이에 반해 국내 수용에 회의적인 학설은 "의무범이론은 ① 의무범으로 분류되고 있는 범죄들과 종래 신분범으로 분류되고 있는 범죄들의 관계를 어떻게 파악할 것인지에 대한 문제가 해결되지 않고 있을 뿐만 아니라 의무범이론을 주장하는 견해들 사이에도 이에 관한 의견이 일치하지 않는다. ② 뿐만 아니라 종래 신분범으로 분류되어 온 범죄를 의무범으로 분류하게 되면 아무 의무 없는 자가 의무 있는 자의 의무범죄에 가담한 경우에 의무범죄의 공범은 될 수 있지만 공동정범은 될 수 없게 된다. 이는 형법 제33조에서 신분자와 비신분자가 공동정범이 될 수 있다는 경우를 축소해석시켜 결과적으로 문언에 반하는 해석을 하게 한다. 따라서 우리 형법의 해석상 신분범 이외에 구태여 의무범이라는 새로운 범죄카테고리를 만들어낼 필요성이 없다"[322]고 주장한다.

(2) 대법원의 입장

대법원은 의무범 이론에 관해 언급하지 않으나, 의무범 이론을 수용하는 학설들이 의무범의 대표적인 죄명으로 예시하는 배임죄에 관해 "거래상대방의 대향적 행위의 존재를 필요로 하는 유형의 배임죄에서 거래상대방은 기본적으

---

320) 이수진, 의무범의 타당성과 그 성립요건에 대한 소고, 부산대학교 법학연구소 법학연구 제54권 제4호, 2013, 20면.
321) 한정환, 지배범, 의무범, 자수범, 한국형사법학회 형사법연구 제25권 제2호, 2013, 12면.
322) 김성돈, 앞의 책(주 46), 613면.

로 배임행위의 실행행위자와 별개의 이해관계를 가지고 반대편에서 독자적으로 거래에 임한다는 점을 고려하면, 업무상 배임죄의 실행으로 인하여 이익을 얻게 되는 수익자는 배임죄의 공범이라고 볼 수 없는 것이 원칙이고, 실행행위자의 행위가 피해자 본인에 대한 배임행위에 해당한다는 점을 인식한 상태에서 배임의 의도가 전혀 없었던 실행행위자에게 배임행위를 교사하거나 또는 배임행위의 전 과정에 관여하는 등으로 배임행위에 적극 가담한 경우에 한하여 배임의 실행행위자에 대한 공동정범으로 인정할 수 있다"323)고 판시하여 비록 제한된 범위이나, 배임죄 공동정범의 성립 가능성을 열어두고 있다.

4. 비판적 검토

의무범 이론은 형법이 행위주체를 제한한 범죄 중 일정 유형의 범죄는 해당 범죄의 규범수범자가 특별한 의무를 부담하기 때문에 처벌된다고 설명하여 일정 범죄의 처벌 근거에 대한 이론적 정당성을 모색한 점에서 의의가 있다. 왜냐하면 종래 신분범 이론이나 신분의 개념에 관한 대법원의 입장은 평등의 원칙 관점에서 일정 유형의 범죄는 다른 범죄와 달리 행위주체를 제한해 처벌하는 합리적 이유를 제대로 설명하지 못하였기 때문이다. 그러나 의무범 이론을 국내 수용하기에는 간과할 수 없는 문제점이 있다. 첫째, 의무범 이론은 근본적으로 행위주체를 제한한 규정 중에 전형법적인 특별한 의무에 기인한 경우와 그렇지 아니한 경우를 이분법적으로 나누고, 전자는 의무자만 정범적격이 있다고 주장하는데, 이는 수긍하기 어렵다. 왜냐하면 행위주체를 제한한 규정의 이론적 근거가 전형법적인 특별한 의무에 기인한 것인지 여부는 입법자가 행위주체 제한 규정을 마련한 동기의 차이에 불과하기 때문이다. 따라서 비록 동기가 다르더라도 입법자의 결단에 의해 행위주체를 제한하는 형태로 입법화된 이상, 전형법적 특별한 의무에 기인한 것인지 여부에 따라 정범적격을 달리 판단

---

323) 대법원 2007. 2. 8. 선고 2006도483 판결; 대법원 2016. 10. 13. 선고 2014도17211 판결. 이러한 입장은 배임죄의 경우에도 일정한 요건 하에 의무 없는 자도 의무자와 공동정범이 성립할 수 있다는 것이어서 의무범 이론을 수용하지 않은 것으로 평가할 수 있다. 이는 특히 배임죄를 행위자관련적신분범으로 분류해 비의무자가 의무자와 공동하였다고 하더라도 의무범의 공동정범이 될 수 없다는 일부 견해[김일수·서보학, 앞의 책(주 286), 424면]의 주장과 정면 배치된다고 할 것이다.

할 질적인 차이를 인정하기 어렵다.[324] 둘째, 형법 제33조의 적용범위를 신분범 중 행위자관련적 요소가 강한 범죄와 그렇지 아니한 범죄로 나누어 전자의 범죄는 "신분이 있어야 성립되는 범죄"가 아니라고 해석하는 견해는 행위자관련적 요소가 강한 범죄에 형법 제33조의 적용을 배제하는 근거가 부족하다. 이 견해는 행위자관련적 요소가 강한 죄명인지에 관한 다툼이 생길 수 있을 뿐만 아니라 설령 어떤 범죄가 행위자관련적 요소가 강하더라도 형법 제33조의 적용이 배제되려면 그 죄명이 계속성이 있는지 여부를 살펴봐야 하고, 만약 계속성이 있다면 "신분"에 포함되어 비의무자도 의무자와 공동정범으로 처벌될 수 있기 때문이다. 따라서 형법 제33조의 "신분"과 관련해 어떤 범죄가 의무범인지 또는 행위자관련적 요소가 강한 신분범인지 여부가 중요한 것이 아니라 그 의무 내지 행위자관련적 요소가 계속성이 있는지 여부가 훨씬 더 중요하다. 예컨대 의무범의 대표적인 죄명으로 예시하는 배임죄는 그 의무의 성격에 따라 계속성을 띤다고 볼 수 있는 경우에 형법 제33조의 "신분"에 해당해 비의무자도 의무자와 공동정범이 성립한다고 할 것이다. 결국 독일은 형법 제33조와 같은 규정이 없으므로 의무범 이론에 따라 정범적격을 달리 판단할 수 있으나, 우리나라는 의무범 이론만으로 정범적격 유무를 곧바로 나눌 수 없다. 셋째, 만약 의무범 의론을 수용하면 조세포탈죄는 납세의무자의 의무위반행위가 있으면 곧바로 정범적격이 인정되어야 할 것이다. 그런데 조세범처벌법 제3조 제6항은 사기나 그 밖의 부정한 행위란 "다음 각 호의 어느 하나에 해당하는 행위로서 조세의 부과와 징수를 불가능하게 하거나 현저히 곤란하게 하는 적극적 행위를 말한다."고 규정하여 그 행위수단을 상당히 엄격하게 규정한다. 따라서 조세포탈죄를 의무범으로 이해하면 입법자가 행위수단을 엄격하게 규정한 취지에 반해 구성요건적 행위정형성 요소를 약화시킨다. 즉 의무범 이론은 입법자가 행위수단을 제한하지 않은 범죄나 부진정부작위범에 나름 타당성을 인정할

---

324) 이용식, 앞의 논문(주 317), 371면은 "형법적인 의무·형법외적인 의무라는 二分法에 기초해서 의무범에서의 의무를 형법외적인 특별의무라고 하여 다른 법영역에서 지워진 의무의 침해에 형사제재를 결부시킨다는 것은 큰 설득력이 없다. 이러한 의무도 어디까지나 형법적으로 준수되어야 하는 의무이며 단지 그것이 형법에 규정되어 있는지 다른 법영역에 있는지 차이 밖에는 없기 때문이다. 따라서 이러한 이분법은 중요한 표준이 된다고 할 수 없다"고 주장한다. 이런 입장은 형법외적인 의무인지 유무에 따라 정범적격을 연결시키는 의무범의 논리가 설득력이 없다는 의미로 이해된다.

수 있으나,[325][326] 입법자가 행위수단을 엄격히 제한한 형태의 범죄는 그 행위태양을 제한한 입법자의 의사와 조화되기 어렵다.[327] 넷째, 자수범의 유형을 설명하는데 반드시 의무범 이론을 전제한 부진정자수범이 필요하다고는 볼 수 없다. Roxin은 허위선서죄를 의무원리를 기초로 하여 정범성을 근거지우는 의무위반을 행위자 스스로 구성요건적 행위로 실행해야 하는 부진정자수범으로 분류한다.[328] 그런데 독일은 우리나라와 달리 선서 없는 허위진술죄를 처벌하고(독일 형법 제153조 제1항), 허위선서죄는 가중처벌하는데(독일 형법 제154조 제1항), 위 견해가 허위선시죄를 선시 없는 허위진술죄와 달리 의무범으로 해석하는 이유는 선서에 따른 전형법적 의무를 인정하기 때문인 것으로 이해할 수 있다. 그러나 위증죄는 본질적으로 선서와 관계없이 과거의 특정한 사실을 경험을 한 증인이 법관의 실체적 진실발견을 위해 협력할 의무에 근거한 것이고, 그 협력의무는 형사소송법 제161조의2와 이를 구체화한 형사소송규칙 제75조부터 제79조까지 하나의 신문절차에서 주신문, 반대신문, 재주신문 등이 일단락되기까지 법관의 실체적 진실발견을 위해 협력해야 할 일시적 상태라고 이해할 수 있다. 따라서 우리나라 위증죄가 반드시 전형법적인 의무에 근거한 것이라고 단정할 수 없다. 그리고 위증죄의 주체인 선서한 증인은 이런 일시적 성격에 비추어 형법 제33조의 신분에 해당하지 아니한다. 또한 위증죄의 공동정범이 성립하려면 형법 제30조의 공동정범의 성립에 관한 대법원의 입장인 공동가공의 의사와 기능적 행위지배에 따른 실행행위의 분담이 인정되어야 하는데, 선서하지 아니한 자는 위증죄의 실행행위의 분담을 인정하기 어려워 공동정범이 성립할 수 없다. 그리고 위증죄의 주체인 증인은 과거의 특정한 사실을 경

---

325) 김동률, 부진정부작위범의 정범기준으로서 의무범이론 – Roxin의 이론을 중심으로, 한국비교형사법학회 비교형사법연구 제19권 제1호, 2017, 62면은 "부진정부작위범은 단지 결과를 발생하도록 내버려두었을 뿐 어떠한 인과적 개입을 하거나 사건진행을 조종한 바 없다. 따라서 작위와의 행위정형의 동가치성에 근거하더라도 행위지배를 긍정하기에는 여전히 많은 어려움이 따른다. 그런데 이 난제의 해결에 있어 의무범이론은 특히 강점을 나타낸다."고 주장한다.

326) 의무범 이론의 관점에서 세월호 사건에 관한 대법원의 전원합의체판결을 비판한 견해로 김성룡, 의무범과 정범표지, 부작위범의 공동정범 표지로서 기능적 행위지배?, 대검찰청 형사법의 신동향 제52호, 2016, 225 – 263면.

327) 김성돈, 앞의 논문(주 307), 41면은 "형법각칙상의 구성요건적 불법표지를 자세하게 검토한 결과 당해 구성요건이 특별의무위반과 별도로 일정한 행위태양을 구체적으로 요구하고 있는 경우에는 특별의무위반만으로 정범성을 근거지운다는 의무범이론은 수정되어야 하리라고 본다."라고 주장하는데, 구성요건이 일정한 행위태양을 요구하는 경우의 전형적인 경우가 바로 조세포탈죄의 사기나 그 밖의 부정한 행위에 관한 조세범처벌법 제3조 제6항이라고 할 것이다.

328) 김성돈, 앞의 논문(주 307), 21면.

험한 일신전속적 성격에 비추어 볼 때 이를 경험하지 아니한 자가 간접정범 형태로 저지르기 어려운 특성이 있다. 따라서 위증죄의 이런 특성들 때문에 자수범으로 이해할 수 있고, 이는 위증죄에 관한 법률해석의 문제라고 할 것이어서 반드시 의무범 이론에 근거할 필요는 없다. 그리고 부진정자수범으로 예시하는 도주죄, 허위공문서작성죄는 자수범 인정 여부에 관해 학설이 대립하는데,[329] 제3자가 간접정범의 형태로 이들 범죄를 저지를 수 없는 것은 이들 범죄가 자수범이기 때문이 아니라 제3자가 해당 규정이 설계한 행위주체의 요건을 불비하였기 때문이라고 이해할 수 있어 이들 죄명을 굳이 자수범이라고 이해할 필요는 없다. 따라서 자수범의 유형을 설명하기 위해 반드시 의무범 이론을 전제한 부진정자수범이라는 개념을 동원해야 한다고는 할 수 없다.[330] 결국 자수범인지 여부는 개별 범죄의 법률해석에 달린 문제이므로[331] 자수범의 유형을 설명하기 위해 의무범 이론이 필요하다는 견해 역시 동의하기 어렵다. 그러므로 조세포탈죄가 공법상 납세의무의 성립을 전제하나, 의무범 이론에 따라 행위주체를 납세의무자로 반드시 한정할 이유는 없다. 설령 의무범 이론을 수용하더라도 조세범처벌법에 규정된 조세포탈죄가 의무범으로 규정된 것인지 여부는, 지배범으로 구성할지 아니면 의무범으로 구성할지 여부는 입법자가 선택할 사항이고 논리적인 문제가 아니라는 Roxin의 주장처럼, 조세범처벌법에 규정된 조세포탈죄를 비롯한 관련규정에 관한 해석을 통해 규명해야 한다. 결국 의무범 이론을 수용할지 여부와 관계없이, 조세포탈죄에 대한 법률해석을 통해 조세포탈죄가 납세의무자로 행위주체를 제한한 규정인지 여부를 살펴봐야 한다.

---

329) 학설의 대립 중 도주죄는 정성근·박광민, 앞의 책(주 94), 798면. 허위공문서작성죄는 김성돈, 앞의 책(주 163), 687면.

330) 김일수·서보학, 앞의 책(주 286), 427면은 자수범의 본질에 관해 "자수범은 범죄의 특성에 기인하든 법률구성요건의 요구에 기인하든 상관없이 '행위자의 자수적인 신체적 가담'에 의해서만 행해질 수 있는 범죄라는 한가지 형태로만 존재한다고 보는 것이 옳다."고 주장한다.

331) 특히 김성돈, 앞의 책(주 46), 616면은 자수범의 판단기준과 관련해 삼유형설을 근본적으로 지지하면서도 앞의 책(주 46), 617면은 "삼유형설에 따르더라도 각칙상의 개별 범죄종류의 자수범인정 여부에 관해서는 입장 차이를 보일 수 있다"고 언급하면서 "자수범의 개념은 본질적으로 형법각칙상의 구성요건의 해석론의 문제에 해당하기 때문에 형법총론에서 본격적으로 다루는 데에는 한계가 있다. 이러한 점을 감안해 볼 때 자수범에 대한 적극적인 정의를 내리기를 포기하고 자수범의 소극적인 정의만으로 만족할 수도 있다. 이에 따르면 자수범은 '타인을 이용하여 범할 수 없는 범죄'로서, 간접정범의 형태로 범할 수 없을 뿐 아니라, 자수적 실행이 없는 한 공동정범의 성립도 인정될 수 없는 범죄라고 정리해 둘 수 있다."라고 주장한다.

제5절 행위주체 제한 규정 여부

I. 서설

납세의무의 성립은 형법 제33조의 "신분"에 해당하지 아니하고, 일정한 의무자만 정범적격이 있다는 의무범 이론은 국내에 수용하기에 간과할 수 없는 난점이 있다는 것을 알게 되었다. 그리고 각 나라의 역사적 배경 및 시대적 상황에 따라 조세포탈죄의 행위주체를 규정하는 형태는 다를 수 있다. 따라서 주요국이 조세포탈죄의 행위주체를 제한하는지 여부를 살펴보고, 조세범처벌법에 규정된 조세포탈죄에 관한 법률해석을 통해 조세포탈죄가 행위주체를 제한한 규정으로 해석할 수 있는지에 관해 살펴본다.

II. 주요국의 태도 및 평가

1. 독일

조세기본법 제370조 제1항 제1호는 "세무관청 또는 기타 관청에 대하여 과세상 중요한 사실에 관하여 부정확하거나 불완전한 진술을 한 자"로 행위주체를 규정해 행위주체를 제한하지 아니하므로 납세의무자만이 범할 수 있는 죄가 아니다.[332] 이에 반해 제2호는 구성요건이 "의무에 반하여"라고 규정되어 의무 있는 자를 전제하는 점에서 제1호와 차이가 있다. 그리고 그 의무가 부진정부작위범의 보증인적 지위의 발생 근거와 동일하게 볼 수 있는지와 관련해 견해가 대립된다.[333]

2. 일본

일본은 조세포탈죄를 납세의무자가 사기 기타 부정한 행위를 통해 조세를 회피하거나 환부받은 것을 구성요건으로 범죄로 이해한다.[334] 그런데 법인세법

---

332) BGHSt 23, 319, 322.
333) 견해 대립은 이승식, 앞의 논문(주 270), 38면.

은 명시적으로 "법인의 대표자, 대리인, 사용인, 기타의 종업자로서 그 위반행위를 한 자"를 행위주체로 규정하나, 예컨대 소득세법은 "사기 기타 부정한 행위에 의해 소득세를 면하거나 소득세를 환부받은 자"로 규정할 뿐이고, 행위주체를 "납세의무자"로 명시하지 아니한다. 그럼에도 학설이 소득세법 등의 경우에 조세포탈죄의 주체를 납세의무자로 한정해 해석하는 이유는 우리나라는 처벌규정만으로 이루어진 조세범처벌법에 조세포탈죄를 규정한 체계와 달리 일본은 개별 세법에 의무규정과 함께 조세포탈죄를 규정한 체계에 기인한 것으로 이해할 수 있다. 왜냐하면 소득세법 등 각종 세법의 규정들은 각 세목의 납세의무자를 전제로 각종 의무와 절차를 규정하므로 처벌규정인 조세포탈죄 역시 예컨대 양벌규정 등 특별규정이 없는 이상, 해당 세목의 납세의무자로 행위주체를 한정하는 것이 타당하기 때문이다.

3. 미국

미국은 조세포탈죄의 주체를 누구나(Any person)로 규정하여 행위주체를 제한하지 아니한다. 그리고 제7343조에 사람(person)의 개념에 관해 위반행위가 발생한 것에 관해 행위를 수행한 책임이 있는(under a duty to perform the act in respect of which the violation occurs) 회사의 임원, 직원, 조합 구성원이 포함된다고 명시한다. 또한 연방대법원은 United States v. Troy, 293 U.S. 58(1934) 사건에서 정유회사의 회장(president)이 그 정유회사의 법인세를 포탈한 것에 관하여 형사책임을 인정하였다. 그 외 연방법원은 Currier v. United States, 166 F.2d 346, 348(1st Cir. 1948)에서 회사 지분의 75% 소유자이자 회장인 동시에 재무담당자였고 이사였던 Currier가 목재 판매대금을 수표를 받아 개인 계좌에 입금한 사안에서 형사책임을 인정하였으며, United States v. Berger, 325 F.Supp. 1297, 1303−05(S.D.N.Y. 971) 사건에서 회사의 회장이자 CEO였던 Berger가 법인세를 포탈한 혐의에 대해 형사책임을 인정하였다. 이러한 법원의 태도는 조세포탈 위반행위에 관여한 책임이 있는 자는 처벌할 수 있다는 입장으로 이해할 수 있다.

---

334) 金子 宏, 앞의 책(주 17), 1120면은 소득세법, 상속세법, 소비세법의 경우에는 납세의무자, 법인세법의 경우에는 법인의 대표자, 대리인, 사용인, 기타 종업자를 행위주체로 이해한다.

Ⅲ. 조세범처벌법 등에 관한 연혁적 해석 및 논리적·체계적 해석

1. 연혁적 해석

1951. 5. 7. 제정된 조세범처벌법 제3조는 "법인의 대표자, 법인 또는 개인의 대리인, 사용인, 기타 종업원이 그 법인 또는 개인의 업무 또는 재산에 관하여 본법에 규정하는 법칙행위를 한 때에는 행위자를 벌하는 외에 그 법인 또는 개인에 대하여도 각 본조의 벌금형에 처한다. 단, 행위자에 대하여는 정상에 의하여 그 형을 감면할 수 있다", 제9조는 "사위 기타 부정한 행위로써 조세를 포탈하거나 포탈하고저 한 자는 3년 이하의 징역 또는 그 포탈하거나 포탈하고저 한 세액의 5배 이상 10배 이하의 벌금에 처한다"고 각각 규정하였다. 즉 조세범처벌법은 제정 당시부터 양벌규정과 조세포탈죄를 함께 규정하였다. 그렇다면 당시 입법자는 양벌규정을 조세포탈죄가 납세의무자로 행위주체를 한정될 수밖에 없어 발생하는 처벌의 공백이 메우기 위해 마련한 것일까? 이는 조세범처벌법 제정 이유와 연관되는데, 조세범처벌법은 제정 당시 법률의 목적에 관한 규정이 없었다. 따라서 조세범처벌법의 제정 목적을 확인하기 위해 조세범처벌법 제정 무렵 국회 회의록 등 관련 자료를 살펴볼 필요성이 있다.

국회 회의 과정에서 당시 법제사법위원장 엄상섭은 단일법 형태로 조세범처벌법을 제정한 이유에 관해 "이 법을 제정을 필요로 하는 이유를 말씀드리겠습니다. 첫째는 주세법이라든지 소득세라든지 지세법이라든지 그런 데 분산적으로 규정되어 있는 모든 벌칙을 통합해서 한 개의 법률로 제정하면 실지 운영상에 대단히 편리한 것, 이것이 한 가지 이유입니다. 둘째는 종전의 벌칙이 불비했든 까닭으로 범칙행위의 적발이 대단히 곤란했다. 이것을 용이하게 해서 그에 대한 벌칙을 일층 강화해서 간악한 무리의 세금 이탈의 악행을 근절시키는 데 도움이 되도록 한다. 셋째는 종전에 있어 징세 성적 불량의 중대한 원인이 세무에 종사하는 공무원들의 직무 태만, 부정행위의 비행, 그것이 있다는 것에 비추어서 이에 대한 벌칙을 정하자는 것, 이 세 가지 이유입니다."335)라고 언급하였다.336) 3개 이유 중 조세포탈죄와 관련해 2번째 이유를 주목할 필요가

있는데, 조세포탈행위를 엄단하기 위해 조세범처벌법을 제정하였다는 것을 알수 있다.

한편, 당시 조세범처벌법 정부안에 관해 변진갑 의원은 제3조 말단에 '단, 행위자에 대하여서는 정상에 의하여 그 형을 감면한다'고 규정한 것에 관해 "여기에다가 넣지 않더라도 일반 형법으로서 당연히 이것은 정상 작량은 지금 있어야 할 것입니다."[337]라고 발언하고, 이에 대해 엄상섭은 "특히 변진갑 의원이 특별히 이 조문에다 이것을 넣는 것을 의문하는 것 같습니다. 그런데 이것은 <u>제3조가 법인 처벌 능력에 관한 규정이에요.</u> 법인을 처벌할 수 있느냐, 없느냐가 형법상 많이 문제가 되어 오다가 하여간 이론상 문제를 제쳐 놓고 우리가 법인이라는 것보다도 법인에 관련해서 나오는 범죄를 처벌할 필요가 있는 정도의 처벌 한계에 넣자는 것이 현재 형법학계의 한 주석이라고 볼 것입니다. (중략) 그런데 종래에는 법인을 처벌하고 행위자는 처벌 안 하는 방향으로 나갔습니다. 그러다가 양벌주의로 하면 행위자에 대해서는 좀 가혹한 점이 있지 않을까 해서 정상에 의해서 좀 감형시킨다, 이러한 의미로 여기다가 단서를 규정한 것이라고 이렇게 봅니다."[338]고 설명한다.[339]

엄상섭의 이런 설명을 통해 학설상 법인을 처벌할 수 있는지 여부에 관해

전비를 조달하기 위하여 처음에는 화폐를 발행하였으나 이는 심각한 인플레이션을 야기하였다. 따라서 전비 조달을 위한 가장 최선책은 조세를 통한 국고수입확보였다. 그리고 한편으로는 전쟁으로 인한 혼란과 무질서에 편승하여 탈세와 체납 등 세법위반이 횡행하였다. 이러한 배경에서 재정난 극복을 위한 조세수입확보를 위해서 그리고 특히 일제하에서 왜곡되어 유지되어 온 납세윤리를 고양시키기 위해 직접세와 간접세의 구별 없이 처벌을 더욱 강화할 필요가 있었고, 또한 처벌의 효율을 기하기 위하여 통일적인 처벌법규가 필요했던 것이다"라고 주장한다.

337) 위 제10회 국회정기회의 속기록(주 24), 8면.
338) 위 제10회 국회정기회의 속기록(주 24), 12면.
339) 이철, 양벌규정에 관한 고찰, 법조협회 법조 제36권 제2호, 1987, 6−7면은 종래 일본에서 양벌규정이 나타나기 전에는 전가형 규정이 일반적이었고, 그 규정의 일반적인 형식은 "「영업주는 그 대리인, 호주, 가족, 고용인, 기타 종업자가 그 업무에 관하여 제○○조의 죄를 범한 때에는 (또는 제○○조의 위반행위를 한 때에는) 자기의 지휘를 벗어났다는 이유로 처벌을 면할 수 없다」고 규정함과 동시에 다음 조에서는 「본조 또는 본법에 기하여 발하는 명령에 의하여 적용하는 벌칙은 (또는 제○○조의 벌칙은) 그 자가 법인인 때에는 이사, 취제역, 기타 법인의 업무를 집행하는 사원에게, 미성년자 또는 금치산자의 경우에는 그 법정대리인에게 적용하고 단지 영업에 관하여 성년자와 동일한 능력을 갖는 미성년자는 그러하지 아니하다」라고 규정하였다"고 한다. 그리고 "이 규정은 타인의 행위에 의한 전가책임을 인정하는 견해로서, 법인, 영업주의 고의·과실의 유무를 묻지 않고 무과실책임을 인정하는 대신 행위자는 처벌받지 않는다고 해석하는 데에서 전가형이라는 용어를 사용케 한 것이라고" 한다. 같은 논문, 8면은 일본에서 최초의 양벌규정은 "소화 7년(1932년)에 제정된 자본도피방지법이 「법인의 대표자 또는 법인이나 개인의 대리인, 사용인 기타 종업원이 그 법인 또는 개인의 업무에 관하여 전조의 위반행위를 한 때에는 행위자를 벌하는 외에 법인 또는 개인에 대하여도 전조의 벌금형을 과한다」"는 규정이었다고 한다.

논란이 있으나, 입법적으로 법인의 형벌능력을 인정해 법인을 처벌할 수 있게 한 것이 조세범처벌법에 양벌규정을 마련한 목적이라는 것을 분명히 알 수 있다. 따라서 조세포탈행위를 엄벌하고, 학설상 다툼이 있으나 법인의 형벌능력을 입법적으로 해결하면서 법인조차 처벌하려는 입법자의 의사에 비추어 볼 때 조세포탈죄가 납세의무자로 행위주체가 한정되고, 처벌의 공백을 메우기 위해 일정 범위의 자를 처벌하기 위해 양벌규정을 마련하였다고 해석하는 입장은 적어도 입법자의 의사에 명백히 반한다.

2. 논리적 · 체계적 해석

조세범처벌법 제정 당시 입법자가 조세포탈죄의 행위주체를 제한하지 아니한 사실은 제정된 조세범처벌법의 다른 규정과 비교해도 명백히 알 수 있다. 즉 제정된 조세범처벌법 제2장 제8조부터 제12조의 행위주체를 비교하면,[340] 제8조는 "법에 의한 면허를 받지 아니하고 물품을 제조 또는 판매한 자는", "법에 의한 영업감찰의 교부를 받지 아니하고 영업을 하는 자에 대하여는", 제9조는 "사위 기타 부정한 행위로써 조세를 포탈하거나 포탈하고저 한 자는", 제10조는 "납세의무자는", 제11조는 "조세징수의무자가", 제12조는 "체납자 또는 체납자의 재산을 점유하는 자가" 또는 "차압물건의 보관자가"라고 규정하였는데, 이는 입법자가 행위주체를 제한한 규정과 그렇지 아니한 규정을 명확히 나누어 규정하였음을 알 수 있다. 특히 제10조와 대비하면, 제10조는 "납세의

---

340) 1951. 5. 7. 제정된 조세범처벌법 제8조부터 제12조를 살펴보면 다음과 같다.
　　제8조는 법에 의한 면허를 받지 아니하고 물품을 제조 또는 판매한 자는 3년 이하의 징역 또는 백만 원 이하의 벌금에 처한다. 법에 의한 영업감찰의 교부를 받지 아니하고 영업을 하는 자에 대하여서는 50만 원 이하의 벌금에 처한다.
　　제9조는 사위 기타 부정한 행위로써 조세를 포탈하거나 포탈하고자 한 자는 3년 이하의 징역 또는 그 포탈하거나 포탈하고저 한 세액의 5배 이상 10배 이하에 상당하는 벌금에 처한다.
　　제10조는 납세의무자는 정당한 사유없이 3회이상 체납하는 경우에는 2년 이하의 징역 또는 그 체납세액의 2배 이상 10배 이하에 상당하는 벌금에 처한다.
　　제11조는 조세징수의무자가 정당한 사유없이 그 세를 징수하지 아니하거나 징수한 세금을 납부하지 아니하는 경우에는 3년 이하의 징역 또는 그 징수하지 아니하였거나 납부하지 아니한 세액의 5배에 상당하는 벌금에 처한다.
　　제12조는 체납자 또는 체납자의 재산을 점유하는 자가 조세를 면탈할 목적으로 또는 면탈케 할 목적으로써 그 재산을 장닉, 탈루하거나 또는 허위의 계약을 하였을 때에는 2년 이하의 징역에 처한다. 차압물건의 보관자가 그 보관한 물건을 장닉, 탈루, 소비 또는 훼손하였을 때에도 전항과 같다. 그 정을 알고 전 2항의 행위를 방조하거나 제1항의 허위의 계약을 승낙한 자는 1년 이하의 징역에 처한다.

무자는 정당한 사유없이 3회 이상 체납하는 경우에는"이라고 규정하였는데, 만약 입법자가 조세포탈죄의 행위주체를 납세의무자로 제한할 의사였다면 제10조처럼 "납세의무자가"로 행위주체를 한정하였을 것임에도 제한하지 아니하였다. 또한 제10조의 '체납'은 납세의무의 성립을 전제하는 점에서 조세포탈죄와 동일하다. 따라서 조세포탈죄의 행위주체를 제10조와 달리 납세의무자로 한정하지 아니한 사실은 조세포탈죄가 행위주체를 한정하지 아니한 범죄인 것을 알 수 있는 실정법적 근거라고 할 수 있다. 그리고 현행 조세범처벌법의 다른 규정과의 논리적·체계적 해석에 의해도 조세포탈죄는 행위주체를 제한하지 아니한 죄명이라고 할 수 있다. 왜냐하면 현행 조세범처벌법 제7조 제1항은 체납처분면탈죄의 행위주체를 "납세의무자 또는 납세의무자의 재산을 점유하는 자가"로 규정한 점, 제13조 제1항과 제2항을 "조세의 원천징수의무자가"로 규정한 점341)과 비교해 보면 조세포탈죄는 행위주체를 납세의무자로 한정하지 아니한 사실을 명확히 알 수 있기 때문이다.

그런데 조세포탈죄의 행위주체를 제한하지 아니할 의사였다면 조세포탈죄에 "누구든지"라고 규정하였을 것이 아니냐는 반론이 제기될 수 있다. 비록 조세범처벌법에 관한 것이 아니나, 참고할 입법자료가 있다. 즉 특가법이 제정될 당시인 1966. 2. 23. 애초 이에 관한 정부안 제3조는 알선수재죄에 관해 "누구든지 공무원의 직무에 속한 사항의 알선에 관하여 금품이나 이익을 수수 요구 또는 약속한 때에는"이라고 규정되어 있던 것을 법제사법위원회가 "누구든지" 문구를 삭제하고, "때에는"을 "자는"으로 변경하였는데, 박한상 위원은 "제3조 말입니다. 여기 양형비교표를 볼 것 같으면 형법 제132조는 공무원의 신분범인데 여기 제3조는 새로운 신설조문이 아니겠어요? 이 알선수재죄는 비신분범이지요?"라고 묻고 이에 대해 전문위원 문상익은 "예."라고 대답하자 박한상 의원은 "이 제3조가 비신분범이라고 할 것 같으면 누구든지를 넣는 것이 당연한 것이 아닌가 생각합니다."라고 발언한다. 이에 대해 문상익은 "그렇게되면 더 명백하겠읍니다마는 그러나 누구든지를 빼버리더라도 당연히 누구든지라는 것은 포함이 되는 것이고, 법률체제상 깨끗하지 못할 뿐만 아니라 다른 일반 형법이

---

341) 조세범처벌법 제13조 제1항은 "조세의 원천징수의무자가 정당한 사유 없이 그 세금을 징수하지 아니하였을 때에는 1천만 원 이하의 벌금에 처한다", 제2항은 "조세의 원천징수의무자가 정당한 사유 없이 징수한 세금을 납부하지 아니하였을 때에는 2년 이하의 징역 또는 2천만 원 이하의 벌금에 처한다."고 규정한다.

나 처벌법규를 보더라도 누구든지라는 것이 없어도 당연히 누구든지라는 뜻이 내포되어 있는 것입니다."[342]고 답변한다. 즉 행위주체를 제한하지 않는 범죄는 '누구든지'라는 문구를 넣지 않는다는 것이다. 그리고 실제 특가법 제3조는 '누구든지' 문구 없이 입법화되었다. 따라서 조세포탈죄 처벌규정에 '누구든지'라는 문구가 없는 점을 근거로 조세포탈죄의 행위주체를 납세의무자로 한정해 해석하는 견해는 설득력이 없다.

한편, 조세범처벌법 제정 당시 양벌규정의 의미를 좀 더 분명히 이해하기 위해 조세범처벌법 제정 전 소득세법과 법인세법, 상속세법, 증여세법에 조세포탈죄와 양벌규정이 언제 최초 규정되고 그 이후 어떤 변천과정을 거쳤는지를 살펴볼 필요성이 있다. 소득세의 경우, 1949. 7. 15. 제정된 소득세법 제60조에 "사위 기타 부정의 행위로 인하여 소득세를 포탈한 자는 포탈한 세금의 3배에 상당하는 벌금 또는 과료에 처한다. 단 자수한 자 또는 세무서장에게 신고한 자는 처벌하지 아니할 수 있다"고 규정하였고, 양벌규정은 규정하지 아니하였다. 그 후 1950. 5. 1. 소득세법이 개정되면서 제64조의1에 "법인의 대표자 또는 법인이나 개인의 대리인, 사용인 기타 종업자가 그 법인 또는 개인의 업무 또는 재산에 관하여 제60조 내지 제64조의 위반행위를 한 때에는 그 행위자를 처벌하는 외에 법인 또는 개인에 대하여 각 본조의 벌금형을 과한다"고 규정하였다. 즉 개정 당시 소득세법의 양벌규정은 행위자에 대한 감면 규정이 없었다. 그 후 1950. 12. 1. 소득세법이 개정되면서 제60조에 "사위 기타 부정의 행위로 인하여 소득세액의 전부 또는 일부를 포탈한 자는 그 포탈한 세금의 5배에 상당하는 벌금 또는 과료에 처한다"라고 규정하여 벌금액을 상향하였고, 1951. 5. 7. 조세범처벌법이 제정될 때 소득세법도 같이 개정되면서 제60조, 제64조의1이 삭제되면서 관련 조문이 정비되었다. 법인세의 경우, 법인세법은 1949. 11. 7. 제정되면서 제35조에 "사위 기타 부정의 행위로 인하여 법인세를 포탈한 자는 그 포탈한 세금의 3배에 상당하는 벌금 또는 과료에 처한다. 단, 자수한 자 또는 세무서장에게 신고한 자는 처벌하지 아니할 수 있다"고 규정하면서 소득세법의 조세포탈죄와 균형을 이루었다. 그런데 1950. 12. 1. 법인세법이 개정되면서 1950. 5. 1. 개정된 소득세법과 달리 양벌규정을 신설하지 않았다.[343] 당

시 법인세법 정부안에도 양벌규정은 없었다. 따라서 법인세는 소득세와 달리, 1951. 5. 7. 조세범처벌법이 제정되면서 비로소 양벌규정이 적용되었다. 상속세법의 경우, 상속세법이 1950. 3. 22. 제정되면서 제31조에 "사위 기타 부정의 행위로 인하여 상속세를 포탈한 자는 그 포탈한 세금의 3배에 상당한 벌금 또는 과료에 처한다. 단, 자수한 자 또는 세무서장에게 신고한 자는 처벌하지 아니할 수 있다"고 규정하였고, 양벌규정은 없었다. 그 후 1951. 5. 7. 상속세법이 개정되면서 제31조를 삭제하였다. 증여세의 경우, 1950. 4. 8. 증여세법이 제정되면서 제18조에 상속세법 제31조를 준용해 증여세 포탈행위를 처벌하였고, 양벌규정은 두지 않았다. 그 후 1951. 5. 7. 위 제18조를 삭제하였으며, 1952. 11. 30. 상속세법이 개정되면서 증여세도 상속세법에 규정하면서 같은 일자 증여세법은 폐지되었다. 따라서 조세범처벌법이 제정되면서 규정된 양벌규정은 종전에 법인세법, 상속세법, 증여세법과 달리 소득세법만 양벌규정을 두었을 뿐만 아니라 소득세법의 양벌규정에 행위자에 대한 감면규정이 없었던 것을 시정하는 의미에서 종전 개별 세법의 처벌범위의 불균형을 시정하는 의미가 있었다.

3. 소결

조세범처벌법이 제정되면서 마련된 제3조는 종전에 이론상 논란이 되어 소득세법에만 규정된 양벌규정을 입법자의 결단을 통해 법인의 형벌능력을 해결해 다른 세목에도 확대 규정해 법인을 처벌하기 위한 것이었다고 해석하는 입장이 타당하고, 조세포탈죄의 행위주체가 납세의무자로 제한되어 발생하는 처벌의 공백을 메우기 위한 규정으로 해석하는 것은 조세범처벌법이 제정되까지의 양벌규정의 변천과정에 관한 연혁적 해석의 관점에서 근거가 없다고 할 것이다. 결국 조세포탈죄의 행위주체를 제한하는 견해는 조세범처벌법 제정 당시 입법자의 의사와 종전 세법의 조세포탈죄와 양벌규정의 변천과정에 대한 이해를 소홀히 하였다거나 제정 당시 조세포탈죄와 다른 처벌규정과의 논리적·체

---

343) 당시 소득세법과 달리 법인세법에 법인의 양벌규정이 규정되지 않은 이유에 관해 입법과정을 살펴보아도 정부안에 아예 법인의 양벌규정이 없었고, 이에 대해 국회에서 논의한 자료도 발견하기 어렵다.

계적 해석 또는 현행 조세범처벌법의 다른 처벌규정과의 논리적·체계적 해석
을 소홀히 하였다고 비판할 수 있다.

Ⅳ. 다른 법률의 양벌규정과의 논리적·체계적 해석

1. 골재채취법 등 다른 특별법의 양벌규정과 비교

양벌규정은 조세범처벌법뿐만 아니라 각종 법률에 다양한 형태로 규정되어
왔다. 그런데 헌법재판소는 2007. 11. 29. 2005헌가10과 2009. 7. 30. 2008헌가
16을 통해 양벌규정 중 개인 사업주와 법인 사업주의 대리인, 사용인, 기타 종
업원의 위반행위에 대한 면책규정이 없는 것은 책임원칙에 반한다는 취지로 판
단하면서 양벌규정에 업무주의 면책규정이 순차적으로 정비되기 전까지 양벌규
정은 면책규정 없는 것과 면책규정이 있는 것으로 크게 구별할 수 있었고, 이
들 양벌규정의 다양한 유형을 분석한 논문들이 발표되었는데,[344] 그 논문들은
조세포탈죄와 관련된 양벌규정을 면책규정 없는 형태의 양벌규정으로 이해하였
을 뿐이고, 이를 행위자에 대한 처벌근거로서의 의미가 있는 양벌규정으로 이
해하지 않았다.[345]

---

[344] 업무주에 대한 면책규정이 규정되지 아니한 양벌규정에 대한 헌법재판소의 위헌결정이 있기 전
   양벌규정의 유형에 관해 분석한 논문으로 이철, 앞의 논문(주 339), 9–21면; 윤장근, 양벌규정
   의 입법례에 관한 연구, 법제처 법제 제6호, 1994, 94–107면; 이인규, 양벌규정에 관한 고찰,
   부산대학교 법과대학 연구소 법학연구 제36권 제1호, 1995, 211–242면; 이은정, 양벌규정의 유
   형별 문제점과 개선방안, 국회사무처 법제실 법제현안 2003–10, 통권 제152호, 2003, 1–24면;
   김용섭, 양벌규정의 입법유형에 관한 법적 검토, 대한변호사협회 인권과 정의 제375호, 2007,
   64–86면.

[345] 예컨대, 이철, 앞의 논문(주 339), 12면은 전형적인 양벌규정으로 조세범처벌법 제3조를 언급하
   고, 14면은 양벌규정에서 법정의무자가 따로 있는 경우 그러한 신분이 없는 행위자에 대한 처벌
   을 어떻게 이론구성할 것인가를 언급하며 이와 관련해 산업안전보건법 제44조 양벌규정에 제17
   조와 제18조를 위반한 경우를 언급하는데, 제17조와 제18조는 사업주를 행위주체로 규정한 경우
   이다. 따라서 위 논문에서 언급한 경우는 법률규정에 의해 명시적으로 행위주체가 한정된 경우
   를 다룬 것으로서 조세범처벌법 제3조를 산업안전보건법의 양벌규정처럼 해석할 수 있다는 입장
   이 아니었다. 윤장근, 앞의 논문(주 344), 100면은 위반행위 주체를 한정하는 입법례로 신용조사
   업법(법률 제3039호) 등을 거론하였고 조세범처벌법은 언급하지 않았으며, 신용조사업법은 제3
   조에 의해 신용조사업의 주체를 법인으로 한정해 조세범처벌법과 다르다. 이인규, 앞의 논문(주
   344), 231면은 양벌규정의 수범자 범위 확대 기능에 관해 다루면서 "양벌규성을 두고 있는 법률
   은 대다수가 행위주체를 사업자(법인 또는 개인) 등 법정의무자(즉 명령 또는 금지규범의 수범
   자)로서의 일정한 신분자에 한정하고 있다."고 언급하면서 예시적으로 수질환경보전법 제56조
   제3호, 제15조 제1항을 언급하는데, 제15조 제1항은 행위주체를 '사업자'라고 규정한다. 이은정,

　　그런데 일부 문헌346)은 "대법원도 조세포탈에 있어서 이 규정은 양벌책임을 규정하는 외에 납세의무자가 아닌 법인의 대표자 등 제18조에서 열거하는 자가 행위자로서 조세범 처벌법(조세포탈)의 주체가 될 수 있다는 것을 명시한 것이라고 판시하고 있다."고 언급하면서 대법원 2007. 11. 15. 선고 2007도5976 판결(골재채취법), 대법원 1999. 7. 15. 선고 95도2870 판결(건축법), 대법원 1997. 6. 13. 선고 97도534 판결(건설업법)을 언급한다. 그렇다면 조세포탈죄와 관련된 양벌규정을 행위자에 대한 처벌근거로서 기능한다고 이해할 수 있을까? 이를 판단하기 위해 앞서 언급된 골재채취법, 건축법, 건설업법에 관한 대법원 판결의 입장을 살펴보면서 이들 관련 규정이 조세포탈죄의 관련 규정과 같은 규율체계로 마련된 것인지를 살펴본다.

　　첫째, 위 문헌이 언급한 대법원 2007. 11. 15. 선고 2007도5976 판결을 살펴본다. 위 판결에서 대법원은 "골재채취법 제49조 제6호, 제26조 제1항의 벌칙규정의 적용대상은 '골재채취의 허가를 받은 자'임이 그 규정 자체에 의하여 분명하나, 한편 같은 법 제51조는 법인의 대표자나 법인 또는 개인의 대리인·사용인 기타의 종업원이 그 법인 또는 개인의 업무에 관하여 제49조 또는 제50조에 규정에 해당하는 행위를 한 때에는 그 행위자를 벌하는 외에 그 법인 또는 개인에 대하여도 각 해당 조의 벌금형을 과한다는 양벌규정을 두고 있고, 위 규정의 취지는 각 본조의 위반행위를 한 행위자와 '골재채취의 허가를 받은 법인 또는 개인'의 쌍방을 모두 처벌하려는 데에 있으므로, 이 양벌규정에 의하여 '골재채취의 허가를 받은 자'가 아닌 행위자도 각 본조의 벌칙규정의 적용대상이 된다(대법원 1999. 7. 15. 선고 95도2870 전원합의체 판결, 1997. 6. 13. 선고 97도534 판결 등 참조). 원심은, 그 채택 증거들을 종합하여 판시와 같은 사실을 인정한 다음, 피고인 ○○○이 이 사건 골재채취의 허가를 받은 춘천시장의 대행자로서 그 허가조건은 1차 야적장 및 파이프, 선별시설 등의 설치를 하지 않은 채 골재를 채취하였으므로 골재채취법 제51조에 의하여 같은 법 제49조 제6호, 제26조 제1항의 벌칙규정의 적용대상이 된다고 판단하였는바, 앞서 본 법

　　앞의 논문(주 344), 4면은 본조의 주체가 사업자 등으로 제한된 유형으로 건축법 제81조 제2항, 제79조를 언급하는데, 제79조는 건축주 또는 공사시공자를 행위주체로 규정해 역시 조세범처벌법과 다르다. 김용섭, 앞의 논문(주 344), 73면은 처벌확장의 입법유형으로 건축법 제81조 제2항, 제79조, 선원법 제148조, 제139조, 제138조 등을 언급하는데, 선원법 제139조, 제138조는 행위주체를 각 선박소유자로 명시해 조세범처벌법과 다르다.

346) 안대희, 앞의 책(주 1), 205면.

리와 기록에 비추어 살펴보면, 원심의 이러한 판단은 옳은 것으로 수긍이 간다."고 판시하였다. 그런데 위 대법원 판결 대상인 골재채취법 제49조 제6호는 "제26조 제1항을 위반하여 허가받은 내용과 달리 골재를 채취한 자"라고 규정하고, 제26조 제1항은 "골재채취를 허가받은 자는 허가받은 채취구역, 채취기간 등 허가받은 내용에 따라 골재를 채취하여야 한다."고 규정한다. 즉 제26조 제1항의 의무규정은 행위주체를 명시적으로 제한하고, 제49조 제6호의 처벌규정은 제26조 제1항을 위반한 행위주체를 처벌한다. 따라서 골재채취법 제49조 제6호는 행위주체로 제한된 자를 처벌하는 규정이다. 그러나 골재채취법의 규정은 근본적으로 조세포탈죄의 규율체계와 다르다고 할 것이다. 왜냐하면 조세포탈죄는 골재채취법과는 달리, 의무규정이 없고 처벌규정에 행위주체를 명시하지 아니하기 때문이다. 따라서 조세포탈죄의 행위주체를 제한하는 근거로 위 대법원 판결을 거론하는 것은 규율체계가 다른 것을 동가치적으로 평가한 잘못이 있다.

둘째, 위 문헌이 언급한 대법원 1999. 7. 15. 선고 95도2870 판결을 살펴본다. 위 판결은 구 건축법 제57조의 양벌규정이 위반행위의 이익귀속주체인 업무주에 대한 처벌규정임과 동시에 행위자의 처벌규정인지에 관하여 다수의견은 "구 건축법(1991. 5. 31. 법률 제4381호로 전문 개정되기 전의 것) 제54조 내지 제56조의 벌칙규정에서 그 적용대상자를 건축주, 공사감리자, 공사시공자 등 일정한 업무주로 한정한 경우에 있어서, 같은 법 제57조의 양벌규정은 업무주가 아니면서 당해 업무를 실제로 집행하는 자가 있는 때에 위 벌칙규정의 실효성을 확보하기 위하여 그 적용대상자를 당해 업무를 실제로 집행하는 자에게까지 확장함으로써 그러한 자가 당해 업무집행과 관련하여 위 벌칙규정의 위반행위를 한 경우 위 양벌규정에 의하여 처벌할 수 있도록 한 행위자의 처벌규정임과 동시에 그 위반행위의 이익귀속주체인 업무주에 대한 처벌규정이라고 할 것이다"라고 판시하였다. 이 사안에서 쟁점은 공사시공자가 아닌 건축기사와 현장감독인을 처벌할 수 있는지 여부였다. 왜냐하면 구 건축법(법률 제4364호) 제55조 제4호는 "제9조 제4항 또는 제10조를 위반한 설계자·공사감리자 또는 공사시공자"를 처벌하도록 규정하여 행위주체를 제한하였고, 제10조 제2항은 "제5조 제1항에 해당하는 건축물을 건축하거나 대수선하는 때에는 대통령령이 정하는 바에 따라 그 구조의 안전을 확인하여야 한다"고 규정하여 행위주체를 제한하지 않았다. 따라서 의무규정을 위반한 사람 중 제55조 제4호에 규정한 자만 처벌되는지 여부가 문제된다. 이에 관해 다수의견은 양벌규정인 구 건축법 제57조를 위와 같은 건축기사와 현장감독인을 처벌하는 규정으로 해석하였던 것이다. 이에 반해 반대의견은 종전 구 건축법에 대한 해석과 같이[347] 양벌규정인 건축법 제57조를 근거로 실제 위반행위자를 처벌할 수 없다는 입장을 견지하였다.[348] 결국 이 문제는 처벌규정에 명시되어 있지 아니하나 의무규정을 위반한 사람을 형사처벌할 수 있는지에 관한 문제라고 할 것이다. 그런데 건축법 규율체계는 조세포탈죄의 그것과 다르다. 즉 건축법은 의무규정에 행위주체를 한정하지 않았고, 처벌규정에 행위주체를 한정한 형식이나, 조세포탈죄는 의무규정 자체가 없고 처벌규정에 행위주체를 명시하지 아니한다. 따라서 위 건축법의 양벌규정에 관한 전원합의체 판결은 조세포탈죄의 양벌규정을 해석하는데 동가치적으로 적용할 수 없다.

끝으로 위 문헌이 언급한 대법원 1997. 6. 13. 선고 97도534 판결을 검토한다. 위 판결 대상인 구 건설업법(법률 제4921호) 제60조 제4호는 "제16조의2의 규정에 위반한 건설업자와 그 상대방"을 규정하고, 제16조의2는 "건설업자는 다른 사람에게 자기의 성명 또는 상호를 사용하여 건설공사를 수급 또는 시공하게 하거나 그 면허증 또는 면허수첩을 대여하여서는 아니 된다."고 규정한다. 그리고 위 대법원의 판결은 건설업법의 양벌규정의 취지를 "각 본조의 위반행위를 한 행위자와 건설업자인 법인 또는 개인의 쌍방을 모두 처벌하려는 데에 있으므로, 양벌규정에 의하여 건설업자가 아닌 행위자도 각 본조의 벌칙규정의 적용대상이 된다."고 판시하였다. 그런데 구 건설업법은 의무규정과 처벌규정에 모두 행위주체를 명시적으로 제한한 체계라는 점에서 의무규정 자체가 없는 조세포탈죄와 규율체계가 다르므로 구 건설업법의 양벌규정에 관한 위 대법원 판결을 조세포탈죄의 양벌규정 해석에 적용하는 것은 타당하지 않다.

---

347) 대법원 1990. 10. 12. 선고 90도1219 판결; 대법원 1992. 7. 28. 선고 92도1163 판결; 대법원 1993. 2. 9. 선고 92도3207 판결. 이 판결들은 위와 같은 전원합의체 판결에 의해 폐기되었다.
348) 김대휘, 양벌규정의 해석, 한국형사판례연구회, 형사판례연구 10, 2002, 29면은 "부수형법상 비록 주된 의무주체는 본인에 한정되어 있지만, 그 본인을 위하여 실제행위를 한 자도 실질적으로 본인을 위한 행위자로서 의무를 부담하여 행위주체가 될 수 있다고 해석하는 것이다. 즉 형법은 행위자책임이고 그 행위자가 어떠한 행위를 할 때에 이를 사실적으로 고찰하면 일종의 행위자표지 내지 신분의 확장을 통하여 벌칙 본조에 의하여 직접 처벌할 수 있다고 보는 것이다."라고 주장한다. 이런 주장은 행위자를 처벌한다는 점에서 다수의견과 동일하나, 처벌근거를 양벌규정이 아니라 벌칙 본조라고 해석하는 점에서 차이가 있다.

그런데 위 대법원 판결 3개는 결국 의무규정이나 처벌규정 중 어떤 규정에 행위주체를 명시하는지와 관계없이 실제 행위자를 양벌규정으로 처벌한다는 공통점이 있다. 이런 근거에서 양벌규정에 의해 납세의무자가 아닌 자를 처벌하고자 하는 목적을 달성하는 점에서 위 대법원 판결들을 원용할 수는 있다. 그러나 대법원 판결 3개의 대상이 된 개별 법률은 의무규정이나 처벌규정 중 적어도 하나에 행위주체를 명시적으로 제한한 형식이어서 명시된 자 외에는 처벌하지 못하는 '처벌의 흠결'이 발생한다는 구조적인 공통점이 있다. 그러나 조세포탈죄는 의무규정이 없고 처벌규정에 행위주체를 명시적으로 제한하지 아니하므로 대법원 판결 3개의 대상이 된 법률의 규율체계와 구조적으로 다르고, 그 구조적 차이로 인해 조세포탈죄와 관련된 '처벌의 흠결' 자체가 발생하지 아니한다. 따라서 '처벌의 흠결'이 발생하는 것을 전제로 기능하는 양벌규정의 행위자 처벌근거로서의 의미는 조세포탈죄와 관련해 작동될 여지가 없다. 따라서 조세포탈죄와 관련된 양벌규정349)은 법인의 형벌능력을 입법적으로 해결한 것이고, 행위자 처벌근거로서의 의미는 없다고 이해함이 타당하다.350)

2. 관세법의 양벌규정과 비교

한편, 조세포탈죄와 관련된 양벌규정의 의미를 분석하기 위하여는 구조적으로 의무규정이 없고 처벌규정에 행위주체를 명시적으로 제한하지 아니한 규정이 필요한데, 이와 관련해 1949. 11. 23. 제정된 관세법은 처벌규정에 대응하는 의무규정이 없고 처벌규정에 행위주체를 명시하지 아니한 관세포탈죄와 양벌규정을 함께 규정하였는데,351) 현행 관세법 중 특히 제270조 제4항, 제5항의

---

349) 조세범처벌법의 양벌규정이 행위자 처벌근거로서의 의미가 있는지 여부는 결국 해당 처벌규정이 행위주체를 제한한 것으로 볼 수 있는지 여부에 달려 있다. 따라서 비록 조세포탈죄는 행위주체를 제한한 규정이 아니어서 조세포탈죄와 관련된 양벌규정은 행위자 처벌근거로서 의미가 없으나, 예컨대 조세범처벌법 제7조, 제13조와 같이 행위주체를 제한한 규정과 관련된 양벌규정은 '처벌의 흠결'이 발생할 수 있으므로 행위자 처벌근거로서 의미를 지닐 수 있다.

350) 대법원 2017. 12. 5. 선고 2017도11564 판결은 건설산업기본법 제96조 제5호, 제41조 제2항 제1호에 의해 처벌하지 못하는 '건설시공자가 아닌 행위자'를 양벌규정인 제98조 제2항의 '그 행위자를 벌하는 외'를 근거로 처벌할 수 있다는 취지로 판시하였다. 그러나 위 판결 대상인 구 건설산업기본법(법률 제12591호) 제41조 제2항은 의무규정에 행위주체를 '건설업자'로 제한한 형식이어서 구조적으로 처벌의 흠결이 발생하는 점에서 의무규정이 없는 조세포탈죄의 규율체계와 다르다. 이 대법원의 판결에 관한 비판적인 견해로 김성돈, 법인의 형사책임과 양벌규정의 해석과 적용, 한국법학원 저스티스 제168호, 2018, 310-314면.

351) 제정 당시 관세법은 제198조에 "관세를 포탈하거나 포탈하려 한 자는 그 포탈하거나 포탈하려

관세포탈죄와 제279조 제1항의 양벌규정도 같은 체계로 이해할 수 있다. 대법원은 관세포탈죄가 관세납부의무자로 행위주체를 한정하는지에 관해 일관된 입장이라고 보기 어렵다. 우선 관세포탈죄의 행위주체를 관세납부의무자로 제한한 것으로 해석한 판결들을 살펴보면, 대법원 1996. 5. 28. 선고 96도756 판결은 "관세법 제180조 제1항은 '사위 기타 부정한 방법으로 관세의 전부 또는 일부를 포탈한 자'라고 규정하고 있는바, 이는 자신이 납부하여야 할 관세를 포탈한 자를 말하는 것이지 상고이유에서 주장하는 바와 같이 실제로 관세를 포탈하는 행위를 한 자를 말한다고는 볼 수 없(다)"고 판시하였다.[352] 그리고 대법원 2014. 3. 13. 선고 2011도4563 판결[353]은 "원심은 (1) 피고인 합동ㅁㅁㅁㅁ ㅁㅁ(이 사건 수입물품의 화주로서 관세의 납부의무자이다. 이하 '피고인 회사'라 한다)의 상무이사인 피고인 박○○ 및 관세사인 피고인 홍△△ 운영의 ▲▲관세사무소 사무장인 피고인 안▲▲를 구 관세법[354] 제270조 제4항에 규정된 범죄의 공동정범으로, 피고인 회사와 피고인 홍△△을 위 박○○과 위 안▲▲의 각 사용자로서 구 관세법 제279조의 양벌규정으로 각 의율하여 기소된 이 사건에서, (2) ① 구 관세법에서 규정하는 관세포탈죄는 화주 등 관세를 납부할 의무

한 세액의 1배 이상 5배 이하의 벌금 또는 과료에 처하고 범인이 소유 또는 점유하는 그 물품은 몰수한다"고 규정하고, 제209조는 "좌의 각 호의 1에 해당하는 자의 사용인 기타의 종업원이 본인의 업무에 관하여 본 법에 규정한 벌칙에 저촉하는 행위를 한 때에는 당해 행위자를 처벌하는 외에 본인도 처벌한다. 1. 특허보세구역의 설영인 2. 수출, 수입 또는 운송을 업으로 하는 자 3. 세관화물취급인", 제210조는 "법인의 사원 혹은 직원, 사용인 기타 종업원이 법인의 업무에 관하여 본 법에 규정한 벌칙에 저촉하는 행위를 한 때에는 행위자를 처벌하는 외에 법인도 처벌한다"고 규정하며, 제211조는 "제209조의 규정에 의한 경우에 있어 본인이 당해 위반행위를 방지하는 방도가 없음을 증명하는 때에는 처벌하지 아니한다. 전조의 규정에 의한 경우에 있어 법인의 업무를 집행하는 사원 또는 직원에 대하여 전항의 규정에 의한 증명이 있을 때에는 그 법인을 처벌하지 아니한다"고 규정하였다.

352) 인천지방법원 2022. 7. 8. 선고 2021노1709 판결은 위 96도756 판결을 인용하면서 "관세법에서 규정하는 관세포탈죄는 화주(貨主) 등 관세를 납부할 의무가 있는 자만이 그 범죄의 주체가 될 수 있는 이른바 '신분범'으로서 그러한 신분이 없는 자는 신분자의 범죄에 가공한 경우에 한하여 관세포탈죄의 공범으로 처벌할 수 있을 뿐이다"라고 판시한 다음 피고인이 수입화주로서 관세법 제19조 제1항 제1호에 관세의 납부의무자가 되어 관세법 제270조 제1항 제1호의 관세포탈죄가 적용된다고 판시하였다.

353) 미공간 판결이다.

354) 구 관세법(2010. 12. 30. 법률 제10424호로 개정되기 전의 것) 제270조 제4항은 "부정한 방법으로 관세의 감면을 받거나 관세의 감면을 받은 물품에 대한 관세의 징수를 면탈한 자는 3년 이하의 징역 또는 감면받거나 면탈한 관세액의 5배 이하에 상당하는 벌금에 처한다"고 규정하고, 제279조 제1항은 "법인의 대표자나 법인 또는 개인의 대리인, 사용인, 그 밖의 종업원이 그 법인 또는 개인의 업무에 관하여 제11장에서 규정한 벌칙(제277조의 과태료는 제외한다)에 해당하는 위반행위를 하면 그 행위자를 벌하는 외에 그 법인 또는 개인에게도 해당 조문의 벌금형을 과한다. 다만, 법인 또는 개인이 그 위반행위를 방지하기 위하여 해당 업무에 관하여 상당한 주의와 감독을 게을리하지 아니한 경우에는 그러하지 아니하다"라고 규정하였다.

가 있는 자만이 그 범죄의 주체가 될 수 있는 신분범으로서 그러한 신분이 없는 자는 신분자의 범죄에 가공한 경우에 한하여 관세포탈죄의 공범으로 처벌할 수 있다고 전제한 후, ② 관세사사무소 사무장인 피고인 안▲▲와 피고인 회사의 피용자인 피고인 박○○에게 납세의무자로서의 신분을 인정할 수 없는 이상 이 사건 공소사실에 포함된 위 피고인들의 행위는 구 관세법 제270조 제4항을 구성한다고 할 수 없고, 위 피고인들의 범죄성립을 전제로 한 양벌규정에 의하여 피고인 회사 및 피고인 홍△△에 대한 처벌도 불가능하다는 이유로 이 사건 공소사실을 모두 무죄로 판단한 제1심판결이 정당하다고 판단하고, 제1심의 결론을 그대로 유지하였다. 그러나 (중략) (1) 이 사건 관세의 납부의무자는 피고인 회사이지만, 피고인 회사의 피고용자인 피고인 박○○이 구 관세법 제270조 제4항에 해당하는 공소사실과 같은 위반행위(이하 '이 사건 부정감면행위'라 한다)를 하였다면 구 관세법 제279조 제1항에 따라 그 행위자로서 처벌될 수 있고, (2) 피고인 안▲▲도 이 사건 부정감면행위에 가담하였다면 공동정범으로 처벌될 수 있으며,[355] (3) 관세의 납부의무자인 피고인 회사는 그 사용인 내지 종업원에 해당하는 피고인 박○○의 피고인 회사의 업무에 관한 이 사건 부정감면행위에 대하여 상당한 주의 또는 관리·감독의무를 게을리하였는지 여부에 따라 구 관세법 제279조 제1항의 양벌규정에 의하여 처벌될 수 있다고 할 것이다"라고 판단하였다. 위와 같은 2개의 대법원 판결에 의하면 대법원은 구 관세법 제180조 제1항의 "사위 기타 부정한 방법으로 관세의 전부 또는 일부를 포탈한 자"의 개념이나 구 관세법 제270조 제4항의 "부정한 방법으로 관세를 감면받은 자"에 관하여 관세납부의무자로 행위주체를 제한하고, 제279조 제1항을 법인의 형벌능력을 규정하는 의미 외에 행위자를 처벌하는 의미로 이해하였다고 볼 수 있다.

그러나 대법원 1969. 10. 14. 선고 69도1163 판결은 "통관 당시 피고인이 수입하는 한약재 중 녹용 2상자가 잘못하여 포함되어 있었음을 알고 있었다면 피고인에게 그 녹용에 대한 관세납부의무가 없다고 하더라도 피고인은 위 한약재의 통관에 제하여 위 녹용을 사위의 방법으로 통관함으로써 관세를 포탈할

---

355) 피고인 박○○이 구 관세법 제279조 제1항에 의해 법정책임자로서 신분을 취득하기 때문에 피고인 안▲▲이 이에 가담한 경우에는 이들은 구 관세법 제279조 제1항과 해당하는 본조에 대한 공동정범으로 처벌할 수 있게 된다.

의사가 있었다고 추단할 수 있을 것이다."라고 판시하였고, 대법원 2005. 9. 30. 선고 2005도1048 판결은 "관세법 제270조 제1항 제1호는 '관세법 제241조 제1항의 규정에 의한 수입신고를 한 중 세액결정에 영향을 미치기 위하여 과세가격 또는 관세율 등을 허위로 신고하거나 신고하지 아니하고 수입한 자'를 처벌하도록 규정하고 있는바, 그 범행주체는 관세납부의무자로 한정되지 아니한다고 할 것이다."라고 판시하였으며, 대법원 2008. 5. 29. 선고 2007도4952 판결은 "관세법 제270조 제1항 제1호는 '같은 법 제241조 제1항에 의하여 수입신고를 한 자 중 세액결정에 영향을 미치기 위하여 과세가격 또는 관세율 등을 허위로 신고하거나 신고하지 아니하고 수입한 자'를, 같은 조 제4항은 '부정한 방법으로 관세의 감면을 받거나 관세의 감면을 받은 물품에 대한 관세의 징수를 면탈한 자'를, 같은 조 제5항은 '부정한 방법으로 관세의 환급을 받은 자'를 각 처벌하도록 규정하고 있는바, 위와 같은 관세포탈죄의 각 범행주체는 반드시 관세의 납부의무자로 한정되지 아니한다."고 판시하였다. 결국 관세포탈죄의 행위주체를 관세납부의무자로 한정할지에 관해 대법원은 일관된 입장이라고 볼 수 없어 이에 관한 통일된 입장 정리가 필요하다.

그렇다면 상반된 취지의 대법원의 판결들 중에 어떤 입장이 타당하다고 할 수 있을까? 첫째, 비록 관세법 제정 당시 목적 규정이 없었더라도, 관세포탈죄는 수입물품에 대한 정당한 관세의 확보를 그 보호법익으로 한다[356]는 점에 비추어 보면 관세포탈이라는 결과반가치를 중시하여 관세납부의무자가 아니더라도 수입물품에 대한 정당한 관세 확보를 저해하는 행위를 한 자에 대하여는 관세포탈죄로 처벌함이 타당하다고 할 것이다. 둘째, 제정 당시 관세법 제197조는 "수출금지품을 수출하거나 수출하려 한 자 또는 수입금지품을 수입하거나 수입하려 한 자"라고 규정하여 행위주체를 한정하지 아니하였고, 관세포탈죄를 규정한 제198조도 행위주체를 한정하지 아니한 점에서 관세포탈죄는 행위주체를 제한하지 아니하였다고 해석함이 타당하다. 그리고 입법자는 1996. 12. 30. 관세법을 개정하면서 "제180조(관세포탈죄) ① 제137조 제1항 및 제2항 또는 제138조의2 제1항의 규정에 의한 수입신고를 한 자 중 다음 각 호의 1에 해당하는 자"로 규정하면서 제1호는 "세액결정에 영향을 미치기 위하여 과세가격 또

---

356) 대법원 2000. 11. 10. 선고 99도782 판결.

는 관세율등을 허위로 신고하거나 신고하지 아니하고 수입한 자"로 규정하고 (제2호와 제3호는 생략), ③ 사위 기타 부정한 방법으로 관세의 감면을 받거나 관세의 감면을 받은 물품에 대한 관세의 징수를 면탈한 자는 (이하 생략)", "④ 사위 기타 부정한 방법으로 관세의 환급을 받은 자는 (이하 생략)"으로 규정하였는데, 위와 같이 행위주체를 관세납부의무자로 명시하지 아니한 점357)에 비추어 보더라도 관세포탈죄의 행위주체를 제한하지 아니한 것으로 해석함이 타당하다. 셋째, 관세포탈죄는 조세포탈죄와 달리, 미수와 예비까지 처벌하는 태도(관세법 제271조 제2항, 제3항)와 미수와 예비에 관해 통상의 경우와 달리 더 중한 법정형을 따로 규정한 태도에 비추어 볼 때 관세범죄를 엄벌하려는 입법자의 의사를 존중할 필요성이 있으므로 관세포탈죄는 관세납부의무자로 행위주체를 제한한 규정으로 해석할 수는 없다.358) 따라서 관세포탈죄는 관세납부의무자로 행위주체를 제한하지 아니한 규정이고, 관세포탈죄와 관련된 양벌규정 역시 조세포탈죄와 관련된 양벌규정과 마찬가지로 '처벌의 흠결'이 발생하지 아니하므로 법인의 형벌능력을 입법적으로 해결한 것으로 이해하면 되고, 실제 행위자를 처벌하는 기능을 수행하는 것은 아니라고 이해하는 것이 타당하다.359)

---

357) 1996. 12. 30. 개정 당시 제180조 제1항이 "제137조 제1항 및 제2항 또는 제138조의2 제1항의 규정에 의한 수입신고를 한 자 중"이라고 행위주체를 규정하나, 제137조 제1항과 제2항, 제138조의2 제1항이 수입신고의 주체를 관세납부의무자로 한정하지 아니하는 점에 비추어 볼 때 제180조 제1항의 행위주체를 관세납부의무자로 한정할 수는 없다.

358) 대법원은 "관세법 제180조 소정의 '사위 기타 부정한 방법'이라 함은 관세등의 부과결정을 불능 또는 현저하게 곤란하게 하는 위계 기타 부정한 적극적 행위를 말한다고 할 것"(대법원 1984. 2. 28. 선고 83도2470 판결; 대법원 1984. 11. 13. 선고 84도553 판결)이라고 판시하였다가 이후에는 "관세법 제180조 소정의 '사위 기타 부정한 방법'이라 함은 결과적으로 탈세를 가능하게 하는 행위로서 사회통념상 사위, 부정으로 인정되는 모든 행위를 말하며 적극적 행위(작위)뿐만 아니라 소극적 행위(부작위)도 포함한다"(대법원 1987. 11. 24. 선고 87도1571 판결; 대법원 1990. 5. 8. 선고 90도422 판결; 대법원 1990. 9. 28. 선고 90도683 판결; 대법원 1990. 12. 26. 선고 90도2432 판결)고 해석하였다. 이런 태도는 관세포탈죄의 성립범위를 좀 더 넓게 인정하는 입장으로 변화한 것으로 평가할 수 있는데, 그런 입장의 변화는 관세포탈죄를 엄벌하려는 입법자의 의사를 반영한 것으로 이해할 수 있다.

359) 관세법의 양벌규정이 행위자 처벌근거로서 의미가 있는지 여부도 처벌규정이 행위주체를 제한한 것인지 여부에 따라 달라질 수 있는 것은 조세범처벌법과 마찬가지여서 예컨대 관세법 제275조의2 강제징수면탈죄는 행위주체를 제한하므로 '처벌의 흠결'이 발생할 수 있어 이와 관련된 양벌규정은 행위자 처벌근거로서 의미를 지닐 수 있다.

V. 조세범처벌법 제22조 단서의 의미 및 공소시효 관련 문제

1. 조세범처벌법 제22조 단서의 의미

2010. 1. 1. 조세범처벌법 제22조가 개정되면서 조세포탈죄에 관한 공소시효를 5년으로 규정하였고, "다만, 제18조에 따른 행위자가 「특정범죄가중처벌 등에 관한 법률」 제8조의 적용을 받는 경우에는 제18조에 따른 법인에 대한 공소시효는 10년이 지나면 완성된다."고 규정하였다.[360] 따라서 제22조에 규정된 "제18조에 따른 행위자가 특정범죄가중처벌 등에 관한 법률 제8조의 적용을 받는 경우에는"이라는 문구를 '조세범처벌법 제18조에 의해 처벌되는 행위자에게 가중처벌규정인 특가법 제8조가 적용되는 경우'라고 해석할 수 있어 행위자에 대한 처벌근거는 조세범처벌법 제3조가 아닌 제18조라고 주장하는 견해가 제기될 수 있다. 그러나 이러한 견해는 타당하지 못하다. 왜냐하면 첫째, 2010. 1. 1. 개정된 조세범처벌법 제22조는 기존 조세범처벌법 제17조가 공소시효를 5년 또는 2년으로 규정하던 입장을 조세질서범에 대한 형사처벌을 과태료로 전환하게 됨에 따라 공소시효 2년을 삭제한 것이고,[361] 그 단서 규정을 신설한 이유는 행위자를 특가법 제8조를 적용해 처벌하는 경우 그 행위자는 형사소송법 제249조 제1항 제2호 및 제3호에 의해 공소시효가 15년 또는 10년인데 반해 법인 등 업무주에 대한 공소시효는 5년이 되는 불균형이 있어 이를 해소하기 위한 목적[362]이었다. 둘째, 조세범처벌법 제정 당시 입법자는 조세포탈죄의 행위주체를 제한하지 아니하였고, 양벌규정을 마련한 이유는 법인에 대한 형벌능력을 입법적으로 해결하기 위한 것이었는데, 종전의 입장과 달리 돌연 행위자에 대한 처벌근거로 위 단서를 신설해 변경할 만한 이유를 발견하기 어렵다. 따라서 조세범처벌법 제22조 단서는 행위자에게 특가법이 적용되는 경우에 업무주에게 적용되는 공소시효에 관한 규정일 뿐이고, "제18조에 따른 행위자"라고 규정한 이유는 행위자의 개념이 조세범처벌법 제18조에 규정되었기 때문에 제18조에 규정된 행위자를 가리키는 의미라고 이해할 수 있다.

---

360) 2015. 12. 29. 개정되면서 제22조 본문의 공소시효 5년을 7년으로 연장하였다.
361) 김태희, 앞의 책(주 1), 124면.
362) 안대희, 앞의 책(주 1), 209면.

2. 공소시효 관련 문제

(1) 기존의 견해 및 한계

조세범처벌법 제22조 단서에 의해 법인에 대한 공소시효를 규정한 입장이 바람직한지 여부에 관해 견해가 대립된다. 특가법 제8조 제1항이 적용되는 경우에 이 규정이 없으면 행위자는 특가법 제8조 제1항의 각 호에 따라 15년 또는 10년의 공소시효가 적용되는 반면 법인은 7년의 공소시효가 적용되어 처벌의 불균형이 발생하므로 이를 해소하기 위해 필요하다는 취지의 견해363)와 벌금형만 부여되는 법인에 대하여 장기의 공소시효를 제정할 필요에 대해 회의적인 견해364)365)로 나뉜다. 이들 견해는 근본적으로 법인에 대한 공소시효를 규정한 제22조 단서가 합헌이라는 것을 전제로 과연 그 단서가 바람직한 것인지 여부에 관한 견해의 대립으로 이해된다. 또한 위 단서를 처벌의 불균형을 해소하기 위한 목적이라고 설명하는 견해는 법인은 그 속성상 징역형이 부과될 수 없고 벌금형만 부과될 수밖에 없음에도 징역형까지 부과되는 행위자에게 적용되는 공소시효와 같은 공소시효가 적용되어야 균형이 맞는다는 주장의 근거를 제시하지 못한 한계가 있다. 그런데 제22조 본문과 단서에 규정된 공소시효는 헌법상 평등의 원칙과 관련해 위헌 여부를 살펴볼 필요성이 있다. 첫째, 조세범처벌법 제22조 본문은 형사소송법의 공소시효인 5년보다 더 장기인 7년의 공소시효를 규정하는데, 이 특례규정이 평등의 원칙에 위반되는지 여부가 문제된다. 둘째, 제22조 단서는 법인에게 벌금형에 적용되는 형사소송법의 공소시효인 5

---

363) 안대희, 앞의 책(주 1), 209면은 원칙적으로 공소시효를 5년으로 규정한 구 조세범처벌법(2014. 1. 1. 개정된 법률 제12172호) 제22조를 전제로 설명하면서, "행위자를 특가법 제8조를 적용하여 처벌하는 경우 형사소송법 제249조 제1항 제2호 및 제3호에 의해 그 공소시효는 15년 또는 10년인데 반해 법인 등에 대한 공소시효는 5년이 되어 불균형이 있어 이를 해소하기 위하여 현행 조세범 처벌법에 규정되었다."고 주장한다.

364) 김태희, 앞의 책(주 1), 125면은 "조세범 행위자의 행위 당시에 당해 법인이 위반행위를 방지하기 위하여 상당한 주의와 감독을 게을리한 점이 인정된다 하더라도 10여년 전에 기수가 된 행위자의 조세범죄행위에 대하여 법인이 10여년 동안 형벌의 위험에 노출된다는 것은 과한 것으로 보인다. 결론적으로 조세범 처벌법 제22조는 삭제되어도 무방하다."고 주장한다.

365) 김종민, 앞의 논문(주 269), 474면은 "조세범죄가 일단 재산범죄와 그 본질에 있어서 차이가 없기 때문에 형사소송법과 별개로 공소시효에 관한 특별규정을 두는 것이 합리적인지 하는 점은 의문이나. (중략) 입법론적으로는 조세범처벌법 제17조의 공소시효 규정을 폐시하고 형사소송법상의 공소시효에 관한 규정을 적용하는 것이 바람직하다고 본다."라고 주장한다. 같은 취지로 김용준, 조세범처벌법상 조세포탈죄의 형사범적 성격과 개선방안에 관한 연구, 고려대학교 대학원 석사학위논문, 2005, 115-116면.

년을 넘어 특가법이 적용되는 행위자에게 적용되는 공소시효인 15년(특가법 제8
조 제1항 제1호) 또는 10년(특가법 제8조 제1항 제2호) 중에 짧은 10년의 공소시효
가 적용된다고 규정한 것으로서 근본적으로 업무주의 공소시효를 행위자와 연
동시켜 규정한 의미여서 업무주와 행위자의 공소시효를 같게 취급한 태도가 본
질적으로 다른 것을 같게 취급할 것을 금지하는 평등의 원칙 내지 불법의 크기
에 따라 형사책임을 진다는 의미의 책임주의원칙에 위반되는지가 문제된다. 셋
째, 제22조 단서는 제18조 양벌규정의 업무주인 법인과 개인 중 법인의 공소시
효만 규정하여 개인 업무주와 차별한 것으로서 평등의 원칙에 부합하는지가 문
제된다. 그리고 위에서 제기한 문제들 중 첫째 문제는 제22조 본문이 없다면 5
년의 공소시효가 적용되어 형사처벌되지 않을 수 있었던 조세범처벌법 위반행
위자가 그보다 더 긴 기간인 7년이 경과하지 않으면 형사처벌될 수 있어 신체
의 자유(징역형) 내지 재산권 행사의 자유(벌금형)에 영향을 받고, 셋째 문제는
제22조 단서로 인해 법인은 공소시효가 10년이 적용되고, 개인은 단서의 반대
해석상 공소시효가 7년이 적용될 수밖에 없어 상호 공소시효 기간이 달라져 신
체의 자유와 재산권 행사의 자유에 영향을 미친다는 점에서 헌법재판소와 학계
가 기본권에 영향을 미치는 차별과 관련해 평등의 원칙 위반을 심사하는 기준
을 무엇으로 삼는지부터 살펴볼 필요성이 있다.[366]

(2) 평등의 원칙의 심사기준에 관한 헌법재판소와 학계의 입장 등

앞서 조세포탈죄와 체납처분면탈죄의 법정형의 평등의 원칙 위반 여부에서
살펴본 것처럼 헌법재판소는 평등의 원칙 위반을 판단할 때 원칙적으로 '합리
적인 이유가 있는 차별'인지 여부만을 판단한다. 그러나 헌법재판소는 제대군인
가산점 결정[367]에서 평등의 원칙 위반 여부를 심사함에 있어 엄격한 심사척도
에 의할 것인지, 완화된 심사척도에 의할 것인지는 입법자에게 인정되는 입법
형성권의 정도에 따라 달라지게 된다고 하면서, 엄격한 심사척도를 적용해야
할 경우로 헌법에서 특별히 평등을 요구하고 있는 경우와 차별적 취급으로 인
해 관련 기본권에 대한 중대한 제한을 초래하게 되는 경우를 제시한 후, 제대

---

366) 둘째 문제는 업무주의 법정형을 행위자와 차별적으로 취급한 것이 아니라 같게 취급한 것이므로
    기본권 행사에 영향을 미친 차별이 있는 첫째 문제와 셋째 문제와 다르다. 따라서 뒤에서 언급
    하듯 첫째 문제와 셋째 문제와 달리 합리적 차별인지 여부만을 살펴본다.
367) 헌재 1999. 12. 23. 98헌마363.

군인 가산점 제도는 헌법 제25조에 의하여 보장된 공무담임권이라는 기본권의 행사에 중대한 제한을 초래하는 것이므로 엄격한 심사척도가 적용되어야 한다고 하였다. 그리고 엄격한 심사척도를 적용하는 경우에 자의금지원칙에 따른 심사, 즉 합리적 이유의 유무를 심사하는 것에 그치지 아니하고, 비례성원칙에 따른 심사, 즉 차별취급의 목적과 수단간에 엄격한 비례관계가 성립하는지를 기준으로 한 심사를 해야 한다고 판단하였다.[368] 따라서 이 제대군인 가산점 결정에 의하면 평등원칙 위반 심사는 원칙적으로 자의금지원칙 위반을 심사하고, 헌법이 스스로 차별의 근거로 삼아서는 아니 되는 기준을 제시하거나 차별을 특히 금지하고 있는 영역을 제시하고 있음에도 그러한 기준을 근거로 한 차별이나 그러한 영역에서의 차별과 차별적 취급으로 인하여 관련 기본권에 대한 중대한 제한을 초래하게 되는 예외적인 경우에는 비례성원칙에 따른 심사를 하는 것으로 이해할 수 있었다.[369] 그리고 국가공무원 7급 시험에 기능사 자격증은 가산점을 주지 않고 기사 등급 이상의 자격증에만 가산점을 주도록 한 공무원임용및시험시행규칙 제12조의3 중 별지 10 및 별표 11이 평등권을 침해하는지에 관해, 헌법재판소는 "입법자가 설정한 차별이 국민들 간에 단순한 이해관계의 차별을 넘어서 기본권에 관련된 차별을 가져온다면 헌법재판소는 그러한 차별에 대해서는 자의금지 내지 합리성 심사를 넘어서 목적과 수단 간의 엄격한 비례성이 준수되었는지를 심사하여야 할 것이다. 나아가 사람이나 사항에 대한 불평등대우가 기본권으로 보호된 자유의 행사에 불리한 영향을 미칠 수

---

368) 헌법재판소는 국가유공자와 그 유족 등 취업보호대상자가 국가기관이 실시하는 채용시험에 응시하는 경우에 10%의 가산점을 주도록 한 가산점제도에 관해 국가유공자와 그 유족 등에게 가산점의 혜택을 부여하는 것은 그 외의 자들에게는 공무담임권 또는 직업선택의 자유에 대한 중대한 침해를 의미하게 되는 관계에 있기 때문에 헌법재판소의 결정에서 비례의 원칙에 따른 심사를 하여야 할 두 번째 경우인 차별적 취급으로 인하여 관련 기본권에 대한 중대한 제한을 초래하게 되는 경우에 해당한다고 하면서도, 구체적인 비례심사 과정에서는 헌법에서 차별명령규정(헌법 제32조 제6항)을 두고 있는 점을 고려해 보다 완화된 기준을 적용해야 한다고 하였다(헌재 2001. 2. 22. 2000헌마25). 이러한 헌법재판소의 입장에 관해 정태호, 헌법재판소 평등권 심사기준의 재정립 필요성, 한국헌법학회 헌법학연구 제19권 제3호, 2013, 94면은 완화된 기준의 실체는 비례성심사의 요건 중 필요성 요건에 대한 심사의 생략이었다고 평가하면서 헌재 2006. 2. 23. 2004헌마675를 언급하고, 그 결정에서 "목적의 정당성, 수단의 적합성에 이어 상당성 요건들이 심사되었다. 본래의 필요성 요건에 대한 심사는 이루어지지 않았다."고 평가한다.

369) 김진욱, 앞의 책(주 83), 18면은 "모든 입법에 대하여 비례성심사를 하는 것은 권력분립의 원칙상 입법권에 대한 과도한 제한이 될 수 있고 바람직하지도 아니하며, 평등심사에 있어서는 어디까지나 자의금지원칙에 의한 합리성심사가 원칙이 될 수밖에 없고, 엄격한 기준인 비례성심사는 이에 대한 예외로서 일정한 요건 하에 제한적으로 적용되어야 하는 것이므로, 심사기준을 합리성심사와 비례성심사로 2원화하는 것은 합리적이고 적절하다."고 평가한다.

있는 정도가 크면 클수록, 입법자의 형성의 여지에 대해서는 그만큼 더 좁은 한계가 설정되므로, 헌법재판소는 보다 엄격한 심사척도를 적용함이 상당하다."[370)]고 하였다.[371)] 한편, 학설은 헌법재판소가 비록 제대군인 가산점 결정에서 평등의 원칙 위반 여부를 심사함에 있어 심사기준을 제시하였으나, 그 이후에 개별적인 사안에서 적용한 판단기준에 일관성이 없어 구체적인 사안에 어떤 기준으로 판단할지에 관한 예측가능성을 담보할 수 없다는 것[372)]과 엄격한 심사기준을 적용하는 두 번째 유형의 '중대한 제한'인지 여부는 충돌하는 기본권 간, 또는 기본권과 공익을 비교하는 심사 과정에서 결론이 달라질 수 있는 사항인데, '중대한 제한' 자체를 심사기준으로 삼는 것은 심사기준을 심사 이전에 결정하는 것[373)]이라는 비판 등을 제기한다. 그리고 이에 대한 대안으로서 자유권 심사체계의 준용 또는 3단계 심사기준을 제시하는 입장, 민주적 과정에 본질적인 의미를 갖는 기본권과 소수자인권 등에 대해 엄격심사를 적용하자는 입장, 비례성원칙 적용에 부정적인 입장, 비례성원칙만 적용하는 입장 등으로 대립된다.[374)]

헌법재판소는 제대군인 가산점 결정에서 엄격심사를 해야 할 두 번째 유형으로서 차별적 취급으로 인하여 관련 기본권에 대한 중대한 제한을 초래하는 경우를 제시하였으나, '중대한 제한'의 의미가 불분명하고 기능사 자격증에 관한 가산점을 부여하지 아니하는 관련 법령에 대한 결정에서 입법자가 설정한 차별이 기본권에 관련된 차별을 초래한다면 엄격심사를 해야 한다는 입장을 취함으로써 엄격심사 적용영역에 관한 예측가능성을 어렵게 하였다고 평가할 수

---

370) 헌재 2003. 9. 25. 2003헌마30. 헌법재판소는 "제대군인 가산점 사건에서 '차별적 취급으로 인하여 관련 기본권에 대한 중대한 제한을 초래하게 된다면 입법형성권은 축소되어 보다 엄격한 심사척도가 적용되어야 할 것이다'라고 한 바 있는데, 이러한 판시는 차별적 취급으로 인하여 기본권에 중대한 제한을 초래할수록 보다 엄격한 심사척도가 적용되어야 한다는 취지이며, 기본권에 대한 제한이기는 하나 중대하지 않은 경우에는 엄격한 심사척도가 적용되지 않는다는 취지는 아니라고 할 것이다."고 하였다.

371) 독일연방헌법재판소와 미국연방대법원의 평등원칙 위반 심사기준은 김진욱, 헌법상 평등의 이념과 심사기준 ― 헌법재판소의 평등심사기준 다시 쓰기, 한국법학원 저스티스 통권 제134호, 2013, 58―66면.

372) 정태호, 앞의 논문(주 368), 102면은 "헌법재판소의 실무가 비례성심사기준의 적용범위를 본래의 의도와는 다르게 과도하게 좁히고 있다는데서도 찾아야 할 것이다. 문제의 심각성을 더하는 것은 비례적 평등심사가 행해져야 할 사건을 합리적으로 예측할 수 없다는 것이다"고 주장한다.

373) 김문현 외 3명, 기본권 영역별 위헌심사의 기준과 방법, 헌법재판소, 2008, 257면.

374) 각 학설의 입장에 관해 송은희, 평등권 심사기준에 관한 소고, ― 헌법재판소의 제대군인가산점 결정 전후의 심사기준 변화를 중심으로 ―, 이화여자대학교 법학전문대학원 Ewha Law Review 제8권, 2018, 119―122면.

있으므로 학설의 비판은 수긍할 수 있고, 대안으로서 예측가능성을 담보하기 위해 주장되는 학설들도 수긍할 만한 점이 있다. 그러나 헌법재판소가 제시한 기준인 자의금지원칙에 따른 심사와 비례성원칙에 따른 심사는 평능원직 위반 심사방법 중 양 극단의 판단방법이고, 앞서 제기한 첫째 문제와 셋째 문제는 헌법재판소가 언급한 기본권에 관련된 차별을 초래하므로 엄격한 심사척도를 적용해야 한다고 할 것이어서 자의금지원칙에 따른 심사와 비례성원칙에 따른 심사를 할 필요성이 있다. 그리고 헌법재판소가 비례성 심사를 함에 있어 입법 목적의 정당성, 차별취급의 적합성, 차별취급의 필요성, 법익의 균형성을 모두 적용시켜 판단하는 태도를 일관하였다고 볼 수는 없으나,[375] 일부 결정[376]이나 마 이들 판단기준을 모두 적용시켜 판단한 점에 비추어 볼 때 이들 4개 항목에 따라 순차적으로 판단할 필요성이 있다.

(3) 제22조 본문 공소시효 특례 규정의 위헌성 여부

우선 체계정당성의 원리 관점에서 관세법 위반행위와 비교할 필요가 있다. 왜냐하면 관세법 위반행위와 조세범처벌법 위반행위는 둘 다 재정범이라는 공통된 속성이 있고, 국가 재정수입의 확보라는 측면에서 그 보호법익도 유사하기 때문이다. 그런데 관세법 위반행위에 관하여는 형사소송법 제249조 제1항에 따른 공소시효가 적용되는 반면, 조세범처벌법 위반행위는 조세범처벌법 제22조 본문이 없으면 형사소송법 제249조 제1항 제5호에 따라 5년의 공소시효가 적용되는 죄명들에 대해 7년의 공소시효가 적용되게 하였다. 한편, 관세법은 조세범처벌법과 달리, 미수범(관세법 제271조 제1항, 제2항)을 처벌할 뿐만 아니라 예비죄도 처벌한다(관세법 제271조 제3항). 또한 관세포탈죄에 대한 법정형은 "3년 이하의 징역 또는 감면받거나 면탈, 또는 환급받은 세액의 5배 이하에 상당하는 벌금"으로(관세법 제270조 제4항, 제5항) 조세포탈죄의 기본적 구성요건에 관한 법정형인 "2년 이하의 징역 또는 포탈세액, 환급·공제받은 세액의 2배 이하에 상당하는 벌금" 또는 가중적 구성요건에 관한 법정형인 "3년 이하의 징역 또는 포탈세액등의 3배 이하에 상당하는 벌금"보다 더 중하다. 그리고 체납처

---

375) 헌법재판소가 비례성 심사를 하는데, 특히 필요성 요건에 관한 심사를 충실히 이행하지 아니하는 사실에 관해 정태호, 앞의 논문(주 368), 94−95면.
376) 헌재 2005. 5. 26. 2004헌가6; 헌재 2008. 10. 30. 2006헌마1098; 헌재 2008. 11. 13. 2006헌바112, 2007헌바71,88, 2008헌바3,62, 2008헌가12(병합).

분면탈죄(조세범처벌법 제7조)와 강제징수면탈죄(관세법 제275조의2)의 법정형은 모두 동일하다. 결국 둘 다 유사한 법적 성격이 있고 보호법익도 유사함에도 불구하고 법정형이 더 중하거나 같은 관세법 위반행위보다 조세범처벌법 위반행위의 공소시효를 더 길게 규정한 태도는 법정형을 근거로 공소시효를 차등화한 형사소송법의 원리에 반해 체계정당성의 원리에 위반된다.

평등의 원칙과 관련해 자의금지원칙 위반 여부를 살펴본다. 이는 법정형이 같거나 더 낮은 조세범처벌법 위반행위를 관세법 위반행위보다 공소시효를 더 길게 규정할 합리적 사유가 있는지 여부의 문제로서 조세범처벌법 제22조 본문에 공소시효 특례 규정을 마련한 입법취지와 관련된다. 그 취지에 관해 통상 조세포탈 등 행위가 그 기수시기인 신고·납부 기한이 경과한지 상당 기간이 지난 후 세무조사 등에 의해 드러나는 경우가 많아 일반적인 형사소송법의 공소시효에 의할 경우 공소시효의 도과로 처벌할 수 없게 되는 문제점을 해소하여 처벌의 실효성을 보장하기 위한 것으로 이해한다.[377] 그러나 이런 취지에 대해 세무조사 등에 필요한 인력 사정 등에 의해 범행을 적시에 발각하지 못한 국가의 책임을 사인에게 부당하게 전가한다는 비판이 제기될 수 있다. 오히려 관세법위반죄와 달리 조세범처벌법위반죄의 공소시효를 더 길게 연장한 이유는 국가 재정수입 중 조세가 차지하는 비중이 관세가 차지하는 비중보다 훨씬 더 크기 때문에 처벌의 필요성이 더 크다는 점을 들 수 있다. 예컨대 2020년 국세 징수실적 약 285조 원 중 내국세는 약 249조 원인 반면, 관세는 약 7조 원이었고, 2019년 국세징수실적 약 293조 중 내국세는 약 259조 원인 반면, 관세는 약 7조 8,000억 원이었다.[378] 이처럼 조세범처벌법위반죄의 법정형이 관세법위반죄와 같거나 더 낮더라도 국가 세입 중 차지하는 비중에 비추어 처벌 필요성이 더 크므로 공소시효를 더 길게 규정한 것으로 이해하면 그러한 사유에 의한 차별을 불합리한 차별이라고 볼 수 없다. 그렇다면 위 공소시효 특례규정이 비례성 심사기준에도 부합할까? 국가 재정수입에서 조세와 관세의 비중의 차이를 감안한 것으로 이해하면 입법목적의 정당성을 인정할 수 있고, 차별 취급의 필요성도 인정할 수 있다. 또한 공소시효 특례를 인정한 규정은 그 입법 목적을

377) 정승영·이재영, 지방세범 공소시효 기산점에 대한 합리적 개선방안, 한국지방세연구원, 2018, 19면은 "조세환경의 변화에 따라 조세범죄가 다양화되고, 복잡해지면서 조세범의 기수시기에서부터 혐의의 확인과 공소에 소요되는 기간이 길어지는 문제가 발생하고 있(다)"고 주장한다.
378) 인터넷 통계청의 국가통계포탈 사이트(www.kosis.kr)의 연도별 국세 징수실적.

달성하기 위한 적합한 수단이라고 할 것이고, 이를 통해 달성되는 조세 수입의 확보와 이로 인해 불이익을 받는 조세범처벌법 위반행위자의 기본권 제한의 정도가 균형성을 상실한다고 볼 만한 사유를 발견하기 어려워 법익균형성도 충족시킨다고 할 것이다. 따라서 조세범처벌법 제22조 본문의 조세범처벌법 위반행위자에 대한 공소시효 특례규정은 체계정당성의 원리를 위반된다고 하더라도, 평등의 원칙에 반하지 아니한다고 할 것이다.379)

(4) 업무주의 공소시효를 행위자와 연동시킨 태도의 위헌성 여부

1) 기존의 견해와 논의 방향

조세범처벌법 제22조 단서는 특가법이 적용되는 경우에 업무주의 공소시효를 행위자에 대한 공소시효와 연동시킨 것으로 이해할 수 있다.380) 이처럼 양벌규정의 업무주에 대한 공소시효를 행위자의 공소시효와 연동시킬지에 관해 학설은 처벌의 일률성을 유지하기 위해 행위자에 대한 법정형을 기준으로 하는 학설381)과 개별책임 원칙에 따라 업무주에게 규정된 벌금형을 기준으로 하는 학설382)이 대립한다. 대법원은 업무주인 법인에 대한 법인세와 증권거래세 포탈에 관해 법인세 포탈의 기수시기는 2000. 3. 31.이고, 증권거래세 포탈의 기수시기는 1999. 12. 10.인 사안에서, 각 기수 시점으로부터 5년이 경과한 2005. 9. 7. 약식명령이 청구되었으므로 공소시효가 완성되었다고 판단하였다.383) 이 대법원의 입장은 행위자에 대한 법정형을 기준으로 판단한 입장으로 이해된다. 왜냐하면 당시 시행된 구 형사소송법(법률 제5454호) 제249조 제1항 제5호에 의하면 다액 1만 원 이상의 벌금에 해당하는 범죄에 대한 공소시효는 3년이었고, 구 조세범처벌법(법률 제4812호) 제17조는 제9조 제1항 소정의 조세포탈죄의 공소시효를 5년으로 규정하였는데, 대법원은 "이 사건 약식명령은 그로부터 5년의 공소시효 기간이 경과한 이후인 2005. 9. 7. 청구되었으므로, 결국 이 사건

---

379) 이러한 견해는 저자의 박사학위논문에서 조세범처벌법 제22조 본문에 관해 형벌체계정당성을 인정하기 어렵고, 평등의 원칙에 반한다는 주장을 변경한 것이다.

380) 대법원 1979. 4. 24. 선고 77도2752 판결은 특가법 제8조 위반죄의 공소시효 기간은 동법 조항의 법정형에 따라 정하여지고, 조세범처벌법 제17조 규정에 의할 수 없다고 판단하였다.

381) 신동운, 신형사소송법, 법문사, 2012, 489면.

382) 이창현, 형사소송법, 정독, 2021, 593면; 최창호, 김희옥(편), 주석 형사소송법(Ⅱ), 한국사법행정학회, 2017, 504면은 "죄형법정주의의 취지에 비추어 실제로 사업주에게 과하여지는 벌금형을 기준으로 함이 타당하다."고 주장한다.

383) 대법원 2006. 10. 13. 선고 2006오2 판결.

공소사실은 모두 공소시효가 완성된 때에 해당한다."고 판시하였기 때문이다. 업무주의 공소시효를 행위자와 연동시킬지의 문제는 조세범처벌법 제18조가 근본적으로 업무주의 법정형을 행위자의 법정형과 일치시킨 것인데, 그렇게 양자의 법정형을 같게 판단한 근거가 무엇인지부터 규명해야 하고, 이를 전제로 업무주의 공소시효를 행위자와 연동시키는 것이 타당하다면 제22조 단서는 법인의 공소시효를 특가법이 적용되는 행위자의 공소시효 중 짧은 공소시효와 연동시킨 태도로서 당연한 입장으로 이해할 수 있고, 개인 업무주에 대해 위 단서의 반대해석상 7년의 공소시효가 적용되어 개인 업무주를 법인 업무주에 비해 차별화한 태도의 위헌성 여부가 문제되는 반면, 그렇게 연동시키는 태도가 부당하다는 입장에 따르면 법인에 대해 행위자와 같이 공소시효 10년을 규정한 태도의 위헌성 여부가 문제된다. 그리고 업무주의 법정형을 행위자와 같게 규정한 것이 타당한지 여부는 양벌규정의 구조와 양벌규정의 단서의 의미를 살펴봐야 한다.

2) 양벌규정의 구조에 관한 기존의 견해

헌법재판소는 앞서 언급한 2005헌가10과 2008헌가16을 통해 종업원의 위반행위에 대해 개인 업무주와 법인 업무주에게 동일한 법정형으로 처벌하는 규정이 다른 사람의 범죄에 대해 그 책임 유무를 묻지 않고 형벌을 부과함으로써 책임없는 자에게 형벌을 부과할 수 없다는 책임주의에 반한다고 판단한 이래 대부분의 양벌규정은 "다만, 법인 또는 개인이 그 위반행위를 방지하기 위하여 해당 업무에 관해 상당한 주의와 감독을 게을리하지 아니한 경우에는 그러하지 아니하다."는 형태의 단서를 신설하여 책임주의와 조화를 이루려고 노력하였다. 그리고 대법원은 법인의 대표자 위반행위와 관련해 구 자본시장과 금융투자업에 관한 법률(법률 제9407호) 제448조가 종전과 달리 단서에 "다만, 법인 또는 개인이 그 위반행위를 방지하기 위하여 해당 업무에 관하여 상당한 주의와 감독을 게을리하지 아니한 경우에는 그러하지 아니하다."는 면책규정을 2009. 2. 3. 신설하였음에도 "자본시장과 금융투자업에 관한 법률에서 법인은 기관을 통하여 행위하므로, 법인이 대표자를 선임한 이상 그의 행위로 인한 법률효과와 이익은 법인에게 귀속되어야 하고, 법인 대표자의 범죄행위에 대하여는 법인 자신이 책임을 져야 하는데, 법인 대표자의 법규위반행위에 대한 법인의 책임은 법인 자신의 법규위반행위로 평가될 수 있는 행위에 대한 법인의 직접책임이기 때문이다(헌법재판소 2010. 7. 29. 선고 2009헌가25 등 전원재판부 결정 참조)."[384]라고 판단하면서 주식회사 대표이사의 위반행위에 대해 주식회사에게 형사책임을 인정하였다.[385] 반면, 종업원의 위반행위와 관련해서는 구 산업기술의 유출방지 및 보호에 관한 법률(법률 제9227호) 제38조가 종전과 달리 "다만, 법인 또는 개인이 그 위반행위를 방지하기 위하여 해당 업무에 관하여 상당한 주의와 감독을 게을리하지 아니한 경우에는 그러하지 아니하다"는 면책규정을 2008. 12. 26. 신설하였는데, "형법의 자기책임원칙에 비추어 볼 때, 위 양벌규정은 법인이 사용인 등에 의하여 위반행위가 발생한 그 업무와 관련하여 상당한 주의 또는 관리감독 의무를 게을리한 때에 한하여 적용된다(대법원 2011. 7. 14. 선고 2009도5516 판결 등 참조). 이러한 양벌규정에 따라 법인은 위반행위가 발생한 그 업무에 관련하여 법인이 상당한 주의 또는 관리 · 감독 의무를 게을리한 과실로 인하여 처벌된다."[386]고 판단하면서 원심이 현장 엔지니어인 피고인의 산업기술 부정사용 및 공개행위를 방지하기 위하여 피고인 주식회사가 상당한 주의 또는 관리 · 감독을 게을리하였다는 점에 대한 증명이 부족하다고 보아 무죄를 선고한 제1심을 그대로 유지한 것은 수긍할 수 있다고 판단하였다. 결국 대법원은 법인의 대표자 위반행위에 관하여는 법인의 대표자의 고의 또는 과실로 형사책임이 성립하면 곧바로 법인에게 형사책임을 귀속시키는 반면, 종업원의 위반행위에 관하여는 법인이 상당한 주의 또는 관리 · 감독을 게을리한 과실 여부를 판단해 법인에 대한 형사책임의 귀속 여부를 판단하는 이원적인 입장이라고 할 것이다.

그리고 헌법재판소는 종업원의 위반행위와 관련해 구 산업안전보건법(법률

---

384) 대법원 2018. 4. 12. 선고 2013도6962 판결.

385) 이러한 입장은 구 폐기물관리법 제67조가 단서를 마련하기 전에 법인의 대표자 위반행위에 관해 대법원이 "법인은 기관을 통하여 행위하므로 법인이 대표자를 선임한 이상 그의 행위로 인한 법률효과는 법인에게 귀속되어야 하고, 법인 대표자의 범죄행위에 대하여는 법인 자신이 책임을 져야 하는바, 법인 대표자의 법규위반행위에 대한 법인의 책임은 법인 자신의 법규위반행위로 평가될 수 있는 행위에 대한 법인의 직접책임으로서, 대표자의 고의에 의한 위반행위에 대하여는 법인 자신의 고의에 의한 책임을, 대표자의 과실에 의한 위반행위에 대하여는 법인 자신의 과실에 기한 책임을 지는 것이다(헌재 2010. 7. 29. 선고 2009헌가25 전원재판부 결정 참조). 따라서 이 사건 법률조항 중 법인의 대표자 관련 부분은 대표자의 책임을 요건으로 하여 법인을 처벌하는 것이므로 양벌규정에 근거한 형사처벌이 형벌의 자기책임원칙에 반하여 헌법에 위배된다고 볼 수 없다."고 판시한 대법원 2010. 9. 30. 선고 2009도3876 판결의 입장을 그대로 고수한 태도로 해석할 수 있다.

386) 대법원 2018. 7. 12. 선고 2015도464 판결.

제9434호) 제71조가 종전과 달리 단서에 "다만, 법인 또는 개인이 그 위반행위를 방지하기 위하여 해당 업무에 관하여 상당한 주의와 감독을 게을리하지 아니한 경우에는 그러하지 아니하다"는 면책규정을 2009. 2. 6. 신설하였는데, "헌법상 법치국가의 원리 및 죄형법정주의로부터 도출되는 책임주의 원칙에 의하면, 법인의 대리인, 사용인, 그 밖의 종업원이 법인 업무 수행 중에 범한 위법행위에 대하여 법인에게도 형사책임을 묻기 위해서는 불법의 결과 발생에 관하여 법인에게도 그 의사결정 및 행위구조상의 책임이 인정되어야 한다. 즉, 법인에 대한 양벌규정 조항이 책임주의 원칙에 부합하려면, 법인의 독자적인 책임 유무에 따라 법인에 대한 형사처벌 여부가 결정되도록 하여야 한다(헌재 2010. 5. 27. 2009헌가28; 헌재 2010. 7. 29. 2009헌가18등; 헌재 2010. 10. 28. 2010헌가55등; 헌재 2011. 6. 30. 2011헌가7등 참조).[387] (중략) 이 사건 양벌규정조항은 법인의 독자적인 책임이 인정되지 않는 경우에는 법인에 대한 형사처벌을 과하지 않는 내용의 단서를 두고 있으므로, 책임주의 원칙에 어긋나지 아니한다"[388]고 판단하였다. 헌법재판소는 비록 직접적으로는 종업원의 위반행위에 한정해 판단한 것이나, "법인의 대리인, 사용인, 그 밖의 종업원"에 한정해 법인에게도 형사책임을 묻기 위해서는 불법의 결과 발생에 관하여 법인에게도 그 의사결정 및 행위구조상의 책임이 인정되어야 한다는 입장을 표명한 것으로 이해할 수 있고, "법인의 대표자"는 그러한 해석이 배제되는 것으로 해석할 수 있는 점[389]에서 앞서 언급한 대법원의 입장과 궤를 같이한다고 할 것이다.[390]

학설 중에는 종전 헌법재판소의 태도를 "개인 사업주와 책임주의", "법인

---

387) 김성돈, 양벌규정과 책임주의원칙의 재조명, 한국형사법학회 형사법연구 제27권 제3호, 2015, 141면은 헌재 2011. 6. 30. 2011헌가7·10(병합)에서 '종업원 위반행위에 관하여 비난의 근거가 되는 법인의 의사결정 및 행위구조, 즉 종업원 등이 저지른 행위의 결과에 대한 법인의 독자적인 책임'을 언급한 것에 관하여 "이러한 표현은 종래 법인의 독자적 잘못과 관련하여 나온 '법인의 선임감독상의 과실'이라는 표현이나, 양벌규정상의 '종업원의 위반행위를 저지하기 위한 상당한 주의와 감독의무의 위반'이라는 표현보다 훨씬 일반화되고 진일보한 표현"이라고 평가한다.

388) 헌재 2017. 10. 26. 2017헌바166.

389) 이러한 해석에 따르면 헌법재판소는 양벌규정의 단서가 신설되기 전 구 농산물품질관리법(2002. 12. 26. 법률 제6816호로 개정되고, 2009. 6. 9. 법률 9759호로 개정되기 전의 것) 중 "법인의 대표자가 그 법인의 업무에 관하여 제34조의2의 위반행위를 한 때에는 그 법인에 대하여도 해당 조의 벌금형을 과한다."는 부분에 관해 앞서 언급한 바와 같이 합헌 판단을 한 헌재 2010. 9. 29. 2009헌가25의 입장을 단서가 신설된 이후에도 그대로 유지하는 것으로 이해할 수 있다.

390) 김성돈, 앞의 책(주 46), 176면도 양벌규정의 단서가 신설된 이후의 대법원과 헌법재판소의 태도를 종업원등위반행위사례유형과 대표자위반행위사례유형으로 나눌 수 있다는 것을 전제로 법인 처벌의 처벌근거를 달리 해석한다.

사업주와 책임주의", "법인 대표자와 책임주의"라는 3개 유형으로 나누고,[391] 앞의 2개 유형과 달리, 법인 대표자의 위반행위에 관하여는 책임주의에 반하지 않는다고 판단한 입장으로 설명하면서,[392] "헌법재판소가 양벌규정에도 책임주의가 적용되어야 한다고 결정한 이래 양벌규정의 입법적 정비가 이루어지고 있다. 그 방법으로 대리인·사용인·종업원에 대한 법인 또는 개인 사업주의 선임·감독의무 준수를 명시하여 사업주의 면책 가능성을 인정하는 단서조항이 추가되고 있다."[393]고 설명하는 견해가 있다. 이 견해는 신설된 양벌규정의 면책규정은 앞의 2개 유형에 한정해 책임주의 위반이라고 판단한 헌법재판소의 입장을 반영한 것으로서 법인의 대표자 위반행위에는 적용될 수 없다는 입장으로 이해할 수 있다. 그리고 일부 견해는 양벌규정의 처벌구조를 "대표자 위반 행위사례유형"과 "종업원 위반행위 사례유형"으로 구분하고, 전자에 관해서는 대표자에게 요구되는 위반행위가 기업의 업무관련성을 가질 것과 그 위반행위가 범죄성립요건이 충족될 것 이외에 별도로 기업에게 요구되는 요건이 없다고 이해하면서 그 이론적 배경을 동일시 이론으로 이해하는 반면,[394] 후자에 관해서는 종업원의 위반행위가 기업의 결과반가치가 되고, 종업원의 위반행위의 방지와 관련한 기업의 감독의무위반이 기업의 행위반가치로 되어 기업의 불법을 구성한다고 이해한다.[395]

3) 양벌규정의 단서에 관한 기존의 견해

대법원은 앞서 언급한 판결 외에도 구 부동산가격공시및감정평가에관한법률 제46조의 양벌규정 단서에 관해 "사용인인 법인 또는 개인을 처벌하는 것은 형벌의 자기책임원칙에 비추어 위반행위가 발생한 그 업무와 관련하여 사용자인 법인 또는 개인이 상당한 주의 또는 감독 의무를 게을리한 과실이 있기 때문이다."라고 판시하였다.[396] 이런 입장은 종업원 위반행위 유형에 관해 과실책임설로 이해될 수 있다.

---

391) 헌재 2007. 11. 29. 2005헌가10(개인 사업주와 책임주의); 헌재 2009. 7. 30. 2008헌가16(법인 사업주와 책임주의); 헌재 2010. 7. 29. 2009헌가25(법인 대표자와 책임주의).
392) 신동운, 앞의 책(주 46), 123-125면.
393) 신동운, 앞의 책(주 46), 126면.
394) 김성돈, 앞의 책(주 46), 183면.
395) 김성돈, 기업처벌과 미래의 형법, 성균관대학교 출판부, 2017, 187면.
396) 대법원 2021. 9. 30. 선고 2019도3595 판결. 같은 취지의 대법원 판결은 대법원 2013. 1. 16. 선고 2012도9803 판결; 대법원 2013. 10. 24. 선고 2012도7558 판결.

학설은 일반적 형태의 현행 양벌규정의 단서의 의미[397]에 관해 과실 책임설, 부작위 책임설, 작위책임 포함설로 견해가 대립된다. 먼저 과실 책임설[398]은 양벌규정의 단서를 과실책임으로 이해하고, 과실의 내용은 법인의 기관으로서 법인과 동일시되는 대표자의 과실이나 법인의 종업원에 대한 감독소홀 과실이라고 이해한다. 부작위 책임설[399]은 종업원을 관리·감독해야 할 법인 자신의 보증의무위반 때문에 형사책임을 부담하는 것으로 이해하여 업무주의 과실뿐만 아니라 고의도 포함될 수 있다고 이해한다. 또한 부작위 책임설은 업무주의 처벌근거를 부작위책임에서 찾을 경우 업무주는 종업원의 범죄행위 발생 이전 단계에서 종업원의 범죄행위를 방지할 수 있는 기대가능한 안전조치를 취할 의무를 부담하게 됨으로써 법익보호에 유리한 장점이 있다고 주장한다.[400] 그리고 작위책임 포함설[401]은 양벌규정의 단서를 업무주의 고의·과실뿐만 아니라 진

---

397) 이순욱, 법인의 양벌규정에 관한 연구, 서울대학교 대학원 박사학위논문, 2016, 127면은 "단서 규정을 법인에 대한 불법요건으로 본다면 법인에 대한 책임 부분이 없는 규정이고, 단서 규정을 면책규정으로 본다면 법인에 대한 불법요건은 무엇인지 알 수 없다. 따라서 법인 사업주 양벌규정의 조문만으로 본다면, 이를 해석함에 있어서 작위/부작위범, 고의/과실, 불법의 연대/책임의 연대 등 해석의 여지가 매우 많은 조문이라고 생각한다."고 언급한다.

398) 김혜정 외 4명, 형법총론, 정독, 2020, 77면; 박상기·전지연, 형법학, 집현재, 2021, 47면.

399) 김완기, 행정형벌의 책임주의적 해석론에 관한 연구, 서울대학교 대학원 석사학위논문, 2016, 86면은 "과실책임설이 타당하고, 필자는 그 가운데 부작위감독책임설을 지지한다"고 언급하나, 체계상 부작위책임설이 과실책임설의 하위 범주가 아니라는 점에서 논리적인 문제가 있다; 이주희, 양벌규정의 개선입법에 관한 고찰, 한양법학회 한양법학 제28집, 2009, 106면은 "면책규정이 있는 양벌규정에서 사용하고 있는 '상당한 주의와 감독'이라는 문언에 비추어 볼 때 양벌규정에 의한 업무주처벌의 근거를 과실책임설에서 찾는 것이 틀린 것은 아니지만, 부작위책임에 있다고 보는 것이 형법상의 행위책임원칙에 비추어 볼 때 보다 타당하다."고 주장한다; 임웅, 앞의 책 (주 226), 112면; 정성근·박광민, 앞의 책(주 287), 92면; 장한철, 양벌규정에 관한 헌재의 위헌결정과 개정 양벌규정에 관한 고찰, 한양법학회 한양법학 제23권 제3집, 2012, 136면; 조명화·박광민, 양벌규정과 형사책임 – 개정된 양벌규정의 문제점을 중심으로 –, 숭실대학교 법학연구소 법학논총 제23집, 2010, 17-18면은 양벌규정의 단서를 과실책임으로 이해하면 업무주가 고의가 있는 경우에 과실책임을 인정하게 되어 책임주의원칙과 조화되기 어렵다고 주장하면서 부작위 책임설이 타당하다고 주장한다.

400) 이주희, 앞의 논문(주 399), 106면.

401) 김성돈, 앞의 책(주 46), 178면. 여기서는 저자가 주장하는 학설의 명칭에 관해 명시적으로 언급하지 아니하나, 예컨대 안정빈, 법인형사처벌에 있어서의 양벌규정에 관한 연구 – 법인형사처벌에 있어서 동일시이론 비판을 중심으로 –, 서울대학교 대학원 석사학위논문, 2017, 69면은 이러한 입장을 "부작위(감독)책임, 행위책임 이원설"이라고 부르면서 이러한 입장을 법인 기관의 행위에 관하여는 법인이 직접 책임을 부과받지만, 종업원이 위반행위를 한 경우에는 법인은 관리 감독에 관한 부작위책임을 지는 입장으로 이해한다. 그러나 김성돈 교수의 견해는 종업원 위반행위에 관해 업무주의 형사책임이 귀속되는 형태를 부작위에 한정하지 아니하므로 "부작위(감독)책임, 행위책임 이원설"로 이해하는 것은 타당하지 아니하다. 즉 김성돈, 앞의 책(주 395), 154면은 "단서 조항이 법인 처벌 근거를 소극적으로 표현한 것으로 이해한다면, 단서 조항에 포섭될 수 있는 법인의 행위는 과실에 국한되지 않는다. 최소한 과실이라도 없으면 법인을 처벌할 수 없음을 선언하고 있는 것일 뿐이다."라고 주장하면서 같은 책, 155면은 "양벌 규정은 법인의 과실을 넘어서 고의까지 포섭할 수 있음은 물론, 법인의 부작위뿐 아니라 작위도 포섭할 수 있

정부작위범의 형식으로 제한되어야 할 이유가 없기 때문에[402] 부작위 책임설도 한계가 있다고 주장한다. 이 견해는 업무주를 주의의무 위반죄(과실범) 또는 의무에 위반해 종업원의 위반행위를 방지하지 못한 죄(진정부작위범)로만 이해하면 업무주에 대한 법정형이 행위자보다 가벼워야 하는데 이는 대부분의 양벌규정이 업무주와 행위자의 법정형을 동일하게 규정한 것과 부합하지 아니한다고 비판한다.[403]

4) 비판적 검토

양벌규정 단서의 의미에 관한 학설들은 모두 양벌규정의 단서에 법인 사업주이든 개인 사업주이든 그 사업주의 과실이 포함되는 것은 다툼이 없고, 그 사업주의 고의가 포함되는지 여부와 작위까지 포함되는지 여부에 관한 견해의 대립이라고 이해할 수 있다. 살피건대 업무주의 과실이 인정되어 업무주의 형사책임이 귀속됨에도 업무주의 고의가 인정되는 경우를 제외해 업무주의 형사책임을 배제시키는 것은 형평에 반한다. 또한 우리나라 형사법체계에서 법위반행위에 관해 과실범만 처벌하고 고의범을 처벌하지 아니하는 경우는 없으므로[404] 체계정당성의 원리 관점에서도 고의를 포함시키는 것이 타당하다. 그리고 상당한 주의와 감독의무위반의 형태를 굳이 부작위에 한정할 실정법적 내지 이론적 근거가 없으므로 단서에 그 사업주의 고의 또는 과실, 부작위 또는 작위를 모두 포함시키는 작위책임 포함설이 타당하다고 생각한다.[405]

한편, 조세범처벌법 제18조는 업무주의 법정형을 행위자의 법정형 중 벌금형과 동일하게 규정한다. 이처럼 업무주와 행위자의 법정형을 동일하게 규정한 이유를 법인의 대표자 위반행위와 종업원의 위반행위를 나누어 살펴본다. 법인

게 된다."고 언급한다. 따라서 이러한 입장을 부작위 책임설과 대비해 '작위책임 포함설'로 부를 수 있을 것이다.

402) 김성돈, 앞의 논문(주 350), 286면은 양벌규정의 단서가 소극적 형식의 규율방식으로서 단서에 의해 처벌되기 위해서는 최소한 주의감독의무위반이 있을 것을 요구하므로 종업원 위반행위에 관해 법인에게 부과될 수 있는 책임의 종류가 고의범인지, 과실범인지, 진정 부작위범인지 부진정 부작위범인지 판단하는 것은 무의미하다고 주장한다.

403) 김성돈, 앞의 책(주 395), 155면.

404) 예컨대 장물취득죄의 경우에는 고의범(형법 제362조)과 업무상과실범(형법 제364조)을, 상해죄의 경우에는 고의범(형법 제257조), 과실범(형법 제266조), 업무상과실범(형법 제268조)을 처벌한다.

405) 그러나 작위책임 포함설에 의해도 법인은 행위능력이 없고, 양벌규정은 법인의 형벌능력을 입법적으로 해결한 규정에 불과하여 법인 자신의 고의 또는 과실을 인정하기는 어려우므로 종업원의 위반행위에 관한 감독의무는 법인이 아닌 법인의 대표자를 기준으로 판단해야 한다는 견해로 이성일, 법인의 대표자의 위반행위 관련 양벌규정의 해석론 – 중대재해처벌법과 병역법의 면책규정을 중심으로 –, 성균관대학교 법학연구원 성균관법학 제34권 제3호, 2022, 200–205면.

의 대표자 위반행위의 경우에는 대표자는 법인의 기관이므로 동일시 이론에 의해 대표자의 불법과 책임이 그대로 법인에게 귀속되어 불법이 같아 업무주와 행위자의 법정형을 동일하게 규정한 것으로 이해할 수 있다. 그리고 종업원 위반행위의 경우에 업무주의 불법은 종업원의 위반행위에 대한 결과반가치와 대표자가 이를 방지하지 못한 행위반가치(고의 또는 과실)로 구성되는데, 업무주가 고의인 경우에는 행위자의 불법과 동일하다. 또한 업무주가 과실의 경우에는 비록 업무주의 불법(같은 결과반가치에 대한 과실)이 행위자의 불법(같은 결과반가치에 대한 고의)보다 더 작으나, 업무주가 다수의 종업원을 고용해 상당한 경제적 이익을 얻는 과정에서 발생한 범죄에 대해 국민 일반의 가치관 내지 법감정 또는 범죄예방을 위한 형사정책적 측면을 감안해 입법자가 업무주의 법정형을 행위자와 같게 규정한 것으로 이해할 수 있다. 결국 조세범처벌법의 양벌규정은 행위자와 업무주의 불법이 같거나 비록 업무주의 불법이 더 작다고 하더라도 국민 일반의 정당한 법감정 내지 일반예방적 관점에서 법정형을 동일하게 규정한 것으로 이해할 수 있다. 따라서 공소시효는 원칙적으로 법정형을 기준으로 하므로 법정형이 같은 업무주와 행위자의 공소시효를 같게 판단하는 것은 실질적으로 같은 것을 같게 취급할 것을 요구하는 평등의 원칙에 부합하므로 업무주의 공소시효를 행위자의 공소시효와 연동시키는 태도가 타당하다.

　이에 반해 형식적인 관점에서 법인에게 벌금형이 적용될 수밖에 없음에도 행위자의 공소시효와 연동시켜 공소시효를 늘린 규정을 책임주의위반 또는 죄형법정주의의 유추해석금지의 원칙에 위반된다는 견해는 행위자와 업무주의 불법이 같거나(법인인의 대표자의 위반행위와 종업원의 위반행위 중 업무주에게 고의가 있는 경우) 입법자가 법정형을 동일하게 평가하였기 때문에(종업원의 위반행위 중 업무주에게 과실이 있는 경우) 같은 공소시효가 적용되는 것이 타당하다는 입장에서 수긍하기 어렵다. 이처럼 실질적으로 같은 불법 내지 같은 법정형임에도 법인 업무주에게 벌금형만 적용하는 것은 법인의 속성에 따른 불가피한 사정에 기인한 것이고, 개인 업무주를 벌금형으로 처벌하는 것은 이론상 징역형으로도 처벌할 수 있으나, 법인 업무주와의 형평을 고려한 사정에 기인한 것이기 때문이다. 그러므로 조세범처벌법상 양벌규정의 업무주의 공소시효는 행위자에 대한 공소시효인 7년과 같이 7년이라고 이해하는 것이 타당하고, 행위자에게 특가법 제8조가 적용되는 경우에 행위자의 공소시효가 15년 또는 10년이므로 업무주의 공소시효도 15년 또는 10년으로 규정하는 것이 타당하며, 그 중 짧은 공소시효를 일률적으로 적용하는 것이 타당하다는 관점에서 조세범처벌법 제22조 단서를 마련한 것이므로 그 단서는 당연규정으로 이해할 수 있다. 반면 이 단서의 반대해석상 개인 업무주를 법인 업무주와 차별해 7년의 공소시효를 적용한 입장이 평등의 원칙 위반인지 여부를 살펴봐야 한다.

(5) 법인 업무주만 행위자의 공소시효와 연동시킨 태도의 위헌성 여부

조세범처벌법 제22조 단서를 당연규정으로 이해하면 이 단서는 행위자와 법정형이 동일해 공소시효를 특가법이 적용되는 행위자와 같이 적용해야 할 개인 업무주를 원래 적용해야 할 공소시효보다 짧은 7년의 공소시효를 적용해 법인 업무주와 차별화한 의미를 띤다.[406] 그렇다면 개인 업무주의 공소시효를 법인 업무주와 달리 차별화해 짧게 규정할 합리적 사유가 있을까? 일응 개인 업무주는 법인 업무주보다 인적 요소와 물적 설비가 더 열악하다는 점을 생각해 볼 수 있다. 그러나 법인의 대표자 위반행위와 종업원의 위반행위 중 업무주에게 고의 또는 과실이 인정되는 등 법인 업무주와 개인 업무주의 불법이 둘 다 동일함에도 업무주가 법인인지 여부에 따라 공소시효가 달라지는 것을 합리적 차별이라고 보기 어렵다. 또한 인적 요소와 물적 설비가 개인 업무주가 항상 더 열악하다고 단정할 수도 없다. 따라서 개인 업무주에 한해 공소시효를 7년으로 단축한 의미의 제22조 단서는 합리적 차별이라고 볼 수 없어 자의금지원칙에 위반된다. 또한 비례성심사와 관련해 개인 업무주를 법인 업무주에 비해 공소시효를 단축시켜야 하는 정당한 입법목적을 인정하기 어렵고, 차별의 필요성과 적합성 역시 인정하기 어렵다. 아울러 개인 업무주의 공소시효를 짧게 규정해 얻는 공익이 무엇인지조차 명확하지 아니하므로 법익균형성 역시 인정하기 어렵다. 따라서 개인 업무주의 공소시효를 7년으로 단축한 의미를 지닌 제22조 단서는 자의금지원칙과 비례성원칙에 부합하지 않아 평등의 원칙에 위반되어 위헌이라고 생각된다. 그러므로 제22조 단서의 "제18조에 따른 법인"은 "제18조에 따른 법인 또는 개인"으로 개정함이 타당하다.

---

406) 만약 제22조 단서가 없다면 앞서 논리대로 개인과 법인 업무주에게 모두 특가법이 적용되는 행위자처럼 공소시효를 연동시켜야 한다고 해석할 수 있으나, 제22조 단서가 업무주 중 '법인'만 특가법이 적용되는 행위자와 공소시효를 연동시켜 규정하므로 개인 업무주도 행위자의 공소시효와 연동시켜야 한다고 해석하기 어렵다.

VI. 특가법 관련 문제

1. 서론

조세포탈죄는 행위주체를 제한하지 아니한 범죄이고, 조세포탈죄와 관련된 양벌규정은 법인의 형벌능력을 규정한 것이며, 행위자에 대한 처벌규정의 의미는 없다. 그런데 조세포탈죄를 행위주체를 제한한 범죄로 해석하는 견해 중 특가법의 조세포탈죄에 관한 가중처벌규정과 연계해 해석하는 견해가 있다. 즉이 견해는 "조세포탈죄가 신분범인지에 대하여 우리나라에서도 하급심에서 이를 부정한 사례가 있고, 대법원도 한때 조세포탈범은 신분관계로 인하여 성립되거나 그 형이 가중되는 범죄가 아니므로, 범죄의 주체도 법인의 대표자 등에 한정되지 아니한다고 보았다. 하지만, 그 이후 다음 장에서 살펴볼 범죄 주체별 귀속할 포탈세액 및 그에 따른 특가법 의율 여부를 둘러싼 여러 논의를 거치는 과정에서 신분범으로의 해석이 일반적으로 받아들여지게 된 것이다."[407]라고 언급한다. 즉 대법원은 조세포탈죄를 특가법의 가중처벌규정과 연계해 해석하는 과정에서 조세포탈죄를 행위주체를 제한한 규정으로 해석하였고, 조세포탈죄와 관련된 양벌규정을 행위자에 대한 처벌근거로서 의미를 부여하였다는 것이다. 따라서 조세포탈죄의 범죄주체별 포탈세액[408]의 산정에 관한 대법원과 학계의 입장 및 그 입장의 타당성에 관해 살펴본다.

2. 대법원과 학계의 입장

대법원은 피고인이 납세의무자가 아니고 행위자(법정책임자)도 아닌 경우에 동일인이 여러 명의 납세의무자의 조세포탈에 가공한 공범으로서 수 개의 조세포탈을 하였을 때에 별죄가 성립하는 납세의무자에 대한 포탈세액을 합산해 적

---

407) 심규찬, 앞의 논문(주 259), 12면.
408) 박성욱, 조세형사범에 있어서 포탈세액과 공급가액 합계액 산정에 관한 연구, 고려대학교 대학원 박사학위논문, 2018, 48면은 "조세포탈의 결과를 발생하기 위해서는 포탈결과인 포탈세액을 정확하게 산정하여야 한다. 또한 포탈세액은 특가법의 적용대상이 되는지 여부도 달려 있다. 현실적으로는 고액의 조세포탈죄의 대부분이 특가법에 의하여 기소가 되고 있기 때문에 납세의무자의 입장으로서는 형량을 낮추기 위해 포탈세액이 관심사가 될 수밖에 없다."고 주장한다.

용할 것은 아니라는 입장이다.[409][410] 즉 재화의 공급자가 부가가치세의 납세의
무자이고, 수인의 사업자로부터 재화를 공급받는 자가 각 그 납세의무자와 공
모하여 부가가치세를 포탈한 경우에도 조세포탈의 주체는 어디까지나 납세의무
자이고 재화를 공급받은 자는 각 납세의무자의 조세포탈에 가공한 공범에 불과
하므로, 그 죄수는 납세의무자별로 각각 1죄가 성립하고 이를 포괄하여 1죄가
성립하는 것이 아니라고 판단하였다. 결국 납세의무자나 법정책임자가 아닌 자
는 공모한 납세의무자별로 포탈세액을 각각 산정하고, 합산해 포탈세액을 산정
하지 아니한다. 그리고 일부 하급심은 법정책임자의 경우에, 즉 조세범처벌법
제3조의 행위자인 경우에 부가가치세는 과세거래의 명의자인 회사별로 별도로
부과되는 것으로서 납세의무자인 법인별로 별개의 조세포탈죄가 성립하고 이를
합산해 특가법으로 처벌할 수 없다고 판단하였으나,[411] 그 후 대법원은 "구 조
세범처벌법(2010. 1. 1. 법률 9919호로 전부개정되기 전의 것, 이하 '구 조세범처벌법'
이라 한다) 제3조 소정의 '법인의 대표자, 법인 또는 개인의 대리인, 사용인 기타
의 종업원' 등 행위자는 구 조세범처벌법 제9조 제1항 소정의 납세의무자와 별
개로 조세포탈범의 범죄주체가 될 수 있으므로, 행위자가 조세포탈의 주체로서
포탈한 세액은 납세의무자가 아니라 행위자를 기준으로 산정하여야 한다."[412]고
판시하였다. 그리고 대법원은 납세의무자로서 포탈한 세액과 행위자로서 포탈

---

409) 대법원 1998. 5. 8. 선고 97도2429 판결에 의하면 "1인의 원천징수의무자가 수인의 납세의무자
와 공모하여 조세를 포탈한 경우에도 조세포탈의 주체는 어디까지나 납세의무자이고 원천징수의
무자는 각 납세의무자의 조세포탈에 가공한 공범에 불과하므로 그 죄수는 각 납세의무자별로 각
각 1죄가 성립하고 이를 포괄하여 1죄가 성립하는 것은 아니라 할 것이다. 그러므로 연간 포탈
세액이 일정액 이상에 달하는 경우를 구성요건으로 하고 있는 특정범죄가중처벌등에관한 법률
제8조의 적용에 있어서도 그 적용대상이 되는지 여부는 납세의무자별로 연간 포탈세액을 각각
나누어 판단하여야 하고, 각 포탈세액을 모두 합산하여 그 적용 여부를 판단할 것은 아니다."라
고 판시하였다. 위 판결에 관한 평석으로 조해현, 원천징수 법인세에 있어서의 조세포탈의 주체
와 그에 대한 원천징수의무자의 공범 가공의 가부, 법원도서관 대법원판례해설 제30호, 1998,
657–666면.
410) 대법원 2008. 4. 24. 선고 2007도11258 판결, 이 판결의 피고인은 부가가치세의 납세의무자가
아니었다.
411) 대법원 1999. 2. 23. 선고 98도4136 판결의 1심과 항소심 판단이다. 다만 항소심 판결에 대해
피고인들만 상고하였기 때문에 대법원이 이에 관해 판단한 바 없었다.
412) 대법원 2011. 6. 30. 선고 2010도10968 판결. 이 사건에서 대법원은 "조세범처벌법 소정의 조세
포탈의 주체가 조세를 포탈할 목적으로 납세의무의 성립시기와 성립요건을 달리하는 증여세와
의제증여세에 대한 각각의 신고기한이 경과할 때까지 과세표준을 신고하지 아니한 때에는 신고
기한의 경과로 증여세 포탈범죄와 의제증여세 포탈범죄가 각 성립하고, 이들 범죄의 성립시기가
속하는 연도가 다른 경우에는 각 포탈행위를 포괄하여 구 특정범죄 가중처벌 등에 관한 법률
(2010. 1. 1. 법률 제9919호로 개정되기 전의 것) 제8조 제1항의 위반죄로 처벌할 수 없다."고
판시하였다.

한 세액 역시 모두 합산해 특가법 적용 여부를 판단해야 한다는 입장이다.413)

그리고 특가법 제8조 제1항에 의해 가중처벌되는 조세포탈죄의 주체에 조세범처벌법 제3조의 법인이 포함되는지 여부에 관해 대법원은 "현행 형벌체계상 법인에게는 징역형을 과할 수 없는 점에 비추어 볼 때 위 특가법 제8조의 규정은 위에서 본 조세포탈범의 법정책임자와 이러한 자의 포탈행위에 가담한 공범자인 자연인을 가중처벌하기 위한 규정임이 명백하다고 할 것이고, 따라서 법인에 대하여는 특가법상으로 법인을 조세범처벌법의 각 본조에 정한 벌금형을 가중하여 처벌한다는 명문의 처벌규정(양벌규정)이 없는 이상 위 특가법 제8조에 의하여 법인을 가중처벌할 수 없음은 죄형법정주의의 원칙상 당연하다고 할 것이다. 그리고 조세범처벌법 제3조는 행위자를 같은 법 제9조 제1항 소정의 조세포탈범으로 처벌하는 근거조문이므로, 위와 같이 행위자를 특가법 제8조에 의하여 가중처벌하기 위하여는 조세범처벌법 제3조가 당연히 적용되어야 할 것이(다)"414)고 판시하였다.415)

신분자(납세의무자와 법정책임자)와 비신분자를 나누어 합산 여부를 달리 판단하는 대법원의 입장에 대해 대법원의 입장에 찬성하면서 비신분자의 경우에 "그렇지 않으면 조세포탈의 주범은 조세범 처벌법 위반으로 처벌받는데 조세포탈의 이익의 귀속이나 행위의 가벌성 면에서 상대적으로 가볍다고 할 수 있는 공범의 경우는 특가법위반으로 가중처벌하게 되는 결과가 초래될 수 있다"416)

---

413) 대법원 2005. 5. 12. 선고 2004도7141 판결. 피고인들과 다른 공소외인들이 나이트클럽의 각 지분권자로서 공동출자한 사업체이지만, 피고인들이 그 실질적인 경영자로서 다른 공동사업자들로부터 영업을 위임받아 사무를 처리하는 대리인의 지위에 있었다고 인정되어 피고인들이 다른 공동사업자들의 대리인 지위에서 그들에게 귀속될 소득세까지 포탈한 이상 공동사업자들의 소득세 전액을 포탈한 형사상 책임을 지운 사안이다.

414) 대법원 1992. 8. 14. 선고 92도299 판결. 이 사건에서 대법원은 "당원 1973. 8. 21. 선고 73도1148 판결이 '특가법 제8조의 규정에 의하여 조세범처벌법 제9조 제1항에 규정된 죄에 가중처벌이 되는 경우에 있어서도 조세범처벌법 제3조(단서포함)의 규정이 적용된다고 보는 것이 정당한 해석이라고 할 것이다'라고 판시한 것도 행위자를 특가법으로 처벌한 사안에 대한 판시로써 바로 위와 같은 취지에서 나온 것이지, 특가법에 법인을 가중처벌한다는 양벌규정이 없어도 법인을 특가법 제8조에 의하여 처벌할 수 있다고 판시한 것은 아닌 것이다."라고 판시하였다.

415) 관세포탈죄에 대한 특가법의 가중처벌규정인 제6조 제2항에 관해 대법원 1995. 7. 25. 선고 95도391 판결에 의하면 "특정범죄가중처벌등에관한법률 제6조 제2항은 관세법 제180조 위반죄 중 그 포탈 관세액이 2,000만 원 이상인 경우의 가중처벌규정으로서, 위 법률에 관하여 관세법 제196조와 같은 법인에 대한 양벌규정이 없는 이상 법인에 대하여는 위 법률에 의하여 가중처벌할 수 없으나, 일반규정인 관세법 제180조에 의해 처벌하는 것은 당연하다."고 판시하였다. 즉 특가법 제6조는 관세법의 양벌규정인 제195조와 제196조를 준용하지 아니하므로 법인이나 개인에 대하여 가중처벌할 수 없고, 다만 법인은 관세법 제196조, 제180조 제2항에 의해, 개인은 관세법 제195조, 제180조 제2항에 의해 처벌할 수 있다는 의미로 이해할 수 있다.

416) 안대희, 앞의 책(주 1), 483면.

는 견해가 있고, 법정책임자의 경우에 "납세의무자별로 1죄가 성립한다고 하더라도 그 실질은 법정책임자가 조세포탈의 주체로서 포탈의 책임을 지는 것이므로 특가법 적용에 있어서도 납세의무자마다 나누어 판단하여야 한다는 것은 논리적으로 연결되는 것이 아니기 때문이다."[417]라고 언급하는 견해가 있다. 그리고 위 92도299 판결에 대해 "위 판결은 법인에 관한 양벌규정 적용 시 특가법에 의한 가중처벌은 자연인을 대상으로 하고 법인을 징역형으로 처벌할 수 없으므로 조세범 처벌법으로 의율한다고 하나, 개인인 업무주도 명문의 규정이 없으므로 법인과 같이 조세범 처벌법에 의한 벌금의 책임만 진다고 해석함이 타당하다."[418]는 견해가 있다.

3. 비판적 검토

(1) 대법원과 학계의 입장에 대한 비판

대법원의 입장은 비신분자는 납세의무자 내지 행위자와 달리 비록 다수의 납세의무자와 공모해 조세포탈행위를 하더라도 납세의무자별로 포탈세액을 나누어 산정하고, 특가법의 적용에 있어서도 납세의무자별로 연간 포탈세액을 나누어 산정하며,[419] 행위자는 특가법 제8조를 적용하나 업무주는 특가법 제8조를 적용하지 않는 입장으로 이해할 수 있다. 그러나 이런 대법원의 입장은 논리적인 문제점이 있다. 첫째, 비신분자와 납세의무자 내지 법정책임자를 각각 나누어 포탈세액 합산을 달리하는 실질적 근거를 제시하지 못한다. 즉 대법원은 비신분자는 독립된 조세포탈죄의 주체가 될 수 없어 납세의무자 내지 법정책임자와 다르다는 것으로서 이런 태도는 조세범처벌법 제3조의 행위주체를 납세의무자로 제한하는 것을 전제하나, 앞서 살핀 것처럼 조세범처벌법 제3조의

---

417) 심규찬, 앞의 논문(주 259), 23면, 신종렬, 증여세 및 의제증여세 포탈에 대한 특정범죄 가중처벌 등에 관한 법률 제8조의 적용, 법원도서관 대법원판례해설 제88호, 2011, 853면은 "위 2004도7141 판결은 납세의무자별로 1죄가 성립한다는 것과 특가법 적용에 있어서 납세의무자별로 나누어 판단하여야 한다는 것은 논리적으로 연결되는 것이 아니라는 전제하에, '조세포탈의 이익 귀속'보다 '위법행위의 추궁'이라는 점에 초점을 맞추어 납세의무자로서의 탈세이거나 조세범처벌법 제3조의 행위자(법정책임자)로서의 탈세이거나 불문하고 모두 합산하여 특가법 적용 여부를 판단하여야 한다는 입장으로 이해할 수 있다."고 주장한다.
418) 안대희, 앞의 책(주 1), 486면.
419) 심규찬, 앞의 논문(주 259), 24면.

행위주체를 납세의무자로 제한해 해석할 근거가 없다. 둘째, 대법원이 양벌규정의 업무주인 법인이나 개인에 특가법 제8조를 적용하지 아니하는 결과는 타당하나, 논리적인 문제가 있다. 즉 구 특가법 제8조 제1항은 "(구) 조세범처벌법 제9조 제1항에 규정된 죄를 범한 자"라고 규정하여 가중처벌 대상에 조세포탈죄만 규정하고, 구 조세범처벌법 제3조 양벌규정은 규정하지 아니함에도, 대법원은 행위자(법정책임자)에게 특가법 제8조 제1항을 적용하는 반면, 업무주는 특가법 제8조 제1항을 적용하지 아니한다. 그런데 대법원은 행위자(법정책임자)와 업무주의 처벌근거조항을 모두 구 조세범처벌법 제3조 양벌규정으로 이해하면서도 행위자(법정책임자)와 업무주의 특가법 적용 여부를 달리 판단한다. 그러나 대법원의 입장처럼 구 조세범처벌법 제3조를 법인의 형벌능력뿐만 아니라 조세포탈죄의 행위자(법정책임자)에 대한 처벌근거조항으로서의 의미까지 부여하면 행위자(법정책임자)를 가중처벌하기 위해 특가법 제8조 제1항은 구 조세범처벌법 제3조를 규정해야 한다.[420] 이렇게 특가법 제8조 제1항이 가중처벌 대상으로 조세포탈죄만 규정하고, 양벌규정을 규정하지 아니한 이유도 납세의무자와 행위자(법정책임자)를 비롯한 조세포탈 실행위자는 모두 조세범처벌법 제9조 제1항에 의해 처벌되고, 조세범처벌법 제3조는 법인의 형벌능력을 규정한 것이라고 이해하면 자연스럽게 설명할 수 있다. 즉 현행 조세범처벌법 제9조 제1항을 행위주체를 한정하지 아니한 범죄로 해석하면 특가법 제8조 제1항이 가중처벌 대상에 현행 조세범처벌법 제9조 제1항만 규정하면 되고, 제3조를 규정할 하등의 필요가 없다.[421] 현행 특가법 제8조 제1항이 가중처벌 대상에 조세포탈죄

---

420) 김대휘, 앞의 논문(주 348), 33-34면은 "특가법은 벌칙 본조에 대한 가중규정일 뿐이므로, 실제 행위자에 대한 처벌이 양벌규정에 근거한다고 해석할 때 특가법상의 가중규정이 적용할 수 없는 것이 아닌가 하는 의문이 생길 수 있다. (중략) 조세범처벌법 제9조 위반죄나 관세포탈죄(제180조 제4항 위반)는 명시적으로 규정하지 아니하지만, 해석상 납세의무자를 의무주체로 보아야 할 것이기 때문에 문제가 된다. 이 경우에도 법률상 납세의무자의 사용인이나 종업원 등 직접행위자를 벌칙 본조 및 그에 대한 가중규정에 의하여 처벌할 수 있고, 법인 등 업무주는 각 해당 법률의 양벌규정에 의하여 처벌할 수 있으며, 따라서 벌칙 본조에 정하는 형벌을 과할 수 있을 뿐이라고 해석하는 것이 정당하다."라고 주장한다. 그러나 이 견해는 2010. 1. 1. 개정 전 조세범처벌법 제9조의 의무주체를 납세의무자로 제한할 수 없다는 점에서 수긍하기 어렵다. 또한 같은 논문(주 348), 35면은 "결국 이 문제는 근본적으로 입법의 미비에서 발생한 것이지만, 해석론으로는, 부수형법상 벌칙 본조의 구성요건에 전제된 적격을 갖추지 못한 자라도 사실적 내지 실질적으로 고찰하여 그가 의무주체를 위하여 실제로 행위한 자인 경우에 문제된 행위자 표지의 확장을 통하여 수범자의 범주에 집어넣고, 따라서 그도 행위자 표지를 가지는 것으로 본다는 것이다."라고 주장하나, 조세포탈죄와 관련된 '입법의 미비'가 없으므로 이 역시 수긍하기 어렵다.

421) 이런 해석은 관세법도 마찬가지이다. 즉 특가법 제6조 제4항과 제5항은 관세법 제269조 제1항

규정인 "조세범처벌법 제3조 제1항"을 규정하나, 양벌규정인 제18조를 규정하지 아니한 이유도 마찬가지라고 할 것이다.

(2) 특가법 제8조 제1항의 위헌성 여부 및 개정 방향

조세범처벌법 제3조 제1항의 행위주체에 납세의무자, 법정책임자, 그 밖의 실제 행위자를 모두 포함시켜 해석하면 납세의무자나 법정책임자가 아닌 자도 독립된 조세포탈죄의 주체가 될 수 있어 공모한 납세의무자별로 포탈세액을 각각 나누어 산정하지 아니하고 전체 조세포탈액을 모두 합산하게 되어 특가법의 적용범위가 넓어진다는 비판이 제기될 수 있다. 그런데 이 문제는 우선 조세포탈죄의 가중처벌규정인 특가법 제8조 제1항이 위헌인지부터 살펴볼 필요성이 있고, 만약 위헌이 아니라면 특가법 제8조 제1항을 그대로 유지한 채 대법원의 입장처럼 해석을 통해 비신분자(납세의무자와 법정책임자가 아닌 자)에 한해 그 적용범위를 좁히는 방법이 바람직한지에 관해 살펴볼 필요성이 있다. 특가법 제8조의 법정형의 변천과정을 살펴보면, 특가법이 제정될 당시 제8조 제1항 제1호는 포탈세액등이 연 1,000만 원 이상인 때에는 무기 또는 5년 이상의 징역, 제2호는 연 500만 원 이상 1,000만 원 미만인 때에는 무기 또는 3년 이상의 징역으로 규정하고, 제8조 제2항은 포탈세액등의 2배 이상 5배 이하에 상응하는 벌금을 필요적으로 병과하도록 규정하였다. 그 이후 연 포탈세액등을 기준으로 가중처벌하는 기조를 계속 유지하면서 1990. 12. 31. 제8조 제1항 제2호에 연간 포탈세액등 2억 원 이상 5억 원 미만인 때에는 3년 이상 유기징역에 처하도록 개정해 종전 무기징역을 폐지하고, 제1호에 5억 원 이상인 때에는 무기 또는 징역 5년 이상으로 개정하였으며, 현재까지 제1호는 무기 또는 징역 5년 이상, 제2호는 징역 3년 이상을 법정형으로 유지한다. 따라서 특가법 제정 이후 연간 포탈세액등에 따른 법정형의 추이에 비추어 보면 현행 특가법의 법정형 자체가 지나치게 높아 범죄와 형벌이 균형을 상실해 책임주의원칙에 반한다고 단정하기는 어렵다.[422][423] 그리고 연간 포탈세액등을 기준으로 법정형을 강

제1호와 제2호, 제2항, 제4항, 제5항을 대상으로 가중처벌한다. 물론 특가법 제6조 제4항과 제5항의 법정형이 무기징역 또는 유기징역이므로 법인에 대하여는 부과할 수 없는 형벌이기도 하나, 근본적으로 특가법 제6조가 관세법상의 양벌규정인 제279조 제1항을 준용하지 아니하는 이유는 조세포탈죄의 경우와 마찬가지라고 할 것이다.

422) 헌재 1998. 5. 28. 97헌바68은 제1호 연간 포탈세액등이 5억 원 이상인 때에는 무기 또는 징역

화한 태도가 합리적 사유가 없어 평등의 원칙에 위반되는지에 관해 조세법처벌
법 제3조 제1항 단서도 포탈세액등을 기준으로 법정형을 가중한 점, 비록 조세
범처벌법과 달리 포탈세액등이 아니라 '연간' 포탈세액등을 기준으로 삼으나,
포탈세액등의 산정기준을 '연간'으로 삼을지 여부에 관해 입법자의 입법재량사
항으로 볼 수 있는 점에 비추어 보면 합리적 사유가 없다고 단정하기 어려우므
로 특가법 제8조 제1항은 위헌이라고 판단되지는 아니한다.

그렇다면 특가법 제8조 제1항을 존속시키는 것을 전제해 납세의무자 또는
행위자가 아닌 경우에는 포탈세액을 합산하지 아니하는 해석으로 위 규정의 적
용범위를 축소시키는 대법원의 입장이 바람직할까? 이러한 대법원의 입장은 바
람직하지 않다고 생각한다. 그 이유는 다음과 같다. 첫째, 대법원의 이런 해석
은 결국 특가법의 적용범위를 축소시키는 결과 측면에서 바람직하다고 볼 수도
있으나, 오히려 그 해석이 특가법의 존속을 정당화시키는 구실로 작용할 수 있
다. 둘째, 특히 2010. 1. 1. 조세범처벌법이 개정되면서 조세범처벌법 제3조 제
1항 단서를 포탈세액등의 규모, 신고납부해야 할 세액과의 차액을 감안해 법정
형을 차등화었는데, 굳이 특가법의 '연간 포탈세액등'이라는 종전 구성요건을
그대로 유지할 필요성이 있다고 보기 어렵다. 따라서 특가법 제8조 제1항을 조
세범처벌법의 규정체계에 통합하는 것이 바람직하다. 결국 2010. 1. 1. 조세범
처벌법이 개정되면서 포탈세액등을 기준으로 법정형을 차등화시킨 규정을 마련
한 이상, 특가법의 연간 포탈세액등을 여전히 가중사유로 유지하는 것은 체계
적으로 문제가 있다. 그리고 특가법 제정 당시 입법 배경을 살펴봐도 현재 입

5년 이상의 징역, 제2호 연간 포탈세액등이 2억 원 이상 5억 원 미만인 때에는 3년 이상의 유
기징역으로 규정되어 있던 특가법의 규정에 관한 위헌소원 사건에서 특가법이 포탈세액 등 구성
요건 해당금액을 현실에 맞도록 상향 조정하여 왔던 점을 언급하면서 특가법의 법정형이 형벌체
계상의 균형을 잃은 것이라거나 범행자를 귀책 이상으로 과잉처벌하는 것이라고 단정할 수 없다
고 판단하였다. 그리고 헌재 2005. 7. 21. 2003헌바98도 97헌바68을 되풀이하면서 이와 달리 판
단하여야 할 사정의 변경이 있었다고 보기 어렵다고 판단하였다. 그런데 헌법재판소는 조세포탈
죄 처벌규정에 납세의무자뿐만 아니라 납세의무자가 아닌 자도 포함되는지 여부와 납세의무자가
아닌 자도 포함시키면 평등의 원칙에 위반되는지에 관해 판단한 바 없다. 또한 2010. 1. 1. 조세
범처벌법이 개정되면서 조세포탈죄의 법정형을 포탈세액등을 반영해 차등하였는데, 그 이후에도
연간 포탈세액등이라는 별도의 구성요건으로 가중처벌하는 특가법 규정을 유지하는 것이 체계적
으로 타당한지에 관해 헌법재판소가 판단한 바도 없다.
423) 관세포탈죄를 가중처벌하는 특가법(2005. 12. 29. 법률 제7767호로 개정되기 전의 것) 제6조 제
4항 제1호, 제2호와 필요적 벌금 병과규정인 제6항 제4호에 관해 헌재 2008. 2. 28. 2005헌바88
에 의하면 형벌체계상의 균형을 상실하였다거나 범죄자를 과잉처벌하는 것이라고 할 정도는 아
니라고 판단하였다.

법 당시 배경424)이 유지된다고 보기 어렵다. 왜냐하면 일부 문헌에 의하면 특가법이 정부안으로 입안되어 국회에 제출되기 직전에 당시 공화당 정부는 1965년 6월 22일 한일국교정상화를 단행하였고, 같은 해 8월 6일 한일협정체결에 즈음하여 일본의 경제 문화적인 침투를 배제하기 위한 조치로서 이른바 5대 시정공약을 발표하였는데, 이 중 다섯 번째 시정공약이 밀수, 탈세, 마약, 자본도피 등 비애국적 행위의 근절이었으며, 이를 뒷받침하기 위한 입법이 특가법의 제정이었다고 한다.425) 또한 당시 한일 국교 정상화에 따른 일본의 경제, 문화적인 침투를 배제하기 위한 정책으로서 질이나 가격 면에서 우월한 외국상품이 밀입국됨으로써 국가재정을 해치는 경제사범을 견제하고자 하는 배경에서 제정된 특가법은 형법, 관세법, 조세범처벌법, 산림법, 임산물단속에 관한 법률 및 마약법에 규정된 특정범죄에 대한 가중처벌 등을 규정함으로써 건전한 사회질서의 유지와 국민경제의 발전에 기여함을 목적으로 1966년 2월 23일 법률 제1744호로 제정·공포되었다고 한다.426) 따라서 이런 시대적 배경을 바탕으로 제정된 특가법의 조세포탈죄에 관한 가중처벌규정은 오늘날 상황에 비추어 볼 때 비록 제정 당시보다 법정형을 하향하였더라도 계속 유지시킬 필요가 없다고 생각한다.427) 따라서 특가법 제8조 제1항을 폐지하고, 조세범처벌법 제3조 제1항에 통합하는 방법이 타당하다.

특가법 제8조 제1항을 현행 조세범처벌법 제3조 제1항에 통합하면 현행 조세범처벌법의 법정형을 어느 정도 조정할 필요성이 있는지, 그 구체적인 기준을 어떻게 설정할지에 관해 살펴볼 필요가 있다. 이 문제는 조세포탈죄의 법적 성격을 어떻게 이해할지와 연관되는데, 만약 조세포탈죄를 사기죄로서 법적 성격으로 이해하면 조세포탈죄의 법정형을 징역 10년 이하로 상향하는 방안을 제시할 수 있으나, 위계공무집행방해죄로서 법적 성격으로 이해하면 위계공무

---

424) 헌재 1998. 5. 28. 97헌바68에 의하면 조세포탈죄를 가중처벌하는 특가법의 입법배경을 "조세포탈행위가 국가적 법익에 관한 범죄이고 반사회적·반윤리적 범죄임에도 불구하고 그에 대처하는 조세범처벌법의 처벌규정이 너무 가벼워서 범죄예방의 실효를 거두지 못하고 있는 현실에 대한 반성적 고려에서 가중처벌을 위하여 위 특가법 조항을 입법하게 된 것"이라고 언급하였다.

425) 한영수, 특가법상 가중처벌규정의 문제점과 개선방안 – 재산범죄를 제외한 구성요건을 중심으로–, 한국형사법학회 형사법연구 제26호, 2006, 172면.

426) 오영근·안경옥, 형사특별법의 제정실태와 개선방안, 한국형사정책연구원, 1996, 172면.

427) 우리나라의 그동안의 경제성장으로 인한 상황에 비추어 볼 때 엄벌주의에 입각한 관세법을 그대로 고수하는 것은 무리라고 언급하는 견해로 이태엽, 관세법상의 무신고수입죄를 둘러싼 쟁점연구 – 편의치적 선박 및 귀금속의 밀수입을 중심으로 –, 법조협회 법조 제57권 제6호, 2008, 69면.

집행방해죄의 법정형뿐만 아니라 조세포탈죄와 유사한 행위수단으로 규정된 특별법위반죄의 법정형을 살펴볼 필요성이 있다.

이런 행위수단으로 규정된 각종 특별법위반죄의 법정형을 살펴보면, 징역 10년 이하[428]로 규정된 예로 보조금 관리에 관한 법률 제40조 제1호의 '거짓 신청이나 그 밖의 부정한 방법으로 보조금이나 간접보조금을 교부받거나 지급받은 자 또는 그 사실을 알면서 보조금이나 간접보조금을 교부하거나 지급한 자[429][430]', 지방재정법 제97조 제1항의 '거짓 신청이나 그 밖의 부정한 방법으로 지방보조금을 교부받은 자와 그 사실을 알면서 지방보조금을 교부한 자', 방위사업법 제62조 제1항의 '거짓 또는 부정한 방법으로 (중략) 융자금 또는 보조금을 받거나 융자금 또는 그 보조금을 그 용도 외에 사용한 자'[431] 등이 있다.

그리고 징역 5년 이하[432]로 규정된 예로 5·18민주유공자예우에 관한 법률 제70조 제1항 제1호의 '거짓이나 그 밖의 부정한 방법으로 이 법에 따른 예우를 받거나 예우를 받게 한 사람', 계엄법 제14조 제1항의 '거짓이나 그 밖의 부정한 방법으로 이 법에 따른 보상금을 받은 자 또는 그 사실을 알면서 보상금을 지급한 자', 고엽제후유의증 등 환자지원 및 단체설립에 관한 법률 제33조 제1항 제1호의 '거짓이나 그 밖의 부정한 방법으로 이 법에 따른 지원을 받거나 지원을 받게 한 사람', 폐기물관리법 제64조 제2호의 '거짓이나 그 밖의 부정한 방법으로 (중략) 재활용환경성평가기관으로 지정 또는 변경지정을 받은 자', 제6호의 "거짓이나 그 밖의 부정한 방법으로 제25조제3항에 따른 폐기물처리업 허가를 받은 자", 산지관리법 제53조 제1호의 '(생략) 거짓이나 그 밖의 부정한 방법으로 산지전용허가를 받아 산지전용을 한 자', 먹는물관리법 제57조 제2호의 '(생략) 거짓이나 그 밖의 부정한 방법으로 허가 또는 변경허가를 받은 자' 등이 있다.

---

428) 편의상 벌금형 규정은 생략한다.
429) 대법원 2001. 1. 5. 선고 99도4101 판결은 보조금의예산및관리에관한법률 제40조의 '허위의 신청이나 기타 부정한 방법으로 보조금의 교부를 받은 자와 간접보조금의 교부를 받은 자 또는 그 사실을 알면서 보조금이나 간접보조금을 교부한 자는 5년 이하의 징역 또는 500만 원 이하의 벌금에 처한다'고 규정하고 있는바, (중략) '보조금을 받음에 있어 다소 정당성이 결여된 것이라고 볼 여지가 있는 수단이 사용되었더라도 보조금을 받아야 할 자격이 있는 사업 등에 대하여 정당한 금액의 교부를 받은 경우는 여기(허위의 신청)에 해당하지 아니한다'고 판단하였다.
430) 대법원 2016. 11. 24. 선고 2016도8419 판결 등에 의하면 보조금관리에관한법률위반과 사기죄는 상상적 경합범의 관계에 있다.
431) 이 규정은 징역형 또는 금고형을 선택형으로 규정한다.
432) 이 역시 편의상 벌금형 규정은 생략한다.

　　또한 징역 3년 이하[433]로 규정된 예로 소비자생활협동조합법 제85조 제2항 제3호의 "거짓 또는 부정한 방법으로 등기를 한 때", 영유아보육법 제54조 제2항 제1호의 '거짓이나 그 밖의 부정한 방법으로 보조금을 교부받거나 보조금을 유용한 자', 문화재수리 등에 관한 법률 제58조 제1호의 "거짓 또는 그 밖의 부정한 방법으로 등록을 하고 문화재수리업등을 영위하는 자", 국토의 계획 및 이용에 관한 법률 제140조 제1호의 '(생략) 속임수나 그 밖의 부정한 방법으로 허가 또는 변경허가를 받은 자', 남극활동 및 환경보호에 관한 법률 제24조 제2호의 '거짓 그 밖의 부정한 방법으로 제4조의 규정에 의한 남극활동의 허가 또는 그 변경허가를 받은 자', 국민연금법 제128조 제1항의 '거짓이나 그 밖의 부정한 방법으로 급여를 받은 자', 산업재해보상보험법 제127조 제1항의 '(생략) 거짓이나 부정한 방법으로 진료비나 약제비를 지급받은 자', 관세법 제270조 제4항의 '부정한 방법으로 관세를 감면받거나 관세를 감면받은 물품에 대한 관세의 징수를 면탈한 자', 제5항의 '부정한 방법으로 관세를 환급받은 자', 중소기업제품 구매촉진 및 판로지원에 관한 법률 제35조 제1항 제1호의 '거짓이나 그 밖의 부정한 방법으로 (중략) 중소기업자간 경쟁입찰 참여제한 대상에 해당하지 아니함을 중소기업청장에게 확인받은 자' 등이 있다.[434]

　　위계공무집행방해죄의 법정형이 징역 5년 이하[435]인 점을 염두에 두면서 앞서 언급한 특별법위반죄의 법정형들을 종합해 살펴보면, 국가보조금이나 지방보조금, 융자금을 취득하는 경우를 가장 높은 법정형인 징역 10년 이하로 규정하고, 경제적인 수급권 내지 경제적 이익 내지 유·무형의 이익을 취득하는 경우를 징역 5년 내지 징역 3년 이하로 규정한 것으로 이해할 수 있다. 한편, 조세포탈죄가 비록 위계를 동원해 경제적인 이익을 취득하는 성격이 있더라도 이를 국가보조금이나 지방보조금, 융자금을 받는 경우와 동일하게 평가하기에

---

433) 이 역시 편의상 벌금형 규정은 생략한다.

434) 징역 2년 이하로 규정된 예로 공공기관의 개인정보보호에 관한 법률 제23조 제3항의 '거짓 그 밖의 부정한 방법으로 공공기관으로부터 처리정보를 열람 또는 제공받은 자' 등이 있다. 또한 징역 1년 이하로 규정된 예로 영유아보육법 제54조 제4항 제2호의 '거짓이나 그 밖의 부정한 방법으로 제13조 제1항에 따른 어린이집의 설치인가 또는 변경인가를 받은 자', 제4항 제4호의 '거짓이나 그 밖의 부정한 방법으로 제34조 및 제34조의2에 따른 비용을 지원받거나 타인으로 하여금 지원을 받게 한 자', 내수면어업법 제25조 제2항 제2호의 '거짓이나 그 밖의 부정한 방법으로 제6조 제1항 또는 제9조 제1항에 따른 면허 또는 허가를 받은 자', 고용보험법 제116조 제2항의 '거짓이나 그 밖의 부정한 방법으로 실업급여·육아휴직 급여 및 출산전후휴가 급여등을 받은 자' 등이 있다.

435) 이 역시 편의상 벌금형 규정은 생략한다.

는 무리가 있다. 이러한 관점에서 조세범처벌법 제3조 제1항 본문의 기본적 구성요건에 대한 법정형을 종전 "2년 이하의 징역 또는 포탈세액등의 2배 이하에 상당하는 벌금"에서 "3년 이하의 징역 또는 포탈세액등의 3배 이하에 상당하는 벌금"으로 상향하고, 제1항 단서의 가중적 구성요건에 대한 법정형을 종전 "3년 이하의 징역과 포탈세액등의 3배 이하의 벌금"에서 "5년 이하의 징역과 포탈세액등의 5배 이하의 벌금"으로 개정하는 방법을 제안한다.[436)437)] 이렇게 개정하면 특가법 제8조 제1항의 '연간 포탈세액등'에 예컨대 여러 세목의 조세포탈행위를 포괄일죄로 해석하던 종전 대법원의 입장[438)] 대신 여러 세목별 조세포탈죄의 실체적 경합범으로 해석하게 되어 형법 제38조 제1항 제2호에 따라 처단형이 징역형의 장기에 1/2까지 가중되므로 일죄로 해석해 특가법이 적용되던 종전에 비해 지나치게 낮게 처벌되는 결과를 초래하지 아니하고,[439)] 위계공무집행방해죄로서의 법적 성격을 갖는 현행 다른 특별법의 법정형과 체계적으로 부합하며, 조세범처벌법이라는 단일한 법률체계로 처벌해 체계적인 간결성도 확보할 수 있다. 한편, 조세포탈죄의 기본적 구성요건에 대한 법정형을 "3년 이하의 징역 또는 포탈세액등의 3배 이하에 상응하는 벌금"으로 규정하면 조세범처벌법 제7조 제1항의 체납처분면탈죄의 법정형인 "3년 이하의 징역 또는 3천만 원 이하의 벌금"과 비교할 때 징역형은 동일하나, 조세포탈죄의 벌금형이 더 높으므로 불법이 더 중한 조세포탈죄가 체납처분면탈죄보다 오히려 더 경하

---

436) 송쌍종, 앞의 논문(주 204), 105면은 2010. 1. 1. 개정 전 조세범처벌법이 개정되기 전에 특가법의 존속 여부에 관해 조세범처벌법에 흡수하는 개정이 필요하다고 주장하면서도 당시 조세포탈죄의 법정형이 징역 3년 이하로 된 것을 비판하면서 "이는 악성포탈범의 경우에는 경벌이 되고 일반포탈인 경우에는 중벌이 되는 모순을 내포한다. 그러므로 악성포탈개념을 도입하여 그에 대하여는 주요국의 경우처럼 '5년 이하'로 높이면서 최저한도를 두고, 일반포탈의 경우에는 현행대로 하는 차등규정이 필요하다고 본다."고 주장한다.

437) 조길태, 앞의 논문(주 99), 74면은 "「조세범 처벌법」의 법정형을 개정하여 해결하는 것이 입법체계상 바람직할 것이다. 따라서 특가법 제8조를 삭제하고, 「조세범 처벌법」으로 일원화하여 조세포탈죄의 법정형을 상향조정하는 것이 타당하다"고 주장한다.

438) 대법원 2000. 4. 20. 선고 99도3822 판결을 의미한다.

439) 위계공무집행방해죄와 관련 조문들의 현행 법정형 체계에 의하면 특가법의 법정형은 여전히 높다고 할 것이다. 조세포탈죄를 위계공무집행방해죄로서의 법적 성격으로 이해하면 사기죄의 법적 성격으로 이해하는 입장과 달리, 현행 특가법 제8조의 법정형이 여전히 높다고 평가할 수 있다. 이에 반해 조세포탈죄의 사기죄로서의 법적 성격을 강조하면 사기죄에 관해 형법 외에 특정경제범죄 가중처벌 등에 관한 법률 제3조 제1항 제2호에 가중처벌규정을 마련한 것처럼 조세포탈죄에 대한 가중처벌규정인 특가법 제8조를 존속시키는 것이 타당하다고 주장할 수 있다. 특히 현행 특가법 제8조 제1항의 법정형인 무기 또는 5년 이상의 징역(1호)과 3년 이상의 유기징역(2호)이 특정경제범죄 가중처벌 등에 관한 법률의 사기죄를 포함한 재산범죄 가중처벌규정인 제3조 제1항의 법정형인 무기 또는 5년 이상의 징역(1호)과 3년 이상의 유기징역(2호)의 법정형 체계와 균형을 맞춘 입법으로서 타당하다고 주장할 수도 있다.

게 처벌되는 현행 조세범처벌법의 법정형의 불균형 문제가 해소될 수 있다. 그리고 필요적 벌금형 병과규정인 특가법 제8조 제2항은 같은 조 제1항이 존속되는 것을 전제하므로 제1항이 폐지되면 제2항도 폐지함이 타당하다. 필요적 벌금형 병과규정이 폐지되면 조세범처벌법 제3조 제2항에 의해 사안에 따라 임의적으로 벌금형을 병과할 수 있어 실체에 부합하는 형벌권을 행사할 수 있는 점도 장점이라고 할 것이다.

제6절 원천징수의무위반죄의 법적 성격과 유사성 여부[440)]

Ⅰ. 서론

1951. 5. 7. 제정된 조세범처벌법 제11조는 "조세징수의무자가 정당한 사유 없이 그 세를 징수하지 아니하거나 징수한 세금을 납부하지 아니하는 경우에는 3년 이하의 징역 또는 그 징수하지 아니하였거나 납부하지 아니한 세액의 5배에 상당하는 벌금에 처한다"고 규정한 이래 2010. 1. 1. 개정되기 전 구 조세범처벌법(2010. 1. 1. 법률 제9919호로 개정되기 전의 것) 제11조는 원천징수의무위반죄의 법정형을 "1년 이하의 징역 또는 그 징수하지 아니하였거나 납부하지 아니한 세액에 상당하는 벌금"으로 규정하여 하나의 법정형으로 처벌하는 태도로 규정하였다. 그러나 2010. 1. 1. 개정된 조세범처벌법 제13조 제1항은 징수의무위반죄의 법정형을 "1천만 원 이하의 벌금", 같은 조 제2항은 납부의무위반죄의 법정형을 "2년 이하의 징역 또는 2천만 원 이하의 벌금"으로 나누어 규정하였고, 이러한 입법태도를 현재까지 이어오고 있다. 따라서 2010. 1. 1. 개정된 조세범처벌법은 원천징수의무위반죄의 법정형을 양분하고, 납부의무위반죄를 징수의무위반죄보다 훨씬 더 엄하게 처벌하는 태도로 변경한 특색이 있다. 그런데 2010. 1. 1. 이렇게 법정형을 새롭게 변경한 이유에 관해 국세청은 납부의무위반죄는 징수의무위반죄와 달리 그 법적 성격이 조세포탈죄와 유사하

---

440) 이 부분은 이성일, 조세범처벌법의 원천징수의무위반죄 법정형의 적정성 여부, 법조협회 법조 통권 제754호, 2022, 118면 이하 내용을 체계를 변경해 인용한 것이다.

다는 점을 언급하였고, 이에 동조하는 견해들이 있다. 따라서 납부의무위반죄의 법적 성격이 조세포탈죄와 유사하다고 볼 수 있는지 여부를 살펴볼 필요성이 있고, 만약 납부의무위반죄의 법적 성격이 조세포탈죄와 유사하다고 볼 수 없다면 이를 근거로 원천징수의무위반죄의 법정형을 차등화한 태도가 평등의 원칙에 부합하는지 여부를 살펴볼 필요성이 있다.

II. 원천징수의무위반죄의 법적 성격에 관한 기존의 견해와 평가

1. 국내 학설

국세청은 2010. 1. 1. 원천징수의무위반죄의 종전 법정형을 차등화한 이유에 관해 "원천징수불이행범은 위해범에 해당하지만, 불납부범은 조세포탈범과 성격이 유사"하고, "책임주의 원칙상 죄질이 더 나쁜 원천징수불납부범을 중하게 처벌할 필요"가 있어 "원천징수불납부범은 조세포탈죄에 준하여 엄벌하고, 불이행범은 그보다 완화하여 형벌 부과"하여 "원천징수위반범 처벌 합리화"를 꾀하였다고 설명한다.[441] 국세청의 입장은 아래에서 언급하는 일본의 유력한 학설과 맥락을 같이한다. 학설도 대체적으로 이런 개정 태도를 긍정적으로 평가하는 것으로 이해할 수 있다. 즉 일부 견해는 "원천징수의무 위반행위의 불법성보다 타인의 세금을 원천징수하여 보관하고 있으면서도 이를 정부에 납부하지 않은 행위의 불법성과 비난가능성이 더 크다는 점을 감안"[442]한 것이라고 이해하고, 일부 견해는 "죄질이 더욱 불량한 불납부에 대한 처벌을 강화"[443]한 것으로 이해한다.[444]

---

441) 앞의 책(주 58), 58면.
442) 김태희, 앞의 책(주 1), 356–357면.
443) 안대희, 앞의 책(주 1), 191면 주 2).
444) 박상수, 원천징수제도의 문제점에 관한 연구 – 소득처분에 의한 원천징수의무를 중심으로, 서울시립대학교 법학연구소 조세와 법 제5권 제1호, 2012, 173면은 원천징수의무위반죄에 대한 위헌성을 주장하면서도 "개정된 조세범처벌법은 부징수와 불납부의 경우를 차별화하여 개선된 입법이라 할 것이다."라고 긍정적으로 평가한다.

2. 일본 학설

일부 학설은 각종 조세범을 탈세범과 조세위해범, 선동범으로 구분하고, 탈세범을 포탈범(협의의 탈세범), 신고서부제출범, 간접탈세범, 불납부범, 체납처분면탈범으로 나누며, 조세위해범을 허위신고범, 단순무신고범, 부징수범, 검사거부범, 기타범으로 나눈다.[445] 그리고 사기 기타 부정한 행위로 조세를 면한 납세의무자를 포탈범, 원천징수대상 소득세를 불납부한 자를 불납부범, 원천징수대상 소득세를 징수하지 아니한 자를 부징수범으로 각 분류한다.[446] 그 학설에 따르면 원천징수의무위반범 중 불납부범은 포탈범과 함께 탈세범에 해당하고, 원천징수의무위반범 중 부징수범은 조세위해범에 속한다. 그리고 그 학설은 포탈범이 성립하기 위해서는 조세채권의 침해가 있어야 한다고 주장하면서[447] 포탈범 중 납세의무자의 행위는 일본 형법 제246조 제2항의 사기이득죄와 죄질이 동일하다고 이해한다.[448]

3. 평가

일본의 위 학설에 따르면 일본 소득세법의 원천징수의무위반범 중 불납부범을 포탈범과 유사하게 일종의 사기죄로 이해하면서 사기죄의 징역형과 균형을 맞춘 것이라고 평가할 수 있는 반면, 부징수범은 불납부범과는 전혀 다른 성격의 조세범으로 이해하는 입장이라 할 것이다.[449] 그리고 우리나라에서도 일부 견해[450]는 조세범을 탈세범과 조세위해범으로 나누고, 그 구별기준을 세법상의 의무위반에 의하여 구체적 조세채권을 직접 침해하는 것이냐 아니면 단

---

445) 金子 宏, 앞의 책(주 17), 1120 – 1125면.
446) 金子 宏, 앞의 책(주 17), 1120 – 1124면.
447) 金子 宏, 앞의 책(주 17), 1121면.
448) 金子 宏, 앞의 책(주 17), 1121면.
449) 일본 소득세법 제240조는 이자소득 및 배당소득 원천징수의무 등을 규정한 해당 규정에 따라 소득세를 징수하였으나 납부하지 아니한 자를 10년 이하의 징역 또는 200만 엔 이하의 벌금에 처하거나 병과한다고 규정하고, 제242조는 아래 각 호에 해당하는 자는 1년 이하의 징역 또는 50만 엔 이하의 벌금에 처한다고 규정하면서 제3호에 이자소득 및 배당소득 원천징수의무 등을 규정한 해당 규정에 따라 징수하여야 할 소득세를 징수하지 아니한 자를 규정한다.
450) 최형기, 판례를 중심으로 한 조세포탈범의 성립요건과 문제점, 형사법에 관한 제문제(하), 법원행정처, 1990, 429면.

순히 조세채권의 정상적인 행사를 저해할 위험을 초래하는 것에 그치느냐로 이해하여 위 일본 학설과 같은 입장이라고 할 수 있다.[451]

III. 조세포탈죄와 법적 성격 비교

1. 결과범 내지 침해범 여부

원천징수의무위반죄 중 징수의무위반죄와 납부의무위반죄는 구성요건적 결과 발생을 요구하지 아니하므로 모두 거동범이다. 그리고 '모든 침해범은 결과범이다'[452]라는 보편적으로 수용되는 명제에 비추어 볼 때 징수의무위반죄와 납부의무위반죄는 침해범의 속성을 구비하지 못하므로 위험범으로 이해할 수밖에 없다. 그리고 추상적 위험범인지 아니면 구체적 위험범인지에 관하여는 원천징수의무위반죄의 구성요건에 그 보호법익인 조세수입의 조기확보와 조세징수의 효율성[453]에 대한 위험의 발생을 표상하는 문구가 없으므로 결국 추상적 위험범으로 이해할 수 있다. 이에 반해 앞서 살펴본 것처럼 조세포탈죄는 결과범이고, 비록 학설의 대립이 있으나, 추상적 위험범으로 해석하는 것이 타당하다. 따라서 조세포탈죄와 마찬가지로 징수의무위반죄와 납부의무위반죄는 모두 추상적 위험범으로 통일적으로 이해하는 것이 타당하므로 조세포탈죄와 납부의무위반죄를 침해범으로, 징수의무위반죄를 위험범으로 각각 달리 이해하는 견해는 타당하지 않다. 그러므로 국세청이 "원천징수불이행범은 위해범에 해당하지만 불납부범은 조세포탈범과 성격이 유사(하다)"는 입장은 설득력이 없다.

---

451) 이와 달리 안대희, 앞의 책(주 1), 127-128면은 조세범의 유형을 과세의 실체규정에 기한 납세의무 또는 징수의무를 이행하지 아니하거나 이를 기도함으로써 조세수입의 감소를 초래하거나 초래할 위험이 있는 행위유형인 실질범과 직접적으로 조세수입의 감소를 초래하는 것은 아니지만 세액의 확정 및 납세질서의 유지 등 간접적인 세수확보를 위한 과세절차규정에 위반한 행위유형인 형식범으로 나누고, 실질범은 조세수입의 감소라는 결과 발생 여부에 따라 조세의 감소를 초래한 탈세범과 그 감소와 직접 관련이 있는 탈세 관련 사범으로 나누며, 형식범은 직접 조세 감소를 초래하지는 아니하나 세법상의 각종 의무 규정을 위반한 것으로 조세질서범 또는 조세위해범이라고 설명한다. 이러한 견해는 조세포탈죄와 원천징수불이행죄를 모두 탈세범으로 분류한다[안대희, 앞의 책(주 1), 128면]는 점에서 부징수와 불납부을 서로 다른 법적 성격으로 이해하는 국세청의 입장과는 다른 태도라고 이해된다.
452) 김성돈, 앞의 책(주 163), 40면.
453) 김종근, 앞의 책(주 79), 351면.

2. 진정부작위범 여부

징수의무위반죄와 납부의무위반죄는 부작위범 중 진정부작위범으로 이해할 수 있는지 아니면 부진정부작위범으로 이해할 수 있는지가 문제된다. 여기서 진정부작위범은 부작위가 처음부터 범죄구성요건에 구성요건적 행위로 예정되어 있는 경우이고, 부진정부작위범은 법률에 규정된 작위범을 부작위에 의하여 실현하는 범죄를 의미한다. 그리고 진정부작위범과 부진정부작위범의 구별기준에 관해 진정부작위범의 구성요건은 단순한 부작위에 의해 충족되는 반면 부진정부작위범은 부작위 외에도 결과의 발생을 요하는 범죄라고 이해하는 실질설과 법문의 형식에 따라 구별하는 형식설의 대립이 있다.454) 실질설과 형식설 중 어떤 학설에 따르더라도 징수의무위반죄는 거동범이고, 조세범처벌법 제13조 제1항의 규정형식상 진정부작위범이라고 이해할 수 있으며, 납부의무위반죄는 징수한 세금을 납부하지 아니하면 성립하는 거동범이며, 조세범처벌법 제13조 제2항의 규정형식에 따르더라도 진정부작위범이라고 이해할 수 있다. 다만 진정부작위범을 거동범, 부진정부작위범을 결과범으로 이해하는 실질설에 대하여는 예컨대 거동범인 폭행죄의 경우에 부작위에 의해 성립될 수 있으므로 부진정부작위범이 항상 결과범이라는 실질설이라는 입장은 타당하지 아니하므로 형식설이 타당하다.455) 반면, 조세포탈죄는 뒤에서 조세포탈죄의 행위수단에 부

---

454) 형식설과 실질설의 대립에 관해 김혜경, 진정부작위범의 법리적 구성, 한국형사정책연구원 형사판례연구 23, 2015, 100 – 104면.

455) 같은 견해는 김성돈, 앞의 책(주 46), 566면; 신동운, 앞의 책(주 46), 141 – 142면. 그런데 김성돈, 앞의 책(주 46), 567면은 진정부작위범과 부진정부작위범의 차이점에 관해 "부진정부작위범은 신분범이지만 진정부작위범은 신분범이 아니다."라고 주장한다. 김혜경, 앞의 논문(주 454), 112면도 "진정부작위범에서의 작의의무자는 신분범이 아니다. 작위의무는 특정 행위자의 고유한 속성으로부터 부여되는 것이 아니라 외적으로 존재하는 객관적인 상황으로부터만 찾아질 수 있기 때문이다."라고 주장한다. 또한 한정환, 작위와 부작위, 진정·부진정 부작위범의 구별, 한국비교형사법학회 비교형사법연구 제7권 제1호, 2005, 97면은 "요구규범을 통한 작위의무가 모든 사람에게 적용되는 범죄행위는 진정 부작위범인 반면, 이른바 '보증인'에게만 작위의무가 성립하고 보증인에 의해서만 구성요건이 실현되는 형태는 부진정 부작위범"이라고 주장한다. 그런데 진정부작위범은 신분범이 아니라는 주장은 논란의 여지가 있다. 왜냐하면 원천징수의무위반죄는 진정부작위범이나 행위주체를 "조세의 원천징수의무자"로 규정하고, 원천징수의무는 위증죄의 증언의무와 같이 공법상 의무로서 객관적·외부적 행위자적 요소라는 점에서 일단 형법 제33조의 신분에 해당할 수 있다. 그리고 신분에 계속적 성격이 요구되는지에 관해 견해의 대립이 있고, 만약 신분에 계속적 성격이 필요 없어 일시적 성격의 특별한 인적 상태도 신분에 포함된다고 해석하는 견해에 따를 때, 원천징수의무는 원천납세의무자의 국가에 대한 납세의무의 성립을 전제하는데, 앞서 살핀 바와 같이 납세의무의 성립은 일시적 성격의 특별한 인적 상태로 이해할

작위가 포함되는지 여부에 관해 살펴보는 것처럼, 2010. 1. 1. 조세범처벌법이 개정되기 전에는 다툼이 있었으나, 2010. 1. 1. 개정된 조세범처벌법 제3조 제6항 제5호에 "고의적으로 장부를 작성하지 아니하거나"라고 규정해 부작위를 포함시켜 작위뿐만 아니라 부작위에 의해도 구성요건적 결과인 "포탈·공제·환급"이 가능하므로 부진정부작위범이다.

3. 소결

결국 원천징수의무위반죄 중 징수의무위반죄와 납부의무위반죄는 모두 추상적 위험범이고, 거동범이며, 진정부작위범으로서 실질적으로 동일한 법적 성격이 있고, 조세포탈죄는 비록 추상적 위험범이나, 결과범이며, 부진정부작위범으로서 양죄는 그 법적 성격이 유사하다고 볼 수 없다. 따라서 납부의무위반죄의 법적 성격을 조세포탈죄와 유사하다고 이해하는 견해는 타당하지 못하다. 그러므로 납부의무위반죄의 법적 성격이 조세포탈죄와 유사한 반면, 징수의무위반죄는 조세포탈죄와 그 법적 성격이 다르다는 점을 전제로 징수의무위반죄와 납부의무위반죄의 법정형을 차등화한 태도가 평등의 원칙에 위반되어 위헌인지 여부를 살펴봐야 한다.

IV. 원천징수의무위반죄의 법정형의 위헌성 여부

1. 자의금지원칙에 따른 심사

법적 성격의 상이성에 입각해 징수의무위반죄와 납부의무위반죄의 법정형을 달리 규정한 태도는 모두 추상적 위험범이고, 진정부작위범이며, 거동범으로서 실질적으로 동일한 속성을 가지는 징수의무위반죄와 납부의무위반죄를 합리적 근거 없이 차별해 취급함으로써 평등원칙에 반한다고 할 것이다. 또한 비록

수 있으므로 결국 원천징수의무위반죄는 진정신분범으로 이해할 수 있다. 따라서 진정부작위범이 진정신분범인지 여부는 해당 규정의 형식과 형법 제33조의 '신분'에 관한 견해에 따라 결정된다.

추상적 위험범이나, 조세의 포탈, 환급, 공제라는 구성요건적 결과가 발생하여야 비로소 성립하는 결과범이고, 작위와 부작위에 의해서 구성요건이 충족되는 부진정부작위범인 조세포탈죄와 법적 성격이 다른 납부의무위반죄를 같이 취급한 것으로서 본질적으로 다른 것을 같게 취급해 평등의 원칙에 반한다고 할 것이다.

2. 비례성원칙에 따른 심사

(1) 비례성원칙을 적용할 사안인지 여부

징수의무위반죄와 납부의무위반죄의 법정형을 차별화한 규정이 헌법재판소가 비례성 심사를 해야 할 사안으로 제시한 기준 중 '차별적 취급으로 인하여 관련 기본권에 대한 중대한 제한을 초래하게 되는지' 여부와 '입법자가 설정한 차별이 기본권에 관련된 차별을 가져오는지'를 검토할 필요성이 있다. 납부의무위반죄를 징수의무위반죄와 법정형을 달리 규정한 태도는 비례성 심사를 적용해야 할 사안으로 판단된다. 왜냐하면 현행 납부의무위반죄는 징수의무위반죄에 없는 징역형을 규정하여 같은 원천징수의무자임에도 이 규정이 적용되면 징역형으로 처벌될 수 있어 신체의 자유에 중대한 제한을 초래하기 때문이다. 또한 입법자의 이러한 법정형의 차별은 같은 원천징수의무자라도 납부의무위반죄는 벌금형뿐만 아니라 징역형까지 규정되어 재산권 행사의 자유뿐만 아니라 신체의 자유에 영향을 미치고, 징수의무위반죄는 벌금형만 규정되어 재산권 행사의 자유만 영향을 미치게 되어 원천징수의무자의 기본권과 관련된 차별을 가져온다고 평가할 수 있기 때문이다. 따라서 징수의무위반죄와 납부의무위반죄의 법정형을 달리 규정한 태도는 비례성원칙에 따른 심사를 해야 한다.

(2) 비례성원칙 심사기준에 따른 판단

납부의무위반죄의 법정형을 징수의무위반죄보다 더 높게 규정한 태도는 원천징수의무자가 일단 원천징수대상 세금을 징수한 경우에 그 목적대로 국가에 납부하지 아니하는 경우에 이를 엄벌함으로써 조세의 조기확보와 조세징수의 효율성을 달성하려는 것으로서 그 입법목적은 정당하다고 할 것이다. 그런데 차별취급의 적합성과 관련해 징수의무를 이행하였더라도 원천징수의무자가 징수한 원천징수 대상 세금을 원천납세의무자와 나누어 사용할 수도 있는 등 원천징수의무자의 징수의무 이행으로 반드시 원천징수의무자가 부당한 경제적 이익을 보유한다고 단정할 수는 없다.[456) 따라서 징수의무이행 여부를 기준으로 납부의무위반죄의 법정형을 징수의무위반죄보다 더 높게 규정한 태도는 입법목적을 달성하기 위한 적합한 수단이라고 단정하기 어렵다. 또한 차별취급의 필요성과 관련해 그 입법목적을 반드시 납부의무위반죄를 징수의무위반죄보다 법정형을 더 높여 처벌하는 방법을 통해서만 달성할 수 있다고 보기도 어렵다. 이는 개정 전 태도와 같이 납부의무위반죄와 징수의무위반죄를 같은 법정형으로 처벌하는 태도에 의해서도 달성될 수 있기 때문이다. 그리고 양죄는 모두 추상적 위험범, 진정부작위범, 거동범으로서 법적 성격이 동일하므로 납부의무위반죄가 징수의무위반죄와 본질적으로 차이가 없다고 볼 수도 있기 때문에 반드시 처벌을 달리할 필요성을 인정하기도 어렵다. 끝으로 법익균형성과 관련해 비록 일반예방적 관점에서 납부의무위반죄를 더 엄히 처벌할 공익상 필요성이 있더라도 납부의무위반죄는 벌금형뿐만 아니라 징역형까지 동원해 처벌하는 반면, 징수의무위반죄는 벌금형으로만 처벌하는 태도는 문제가 있다. 왜냐하면 양죄가 모두 진정부작위범으로서 구성요건 중 "요구된 행위의 부작위"와 관련해 납부의무위반죄는 원천징수의무자에게 요구되는 의무인 징수의무와 납부의무 중 징수의무를 이행한 점에서 아예 징수의무조차 징수의무위반죄보다 불법이 더 낮다고 볼 수 있기 때문이다. 따라서 그처럼 불법이 더 낮은 납부의무위반죄를 신체의 자유에 대한 중대한 제한인 징역형까지 동원해 처벌하는 반면, 불법이 더 중한 징수의무위반죄는 신체의 자유보다 낮은 서열의 기본권이라고 볼 수 있는 재산권 행사의 자유에 대한 제한인 벌금형으로 처벌하는 것은 차별취급으로 인하여 달성하려는 공익과 그 차별로 인한 불이익의 균형성이 유지된다고 볼 수 없다. 결국 현행 납부의무위반죄의 법정형은 비례성원칙 중 차별취급의 적합성과 필요성, 특히 법익의 균형성 요건을 충족시키지 못해 위헌이라고 생각한다. 그러므로 징수의무위반죄와 납부의무위반죄의 법적 성격의 유사성, 징수의무를 이행해 취득한 경제적 이익을 원천징수의무자가 국가에 납부하지 아니하는 경우를 엄벌할 일반예방적 관점 등을 종합하면 양죄를 종전처럼 벌금

---

456) 원천징수의무 이행과 부당한 경제적 이익의 보유의 관계에 관해 이성일, 앞의 논문(주 440), 136－140면.

형과 징역형을 선택형으로 하나의 법정형으로 규정해 탄력적으로 대응하는 방
안이 타당하다고 할 것이다.

V. 일본의 원천징수의무위반죄의 법정형에 대한 평가

조세범처벌법의 징수의무위반죄와 납부의무위반죄의 법정형이 평등원칙 위
반이라면, 납부의무위반죄의 법정형을 징수의무위반죄보다 더 높게 규정한 일
본 소득세법의 원천징수의무위반죄도 위헌이라고 할 수 있을까? 이에 관해 일
본에서 이들 규정의 법정형이 평등원칙에 반한다는 주장은 발견하기 어렵다.
비록 조세범처벌법의 원천징수의무위반죄가 평등의 원칙 위반이더라도 일본 소
득세법의 해당 규정도 위헌이라고 단정하기는 어렵다. 왜냐하면 일본 소득세법
의 납부의무위반죄의 10년 이하의 징역은 조세포탈죄, 사기죄와 균형을 맞춘
것으로서 입법자는 납부의무위반죄와 조세포탈죄의 법적 성격을 사기죄로 이해
한 것으로 해석할 수 있고, 일본 소득세법의 납부의무위반죄와 징수의무위반죄
의 법정형은 둘 다 징역형과 벌금형을 규정한 점에서 우리나라와 상이하기 때
문이다. 따라서 부작위범으로서의 불법 구조에 비추어 볼 때 징수의무위반죄가
납부의무위반죄보다 불법이 더 무겁더라도, 납부의무위반죄의 법적 성격에 대
한 상이한 이해와 징수의무위반죄와 납부의무위반죄의 법정형을 모두 징역형
과 벌금형으로 규정한 법정형 체계를 감안하면 조세범처벌법과 달리, 일본 소
득세법의 납부의무위반죄의 법정형이 평등의 원칙에 위반된다고 단정하기는
어렵다.

행위수단과 미수범 처벌

01

조세포탈죄의 행위수단

제1절 서론

2010. 1. 1. 조세범처벌법 개정 전 대법원은 조세포탈죄의 행위수단인 '사기 기타 부정한 행위'를 "조세의 포탈을 가능하게 하는 행위로서 사회통념상 부정이라고 인정되는 행위, 즉 조세의 부과징수를 불능 또는 현저하게 곤란하게 하는 위계 기타 부정한 적극적 행위"로 이해하였고, 2010. 1. 1. 개정을 통해 조세범처벌법 제3조 제6항은 "사기나 그 밖의 부정한 행위"를 "다음 각 호의 어느 하나에 해당하는 행위로서 조세의 부과와 징수를 불가능하게 하거나 현저히 곤란하게 하는 적극적 행위"라고 규정하면서 제1호부터 제6호까지 구체적 사유를 규정하고, 제7호에 "그 밖에 위계(僞計)에 의한 행위 또는 부정한 행위"라고 규정하였다. 통설은 조세포탈죄의 행위수단이 성립하기 위해서는 ① 제3조 제6항의 각 호에 의한 행위 ② 적극적 행위 ③ 조세의 부과와 징수를 불가능하게 하거나 현저히 곤란하게 하는 행위, 이렇게 3개 요건을 모두 구비해야 한다고 이해한다.[457] 따라서 이들 3개 요건의 의미가 무엇이고, 이들 3개 요건의 관계를 어떻게 이해할지에 관해 살펴볼 필요성이 있다. 먼저 주요국의 조세포탈죄의 행위수단에 관해 살펴본 후 이들 3개 요건에 관해 살펴본다.

---

457) 김태희, 앞의 책(주 1), 206면.

제2절 주요국의 태도 및 평가

조세포탈죄의 행위수단에 관해 미국은 '어떠한 방법에 의하든지(in any manner)'라고 규정한 반면, 독일은 '세무관청 또는 기타 관청에 대하여 과세상 중요한 사실에 관하여 부정확하거나 불완전한 진술을 하거나' 또는 '의무에 반하여 과세상 중요한 사실을 세무관청에 알리지 아니하거나', '의무에 반하여 수입인지 또는 수입증지를 사용하니하여'라고 규정하며, 일본은 '사기 기타 부정한 행위'로 규정한다. 이처럼 주요국의 입법례는 조세포탈죄의 행위수단에 특정한 행위수단을 요구하지 않는 입장(미국)과 특정한 행위수단을 요구하는 입장(독일과 일본)으로 나눌 수 있다. 그런데 미국은 비록 법률에 조세포탈죄의 특정한 행위수단을 요구하지 않으나, 미국 연방대법원은 Sansone v. United States, 380 U.S. 343(1965) 사건에서 조세포탈죄가 성립하기 위한 세 가지 요건을 언급하였는바, 첫째, 고의(willfulness), 둘째, 조세 부족분의 존재(the existence of a tax deficiency), 셋째, 조세포탈을 위한 적극적인 행위(an affirmative act constituting an evasion or attempted evasion of the tax)가 그것으로서, 이에 의하면 미국은 조세포탈죄의 행위수단으로 조세포탈을 위한 '적극적인 행위'를 요구한다. 한편, 일본 최고재판소는 조세포탈죄의 행위수단인 사기 기타 부정한 행위의 개념에 관하여 "포탈의 의도를 가지고 그 수단으로서 세금의 부과징수를 불능 혹은 심히 곤란케 할 만한 위계나 기타 공작을 행한 것을 이른다."고 판시하였다.[458] 또한 일부 학설은 "사기 기타 부정한 행위란 장부서류의 허위기입, 이중장부의 작성을 비롯한 사회통념상 부정하다고 인정되는 행위를 의미하며, 단순한 미신고는 이에 해당하지 않지만(일본최고재판소 쇼와 24년 7월 9일 형사판례집 제3권 제8호 1213쪽, 일본최고재판소 쇼와 38년 2월 12일 형사판례집 제17권 제3호 183쪽) 그것이 사회통념상 부정하다고 여겨지는 행위와 연관성이 있는 경우에는 이에 준한다고 해석해야 한다"고 주장한다.[459]

주요국의 입법례와 해석론을 조세범처벌법의 조세포탈죄와 비교하면 조세포탈죄의 행위수단인 사기나 그 밖의 부정한 행위의 성립요건으로 '위계에 의한 행위'와 '적극적 행위'를 모두 규정한 우리나라의 태도는 상당히 이채롭다고

---

458) 일본 최고재판소 소화 42년(1967년) 11월 8일 일본형사판례집 21권 9호 1197면.
459) 金子 宏, 앞의 책(주 17), 1121면.

평가할 수 있다. 왜냐하면 앞서 언급하였듯이 미국은 '적극적 행위'만 요구하는 반면, 일본은 '포탈의 의도'와 '그 수단으로서', '위계'를 요구하나 '적극적 행위'를 요구하지 아니하기 때문이다. 따라서 미국, 일본, 독일은 조세포탈죄 행위수단으로 '위계에 의한 행위'와 '적극적 행위'의 관계가 문제될 여지가 없는 점에서 우리나라와 다른 상황이라고 할 것이다.

제3절 적극적 행위

Ⅰ. 서론

2010. 1. 1. 조세범처벌법 개정 전 대법원은 조세포탈죄의 행위수단인 '사기 기타 부정한 행위'를 "조세의 포탈을 가능하게 하는 행위로서 사회통념상 부정이라고 인정되는 행위, 즉 조세의 부과징수를 불능 또는 현저하게 곤란하게 하는 위계 기타 부정한 적극적 행위"로 이해한 반면, 앞서 관세포탈죄에 관한 후자의 판결을 통해 "관세법 제180조 소정의 '사위 기타 부정한 방법'이라 함은 결과적으로 탈세를 가능하게 하는 행위로서 사회통념상 사위, 부정으로 인정되는 모든 행위를 말하며 적극적 행위(작위)뿐만 아니라 소극적 행위(부작위)도 포함한다"고 판시하였다. 한편, 조세포탈죄와 유사한 행위수단으로 규정된 특별법위반죄에 관해 대체적으로 대법원은 "정상적인 절차에 의해서는 ~할 수 없음에도 위계 기타 사회통념상 부정이라고 인정되는 행위로서 ~에 관한 의사결정에 영향을 미칠 수 있는 적극적 또는 소극적 행위"라고 판시하였다. 이러한 대법원의 판결들을 비교하면 조세포탈죄의 행위수단인 '적극적 행위'를 '작위'와 동일한 개념으로 이해해야 하는지 여부가 문제된다. 다만 2010. 1. 1. 조세범처벌법이 개정되면서 제3조 제6항 제5호에 "고의적으로 장부를 작성하지 아니하거나"를 규정해 행위수단에 부작위가 포함되는 것을 명시하여 더 이상 부작위가 조세포탈죄의 행위수단에 포함되는지 여부에 논란이 발생할 소지가 없게 되었다. 그러나 위 3개 특별법위반죄의 행위수단에 관한 대법원의 판결들을 비교해 분석함으로써 조세포탈죄의 '적극적 행위'의 의미를 분명히 알 수 있고, 3개 특별법위반죄의 행위수단에 관한 대법원 판결들이 상호 충돌하는지 여

부를 확인할 수 있다. 그리고 대법원이 조세포탈죄에 관해 무죄를 선고한 대표
적 판결인 대법원 2018. 4. 12. 선고 2016도1403 판결과 대법원 2018. 11. 9.
선고 2014도9026 판결을 분석해 '적극적 행위'를 구성하는 개념 요소를 살펴보
는 한편, 소송사기에 관해 대법원은 그 행위수단으로 "적극적인 방법" 내지 "적
극적인 사술"을 요구하는 입장을 명시하는데,[460] 무죄를 선고한 대표적 판결인
대법원 2018. 8. 1. 선고 2018도8750 판결과 대법원 2018. 12. 28. 선고 2018
도13305 판결을 분석해 '적극적 방법' 내지 '적극적 사술'의 개념 요소를 살펴본
다음, 조세포탈죄의 '적극적 행위'와 소송사기죄의 '적극적인 방법' 내지 '적극적
인 사술'을 같은 의미로 이해할 수 있는지에 관해 살펴본다.

II. 적극적 행위의 작위와 동일성 여부 및 기능

1. 3개 유형 특별법위반죄에 관한 대법원 판결의 상충 여부

앞서 언급한 것처럼 위 3개 유형 특별법위반죄의 행위수단에 관해 대법원
은 '사회통념상 부정이라고 인정되는 행위'(조세포탈죄와 기타 유사한 행위수단으로
규정된 특별법위반죄) 내지 '사회통념상 부정으로 인정되는 행위'(관세포탈죄에 관
한 후자의 판결)로 이해하여 대체적으로 같은 의미로 이해한다고 볼 수 있다. 그
러나 대법원은 조세포탈죄는 "적극적 행위"만 언급하고 "소극적 행위"를 언급
하지 아니한 점에서 "적극적 행위"와 "소극적 행위"를 모두 언급한 관세포탈죄
에 관한 후자의 판결 및 기타 유사한 행위수단으로 규정된 특별법위반죄와 차
이가 있으며, 특히 관세포탈죄는 "적극적 행위"와 "작위", "소극적 행위"와 "부
작위"를 같은 의미로 언급하므로 만약 조세포탈죄의 "적극적 행위"도 "작위"와
같은 의미로 이해하면 조세포탈죄의 행위수단에 부작위는 포함되지 아니한다.
한편, 대법원은 "조세범처벌법 제9조 제1항 소정의 '사기 기타 부정한 행위'라
함은 조세의 부과징수를 불능 또는 현저하게 곤란하게 하는 위계 기타 부정한

---

460) "적극적인 방법"을 요구한 대법원 판결로 예컨대 대법원 1998. 2. 27. 선고 97도2786 판결 등이
    있고, "적극적인 사술"을 요구한 대법원 판결로 예컨대 대법원 1982. 7. 27. 선고 82도1160 판결
    등이 있다.

적극적 행위를 말하고, 그러한 적극적 행위가 수반됨이 없이 단순히 세법상의 신고를 하지 아니하거나 허위의 신고를 하는 것은 위 행위에 해당하지 아니한다."고 일관되게 판시하였다.[461] 따라서 대법원은 조세포탈죄와 단순미신고 내지 허위신고와 구별기준을 '적극적 행위'로 이해한다고 해석할 수 있다. 그렇다면 위 3개 유형 특별법위반죄의 행위수단에 관한 대법원의 입장은 상충된다고 볼 수 있을까? 이에 답하기 위해 2010. 1. 1. 조세범처벌법이 개정되기 전 조세포탈죄의 행위수단에 부작위가 포함되는지 여부에 관한 학계와 대법원의 입장을 살펴볼 필요성이 있다.

2. 2010년 조세범처벌법 개정 전 해석론

(1) 학계의 입장

학설은 조세포탈죄에 관한 대법원 판결들을 분석한 후 대법원이 부작위에 의한 조세포탈죄를 부정한다고 결론내리면서 이를 비판하는 견해가 있었다. 이 견해는 "우리나라의 판례는 일관성 있게 적극적인 부정행위만이 조세범처벌법 제9조 제1항에서 말하는 '사기 기타 부정한 행위'에 해당한다고 판단하고 있음을 알 수 있다. 이는 작위적인 부정행위에 국한하여 부정행위를 인정하고, 부작위적인 부정행위를 부정행위로 보지 아니한다는 의미이다."[462]라고 분석하고, 이와 같은 대법원의 태도에 관해 "그 침해방법이나 행위의 유형에 관한 한 조세포탈행위와 사기는 같은 종류에 속한다고 보아야 한다(서독, 스위스의 통설). 그리고 조세범처벌법 제9조가 부정행위의 대표적 예시로서 '사기'를 명문화하고 있으므로 '사기 기타 부정한 행위'는 일반 형법상의 사기죄에 있어서와 마찬가지로 작위와 부작위 모두 포괄하는 개념으로 해석되어야 합당하다."[463]고 언급하며, "탈세목적이 있는 경우에 무신고 또는 허위신고는 조세의 일부를 면탈하고자 하는 과소신고보다 오히려 그 범정이 더욱 나쁘다고 보아야 할 것이다. 특히 무신고는 그 세액의 전부를 묵살하고 또한 면탈하려고 의도한 점에서 허

---

461) 대법원 1977. 5. 10. 선고 76도4078 판결; 대법원 2003. 2. 14. 선고 2001도3797 판결, 대법원 2007. 8. 23. 선고 2006도5041 판결.
462) 이종남, 조세범처벌법상 '사기 기타 부정한 행위'의 유형과 판례동향, 한국세무사회 세무사 제36권, 1985, 15면.
463) 이종남, 앞의 논문(주 462), 17면.

위신고나 과소신고보다도 더욱 악의적인 부정행위라 아니할 수 없다"[464]고 언급하고, 무신고 행위와의 구별에 관하여는 "조세질서범(무신고) 규정은 탈세 목적이 없는 무신고의 경우로 해석함이 합리적이다."[465]라고 주장한다.

(2) 대법원의 입장

대법원은 대체적으로 작위에 의한 조세포탈죄를 인정한 경우가 훨씬 많았고, 부작위에 의한 조세포탈죄를 인정한 경우는 매우 드물었다. 예컨대 작위에 의한 조세포탈죄를 인정한 사례로 평가할 수 있는 경우로 '위장 가공거래에 의한 허위계산서의 제출, 가공경비 계상, 공사수입금의 계산 누락 등의 방법으로 부가가치세, 법인세, 방위세 등을 포탈한 경우',[466] '지출경비에 관한 장부인 노임대장 및 출장여비정산서를 허위 작성·비치하여 놓고 그에 따라 지출경비를 과대계상함으로써 법인소득금액을 감소시키는 방법으로 법인세·방위세를 포탈한 경우',[467] '과세대상의 미신고나 과소신고와 아울러 장부상의 허위기장 행위, 수표 등 지급수단의 교환반복행위 기타의 은닉행위가 곁들여져 있다거나, 차명계좌의 예입에 의한 은닉행위에 있어서도 여러 곳의 차명계좌에 분산 입금한다거나 순차 다른 차명 계좌에의 입금을 반복하거나 단 1회의 예입이라도 그 명의자와의 특수한 관계 때문에 은닉의 효과가 현저해지는 등으로 적극적 은닉의도가 나타나는 사정이 덧붙여진 경우',[468] '실제 거래상황이 기재된 장부 외에 그보다 매출액을 적게 기재한 허위의 장부를 작성하여 이에 의하여 세무신고를 함으로써 매출액을 실제보다 과소하게 신고한 경우',[469] '적극적으로 다운계약서를 작성하고 이를 기초로 양도소득세신고를 한 행위'[470] 등 다수 사례가 있었다. 한편, 부작위에 의한 조세포탈죄를 인정한 사례로 평가할 수 있는 경우로 '합성수지 원료의 중간도매상이 사업자등록도 아니하고 장부를 비치, 기장하지도 아니한 채 세금계산서를 받음이 없이 합성수지 원료를 매입하여 세금계산서를 발급하지 아니하고 이를 매출한 후 부가가치세 확정신고도 전혀 하지 아니

---

464) 이종남, 앞의 논문(주 462), 18면.
465) 이종남, 앞의 논문(주 462), 18면.
466) 대법원 1985. 5. 14. 선고 83도2050 판결.
467) 대법원 1985. 7. 23. 선고 85도1003 판결.
468) 대법원 1999. 4. 9. 선고 98도667 판결; 대법원 2007. 8. 23. 선고 2006도5041 판결.
469) 대법원 2002. 9. 24. 선고 2002도2569 판결.
470) 대법원 2009. 1. 15. 선고 2007도3680 판결.

한 경우',471) '거래 상대방에게 금을 공급함에 있어 부가가치세를 포탈할 의도로 세금계산서를 교부하지 아니하였다가 부가가치세 확정신고시에 고의로 그 매출액을 신고에서 누락시킨 경우'472) 등 비교적 드물었다.

3. 비판적 검토

비록 일부 학설이 2010. 1. 1. 개정 전 조세포탈죄의 행위수단에 대법원이 적극적 행위를 요구하면서 부작위를 포함시키지 아니하였다고 해석하였으나, 이는 앞서 살펴본 대법원 판결들에 의하면 타당하지 아니하다.473) 즉 대법원은 조세포탈죄의 행위수단으로 적극적 행위를 요구하면서도 부작위도 포함된다는 입장이었다. 이러한 결과는 대법원이 관세포탈죄에 관한 후자의 판결에서 "적극적 행위"와 "작위"를 같은 의미로 이해한 입장과 차이가 있다. 대법원은 조세포탈죄의 행위수단인 "적극적 행위"를 단순미신고 내지 허위신고와 구별기준으로서의 표현한 것으로 이해할 수 있고, 이는 "작위"와 다른 개념이다. 그리고 대법원이 관세포탈죄에 관한 후자의 판결에서 "적극적 행위"와 "작위", "소극적 행위"와 "부작위"를 같은 의미로 언급한 이유는 위 후자의 판결은 관세포탈죄에 관한 전자의 판결474)과 달리, 관세포탈죄의 성립요건으로 '위계'를 요건으로 언급하지 아니한 것과 관련된다. 즉 뒤의 위계에 의한 행위에서 언급하는 것처럼, 위 후자의 판결은 관세포탈죄의 행위수단에 위계의 속성인 '의도성'을 요구하지 아니하므로 관세포탈죄의 '적극적 행위'는 조세포탈죄에서의 그것과 기능이 상이해 조세포탈죄와 관세포탈죄의 '적극적 행위'는 각각 의미가 다르다. 한편, 기타 유사한 행위수단으로 규정된 특별법위반죄는 대법원이 행위수단에 "위계"를 언급하면서도 "적극적 행위"와 "소극적 행위"를 모두 언급하는데, 이는 위계의 속성인 의도성을 요구하면서도 작위와 부작위가 모두 위계에 포함될 수 있다는 의미에서 적극적 행위와 소극적 행위를 모두 언급한 것으로 이해할 수 있다. 따라서 기타 유사한 행위수단으로 규정된 특별법위반죄와 관련해 대

---

471) 대법원 1988. 2. 9. 선고 84도1102 판결.
472) 대법원 2000. 2. 8. 선고 99도5191 판결, 대법원 2009. 1. 15. 선고 2006도6687 판결.
473) 다만 이 학설이 주장되기 전에 부작위를 사기 기타 부정한 행위에 포함시키는 대법원의 판결은 발견하기 어려웠다.
474) 대법원 1984. 2. 28. 선고 83도2470 판결; 대법원 1984. 11. 13. 선고 84도553 판결.

법원이 언급한 적극적 행위는 작위와, 소극적 행위는 부작위와 같은 의미이다. 결국 3개 유형 특별법위반죄의 행위수단에 대법원이 비록 모두 "적극적 행위"를 포함시키나, 조세포탈죄의 "적극적 행위"는 단순미신고 내지 허위신고와의 구별기준으로서 의미가 있는 반면, 관세포탈죄에 관한 후자의 판결과 기타 유사한 행위수단으로 규정된 특별법위반죄에 관한 대법원의 판결들의 "적극적 행위"는 그런 기능이 없어 작위와 같은 의미로 이해할 수 있는 점에서 각각 차이가 있다. 결국 3개 유형의 특별법위반죄의 행위수단에 관한 대법원의 각 입장은 상충된다고 볼 수 없다.

III. 적극적 행위의 개념 요소[475]

1. 대법원 2018. 4. 12. 선고 2016도1403 판결

(1) 공소사실의 요지

피고인 ○○○은 △△유업 주식을 친족 기타 특수관계인과 함께 3% 이상 소유하거나 소유 주식의 시가 총액의 100억 원 이상인 대주주에 해당하므로 그 소유 주식의 양도소득에 대하여 세금을 납부할 의무가 있다. 피고인 ○○○은 2000년경 △△유업 직원인 □□□의 명의를 차용하여 증권위탁계좌를 개설한 후 2008. 7. 4.부터 2008. 8. 8.까지 △△유업 주식 2.353주를 매도하여 997,993,084원의 양도 차익이 발생하였으므로, 2009. 5. 31.까지 관할 세무서에 위 소득에 대한 양도소득과세표준 확정신고를 하여야 한다. 그럼에도 불구하고, 피고인 ○○○은 위 차명계좌가 자신의 소유인 사실을 숨기기 위하여 자본시장법상 소유 주식 보고의무도 이행하지 아니한 채 양도 차익을 수표 또는 현금으로 출금하고 주식거래로 인한 양도소득을 신고하지 아니함으로써, 사기 기타 부정한 행위로 위 양도차익에 대한 2008년분 양도소득세 199,098,617원을 포탈하였다. 피고인 ○○○은 이를 비롯하여 △△유업 직원 또는 거래처 사장 명의를 차용하여 개설한 증권위탁계좌를 관리하면서 2008. 7. 4.부터 2012. 8. 29.까지 △

---

475) 이 부분은 이성일, 소송사기, 조세포탈죄, 위계공무집행방해죄의 행위수단의 통일적 이해, 법조협회, 법조 통권 제751호, 2022, 88-95면을 인용한 것이다.

△유업 주식 합계 6,813주를 매도하여 합계 3,280,352,695원의 양도 차익이 발생하였음에도 불구하고, 각 다음 해 5. 31.까지 이에 대한 양도소득과세표준신고를 하지 아니하여, 사기나 그 밖의 부정한 행위에 의하여 총 3회에 걸쳐 양도소득세 합계 654,570,539원을 포탈하였다.[476]

(2) 사안의 경과

제1심[477]은 위 공소사실을 유죄로 인정하였으나, 항소심은 피고인 ○○○의 차명주식의 취득 경위를 살펴보면, 차명주식의 거래를 통한 양도 차익 등의 이익을 도모한 것이 아니라, 주로 △△유업의 경영권 확보·유지를 위하여 차명주식을 취득·관리하였던 것으로 보인다거나 피고인 ○○○의 차명 주식의 보유기간, 매각 경위를 보면 피고인 ○○○의 이익실현 등을 위한 것이 아니라 모두 명의인 측의 요청에 따른 불가피한 사정에 기한 것이어서 차명주식 취득·보유·처분이 주식 양도소득의 은닉을 위한 것이라고 보기 어렵다거나 차명주식의 매각대금이 대부분 수표로 인출되어 사용관계에 대한 추적이 비교적 용이하였고 피고인 ○○○의 실명배서가 확인된 점, 차명 주식계좌들이 과세당국의 추적이 곤란할 정도로 많은 수라고 단정하기 어렵고, 거래가 빈번하게 반복되거나 차명계좌들 사이의 거래를 통하여 주식이 서로 섞이는 등의 일도 없었고, 피고인 ○○○과 차명주주들과의 인적 관계를 보더라도 대부분 △△유업의 전직 직원이나 협력업체 임원 등으로서, 이들은 세무조사 등의 경우 우선적인 검토대상이 될 가능성이 커 객관적으로 피고인 ○○○과의 연결관계가 쉽게 드러날 수 있을 것으로 보이므로 차명주주와의 특수관계 때문에 은닉의 효과가 현저해지는 경우라고 볼 수도 없는 점 등을 근거로 "피고인 ○○○이 차명주식의 취득 및 처분과 관련하여 차명관계 등의 노출을 꺼린 세법상의 단순 미신고 내지 허위신고의 정도를 넘어, 사기 기타 부정한 행위로 양도소득세를 포탈하였다는 점이 합리적인 의심의 여지가 없을 정도로 증명되었다고 보기 어렵다"는 이유로 무죄를 선고하였다. 이에 대하여 대법원은 "원심 판결 이유를 기록에 비추어 살펴보면, 원심의 위와 같은 판단은 정당하(다)"고 판시하였다.

---

476) 서울고등법원 2016. 1. 13. 선고 2015노791 판결 중 양도소득세 포탈에 관한 공소사실의 요지를 정리한 내용이다.
477) 서울중앙지방법원 2015. 2. 6. 선고 2014고합45 판결.

(3) 학계의 입장

일부 학설은 차명주식만으로는 소득은닉이 과세관청을 기망힐 의도에 기한 것이 아닐 수도 있고, 이 사건에서는 경영권 방어라는 다른 의도에 기한 것이라고 해석한다.[478] 다른 학설은 "주로 경영권 확보·유지를 위하여 차명주식을 취득·관리한 것이지만, 차명계좌를 별도로 개설하고 각 차명계좌의 보유주식도 3% 미만이 되도록 관리하였으므로, 이자 및 배당소득, 양도소득 등과 관련한 조세탈루의 결과가 발생할 수 있다는 점은 충분히 인식할 수 있었다. (중략) 그럼에도 대법원은 행위자의 주된 의도나 동기가 경영권 확보·유지에 있었고, 이를 넘어서는 '적극적인 부정행위'가 없었다는 이유로 '사기 기타 부정한 행위'는 인정되지 않는다고 판단한 것이다."라고 해석한다.[479]

(4) 비판적 검토

위 2016도1403 판결은 비록 조세포탈죄의 행위수단 중 어떤 요건에 관하여 공소사실을 인정하기에 부족하다고 명쾌히 적시한 것은 아니나, 위 2016도1403 판결의 원심이 "세법상의 단순 미신고 내지 허위신고의 정도의 넘어"라고 적시한 부분에 의하면 종래 대법원이 조세포탈죄와 단순 미신고 내지 허위신고의 구별기준으로 '적극적 행위'를 요구한 점에 비추어 볼 때, 공소사실만으로는 적극적 행위를 인정하기 부족하다는 입장으로 이해할 수 있다. 그리고 원심은 적극적 행위와 관련해 피고인의 차명주식의 취득 및 처분이 조세포탈의 목적이라기보다는 경영권 확보 내지 방어라는 취지에서 기인한 행위로 이해한 것으로 해석된다. 생각건대 피고인은 적어도 차명주식을 매도할 때 세무당국이 피고인에 대한 양도소득세의 부과를 현저하게 곤란하게 할 수 있다는 것에 대한 미필적 고의와 그로 인한 세수의 감소라는 결과를 초래할 수 있다는 것에 대한 미필적 고의를 인정할 수 있다. 그런데 피고인이 차명주식을 취득하고 처분하게 된 경위에 비추어 볼 때 세수감소라는 부당한 목적을 달성하려고 한 행위인지 여부가 문제될 수 있으나, 위에서 살핀 차명주식의 취득 및 처분 경위 등에 비

---

478) 김천수, 조세포탈 목적의 구체적 적용에 관한 소고 – 사기 기타 부정한 행위의 적극적 은닉의 도를 중심으로(4) –, 서울시립대학교 법학연구소 조세와 법, 제12권 제2호, 2019, 55면.
479) 조일영·장성두, 조세포탈죄에서 '적극적 은닉의도'의 자리매김, 조세법의 쟁점Ⅳ, 경인문화사, 2020, 284–285면.

추어 보면 피고인은 비록 이로 인하여 세수감소라는 결과를 미필적으로나마 인식하였다고 하더라도, 차명주식의 취득 및 처분으로 세수감소라는 부당한 목적을 달성하려고 하였다고 단정하기 어렵다고 할 것이다. 즉 피고인은 경영권 확보 내지 방어 등의 목적으로 차명주식을 취득하고 이를 유지한 상태에서 처분한 것으로서, 그와 같은 행위로 결과적으로 양도소득세를 부과받지 아니하였다고 하더라도, 피고인이 부당한 결과를 달성하기 위한 목적으로 차명주식을 취득한 것이라고 단정할 수 없다. 따라서 위 2016도1403 판결을 조세포탈의 목적 내지 의도라는 관점에서 이를 인정하기에 충분한 증거가 없다는 이유로 무죄를 선고한 것으로 해석하는 취지의 위 학설들의 견해에 동의한다.

2. 대법원 2018. 11. 9. 선고 2014도9026 판결

(1) 공소사실의 요지

피고인 ○○○은 홍콩에 Gundo Hong Kong Limited, Gundo International Limited(이하 차례로 'Gundo HK', 'Gundo International'이라고 하고, 통틀어 '홍콩법인'이라 한다)를 설립하여 봉제 인형 수출업을 영위하였는데, 피고인들이 공모하여 조세피난처인 영국령 버진아일랜드(이하 'BVI'라 한다)에 Golden Quarter Limited, Virtual Capital Holdings(이하 차례로 'Golden Quarter', 'Virtual Capital'이라고 한다)를 설립하고, 2001년과 2002년에 홍콩법인 명의로 수령한 수출대금 중 매출액의 약 15%에 해당하는 정상적인 영업 이익금을 마치 검사수수료, 커미션 등의 명목으로 지급하는 것처럼 내부 서류를 허위로 작성한 다음, 피고인 ○○○이 인출서명권을 가지고 개인적으로 관리하는 Golden Quarter, Virtual Capital 명의 계좌로 송금하여 피고인 ○○○에게 귀속되도록 함으로써, 사기 기타 부정한 행위로 피고인 ○○○에 대한 2001년 및 2002년 귀속 각 종합소득세를 포탈하였다.[480]

(2) 사안의 경과

위 혐의에 관해 제1심은 무죄를 선고하였고, 항소심은 유죄를 선고하였다. 이에 대해 대법원은 일단 "2001년경부터 2002년경까지 위와 같이 송금된 돈의

---

480) 위 2014도9026 판결에 나타난 원심이 유죄로 인정한 공소사실의 요지를 정리한 내용이다.

귀속 명의자인 Golden Quarter, Virtual Capital 등은 피고인 ○○○이 조세를 회피할 목적으로 조세피난처에 설립된 이른바 기지회사로서 홍콩법인으로부터 받은 위 수수료 능 명복의 논은 위 법인늘에 대한 지배권을 가진 피고인 ○○○에게 실질적으로 귀속되었다고 보는 것이 타당하다"고 판시하였으나, "납세자가 명의를 위장하여 소득을 얻더라도, 명의위장이 조세포탈의 목적에서 비롯되고 나아가 여기에 허위 계약서의 작성과 대금의 허위지급, 과세관청에 대한 허위의 조세 신고, 허위의 등기·등록, 허위의 회계장부481) 작성·비치 등과 같은 적극적인 행위까지 부가되는 등의 특별한 사정이 없는 한, 명의위장 사실만으로는 위 조항[구 조세범 처벌법(2006. 12. 30. 법률 제8138호로 개정되기 전의 것) 제9조 제1항]에서 정한 '사기 기타 부정한 행위'에 해당한다고 볼 수 없다(대법원 2017. 4. 13. 선고 2015두44158 판결 참조)"고 언급하면서 "검사가 제출한 증거들만으로는 피고인 ○○○이 홍콩법인의 돈을 Golden Quarter, Virtual Capital 명의 계좌에 수수료 명목으로 송금한 행위와 그 과정에서 이루어진 행위들을 구 조세범 처벌법 제9조 제1항에서 말하는 '사기 기타 부정한 행위'에 해당한다고 보기 부족하고, 달리 이를 인정할 만한 행위에 대한 충분한 증거가 없다"고 판시하였다.

그리고 이러한 판단의 근거로 ① Golden Quarter와 Virtual Capital의 각 지배구조가 통상적인 지배구조의 형태를 벗어나지 않은 점 ② Golden Quarter와 Virtual Capital의 계좌를 개설할 때 피고인 ○○○이 그 계좌의 실질 소유자로 자신이 아닌 다른 사람의 인적 사항을 기재하였다고 보이지 않고 이들 명의 계좌의 인출서명권 역시 피고인 ○○○이 가지고 있었다는 것 ③ 홍콩법인이 홍콩 세무당국에 실제 매출액의 약 1%만을 수입으로 신고하면서 그러한 내용의 세금신고서를 작성하였고 같은 내용으로 연도 말 재무제표와 감사보고서가 작성 내지 첨부되었다고 하더라도 이는 신고행위에 부수한 것에 불과하여, 이러한 사정만으로는 신고 내용에 관한 기초장부 등과 같은 근거 서류를 조작하거나 작성하였다고 평가할 수 없고, 그 밖에 어떠한 부정행위를 적극적으로

---

481) 안대희, 앞의 책(주 1), 688면은 회계장부를 주요부와 보조부로 나누고, 주요부는 분개장과 원장(총계정원장)으로, 보조부는 보조기입장과 보조원장, 기타보조부로 나눈다. 그리고 보조기입장은 현금출납장, 당좌예금출납장, 소액현금출납장, 매입장, 매출장, 받을어음기입장, 지급어음기입장으로 나누고, 보조원장은 상품재고장, 적송품원장, 고정자산대장, 매입처원장, 매출처원장, 주주원장으로 나누며, 기타보조부는 주문수령장, 외상매출현금연령장, 어음기일장으로 나눈다.

하였다고 인정할 만한 증거가 없는 점 ④ 홍콩법인이 Golden Quarter, Virtual Capital 명의 계좌에 송금할 돈을 계산하여 정리한 '월별결산자료'와 그렇게 송금한 돈을 정리하여 한 차례 작성된 'Total Income List'는, 그 내용 자체가 홍콩법인이 누락하여 신고한 소득이 있다는 사실과 더불어 그렇게 신고누락한 소득을 수수료 내지 감사료 명목으로 BVI에 설립된 법인 등 사외로 이전한다는 사실을 나타내는 것일 뿐이어서, 세무신고와 관련이 없을 뿐 아니라 이를 소득을 은닉하기 위한 행위로 보기도 어려운 점 ⑤ 위 '월별결산자료'와 'Total Income List'에 위와 같이 기재한 것을 넘어, 홍콩법인이 Golden Quarter, Virtual Capital로부터 그 기재된 수수료 내지 검사료 명목에 상응하는 용역을 제공받은 것처럼 위장하여 이를 통해 소득을 은닉하려는 행위가 있었다거나, 그러한 은닉의도를 드러내는 부정한 적극적 행위가 있었다고 볼 증거가 없는 점[482]을 언급한다.

(3) 학계의 입장

일부 학설은 대법원이 사기 기타 부정한 행위의 전제가 되는 납세자의 확정에 있어서 조세회피의 목적을 인정하였고, 조세회피의 목적의 소득은닉행위는 세수감소를 의도한 소득은닉행위이므로 과세관청을 기망할 의도가 있다[483]는 이해를 전제로 "과세관청의 실지조사권을 무력화할 정도의 소득은닉에 대한 행위자의 내적 경향이 적극적 은닉의도라는 것이다. 대법원의 입장을 이렇게 이해하면 적극적 은닉의도는 과세관청에 대한 모든 기망을 의미하는 것이 아니라 조세의 부과와 징수를 불가능하게 하거나 현저하게 곤란하게 할 정도의 기망만을 의미한다는 것이다"[484]이라고 해석한다. 또한 이 견해는 "조세의 부과와 징수를 불가능하게 하거나 현저히 곤란할 정도는 오로지 객관적 행위의 태양의 평가에만 관련되는 것이 아니라 행위자가 그런 평가에 이를 정도의 기망에 대한 의도, 내적 경향을 가지고 소득은닉행위를 하여야 한다"고 해석한다. 결국 이 견해는 조세포탈죄의 성립요건인 적극적 은닉의도는 세수감소를 의도한 소득은닉행위만으로는 인정하기 부족하고, 과세관청의 실지조사권을 무력화할 정도, 즉 조세의 부과와 징수를 불가능하게 하거나 현저히 곤란하게 할 정

---

482) ①부터 ⑤까지 언급한 부분은 대법원 판결의 가)부터 마)까지 적시된 내용이다.
483) 김천수, 앞의 논문(주 478), 69면.
484) 김천수, 앞의 논문(주 478), 77면.

도로 기망을 할 의도여야 한다고 이해한다.[485]

(4) 비판적 검토

위 학설은 다음과 같은 문제점이 있다. 첫째, 대법원 판결이 조세포탈죄의 성립을 부정한 근거로 언급한 ①부터 ⑤까지 사유는 조세의 부과와 징수를 불가능하게 하거나 현저히 곤란하게 하는 사유와 관련된 사유가 아니다. 즉 위 학설은 대법원 판결이 마치 위 사유들을 조세의 부과와 징수를 불가능하게 하거나 현저히 곤란하게 한 행위와 관련해 판단한 것처럼 해석하나, 대법원은 위 사유들을 적시하면서 "부정행위를 적극적으로 하였다고 인정할 만한 증거가 없(다)"거나 "세무신고와 관련이 없을 뿐만 아니라 이를 소득을 은닉하기 위한 행위로 보기도 어렵(다)"거나 "소득을 은닉하려는 행위가 있었다거나, 그러한 은닉의도를 드러내는 부정한 적극적 행위가 있었다고 볼 증거가 없(다)"는 것을 언급하였다. 그리고 대법원이 언급한 위와 같은 표현에 의하면 대법원은 ①부터 ⑤까지 사유를 조세포탈죄의 행위수단 중 '적극적 행위'와 관련해 판단한 것이고, 조세의 부과와 징수를 불가능하게 하거나 현저히 곤란하게 하는 행위와 관련해 판단한 것이 아니라고 할 것이다. 둘째, 위 학설은 조세포탈죄의 행위수단인 "사기나 그 밖의 부정한 행위" 중 '조세의 부과와 징수를 불가능하게 하거나 현저히 곤란하게 하는 행위'와 '적극적 행위'가 별개의 요건임에도 이를 마치 하나의 요건인 것처럼 판단하는 논리적인 문제점이 있다.[486] 즉 위 학설은 적극적 행위의 요소인 적극적 은닉의도를 과세관청에 대한 모든 기망을 의미하는 것이 아니라 조세의 부과와 징수를 불가능하게 하거나 현저하게 곤란하게 할 정도의 기망만을 의미한다고 이해하나, 이 입장에 의하면 적극적 은닉의도를 판단할 때 의도적 행위인지와 조세의 부과와 징수를 불가능하게 하거나 현저히 곤란하게 할 정도인지를 한꺼번에 판단하게 되어 조세의 부과와 징수를 불가능하게 하거나 현저히 곤란하게 하는 행위와 적극적 행위를 독립된 구성요건으로 규정한 태도와 반한다. 결국 위 2014도9026 판결은 조세포탈죄의 행위

---

485) 김천수, 앞의 논문(주 478), 84면.
486) 위계에 의한 행위와 같은 의미의 적극적 행위를 삭제하는 것이 타당하다는 저자의 입장에 의하면 대법원이 판단하는 ①부터 ⑤까지의 사유를 '위계에 의한 행위' 단계에서 판단하고, '조세의 부과와 징수를 불가능하게 하거나 현저히 곤란하게 하는 행위'라는 요건은 별도 판단하므로 이러한 문제점이 발생하지 아니한다.

수단 중 적극적 행위를 인정할 충분한 증거가 없다는 이유로 무죄를 선고한 것으로 이해함이 타당하다.

다음으로 위 2014도9026 판결이 '적극적 행위'의 개념 요소를 어떻게 이해하고 있는지에 관해 살펴본다. 먼저 대법원은 피고인이 이른바 기지회사를 설립한 것을 조세를 회피할 목적으로 인정하였다. 대법원이 언급한 '조세를 회피할 목적'이란 대법원이 종래 언급한 '조세포탈의 목적 내지 의도'와 같은 의미로 이해할 수 있다. 그런데 대법원은 피고인에게 조세를 회피할 목적을 인정할 수 있다고 판단한 다음 개별적인 행위수단인 ①부터 ⑤까지의 사유에 관하여 '적극적 행위'의 관점에서 판단하였다. 이와 같은 판단은 '조세포탈의 목적 내지 의도' 자체를 인정하지 아니한 위 대법원 2016도1403 판결과 다르다. 위 2014도9026 판결은 피고인에게 비록 '조세포탈의 목적 내지 의도'가 인정되더라도 그것만으로는 '적극적 행위'라고 단정할 수 없고, 개별적인 행위수단이 일정한 요건을 구비해야 한다는 의미로 이해할 수 있다. 구체적으로 대법원이 개별적인 행위수단에 관해 판단한 바를 살펴보면, ①부터 ②까지 사유는 조세포탈의 수단으로 동원되었다고 평가하기에 방해되는 요소로 이해할 수 있고, ③ 사유는 세무신고 시 첨부하는 재무제표나 감사보고서 등을 허위로 작성하는 행위가 조세범처벌법 제3조 제6항 제7호의 사유로 볼 수 있는지와 관련해 학설의 대립이 있으나, 대법원은 이에 포함되지 아니한다는 입장을 표명한 것으로 해석할 수 있다.[487] 또한 ④ 사유와 관련해 대법원의 "세무신고와 관련이 없(다)"는 판단은 그 행위가 조세포탈의 목적과 객관적인 관련성을 인정하기 어렵다는 것으로서 조세포탈의 수단으로서 적합성이 없다는 의미로 이해할 수 있으며, "이를 소득을 은닉하기 위한 행위로 보기도 어(렵다)"는 판단은 조세포탈의 수단으로서 의도성을 부인하는 것으로 이해할 수 있다. 그리고 ⑤ 사유는 피고인이 위에서 언급한 사유들 외에 부가적으로 거짓된 명목인 수수료 내지 검사료에 부합하게 마치 해당 용역을 제공받은 것처럼 구체적인 증거를 작출하는 행위가

---

487) 김천수, 앞의 논문(주 478), 66면은 "신고시 첨부되는 재무제표와 감사보고서는 소득은닉의 근거가 되는 장부에 해당되는지 여부에 관한 논란을 정리하여 사기 기타의 부정한 행위의 징표가 될 수 없다는 것을 선언한 매우 의미 있는 판단이다."라고 주장한다. 과세표준 및 세액의 신고서에 첨부되는 서류의 조작이 조세범처벌법 제3조 제6항 제7호의 '그 밖에 위계에 의한 행위 또는 부정한 행위'에 해당하는지에 관해 긍정하는 견해는, 이승식, 조세범처벌법 제3조의 '사기나 그 밖의 부정한 행위'에 관한 고찰, 경희대학교 법학연구소 경희법학 제48권 제4호, 2013, 379−380면. 부정하는 견해는, 최원, 조세범처벌법 제3조 제6항(사기나 그 밖의 부정한 행위)의 위헌성, 한국조세연구포럼 조세연구 제18권 제3집, 2018, 222면.

없었다는 것으로 이해할 수 있다.

3. 소결

위 2개의 대법원 판결을 통해 나타난 조세포탈죄의 적극적 행위의 개념요소에 관한 대법원의 입장을 종합하면 조세포탈의 목적이 인정되어야 하고, 개별적인 행위수단이 그 목적을 달성하는데 의도적으로 동원된 적합한 수단이어야 한다는 의미로 파악할 수 있다. 결국 대법원은 피고인의 전반적인 행위과정 내지 경과를 살펴 비록 조세포탈의 목적이 인정되더라도, 공소사실에 기재된 행위수단이 조세포탈의 목적을 달성하기 위해 의도적으로 동원된 객관적으로 적합한 수단이어야 비로소 조세포탈죄의 행위수단인 '적극적 행위'를 인정하는 입장으로 해석할 수 있다.

IV. 적극적인 방법 내지 적극적인 사술의 개념 요소[488)]

1. 대법원 2018. 8. 1. 선고 2018도8750 판결

(1) 사실관계

피고인은 재건축정비사업조합의 조합장이고, 재건축조합이 재건축지역 내 주택 소유자인 피해자 2명에게 해당 주택을 매수하였으나 피해자들이 매매보상금 상향을 요구하면서 퇴거하지 않자 피해자 2명을 상대로 건물명도청구소송을 제기하여 승소하였다. 그 후 피고인은 해당 주택의 임차인에게 향후 피해자들 대신 임차보증금을 지급해 주겠다고 하면서 허위로 그 임차인 명의의 동의서를 교부받았는데, 그 동의서 내용은 피고인으로부터 이미 임차보증금을 받았으니 피해자들에 대한 임차보증금반환채권을 위 조합에 양도한다는 내용이었다. 피고인은 피해자들을 채무자로 하여 8,100만 원의 구상금 지급을 구하는 지급명령을 신청하면서 위와 같이 허위작성한 동의서를 증거로 제출하였으나, 피해자

---

488) 이 부분은 이성일, 앞의 논문(주 475), 73−81면을 인용한 것이다.

들이 지급명령에 대한 이의신청을 하여 미수에 그쳤다는 혐의에 관하여 사기미수죄로 기소되었다.

(2) 사안의 경과

제1심 법원은 "피고인이 피해자들을 상대로 허위의 내용을 기재한 지급명령신청서에 허위의 동의서를 증거자료로 첨부하여 법원에 제출한 행위는 적극적으로 법원을 기망하는 행위로써 소송사기에 해당하고, 판시 각 증거에 의하면 피고인에게 사기의 고의도 충분히 인정된다."고 판시하였다.[489] 이에 대해 피고인은 피고인이 이 사건 조합의 조합장으로서 위 조합의 손해를 예방하기 위하여 이 사건 지급명령을 신청한 것일 뿐 편취의 고의가 없다고 주장하였는데, 항소심은 "이 사건 지급명령을 신청한 2016. 3. 14. 무렵까지도 이 사건 조합은 이 사건 건물의 임차인에게 임대차보증금을 아직 지급하지 않은 상황이었으므로, 그 지급명령신청서에 마치 2016. 2. 29. 이미 임대차보증금을 모두 지급한 것처럼 허위 기재한 것은 객관적 사실과는 부합하지 않으나 한편, 앞서 본 이 사건 지급명령을 신청하기까지의 경위 및 다음과 같은 여러 사정에 비추어 볼 때, 이 사건 조합이나 그 조합장인 피고인이 이 사건 지급명령을 신청한 목적은 이 사건 건물을 조금이라도 빨리 인도받고 조합 측에서 임대차보증금 잔금 8,100만 원을 대신 변제할 경우를 대비하기 위한 것으로 보일 뿐 법원을 기망하여 ○○○ 등을(피해자들을) 상대로 지급의무도 없는 8,100만 원에 대한 집행권원을 받아 내기 위한 것으로 보기는 어려우므로, 단지 이 사건 지급명령신청서에 위와 같은 허위사실이 기재되어 있다는 등의 사정만으로는 피고인에게 편취 범의가 있었다고 단정할 수 없다."고 판시하였다.[490] 그리고 대법원은 "원심의 위와 같은 판단은 정당하고, 거기에 상고이유 주장과 같이 소송사기의 편취 범의에 관한 법리를 오해한 위법이 없다."고 판시하였다.

---

489) 서울남부지방법원 2016. 12. 20. 선고 2016고단3413 판결.
490) 서울남부지방법원 2018. 5. 17. 선고 2017노51 판결.

2. 대법원 2018. 12. 28. 선고 2018도13305 판결

(1) 사실관계

공소사실 중 문제되는 부분491)은, 피고인은 피고인이 운영하는 △△건설에 근무한 안○모로부터 교부받은 2015. 5. 1.자 근로계약서의 일급란에 '104,000 원'을 기재하여 보관하고 있다가 사실은 그 근로자와 퇴직금이 포함되지 아니한 일급 명목으로 기재된 일당을 지급받고 퇴직금은 차후에 지급받기로 약정하였음에도 불구하고, 위 근로계약서의 일급란을 수정테이프로 지운 후 '89,000 원'으로 기재하고, 포괄일급란에 '104,000원'을 기재하는 방법492)으로 변조한 근로계약서를 안○모에 대한 부당이득반환청구소송의 소장에 첨부하고, 그 소장에는 "매월 퇴직금이 포함된 포괄일급을 지급하여 왔으므로 그와 같이 지급된 퇴직금 및 이에 대한 지연이자를 구한다는 내용으로 기재하여 법원에 제출하였으나 안○모가 변조사실 등을 주장하면서 응소하는 바람에 미수에 그쳤다는 혐의에 관하여 사문서변조죄, 변조사문서행사죄, 사기미수죄로 기소되었다.

(2) 사안의 경과

제1심은 "피고인이 일급란 기재를 수정하기는 하였으나, 이는 안○모의 묵시적 동의가 있는 것으로 믿고 한 행위 또는 오기를 정정하려는 의도에서 한 행위로서 사문서변조의 고의가 있었다고 보기 어려우며, 그러한 이상 변조사문서행사 및 편취의 고의를 인정하기도 어렵다"고 판단하였다.493) 이에 대하여 항소심은 "피고인이 2015. 5. 1.자 근로계약서의 포괄일급란 금액을 변조하였다고 보기는 어렵다. 그러나 △△건설이 안○모와 사이에 협의된 급여가 일급인지 퇴직적립금이 포함된 포괄일급인지가 분명치 않은 경우, 피고인이 관련 민사소송에서 위 근로계약서를 안○모와의 사이에 포괄임금을 104,000원, 일급을 89,000원에 합의한 것이라는 주장 사실을 입증하는데 사용할 목적으로 위 근로계약서의 일급란에 기재된 '104,000원'을 수정테이프로 지운 후 '89,000원'을 기재한 것이라면, 이는 위 내용이 사실에 부합하더라도, 근로계약서에 새로운 증

---

491) 구체적인 사안뿐만 아니라 사안의 경과와 관련된 부분도 2015. 5. 1.자 근로계약서와 관련된 부분에 한정한다.
492) 2015. 5. 1.자 근로계약서에는 애초 일급란과 달리 포괄일급란은 기재되지 아니한 상태였다.
493) 대구지방법원 포항지원 2018. 1. 17. 선고 2017고정197 판결.

명력을 가져오게 한 것임이 분명하므로 사문서변조죄의 구성요건을 충족하고, 그에 따라 변조사문서행사 및 편취의 고의도 인정할 수 있다.”고 판시하면서 사문서변조, 변조사문서행사, 사기미수를 유죄로 인정하였다.[494] 대법원은 사문서변조, 변조사문서행사에 관해 원심의 판단이 정당하다고 판시한 반면 사기미수죄에 대해 “△△건설은 안○모에게 2011. 11.경부터 2015. 4. 30.까지 포괄일급에 일급의 0.83%에 해당하는 퇴직적립금을 포함하여 임금을 지급하였는데, 안○모의 퇴사 후 위와 같이 안○모에게 지급된 퇴직적립금이 퇴직금 지급으로서 효력이 없다는 자문을 받고, 별도의 퇴직금 전액을 지급하였다. 따라서 피고인이 이미 지급한 퇴직적립금에 대하여 부당이득반환의 소를 제기한 것은 정당한 권리행사의 일환으로 이루어진 것으로 보이고, 이러한 피고인의 주장이 허위의 주장이라거나 이로써 법원을 기망한 것이라고는 볼 수 없다. 설령 피고인이 안○모에게 지급한 퇴직적립금의 실질이 임금을 지급한 것에 불과하고 퇴직금의 지급을 면탈하기 위하여 퇴직적립금이라는 형식만을 취한 것이어서 퇴직적립금의 반환을 구할 수 없다고 하더라도, 이는 피고인이 단순히 사실을 잘못 인식하였거나 법률적 평가를 잘못하여 존재하지 않는 권리를 존재한다고 믿고 제소한 경우이므로 사기죄를 구성하지 아니한다. 또한 피고인이 제기한 위 부당이득반환청구 소송은 2015. 5. 1.자 근로계약서가 작성되기 전까지 △△건설이 안○모에게 지급한 퇴직적립금의 반환을 구하는 것으로, 2015. 5. 1. 이후에 지급한 임금과 관련된 청구를 하고 있지 않다. 따라서 2015. 5. 1. 이후의 근로조건에 관한 내용을 규정한 위 근로계약서는 위 소송의 권리발생 사유에 관한 증거가 될 수 없어 소송의 내용이나 결과에 전혀 영향을 미칠 수 없다. 비록 피고인이 위 소송을 제기하면서 2015. 5. 1.자 근로계약서의 일급란 기재 금액을 변조하여 제출하였다고 하더라도 그것만으로 피고인이 증거조작을 통하여 법원을 기망한 것이라거나 피고인에게 허위사실을 증명함으로써 법원을 기망한다는 인식이 있었다고 볼 수 없다.”고 판시하였다.

3. 비판적 검토

위 2개 사안은 피고인이 법원에 주장한 내용뿐만 아니라 그 주장을 뒷받

---

494) 대구지방법원 2018. 7. 27. 선고 2018노344 판결.

침하기 위해 제출한 증거가 객관적인 사실과 부합하지 아니한다. 그리고 피고인으로서는 그와 같이 허위로 주장하고 허위증거[495]를 제출할 당시 법원이 기망당하여 지급명령을 하거나 판결할 수도 있을 것이라는 점에 관한 미필적 고의를 인정할 수 있다. 그럼에도 불구하고 대법원은 기망행위가 성립하지 않는다거나 편취 범의를 인정하기 부족하다고 판단하였다. 그런데 사기미수죄의 편취 범의를 문제 삼기 위하여는 논리적으로 기망행위가 인정되어야 하는데, 위 2개 사안에서 과연 기망행위를 인정할 수 있는지가 문제된다.[496] 이와 관련해 피고인이 객관적으로 명백히 허위주장을 하였고, 그에 부합하는 허위증거까지 제출한 상황이었으므로 기망행위가 인정된다는 견해가 있을 수 있으나, 개인적으로 소송사기의 기망행위를 인정하기 위해서는 당사자의 지급명령 신청 내지 소 제기에 따라 당사자가 의도한 지급명령 내지 판결을 취득하게 하는 것이 부당한 목적을 달성하는 것으로 평가할 수 있어야 하고(목적의 부당성), 허위주장을 하거나 허위증거를 제출하여 법원으로 하여금 오인, 착각, 부지를 일으키게 하며, 법원의 그러한 상태를 이용해 부당한 목적을 달성하는데 객관적으로 적합한 수단을 의도적으로 동원한 것(수단의 의도성과 적합성)으로 평가할 수 있어야 한다고 생각한다.[497]

　　이러한 관점에서 살펴보면,[498] 먼저 2018도8750 판결의 대상 사안은 피고인이 비록 지급명령 신청 당시 객관적인 사실과 부합하지 아니하는 주장을 하고 그에 부합하는 동의서를 제출하였다고 하더라도, 피고인이 신청한 지급명령을 얻게 하는 것이 부당하다고 단정할 수는 없다고 할 것이다. 왜냐하면 피해자 2명은 이미 건물명도소송에서 패소하였음에도 부당하게 점거하는 상황이므로 조합장인 피고인이 신속히 재건축 절차를 진행하기 위해 향후 피해자 2명

---

495) 여기서 '허위증거'란 위조 내지 변조된 증거, 증거위조죄의 위조증거 등을 포함해 이를 제출하는 시점의 객관적 사실관계와 부합하지 아니하는 증거를 의미한다.

496) 사기미수죄의 성립을 부정하기 위해서는 기망행위를 인정하기 어렵거나 편취 범의를 인정할 수 없어야 한다. 그리고 편취 범의를 검토할 때 논리적으로 일단 기망행위가 인정되어야 한다. 따라서 위 2018도8750 판결의 원심인 서울남부지방법원 2017노51 판결은 비록 피고인이 편취 범의를 부인하므로 이에 대하여 판단하였으나, 편취 범의를 판단하기에 앞서 피고인의 기망행위가 인정되는 구체적인 이유 설시가 없는 논리적 문제점이 있다.

497) 소송사기미수의 성립 여부를 편취 범의를 인정할 수 있는지 여부, 즉 고의 인정 여부에 관한 문제로 취급하면 개별적인 사안마다 이를 인정할 수 있는 공통적 기준을 정립하는 것이 사실상 불가능하게 된다.

498) 위 2개 사안은 모두 당사자가 법원의 오인, 착각, 부지를 일으키고 이를 이용하려고 하였다고 평가할 수 있어 이를 제외한 나머지 사항에 관해 살펴본다.

대신 임차인에게 임차보증금을 반환하고 피해자 2명에게 이에 관한 구상권을 행사하더라도 피해자들이 응하지 아니할 우려가 있다고 볼 수 있어 미리 구상권을 확보하기 위해 지급명령을 신청한 것을 부당하다고 단정하기 어렵기 때문이다. 다음으로 2018도13305 판결의 대상 사안은 피고인이 잘못 계산하여 안○모에게 지급한 금원을 반환받기 위해 부당이득반환청구의 소를 제기하였다면 피고인이 그 부당이득반환판결을 취득하더라도 이를 부당하다고 볼 수 없다. 설령 피고인이 안○모에게 이미 지급한 금원이 실질적으로 임금을 지급한 것에 불과하여 이를 반환청구할 수 없어 피고인에게 부당이득반환판결을 취득하게 하는 것이 부당하다고 하더라도, 변조된 2015. 5. 1.자 근로계약서는 2015. 5. 1. 이전에 피고인이 안○모에게 지급한 금원을 반환받기 위해 동원된 적합한 수단이라고 볼 수 없다. 즉 대법원은 2015. 5. 1.자 근로계약서를 '소송의 내용이나 결과에 전혀 영향을 미칠 수 없다'고 판단하였는데, 2015. 5. 1.자 근로계약서는 피고인이 2015. 5. 1. 이전에 지급한 금원을 반환받기 위해 제기한 소와 객관적인 관련성을 인정하기 어렵다는 의미이고, 2015. 5. 1. 이전에 지급한 금원을 반환받고자 하는 목적을 달성하기 위해 객관적으로 적합한 수단이라고 평가할 수 없다. 그리고 2015. 5. 1. 이전에 지급한 금원을 반환해야 한다는 주장이 비록 객관적인 사실에 부합하지 아니하는 주장이라고 하더라도 이는 피고인이 법률적 평가의 잘못에 기인해 주장하는 것으로 이해할 수 있어 피고인이 부당한 목적을 달성하기 위해 의도적으로 허위주장한 것으로 평가하기 어렵다고 할 것이다.

위 2개 사안은 피고인이 허위로 주장하면서 그 주장을 뒷받침하려는 의도로 객관적 사실에 부합하지 아니하는 증거를 제출하여 법원으로 하여금 오인, 착각, 부지를 일으키게 하고, 이를 이용하여 자신에게 유리한 지급명령이나 판결을 취득하려고 시도한 사실은 인정된다. 그러나 피고인이 취득하려는 지급명령이나 판결을 취득하게 하는 것을 부당한 목적을 달성하는 것으로 평가하기 어렵거나(2018도8750 판결 대상 사안) 설령 그 지급명령이나 판결을 취득하게 하는 것이 부당하다고 하더라도 소송을 통해 제출된 허위주장이나 허위증거가 그와 같은 목적을 달성하기 위해 의도적으로 동원된 적합한 수단이라고 평가할 수 없다(2018도13305 판결 대상 사안). 따라서 2개 사안에 나타난 대법원의 태도에 따르면 대법원이 소송사기의 요건으로 언급한 '적극적인'의 의미는 부당한 목적을 달성하기 위해 의도적이고 적합한 수단을 동원한 것으로 평가할 수 있어야 한다고 이해할 수 있다. 따라서 첫째, 목적의 부당성, 둘째, 수단의 의도성과 적합성을 모두 구비해야 비로소 소송사기의 기망행위가 구비된다고 할 것이다. 여기서 '의도성'이란 당사자가 목적 달성을 위해 법원으로 하여금 오인, 착각, 부지를 일으키게 하기 위해 허위주장을 하거나 허위증거를 제출한 것으로 인정할 수 있어야 한다는 의미이고,499) '적합성'이란 그 허위주장이나 허위증거 제출이 목적을 달성하기 위해 객관적으로 적합한 수단이어야 한다는 의미이다. 따라서 당사자가 허위주장을 하거나 허위증거를 제출하고 그 주장이나 증거가 허위인 사실을 인식하는 한편, 그로 인해 법원이 오인, 착각, 부지를 일으켜 지급명령 내지 판결을 할 수 있다는 미필적 고의가 비록 인정되더라도, 목적의 부당성, 그리고 수단의 의도성과 적합성을 구비하지 못하는 한, 소송사기의 기망행위는 인정하기 어렵다고 할 것이다. 그리고 소송사기의 행위수단의 이러한 개념 요소는 소송사기를 제외한 유형의 기망행위에는 요구되지 아니한다. 예컨대 사기죄의 기망행위는 객관적 구성요건에 관한 미필적 고의로 충분하나, 소송사기의 경우에는 이를 넘어 부당한 목적을 달성하기 위해 의도적으로 행위수단을 동원한 것으로 인정되어야 한다는 점에서 특히 수단의 의도성은 중요한 의미가 있다.

V. 적극적 행위와 적극적인 방법 내지 적극적인 사술의 관계

앞서 살펴본 조세포탈죄와 관련된 대법원 판결들과 소송사기와 관련된 대법원 판결들은 일맥상통한다. 다만 소송사기의 행위수단인 '적극적인 방법' 내지 '적극적인 사술'의 판단기준과 조세포탈죄의 '적극적 행위'의 판단기준이 비록 실질적으로 동일하더라도, 소송사기는 행위자의 행위목적이 행위자가 제기한 신청이나 소에 의해 직접적으로 나타나는 반면, 조세포탈죄는 행위자가 문제되는 행위를 한 목적이 직접적으로 나타나지 아니하여 그 행위에 이른 경위

---

499) 위 2개 사안에서 대법원이 의도성을 소송사기의 개념 요소로 명백히 요구한 것으로 해석할 수 없다는 견해가 있을 수 있으나, 소송사기에서 당사자가 취득하려는 목적인 지급명령이나 판결과 허위주장 내지 허위증거 제출은 그러한 목적을 달성하기 위한 수단의 관계에 있으므로 의도성의 요소가 필요하다고 해석함이 타당하다.

및 그 이후의 제반 사정을 종합적으로 살펴보아야 비로소 그 행위가 조세포탈의 목적 내지 의도에 의한 행위인지를 판단할 수 있다는 점이 다르다고 할 것이다. 그런데 조세포탈죄의 '적극적 행위'와 소송사기의 '적극적인 방법' 내지 '적극적인 사술'의 각 개념 요소를 모두 행위목적의 부당성, 수단의 의도성과 적합성으로 이해할 때, 이들 개념 요소를 위계공무집행방해죄의 '위계'와 동일하게 이해할 수 있는지에 관해 살펴볼 필요성이 있다. 왜냐하면 소송사기의 상대방은 민사법원, 조세포탈죄의 상대방은 세무관청으로서 모두 국가기관이라는 점에서 위계공무집행방해죄의 속성이 있다고 볼 수 있기 때문이다.[500]

제4절 위계에 의한 행위

I. 서론

2010. 1. 1. 조세범처벌법이 개정되기 전 대법원이 조세포탈죄의 행위수단인 '사기 기타 부정한 행위'에 관해 "조세의 부과징수를 불능 또는 현저하게 곤란하게 하는 위계 기타 부정한 적극적 행위"라고 판시하면서 '적극적 행위'에 의해 단순미신고 내지 허위신고를 구별한다는 것을 언급하였다. 그러나 적극적 행위와 달리, '위계'의 의미나 기능에 관해 언급하지 아니하였다. 이는 2010. 1. 1. 개정된 조세범처벌법 제3조 제6항에 사기나 그 밖의 부정한 행위의 개념에 관해 명문 규정을 마련한 이후에도 마찬가지이다. 그런데 통설은 조세포탈죄의 행위수단인 사기나 그 밖의 부정한 행위는 제3조 제6항 각 호의 행위와 적극적 행위가 함께 인정되어야 한다는 입장이므로 특히 "적극적 행위"와 제3조 제6항 7호에 규정된 "위계에 의한 행위"가 서로 구별되는 개념인지를 비롯해 상호 관계에 관해 규명해야 한다. 그리고 조세범처벌법 제3조 제6항 각 호에 규정된 사유의 상호 관계에 관해서도 살펴볼 필요성이 있다. 아울러 대법원은 조세포탈죄가 성립하기 위해 '적극적 은닉의도'[501] 내지 '조세포탈의 목적'[502] 또는

---

500) 소송사기에 관해 사기죄와 위계공무집행방해죄의 상상적 경합범이 될 수 있다는 견해로 김일수, 한국형법 Ⅲ, 박영사, 1997, 737면. 소송사기에 관해 위계공무집행방해죄만 적용해야 한다는 입장으로 이성일, 앞의 논문(주 475), 95－97면.
501) 대법원 2014. 2. 21. 선고 2013도13829 판결.
502) 대법원 2018. 11. 9. 선고 2014도9026 판결.

'조세포탈의 의도'503)가 필요하다는 입장인데, 이를 요구할 실정법적 근거가 무엇인지를 규명해야 한다.

Ⅱ. 위계 관련 규정 및 위계의 의미

1. 위계 관련 규정

형법에 행위수단으로 '위계'를 규정한 죄명에 형법 제137조의 위계공무집행방해죄, 제253조의 위계촉탁살인죄등, 제302조의 미성년자간음죄등, 제303조 제1항의 피보호자간음죄등, 제313조의 신용훼손죄, 제314조 제1항의 업무방해죄, 제315조의 경매방해죄등이 있다. 한편, 특별법은 공직선거법 제237조 제1항 제2호,504) 제5항 제2호,505) 노인복지법 제55조의3 제1항 제1호,506) 아동·청소년의 성보호에 관한 법률 제7조 제5항,507) 아동학대범죄의 처벌 등에 관한 특례법 제61조 제1항,508) 자본시장과 금융투자업에 관한 법률 제178조 제2항509) 등이 있다.

---

503) 대법원 2000. 6. 13. 선고 99도5191 판결; 대법원 2009. 1. 15. 선고 2006도6687 판결; 대법원 2015. 10. 15. 선고 2013도9906 판결.

504) 공직선거법 제237조 제1항 제2호는 "집회·연설 또는 교통을 방해하거나 위계·사술 기타 부정한 방법으로 선거의 자유를 방해한 자"를 규정한다.

505) 공직선거법 제237조 제5항 제2호는 "경선운동 또는 교통을 방해하거나 위계·사술 그 밖의 부정한 방법으로 당내경선의 자유를 방해한 자"를 규정한다.

506) 노인복지법 제55조의3 제1항 제1호는 "(생략) 업무를 수행 중인 노인보호전문기관의 직원에 대하여 폭행 또는 협박하거나 위계 또는 위력으로써 그 업무를 방해한 자"를 규정한다.

507) 아동·청소년의 성보호에 관한 법률 제7조 제5항은 "위계(僞計) 또는 위력으로 아동·청소년을 간음하거나 아동·청소년을 추행한 자는 제1항부터 제3항까지의 예에 따른다."고 규정한다.

508) 아동학대범죄의 처벌 등에 관한 특례법 제61조 제1항은 "(생략) 업무를 수행 중인 사법경찰관리, 아동학대전담공무원이나 아동보호전문기관의 직원에 대하여 폭행 또는 협박하거나 위계 또는 위력으로써 그 업무수행을 방해한 사람"이라고 규정한다.

509) 자본시장과 금융투자업에 관한 법률 제178조 제2항은 "누구든지 금융투자상품의 매매, 그 밖의 거래를 할 목적이나 그 시세의 변동을 도모할 목적으로 풍문의 유포, 위계(僞計)의 사용, 폭행 또는 협박을 하여서는 아니 된다."고 규정한다.

2. 위계의 의미

(1) 학계의 입장

학설은 위계공무집행방해죄의 위계에 관해 기망보다 넓은 개념으로써 상대방을 착오에 빠지게 하는 행위뿐 아니라 타인의 부지 또는 착오를 이용하는 일체의 행위를 말하고, 유혹도 포함된다는 견해,[510) 위계를 타인의 부지 또는 착오를 이용하는 일체의 행위로 이해하면서도 형법이 기망 외에 유혹을 수단으로 사용하는 경우에는 '유인'이라는 용어를 사용한다(형법 제287조)는 점을 근거로 위계의 수단에 기망만 포함하고 유혹은 제외하는 견해,[511) 일정한 행위목적이 있어야 하고, 상대방에게 오인, 착각, 부지를 일으키는 원인행위와 그것을 이용하는 행위가 있어야 한다는 견해[512) 등이 있다.

(2) 대법원의 입장

비록 위계촉탁살인죄등과 경매방해죄의 각 '위계'의 개념에 관한 대법원의 판결을 발견하기 어려우나, 대법원은 업무방해죄와 위계공무집행방해죄의 '위계'에 관해 모두 같은 개념으로 판시하였고,[513) 신용훼손죄도 마찬가지이며,[514) 미성년자간음죄에 관하여도 "행위자의 행위목적을 달성하기 위하여 피해자에게 오인, 착각, 부지를 일으키게 하여 이를 이용하는 것"이라고 판시하였다.[515) 한편, 구 증권거래법(2009. 2. 4. 시행된 자본시장과 금융투자업에 관한 법률에 의하여 폐지되기 전의 것) 제188조의4 제4항 제1호는 "부당한 이득을 얻기 위하여 고의로 허위의 시세 또는 허위의 사실 기타 풍설을 유포하거나 위계를 쓰는 행위"

---

510) 김성돈, 앞의 책(주 163), 832면; 정성근·박광민, 앞의 책(주 94), 774면.
511) 임웅, 앞의 책(주 189), 982면; 오영근, 앞의 책(주 192), 750면.
512) 배종대, 앞의 책(주 198), 741면.
513) 위계공무집행방해죄의 '위계'에 관한 판결로 대법원 2003. 2. 11. 선고 2002도4293 판결; 대법원 2009. 4. 23. 선고 2007도1554 판결; 대법원 2013. 4. 11. 선고 2011도157 판결 등이 있고, 업무방해죄의 '위계'에 관한 판결로 대법원 2002. 10. 25. 선고 2000도5669 판결; 대법원 2007. 12. 27. 선고 2005도6404 판결; 대법원 2008. 1. 17. 선고 2006도1721 판결; 대법원 2015. 8. 27. 선고 2014도210 판결 등이 있다.
514) 대법원 2006. 12. 7. 선고 2006도3400 판결.
515) 대법원 2020. 8. 27. 선고 2015도9436 전원합의체 판결. 위 전원합의체 판결 대상은 비록 아동·청소년의성보호에관한법률위반(위계등간음)의 '위계'에 관한 것이나, 해당 조문은 아동·청소년의 성보호에 관한 법률 제7조 제5항으로서 위 규정은 "위계로써 아동·청소년을 간음"한 행위에 적용되고, 형법 제302조의 대상자는 미성년자이다. 따라서 아동·청소년의 경우에 법정형이 더 높은 아동·청소년의 성보호에 관한 법률이 우선 적용되는 것으로서, 위계의 개념은 양자의 차이가 없다.

로 규정하였는데, 대법원은 위 위계의 의미에 관해 "거래 상대방이나 불특정 투자자들을 기망하여 일정한 행위를 유인할 목적의 수단, 계획, 기교 등을 말한 다."고 해석하였고,[516], 자본시장과 금융투자업에 관한 법률 제178조 제2항은 매매 등 거래를 할 목적이나 시세의 변동을 도모할 목적으로 위계를 사용하는 행위를 규정하는데, 대법원은 구 증권거래법의 위계와 마찬가지로 해석한다.[517]

3. 비판적 검토

앞서 살펴본 형법상 죄명의 위계 개념에 관한 대법원의 태도에 의하면 형 법의 위계란 행위자의 행위목적과 관련해 그 목적의 정당성 여부를 규명해야 하고, 부당한 목적을 달성하기 위해 상대방에게 의도적으로 오인, 착각, 부지를 일으키는 행위가 있어야 한다고 할 것이다. 그리고 이러한 목적과 수단의 관계 에 비추어 볼 때 목적을 달성하기 위해 동원된 수단은 그 목적을 달성하기 위 해 의도적으로 동원되어야 하고, 객관적으로 적합한 수단이어야 한다. 따라서 증권거래법이나 자본시장과 금융투자업에 관한 법률의 '위계'와 같이 대법원이 별도로 '위계'의 개념을 정의하지 아니하는 한, 우리나라 형사법체계에서 위계 는 이러한 공통적 의미가 있다고 이해할 수 있다. 따라서 위계의 개념은 의도 성 내지 목적성, 목적과 수단과의 관계일 것을 요한다는 점에서 이러한 개념 요소 내지 관계를 요구하지 않는 사기죄의 기망행위보다 더 좁은 개념이라고 생각한다.[518]

그리고 대법원이 위계의 개념을 의도성 내지 목적성, 목적과 수단의 관계 로 이해하는 근거로 관세포탈죄에 관한 대법원 판결들을 들 수 있다. 종래 대 법원은 구 관세법 제180조 소정의 '사위 기타 부정한 방법'에 관해 "관세등의 부과결정을 불능 또는 현저하게 곤란케 하는 위계 기타 부정한 적극적 행위를 의미한다"[519](이하 '전자의 판결'이라 한다)고 해석하였으나, 그 이후에는 "결과적 으로 탈세를 가능하게 하는 행위로서 사회통념상 사위, 부정으로 인정되는 모

---

516) 대법원 2010. 12. 9. 선고 2009도6411 판결; 대법원 2015. 12. 10. 선고 2013도14783 판결.
517) 대법원 2011. 7. 14. 선고 2011도3180 판결.
518) 이러한 입장은 위계를 기망행위보다 더 넓은 개념으로 이해하는 견해[김성돈, 앞의 책(주 163), 832면]와 다르다.
519) 대법원 1984. 2. 28. 선고 83도2470 판결; 대법원 1984. 11. 13. 선고 84도553 판결.

든 행위를 말하며, 적극적 행위(작위)뿐만 아니라 소극적 행위(부작위)도 포함한
다."520)(이하 '후자의 판결'이라 한다)고 판시하였다. 즉 후자의 판결은 전자의 판
결과 달리, 관세포탈죄의 행위수단으로 '위계'를 명시하지 않고 '결과적으로' 탈
세를 가능하게 하는 행위라고 정의하였다. 이러한 태도는 '위계'와 '결과적으로'
탈세를 가능하게 하는 행위는 양립할 수 없는 개념이고, 후자의 판결에 의하면
관세포탈죄는 관세포탈이라는 부당한 행위목적을 달성하기 위해 의도적으로 동
원된 수단이라고 평가할 수 없는 경우에도 구성요건적 결과인 탈세에 대한 인
식이나 의사가 있으면 족하다는 입장으로 해석할 수 있다.521) 또한 위계 개념
이 의도성 내지 목적성, 목적과 수단의 관계에 있다는 것은 조세포탈죄의 행위
수단인 '사기 기타 부정한 행위'의 개념에 관해 앞서 일본 최고재판소가 "포탈
의 의도를 가지고 그 수단으로서 세금의 부과징수를 불능 혹은 심히 곤란케 할
만한 위계나 기타 공작을 행한 것을 이른다"고 판시한 태도에 의해서도 뒷받침
된다. 왜냐하면 일본 최고재판소는 조세포탈죄의 행위수단으로 '위계'를 언급하
면서 '포탈의 의도'와 '그 수단으로서'라는 표현을 사용하였는데, 이는 위계의
개념이 의도성 내지 목적성, 목적과 수단의 관계를 요구한다는 것을 좀 더 명
시적으로 언급한 것으로 해석할 수 있기 때문이다.

Ⅲ. 적극적 행위와 위계에 의한 행위의 관계

대법원이 조세포탈죄와 단순 미신고 내지 과소신고의 구별기준으로서 언급
한 '적극적 행위'는 '위계'의 개념으로 이해할 수 있다.522) 이는 수사기관을 상
대로 한 위계공무집행방해죄에 관해 '적극적으로 방해한 것'으로 평가될 수 있
을 것을 요구하는 대법원의 입장에 의해도 알 수 있다. 즉 대법원은 일관되게

---

520) 대법원 1987. 11. 24. 선고 87도1571 판결; 대법원 1990. 5. 8. 선고 90도422 판결; 대법원
   1990. 9. 28. 선고 90도683 판결; 대법원 1990. 12. 26. 선고 90도2432 판결; 대법원 1991. 2.
   8. 선고 90도2408 판결.
521) 위 87도1571 판결에 의하면 피고인이 롤렉스시계를 본래의 용법대로 손목에 차고 있었다 하더
   라도 이를 몰래 반입할 의사가 있었던 이상 이는 관세법 제180조 소정의 '사위 기타 부정한 행
   위'에 해당한다고 판시하였다.
522) 조세포탈죄의 '부정한 행위'와 같은 개념 요소로 구성되는 소송사기의 '적극적인 방법' 내지 '적
   극적인 사술'도 위계로 이해할 수 있다.

수사기관을 상대로 한 위계공무집행방해죄의 경우에 "피의자나 참고인이 수사기관에 대하여 허위사실을 진술하거나 허위의 증거를 제출하였다 하더라도 그것만으로는 위계에 의한 공무집행방해죄가 성립된다고 할 수 없고, 피의사나 참고인이 적극적으로 허위의 증거를 조작하여 제출하였고, 그 증거 조작의 결과 수사기관이 그 진위에 관하여 나름대로 충실한 수사를 하더라도 제출된 증거가 허위임을 발견하지 못하여 잘못된 결론을 내리게 될 정도에 이르렀다면, 이는 위계에 의하여 수사기관의 수사행위를 적극적으로 방해한 것으로서 위계에 의한 공무집행방해죄가 성립된다"[523]고 판시하였다. 이러한 대법원의 입장은 비록 행위자가 수사를 방해할 부당한 목적으로 의도적으로 허위진술을 하더라도 수사기관의 실체적 진실발견을 위한 책임에 비추어 볼 때 허위진술만으로는 수사기관의 공무집행을 방해할 만한 적합한 수단이라고 보기 어려우나, 행위자가 부당한 목적을 달성하기 위해 허위로 진술할 뿐만 아니라 그에 부합하는 허위증거까지 수사기관에 제출한 경우에 그 제출된 허위증거가 객관적으로 수사기관의 정당한 공무집행을 방해할 만한 적합한 수단이라고 인정되는 경우에 비로소 수사기관의 수사행위를 적극적으로 방해한 것으로 평가되어 위계공무집행방해죄가 성립한다는 입장으로 해석할 수 있다. 결국 조세포탈죄의 행위수단인 '위계에 의한 행위'의 '위계'의 개념 요소와 '적극적 행위'의 개념 요소가 동일하고, 처벌규정에 '적극적 행위'를 마련한 태도는 우리나라 형사법체계에서 지방세기본법 제102조 제1항, 제38조 제5항을 제외하고는 조세포탈죄가 유일하므로 조세범처벌법 제3조 제6항의 '적극적 행위'는 '행위'로 변경하고, 제6항 제7호의 '위계에 의한 행위'는 그대로 유지함이 타당하다.[524] 이렇게 같은 의미의 '적극적 행위'와 '위계에 의한 행위'를 하나의 개념으로 통일하는 것이 미국 연방대법원의 태도와 일본 최고재판소의 조세포탈죄의 행위수단에 관한 태도와도 조화를 이룰 수 있다.

---

523) 주 249)에 기재한 대법원 판결들을 말한다.
524) 같은 이유로 지방세기본법 제38조 제5항의 '적극적 행위'도 '행위'로 변경함이 타당하고, 같은 항 제6호의 '그 밖에 위계(僞計)에 의한 행위'는 유지함이 타당하다.

Ⅳ. 조세범처벌법 제3조 제6항 각 호의 관계 및 제7호 사유 간 관계

1. 서론

조세범처벌법 제3조 제6항 제1호부터 제6호까지 사유는 종전 대법원이 조세포탈죄의 행위수단인 '사기 기타 부정한 행위'를 개념 정의하면서 '사회통념상 부정이라고 인정되는 행위'라고 인정한 유형들을 예시적으로 규정한 것이다. 그런데 같은 항 제1호부터 제6호까지는 개별적인 사유를, 제7호는 "그 밖에 위계(僞計)에 의한 행위 또는 부정한 행위"라는 포괄적·일반적 사유를 각각 규정한다. 따라서 규정체계상 비록 제1호부터 제6호까지 사유에 해당하지 않더라도 해당 행위가 행위반가치 측면에서 제1호부터 제6호까지 규정된 사유와 동가치적으로 평가할 수 있다면 제7호의 위계에 의한 행위 또는 부정한 행위로 인정할 수 있다.[525] 그리고 제7호는 "그 밖에 위계(僞計)에 의한 행위 또는 부정한 행위"로 규정하는데, 그 '부정한 행위'는 조세범처벌법 제3조 제6항의 "사기나 그 밖의 부정한 행위" 중 '부정한 행위'와 동의어이고, '부정한 행위'는 불확정 개념으로서 아직까지 그 개념 요소가 규명되지 못한 상태인 반면, '위계에 의한 행위'는 앞서 언급하였듯이 그 개념 요소가 규명된 점, '위계에 의한 행위'와 '부정한 행위'가 '또는'이라는 연결어로 결합되어 '위계에 의한 행위'와 '부정한 행위'를 등가관계 내지 대등관계로 볼 수 있는 점을 종합해 볼 때 '부정한 행위'는 '위계에 의한 행위'로 이해할 수 있다.[526]

이러한 이해를 바탕으로 할 때 제3조 제6항 제1호부터 제6호까지의 개별적 사유가 위계에 의한 행위인지를 살펴볼 때, 예컨대 제1호에 규정된 "이중장부의 작성 등 장부의 거짓 기장"만 살피면 족하고, 장부를 거짓 기장한 이유가 조세포탈의 의도 내지 목적인지 등 위계의 개념 요소를 구비하는지 여부를 별

---

[525] 제7호에 의한 사유로 위 전원합의체 판결의 대상인 '금지금 사건' 이외에 피고인이 이 사건 나이트클럽을 경영함에 있어서 제3자의 이름으로 사업자등록을 한 뒤 그 이름으로 카드가맹점을 개설하고 신용카드 매출전표를 작성하여 피고인의 수입을 숨기는 등 행위를 한 것은 과세표준을 축소 신고하는 등의 행위를 하지 않더라도 조세범처벌법 제9조 제1항에 정한 '사기 기타 부정한 행위'에 해당한다고 판시한 사안을 들 수 있다(대법원 2006. 6. 15. 선고 2006도1933 판결).

[526] 지방세기본법 제38조 제5항이 '사기나 그 밖의 부정한 행위'를 정의하면서 제6호에 "그 밖에 위계(僞計)에 의한 행위"만 규정하고, "부정한 행위"는 규정하지 아니한 점은 이러한 입장에 의하면 이해할 수 있다.

도로 살펴봐야 하는지 아니면 제1호에 해당하는지를 판단할 때 "이중장부의 작성 등 장부의 거짓 기장"뿐만 아니라 그것이 조세포탈의 의도 내지 목적에 기한 것인지 등 위계의 개념 요소를 구비하는지도 함께 살펴야 하는지가 문제된다.

2. 견해 대립 가능성 및 개인적 견해

이에 관해 문리적 해석에 충실히 제3조 제6항 제1호부터 제6호까지 규정된 사유가 존재하는지 여부만 판단하고, 나머지 위계의 개념 요소는 별도로 판단해야 한다는 견해가 있을 수 있다.[527] 그러나 이런 견해는 수긍하기 어렵다. 왜냐하면 제1호부터 제6호의 사유가 제7호의 위계에 의한 행위의 예시적 사유로 이해하면, 위계는 앞서 살펴보았듯이 주관적인 요소, 즉 조세포탈의 의도 내지 목적과 객관적인 요소, 즉 조세포탈을 위해 적합한 수단이어야 할 것이 요구되므로 단순히 제1호부터 제6호까지 규정된 객관적 사유가 존재하는 것만으로는 '위계에 의한 행위'로 보기 부족하므로 그 사유가 조세포탈의 의도 내지 목적을 위한 것인지, 그 사유가 조세포탈을 위해 적합한 수단이라고 볼 수 있는지까지 판단해 최종적으로 제1호부터 제6호까지 규정된 사유가 존재하는지 여부를 결정해야 한다고 할 것이다. 따라서 제1호부터 제6호까지 규정된 사유가 객관적으로 존재하는지 여부와 그 사유가 조세포탈의 의도 내지 목적을 위한 것인지, 그 의도 내지 목적을 달성하기 위해 적합한 수단이라고 볼 수 있는지 여부도 함께 판단해야 한다. 결국 제3조 제6항 각 호에 규정된 사유가 존재하는지를 살펴볼 때, 우선 제1호부터 제6호에 규정된 사유가 외관상 존재하면 그 사유가 위계의 개념 요소를 구비하는지 여부를 살펴 제1호부터 제6호에 규정된 사유가 존재하는지 여부를 판단하는데, 만약 위계의 개념 요소를 갖추지 못하면 비록 외관상 제1호부터 제6호의 사유가 있어도 제1호부터 제6호의 사유가 없다고 판단해야 한다. 한편, 비록 제1호부터 제6호까지 사유가 없더라도 이들 각 호에 규정된 사유와 행위반가치 측면에서 동가치적으로 평가할 수 있

---

527) '위계에 의한 행위'와 '적극적 행위'의 관계가 분석되지 않은 상태에서는 제3조 제6항 제1호부터 제6호까지 사유가 존재하는지 여부는 객관적으로 그 사유가 존재하는지 여부만 판단하고, 그 사유가 조세포탈의 의도 내지 목적인지, 조세포탈을 위한 적합한 수단인지 여부는 '적극적 행위' 항목에서 검토될 것이다.

는 행위가 존재하는지를 살펴보고, 그런 행위가 있다면 그 행위가 위계의 개념 요소를 구비하는지 여부를 살펴 제7호의 사유가 있는지를 판단해야 한다고 할 것이다.

V. 조세포탈의 목적 내지 의도, 적극적 은닉의도의 필요성과 체계적 지위

1. 서론

조세포탈죄의 행위수단으로 '위계에 의한 행위'의 개념 요소에 행위자의 부당한 목적이 필요하다는 것을 알게 되었다. 그리고 조세포탈 행위자의 부당한 목적이란 조세포탈의 의도 내지 목적이라고 할 수 있다. 그렇다면 실제 사안에서 조세포탈죄의 행위수단에 '조세포탈의 의도 내지 목적'을 요구하는지를 살펴보고, 만약 이를 요구한다면 그 체계적 지위를 어떻게 이해해야 하며, 조세포탈죄의 고의와 구별하는지 여부에 관해 살펴볼 필요성이 있다.

2. 대법원의 입장

대법원은 "피고인의 위와 같은 일련의 행위는 <u>조세포탈의 의도</u>를 가지고 거래장부 등을 처음부터 고의로 작성하지 않거나 이를 은닉함으로써 조세의 부과징수를 불능 또는 현저하게 곤란하게 하는 적극적인 행위로서 조세범 처벌법 제3조 제1항의 '사기나 그 밖의 부정한 행위'에 해당한다고 봄이 타당하다."[528] 고 판시하거나, "피고인이 거래 상대방에게 금을 공급함에 있어 <u>부가가치세를 포탈할 의도</u>로 세금계산서를 교부하지 아니하였다가 부가가치세 확정신고시에 고의로 그 매출액을 신고에서 누락시켰다면 이는 조세의 부과와 징수를 불가능하게 하거나 현저하게 곤란하게 하는 적극적 행위로서 '사기 기타 부정한 행위'에 해당한다."[529]고 판시하였다. 그리고 대법원은 "납세자가 명의를 위장하여

---

528) 대법원 2015. 10. 15. 선고 2013도9906 판결.
529) 대법원 2000. 6. 13. 선고 99도5191 판결; 대법원 2009. 1. 15. 선고 2006도6687 판결.

소득을 얻더라도, 명의위장이 <u>조세포탈의 목적</u>에서 비롯되고 나아가 허위 계약서의 작성과 대금의 허위지급, 과세관청에 대한 허위의 조세 신고, 허위의 등기·등록, 허위의 회계장부 작성·비치 등과 같은 적극적인 행위까지 부가되는 등의 특별한 사정이 없는 한, 명의위장 사실만으로는 위 조항에서 정한 '사기 기타 부정한 행위'에 해당한다고 볼 수 없다."530)고 판시하기도 하였다.

한편, 대법원은 "명의를 위장하여 소득을 얻더라도 그것이 <u>조세포탈과 관련이 없는 행위</u>인 때에는 명의위장 사실만으로 구 국세기본법(2007. 12. 31. 법률 제8830호로 개정되기 전의 것) 제26조의2 제1항 제1호 소정의 '사기 기타 부정한 행위'에 해당한다고 할 수 없으나, 그것이 누진세율 회피, 수입의 분산, 감면특례의 적용, 세금 납부를 하지 아니할 무력자의 명의사용 등과 같이 명의위장이 <u>조세회피의 목적</u>에서 비롯되고 나아가 여기에 허위 매매계약서의 작성과 대금의 허위지급, 허위의 양도소득세 신고, 허위의 등기·등록, 허위의 회계장부 작성·비치 등과 같은 적극적인 행위까지 부가된다면 이는 조세의 부과와 징수를 불가능하게 하거나 현저히 곤란하게 하는 '사기 기타 부정한 행위'에 해당한다"531)고 판시하였다. 또한 대법원은 "<u>적극적 은닉의도가 객관적으로 드러난 것</u>으로 볼 수 있는지 여부는 수입이나 매출 등을 기재한 기본 장부를 허위로 작성하였는지 여부뿐만 아니라, 당해 조세의 확정방식이 신고납세방식인지 부과과세방식인지, 미신고나 허위신고 등에 이른 경위 및 사실과 상위한 정도, 허위신고의 경우 허위 사항의 구체적 내용 및 사실과 다르게 기장한 방식, 허위 내용의 첨부서류를 제출한 경우에는 그 서류가 과세표준 산정과 관련하여 가지는 기능 등 제반 사정을 종합하여 사회통념상 부정이라고 인정될 수 있는지 여부에 따라 판단하여야 한다."532)고 판시하였다.

그리고 대법원은 조세포탈죄는 목적범이 아니라고 판단하였다. 즉 대법원은 "사기 기타 부정한 행위로 조세를 포탈함으로써 성립하는 조세포탈죄는 고

---

530) 대법원 2018. 11. 9. 선고 2014도9026 판결. 이 판결은 '명의위장'만으로는 조세범처벌법 제3조 제6항 각 호가 규정한 소득은닉행위라고 단정할 수 없고, 같은 항 각 호에 해당하는 사유가 있어야 하고, 그와 같은 사유를 조세포탈의 목적으로 동원한 것으로 평가할 수 있을 때 비로소 조세포탈죄가 성립한다는 취지로 이해할 수 있다. 같은 취지의 판결로 대법원 1983. 11. 8. 선고 83도510 판결을 들 수 있다. 이 판결은 실제로는 피고인의 친형이 자금을 대고 영업을 하며 매출가액의 과소신고로써 조세를 포탈한 경우 사업자등록을 피고인 명의로 하였다는 사실만으로는 피고인에게 조세포탈의 목적이 있다고 볼 수 없다고 판단하였다.
531) 대법원 2013. 12. 12. 선고 2013두7667 판결.
532) 대법원 2014. 2. 21. 선고 2013도13829 판결.

의범이지 목적범이 아니므로 피고인에게 조세를 회피하거나 포탈할 목적까지 가질 것을 요하는 것은 아니며, 이러한 조세포탈죄에 있어서 범의가 있다고 함은 납세의무를 지는 사람이 자기의 행위가 사기 기타 부정한 행위에 해당하는 것을 인식하고 그 행위로 인하여 조세포탈의 결과가 발생한다는 사실을 인식하면서 부정행위를 감행하거나 하려고 하는 것을 의미한다."533)고 판시하였다.

3. 학계의 입장

일부 학설은 조세포탈죄가 고의범이라는 것과 조세포탈의 목적 내지 의도가 서로 다르다는 것을 전제로 "사기 기타 부정한 행위에서의 조세포탈의 의도는 적극적 은닉의도로서, 조세포탈 결과에서의 조세포탈의 의도와 달리 대상은 ① 조세의 부과·징수이고, 그 정도는 ② 불능·현저히 곤란할 정도를 의미하는 것이다."534)라고 이해한다. 다만 조세포탈의 의도 내지 목적이 조세포탈죄의 어떤 실정법적 근거에 기인한 것인지에 관해 명확한 언급이 없다.

4. 비판적 검토

위에서 언급한 대법원의 입장과 적극적 행위의 개념 요소 항목에서 분석한 대법원 2018. 4. 12. 선고 2016도1403 판결과 대법원 2018. 11. 9. 선고 2014도9026 판결에 나타난 입장에 의하면 대법원은 조세포탈죄의 고의와 별도로 조세포탈의 의도 내지 목적을 요구한다고 볼 수 있다. 또한 '적극적 은닉의도'는 '조세포탈의 의도 내지 목적'과 같은 의미로 이해할 수 있다. 그리고 학설은 비록 조세포탈의 의도 내지 목적이 조세포탈죄의 고의와 구별된다고 이해하나, 조세포탈의 의도 내지 목적을 요구하는 실정법적 근거에 관해 제대로 설명하지

---

533) 대법원 2004. 9. 24. 선고 2003도1851 판결; 대법원 2013. 9. 26. 선고 2013도5214 판결; 대법원 2015. 1. 29. 선고 2014도11745 판결.

534) 김천수, '조세포탈의 목적'에 관한 대법원 판례의 의의(意義) - 사기 기타 부정한 행위의 적극적 은닉의도를 중심으로(1) -, 인하대학교 법학연구소 법학연구 제22집 제3호, 2019, 375면. 또한 같은 책, 376면은 "적극적 은닉의도는 대상과 정도를 다 포섭하는 의도로서 조세의 부과와 징수를 불능·현저히 곤란하게 하려는 적극적 은닉을 위한 조세포탈의 의도를 말하는 것이므로, 대상은 조세의 부과와 징수이고, 그 정도는 불가능하게 하거나 현저히 곤란한 정도이어야 하며, 적극적 은닉의도를 나타내는 사정을 드러내는 소득은닉에 관한 징표들이 적극적 행위가 된다." 고 주장한다.

못한다. 그러나 조세포탈죄의 행위수단인 '적극적 행위'와 '위계에 의한 행위'가 같은 의미이고, 위계는 행위자의 부당한 목적을 개념 요소로 한다고 이해하면 대법원이 조세포탈의 의도 내지 목적을 요구하는 이유와 그 실정법적 근거를 충분히 이해할 수 있다. 그리고 위계의 개념 요소인 목적의 부당성, 수단의 의도성과 적합성은 객관적 구성요건에 대한 인식이나 의사를 의미하는 '고의'와 다른 개념이다. 따라서 대법원이 조세포탈죄의 객관적 구성요건에 대한 고의 이외에 조세포탈죄의 행위수단에 조세포탈의 의도 내지 목적을 요구하는 입장은 타당하고, 이를 요구하는 실정법적 근거는 '위계에 의한 행위'라고 이해하는 것이 타당하다.

제5절 조세부과 · 징수를 불가능 내지 현저히 곤란하게 하는 행위

Ⅰ. 서론

2010. 1. 1. 조세범처벌법이 개정되기 전 대법원은 사기 기타 부정한 행위에 관해 '조세의 부과징수를 불능 또는 현저히 곤란하게 하는 행위'일 것을 요구하였고, 2010. 1. 1. 개정된 조세범처벌법 제3조 제6항은 이러한 대법원의 태도를 입법적으로 수용하였다. 그렇다면 조세 부과와 징수를 담당하는 세무공무원의 행위에 영향을 미치는 정도를 '불가능하게 하거나 현저히 곤란하게 하는 행위'로 엄격하게 제한한 이유는 무엇일까? 이를 정확히 이해하려면 관세포탈죄의 행위수단에 관한 대법원의 입장, 기타 유사한 행위수단으로 규정된 특별법 위반죄에 관한 대법원의 입장과 비교하는 작업이 필요하다. 그리고 조세부과와 징수를 '불가능하게 하거나 현저히 곤란하게 하는 행위'의 판단기준을 조세포탈 행위자의 상대방인 세무공무원을 기준으로 할지 아니면 평균적인 세무공무원을 기준으로 할지가 문제된다. 아울러 세무공무원이 어떤 방법을 동원했음에도 조세포탈 행위자의 불법을 발견하지 못하였을 때 조세부과와 징수를 불가능하게 하거나 현저히 곤란하게 한 행위로 인정할 수 있는지 여부도 문제된다.

II. 규정 취지

대법원은 3개 유형의 특별법위반죄의 행위수단에 관해 앞서 언급하였듯이 대체로 '사회통념상 부정이라고 인정되는 행위'라고 이해하면서도 그 성립범위와 관련해 각각 달리 판단한다. 대법원은 범죄 성립범위에 관해 관세포탈죄를 제일 넓고, 그 다음으로 관세포탈죄를 제외한 기타 유사한 행위수단으로 규정된 특별법위반죄, 그리고 조세포탈죄를 가장 협소하게 인정한다. 이러한 판단은 다음과 같은 추론에 의해 뒷받침된다. 관세포탈죄에 관한 후자의 판결에 의하면 '결과적으로', 즉 '탈세가 가능하게 하는 행위'라는 인식과 의사가 있으면 족하고 반드시 탈세라는 목적을 달성하기 위해 행위수단을 동원할 필요까지는 없는 점에서 '위계'를 요구하는 조세포탈죄와 기타 유사한 행위수단으로 규정된 특별법위반죄보다 범죄성립범위가 더 넓다. 한편, 조세포탈죄와 기타 유사한 행위수단으로 규정된 특별법위반죄는 모두 '위계'를 요구하나, 조세포탈죄의 행위수단은 '조세의 부과와 징수를 불가능하게 하거나 현저히 곤란하게 할 정도'를 요구하는 반면, 기타 유사한 행위수단으로 규정된 특별법위반죄는 '의사결정에 영향을 미칠 수 있는 정도'이면 족하기 때문에 조세포탈죄의 행위수단으로 인정되는 범위가 기타 유사한 행위수단으로 규정된 특별법위반죄보다 더 좁다.

이렇게 대법원이 조세포탈죄의 행위수단을 관세포탈죄나 기타 유사한 행위수단으로 규정된 특별법위반죄와 달리 가장 협소하게 이해하는 이유는 각 법률에 규정된 해당 국가기관의 권한의 차이와 처벌규정의 처벌 정도의 차이에서 비롯된 것으로 이해할 수 있다. 즉 관련 법률에 규정된 세관공무원, 세무공무원, 그 밖의 일반공무원의 권한의 차이와 관련 법률에 기수만 처벌하는지, 미수와 예비까지 처벌하는지, 그리고 미수와 예비를 처벌하기 위해 특별한 법정형을 따로 규정하는지 등 관련 법률의 논리적, 체계적 해석과 해당 처벌규정을 마련한 입법자의 의사를 존중하기 위한 해석에서 비롯된 것으로 이해할 수 있다. 관세법 제295조에 의하면 세관공무원은 사법경찰관리의 직무를 수행하고, 이에 따라 제291조에 따라 관세범 조사에 필요하다고 인정할 때에는 피의자 등을 조사할 수 있고, 제296조에 의해 압수수색영장을 신청할 수 있으며, 특별사법경찰관리에 대한 검사의 수사지휘 및 특별사법경찰관리의 수사준칙에 관한 규칙 제55조에 의한 체포영장의 신청, 제57조에 의한 긴급체포, 제60조에 의한 구속영장 신청 등의 포괄적인 권한을 보유한다. 이러한 권한은 조세범처벌절차법 제9조에 의해 세무공무원이 압수수색영장 신청권이 있는 것보다 훨씬 더 광범위하다. 그리고 그 밖의 일반공무원은 아예 압수수색영장신청권 등 강제수사 권한이 없다. 따라서 국가기관의 권한의 크기에 따르면 관세공무원, 세무공무원, 그 밖의 일반공무원 순서로 정리할 수 있다.

한편, 관세법 제271조 제2항은 관세포탈죄를 규정한 제270조의 미수범을 본죄에 준하여 처벌하고, 제3항은 관세포탈죄를 저지를 목적으로 그 예비를 한 자는 본죄의 2분의 1을 감경해 처벌한다. 그러나 조세범처벌법은 조세포탈죄의 미수나 예비를 처벌하지 아니하며, 기타 유사한 행위수단으로 규정된 특별법위반죄도 미수나 예비를 처벌하지 아니한다. 따라서 해당 국가기관의 권한이 클수록 해당 범죄의 성립범위를 엄격히 제한해 해석하는 입장이 타당할 수 있으나, 해당 법률이 기수뿐만 아니라 미수, 예비까지 처벌하는 규정을 두는 경우, 더욱이 형법의 임의적 감경사유와 달리 관세포탈죄의 미수는 기수와 같이 처벌하는 태도나 예컨대 현주건조물방화죄는 형법 제164조 제1항에 의해 법정형이 무기 또는 3년 이상의 징역이고, 현주건조물방화예비죄는 형법 제175조에 의해 5년 이하의 징역인 반면, 관세포탈예비죄는 기수의 1/2을 감경하는데 불과한 태도에 비추어 볼 때 관세범죄를 엄벌하려는 입법자의 의사를 존중할 필요성이 있어 관세포탈죄의 기수도 폭넓게 인정하는 태도가 타당하다. 따라서 3개 유형의 특별법위반죄 중 세관공무원의 권한이 비록 가장 크나 관세법이 미수, 예비까지 엄격하게 처벌하는 태도에 비추어 볼 때 관세포탈죄의 성립범위를 제일 넓게 해석할 수 있고, 기수만 처벌하는 점에서 조세포탈죄와 기타 유사한 행위수단으로 규정된 특별법위반죄가 동일하나, 세무공무원의 권한이 일반공무원의 권한보다 더 큰 점을 감안해 조세포탈죄의 성립범위를 제일 좁게 해석하는 것이 타당하다. 그러므로 이러한 관점에서 2010. 1. 1. 개정된 조세범처벌법 제3조 제6항이 세무공무원에 미치는 영향의 정도를 '불가능하게 하거나 현저히 곤란하게 하는 행위'로 엄격히 제한한 취지를 이해할 수 있고, 그런 취지는 정당하다고 할 것이다.

Ⅲ. 판단기준

조세의 부과와 징수를 불가능하게 하거나 현저히 곤란하게 한 때를 판단하는 기준에 관해 기존 견해는 대체로 일반인이 아닌 '세무공무원'으로 이해하는데,535) 이러한 입장을 좀 더 정확히 표현하면 조세포탈 행위자의 상대방인 세무공무원이 아니라 '평균적인 능력 기준을 가진 세무공무원'으로 이해하는 것이 타당하다. 그런데 판단기준을 조세포탈 행위자의 상대 세무공무원이 아니라 평균적 능력을 가진 세무공무원으로 이해하려면 조세포탈죄를 위험범으로 이해하는 입장을 전제해야 한다. 앞서 조세포탈죄의 법적 성격 중 위험범 항목에서 살펴본 것처럼, 만약 조세포탈죄를 침해범으로 이해하면 조세 부과권 내지 징수권의 침해 여부는 논리적으로 조세포탈 행위자의 상대 세무공무원을 기준으로 판단해야 하기 때문이다. 따라서 조세포탈죄를 침해범으로 이해하면서 조세 부과와 징수가 불가능 또는 현저히 곤란하게 되었는지 여부를 평균적 능력을 가진 세무공무원으로 이해하는 입장은 논리적으로 타당하지 않다.

Ⅳ. 판단방법

평균적 능력을 가진 세무공무원을 판단기준으로 설정한다면 그 세무공무원의 어떤 판단방법을 기준으로 조세부과 내지 징수를 불가능 혹은 현저히 곤란하게 한 것인지 여부를 판단할 수 있을까? 이에 관해 견해가 대립된다. 일부 견해(전자의 견해)는 "세무조사시에 평균적인 세무공무원이 취할 수 있는 통상적인 조사방법을 모두 취하더라도 적발이 어려운 경우"536)로 이해하고, 다른 견해(후자의 견해)는 "평균적 세무공무원이 직무상 지식과 경험을 바탕으로 성실한

---

535) 소순무·윤지현, 앞의 책(주 153), 872면은 "조세포탈죄는 국가의 조세권 행사를 저해하는 행위를 처벌하는 것이므로 위 요건은 세무공무원의 입장에서 그 권한행사에 있어 장애를 받았느냐의 여부에 따라 결정되어야 한다."고 주장한다. 안경봉, "납세환경의 변화와 조세범처벌법상 사기 그 밖의 부정한 행위의 판단기준", 한국세법학회 조세법연구 제21권 제1호, 2015, 334-335면은 "사기 기타 부정한 행위의 판단기준이 일반인이 아닌 과세관청, 더 구체적으로 말하면 조세의 부과를 담당하는 세무공무원을 기준으로 하는 의미라고 이해할 수 있다."고 주장한다. 황남석, 앞의 논문(주 23), 398면도 같다.
536) 안경봉, 앞의 논문(주 535), 335면.

주의의무를 기울여 '관련 장부 또는 서류만을 살펴보았을 때 납세자의 기망행위 등을 용이하게 파악할 수 없다면' 현저한 곤란에 해당한다"[537]고 이해한다. 이러한 견해들은 극단적인 견해로서 지나치게 엄격하거나 자칫 범죄성립을 폭넓게 인정할 수 있는 위험성이 있어 적절하지 못하다. 조세포탈죄의 법적 성격을 위계공무집행방해죄의 성격으로 이해하면, 위계공무집행방해죄가 성립되는 경우에 관한 대법원의 판결을 염두에 둘 필요성이 있다. 즉 대법원은 "증거 조작의 결과 수사기관이 그 진위에 관하여 나름대로 충실한 수사를 하더라도 제출된 증거가 허위임을 발견하지 못하여 잘못된 결론을 내리게 될 정도에 이르렀다면, 이는 위계에 의하여 수사기관의 수사행위를 적극적으로 방해한 것으로서 위계에 의한 공무집행방해죄가 성립한다"[538]고 판단하였다. 이러한 입장을 조세포탈죄에 적용하면 세무공무원이 제출된 세무관련 자료의 진위에 관해 나름대로 충실한 심사를 하더라도 제출된 자료가 허위임을 발견하지 못하여 잘못된 결론을 내리게 될 정도에 이르렀다면 조세포탈죄가 성립한다고 해석하는 입장이 타당하다.[539]

---

537) 황남석, 앞의 논문(주 23), 398면. 또한 같은 논문, 398-399면은 "만일 별도의 세무조사를 통해서만 납세의무자의 기망행위 등을 파악할 수 있거나 거래의 실체를 밝히기 위해 상당한 행정비용이 소모되는 경우, 계획적으로 우회거래나 다단계거래를 이용하는 경우에는 본 요건을 충족한다고 보아야 할 것이다."라고 주장한다.
538) 주 249)에 기재한 대법원 판결들을 말한다.
539) 이러한 견해는 저자의 박사학위논문에서 후자의 견해가 타당하다는 주장을 변경한 것이다.

조세포탈죄의 미수범 처벌

제1절 서론

조세범처벌법은 제정 당시 조세포탈죄의 미수범 처벌규정을 마련하였으나, 1961. 12. 8. 개정 당시 주세포탈죄의 미수범 처벌규정만 존속시켰으며, 2010. 1. 1. 개정 당시 주세포탈죄의 미수범 처벌규정조차 폐지하였다. 조세범처벌법의 개정으로 조세포탈죄의 미수범 처벌규정이 축소 내지 폐지되자 학계는 대부분 조세포탈죄에 미수범 처벌규정을 확대 내지 신설할 것을 주장하였다.540) 따라서 조세포탈죄의 미수범 처벌규정을 확대 내지 신설할 것을 주장하는 견해를 1961. 12. 8.부터 2010. 1. 1. 조세범처벌법이 개정되기 전까지 주세포탈죄의 미수범 처벌규정만 존속한 기간과 2010. 1. 1. 개정으로 주세포탈죄의 미수범 처벌규정조차 폐지된 이후로 나누어 그 주장의 근거를 살펴보고, 그 주장의 타

---

540) 정미경, 조세범처벌에 관한 제반 문제점과 개선방안, 홍익대학교 세무대학원 석사학위논문, 2003, 24면은 2010년 개정 전 조세범처벌법에 주세포탈죄만 미수범 처벌규정이 있던 태도를 변경해 모든 조세포탈죄에 미수범 처벌규정을 마련하자는 주장에 관해 "판례와 같이 조세포탈죄의 실행행위의 착수시기를 사전 소득은닉행위, 예를 들면 장부의 허위작성시 등으로 보면 구성요건이 너무 넓어 많은 사업자가 전과자로 바뀔 우려가 있다"고 비판한다. 이 견해는 실행의 착수시기를 중시하나, 조세포탈죄의 행위수단인 '사기 기타 부정한 행위'의 개념은 조세 부과와 징수를 불가능하게 하거나 현저히 불가능하게 할 정도를 요구하므로 조세 부과와 징수를 불가능하게 하거나 현저히 곤란하게 할 정도의 행위수단을 동원해 실행에 착수한 이상, 사실상 포탈의 결과까지 이르게 되고, 비록 실행의 착수를 하였으나, 조세 부과와 징수를 불가능하게 하거나 현저히 불가능하게 할 정도가 아닌 행위수단을 동원하면 실행의 착수로 판단할 수 없어 결국 조세포탈죄의 미수범으로 처벌되는 경우가 거의 발생할 수 없는 것을 간과한 것으로 이해된다.

당성에 관해 살펴본다.

제2절 미수범 처벌규정을 확대 내지 신설하자는 학계의 입장

I. 2010년 조세범처벌법 개정 전 학계의 입장

1961년 조세범치벌법이 개정되고 2010. 1. 1. 조세범처벌법이 개정되기 전까지 조세포탈죄 중 주세포탈죄에 한해 미수범 처벌규정을 존속시킨 기간에 다른 조세포탈죄도 미수범 처벌규정을 확대해야 한다는 견해들을 살펴보면, "다른 여타의 조세포탈에 대하여는 미수범불처벌이 당위성을 지니는가에 관하여 의문이 생긴다. 범칙행위자의 고의가 중요시되는 책임주의적 조세범처벌법이 되려면, 전반적인 미수범처벌제도의 도입에 관한 재검토가 있어야 할 줄로 안다."[541]는 견해, "현행 조세범처벌법은 주세포탈의 경우를 제외하고는 미수범을 처벌하지 않는 바(조세범처벌법 제9조 제1항 단서) 이는 조세포탈범의 해악성에 비추어 보아도 불합리하고, 관세법상 미수범을 처벌(관세법 제182조)하는 점과도 균형이 맞지 않으니 미수범에 대한 처벌규정을 두어야 할 것이다."[542]라는 견해, "주세미수에 한하여 인정되고 있는 미수범처벌규정을 확대할 필요가 있다. 조세포탈과 성질상 유사상 범죄인 형법상의 사기죄와 횡령죄의 경우 미수범처벌규정을 두고 있다. 입법예고된 안과 같이 형벌부과 대상이 되는 조세범죄의 범위를 좁히면서 동시에 미수범처벌규정을 두는 것이 타당하다."[543]는 견해, "개념논리적으로 보아도 조세포탈죄의 경우 조세의 면탈이라는 결과가 발생해야 하는 결과범이라고 볼 때, 조세포탈의 고의 아래 사기 기타 부정한 행위를 하였으나 포탈의 결과가 발생하지 않은 경우 조세포탈죄의 미수범으로 처벌하는 것이 논리적이라고 할 것이다. 특히, 형법상의 일반적인 재산범죄의 경우 대부분 미수범을 처벌함에도 불구하고, 현행 조세범처벌법이 합리적인 이유없이 조세포탈죄의 미수범을 처벌하지 않는 것은 조세벌이 결과책임에 흐르는 경향

---

541) 송쌍종, 앞의 논문(주 204), 107면.
542) 명형식, 조세범의 일반형사범화에 관하여, 형사형사정책연구원 형사정책연구소식 10, 1992, 10면.
543) 이천현, 앞의 논문(주 3), 256면.

을 반영하는 것으로 조세범죄를 처벌하는 근거를 오직 재정상 손실을 보전하려는 재정정책적인 차원에서만 찾는 국고주의적 사고가 반영된 결과이다."[544]라는 견해, "신고납세방식이 채택되고 있는 보편화된 오늘날 헌법상 규정된 납세의무를 고의로 회피하여 부정한 방법으로 재산상 이득을 취하는 자는 그 악성의 징표가 일반형사범과 다를 바 없으므로, 국가나 지방자치단체의 입장에서 금전적 손해가 발생하지 않았다고 하더라도, 행위자가 조세를 포탈하기 위하여 부정한 행위를 한 이상 그에 대한 처벌을 받은 것이 마땅하므로, 앞으로 이에 대한 입법적 검토가 필요하다고 본다."[545]라는 견해 등이 있었다.

Ⅱ. 2010년 조세범처벌법 개정 후 학계의 입장

2010. 1. 1. 조세범처벌법이 개정되어 주세포탈죄 미수범 처벌규정조차 폐지된 이후 조세포탈죄의 미수범 처벌규정을 신설해야 한다는 견해들을 살펴보면, "형법에서는 사기죄, 관세법에서는 미수범을 처벌하고 있으므로 조세포탈죄의 경우에도 일반범죄의 미수범과 구별할 필요가 없다고 판단된다."[546]는 견해, "조세포탈의 보호법익을 국가 또는 지방자치단체의 부과·징수권의 적정한 행사 내지는 국가적 법익인 과세권 보호라고 본다면, 조세포탈에 대해서는 국가 과세권의 침해가 발생하기 전에 미수단계에서 처벌이 가능하도록 해야 할 것이다. 관세법은 관세포탈의 미수범을 처벌하고 있고(관세법 제271조), 독일의 경우 조세기본법에서 미수범 처벌규정을 두고 있는 것(동법 제370조 제2항)을 참작할 필요가 있다."[547]는 견해, "형벌권 발동을 국가의 조세채권이라는 보호법익에 대한 직접적 침해 또는 구체적 위험을 초래하는 행위로 한정하고, 이러한 행위의 유형, 특히 조세포탈행위에 대해서는 국가의 조세채권에 대한 침해가 발생하기 이전에 이미 미수단계에서 처벌을 가능하도록 함이 바람직할 것이다. (중

---

544) 손준성, 앞의 논문(주 88), 115–116면.
545) 김종민, 앞의 논문(주 269), 459면.
546) 윤현석, 조세범처벌법의 개정동향과 과제, 한양법학회 한양법학 제41집, 2013, 452면, 다만 같은 논문, 452면은 "다만 조세포탈죄에 있어 미수범을 처벌하는 경우 광범위하게 적용되어 과세당국의 자의적인 해석의 가능성이 높으므로 그 범위를 확정할 필요성이 있다."고 주장한다.
547) 김진원, 조세포탈죄의 구성요건에 관한 연구, 고려대학교 법무대학원 석사학위논문, 2011, 117면.

략) 조세포탈과 유사한 성격을 가진 범죄인 사기죄에 대하여 형법에서 미수범을 처벌하는 규정을 두고 있는 점과 「관세법」 제271조도 미수범을 처벌하고 있는 점, 비교법적으로 독일과 일본의 경우 미수범의 처벌규정을 두고 있는 점 등을 고려하여 볼 때 조세범에 관하여 미수범을 두는 것이 타당하다고 생각한다."548)는 견해 등이 있었다.

결국 조세포탈죄의 미수범 처벌규정을 마련해야 한다는 주장의 근거를 요약하면, 독일이 조세포탈죄 미수범 처벌규정이 있고, 사기죄와 관세포탈죄에 미수범 처벌규정이 있으며, 조세포탈죄의 보호법익에 대한 효과적인 보호를 위해 미수범 처벌규정이 필요하다는 것으로 이해할 수 있다. 따라서 독일의 조세포탈죄 미수범 처벌규정과 관련해 주요국의 조세포탈죄 미수범 처벌규정에 관해 살펴볼 필요성이 있고, 사기죄 등 재산범죄 미수범 처벌규정과 관련해 조세포탈죄의 법적 성격이 위계공무집행방해죄로서의 성격이 강한 점에서 위계공무집행방해죄, 조세포탈죄와 유사한 행위수단으로 규정된 특별법위반죄의 미수범 처벌규정의 존재 여부에 관해 살펴볼 필요성이 있다. 다만 조세포탈죄와 유사한 행위수단으로 규정된 특별법위반죄 중 관세법은 관세포탈죄에 관해 미수범 처벌규정이 존재하므로 이처럼 미수범 처벌규정을 마련한 입법상황과 관련된 관세법의 변천과정을 조세범처벌법과 비교할 필요성이 있다. 끝으로 현행 조세포탈죄의 행위수단에 관한 개념을 유지한 채 미수범 처벌규정을 신설하면 조세포탈죄의 보호법익을 효과적으로 보호할 수 있는지에 관해 살펴본다.

제3절 미수범 처벌규정을 확대 내지 신설하자는 견해에 대한 비판

Ⅰ. 비교법적 근거에 대한 비판

독일은 조세기본법 제370조 제2항에 조세포탈죄의 미수범 처벌규정을 두고 있다. 그러나 일본은 법인세법과 소득세법, 상속세법은 미수범을 처벌하지 않는 반면, 소비세법 제64조 제2항에 미수범 처벌규정을 두는 등 모든 조세포

---

548) 조길태, 앞의 논문(주 99), 75-76면.

탈죄마다 미수범 처벌규정을 마련한 것은 아니다. 한편, 미국은 U. S. code 제 7201조에 법문상 조세 회피의 시도(attempt)만으로도 부정행위에 해당하는 것처럼 규정하나, 대부분의 판례는 조세포탈죄가 성립하기 위하여는 조세채무의 과소신고·납부를 요구한다.549) 따라서 조세포탈죄에 미수범 처벌규정을 마련할지 여부와 어떤 세목에 미수범 처벌규정을 마련할지는 각 나라마다 상이할 수 있기 때문에 독일이 비록 모든 조세포탈죄에 미수범 처벌규정을 마련하고 있다는 이유로 우리나라도 마찬가지 입장을 취해야 한다는 주장은 받아들이기 어렵다.

Ⅱ. 사기죄의 미수범 처벌규정 근거에 대한 비판

앞서 조세포탈죄의 법적 성격에서 살펴보았듯이, 조세포탈죄가 비록 사기 죄적 법적 성격과 위계공무집행방해죄로서의 법적 성격이 있으나, 우리나라의 전반적인 형사법체계에 비추어 보면 위계공무집행방해죄로서의 성격으로 이해하는 것이 타당하다. 그리고 위계공무집행방해죄에 미수범 처벌규정이 없는 등 오히려 조세포탈죄에 미수범 처벌규정이 없는 것이 우리나라의 관련 법률체계에 보다 합당하다. 특히 조세포탈죄보다 사기죄로서의 법적 성격이 더 강한 보조금 사기를 처벌하는 보조금 관리에 관한 법률 제40조 제1호도 미수범 처벌규정이 없고, 보조금 사기와 같이 법정형이 징역 10년 이하인 지방재정법 제97조 제1항, 방위사업법 제62조 제1항도 미수범 처벌규정이 없는 점 역시 주목할 필요가 있다. 보조금 사기는 국가의 보조금 관련 심사기능을 저해하는 측면에서 국가적 법익을 보호하는 죄명으로 이해할 수 있고, 법정형도 사기죄보다 높음에도 미수범 처벌규정이 없는데, 보조금 사기보다 법정형은 오히려 훨씬 낮은 조세포탈죄에 미수범 처벌규정을 신설해야 하는 이유를 설명하기 어렵다. 물론 미수범 처벌규정을 마련할지 여부는 입법자의 재량사항이나, 유사한 법적 성격의 죄명 중 불법이 큰 죄명은 미수범 처벌규정을 두지 않고 오히려 불법이 작은 죄명에 미수범을 처벌하는 것은 체계정당성의 원리에 위반되고, 평등의 원칙에 반할 소지가 있다. 오히려 조세포탈죄의 미수범 처벌규정이 없는 현행 조

---

549) 황남석, 앞의 논문(주 23), 388면.

세범처벌법의 태도가 위계공무집행방해죄, 조세포탈죄의 행위수단과 유사한 행위수단으로 규정한 특별법위반죄에 미수범 처벌규정이 없는 태도와 균형을 이룬다고 볼 수도 있다.

Ⅲ. 관세포탈죄의 미수범 처벌규정 근거에 대한 비판

1. 관세법과 조세범처벌법의 미수범 처벌규정 등 변천 과정

관세법은 1949. 11. 23. 제정될 때 제198조에 "관세를 포탈하거나 또는 포탈하려 한 자"를 처벌하였고, 현행 관세법까지 일관되게 미수범 처벌규정을 존속시켜 왔고, 1961. 4. 10. 개정 당시 제198조의3에 "제197조 내지 제198조의2의 죄를 범할 목적으로 그 예비를 한 자와 미수범은 각 정범의 예에 준한다"고 규정하여 관세포탈죄의 미수범을 처벌할 뿐만 아니라 기수와 같은 법정형으로 처벌하도록 하였다. 그리고 2010. 1. 1. 관세법 개정 당시 제271조 제2항은 미수범을 본죄에 준하여 처벌하고, 제3항은 예비죄를 본죄의 2분의 1을 감경하여 처벌한다고 규정하여 현재까지 같은 태도를 이어오고 있다.

반면, 조세범처벌법은 1951. 5. 7. 제정될 때 제9조에 "조세를 포탈하거나 포탈하고저 한 자"라고 규정해 조세포탈죄의 미수범을 처벌하였다. 그 후 1961. 12. 8. 개정되면서 제9조 제1항은 "사기 기타 부정한 행위로써 조세를 포탈하거나 조세의 환부를 받은 자 또는 조세징수의무자로서 정당한 사유없이 그 세금을 징수하지 아니하거나 징수한 세금을 납부하지 아니한 자는 다음 각 호에 의하여 처벌한다. 단, 주세포탈의 미수범은 처벌한다"고 규정해 미수범 처벌범위를 대폭 축소하였다. 당시 미수범 처벌규정을 축소한 주체는 1961년부터 1963년까지 존속한 국가재건최고회의였고, 1961. 12. 8. 개정이유는 "주세법위반과 체납처분자에 대한 벌칙을 강화"[550]하는 것이었다. 개정 당시 주세법위반에 대한 벌칙을 강화하는 내용은 첫째, 세목별로 법정형, 특히 벌금형을 차등화시켜 주세포탈죄는 3년 이하의 징역 또는 500만 환 이하의 벌금으로 처벌하되,

---

550) 대한민국국회 의안정보시스템 의안번호 AA0256 조세범처벌법중개정법률안(재정경제위원장) 중 제안이유.

포탈세액 또는 징수하지 아니하였거나 납부하지 아니한 세액의 3배에 상당하는 금액이 500만 환을 초과할 때에는 그 초과한 금액까지 벌금을 과할 수 있다고 규정해 엄벌한 점,[551] 둘째, 다른 세목과 달리 주세포탈죄만 미수범을 처벌한 점에 의해 알 수 있다. 그리고 주세포탈죄에 한해 미수범을 처벌하는 규정은 2010. 1. 1. 조세범처벌법이 개정되면서 폐지되었고, 이는 현행 조세범처벌법까지 이어져 오고 있다.

이처럼 관세법과 조세범처벌법의 미수범 처벌규정의 변천과정을 비교하면 조세포탈죄에 미수범 처벌규정을 확대 내지 신설하자는 주장에 오히려 역행하는 변천과정을 거쳐 왔다는 사실을 알 수 있다. 또한 그 과정이 일시적이 아니라 1951년 조세범처벌법이 제정된 이후 2010. 1. 1. 미수범 처벌규정이 전면 폐지되기까지 거의 60년 동안 일관되게 진행된 것을 알 수 있다. 이러한 사실은 입법자가 조세포탈죄의 미수범 처벌규정을 확대 내지 신설하자는 주장을 수용하지 않은 상당한 이유가 있었을 것이라고 추정할 수 있다. 다만 아쉽게도 1961. 12. 4. 유독 주세포탈죄만 미수범 처벌규정을 존속시키고 다른 세목의 포탈죄는 폐지한 이유를 문헌적으로 확인하기 어렵고,[552] 2010. 1. 1. 주세포탈죄 미수범 처벌규정조차 폐지한 이유도 문헌적으로 확인하기 어렵다. 따라서 관세포탈죄의 미수범뿐만 아니라 예비도 엄벌하는 규정을 마련한 관세법의 취지를 살펴볼 필요성이 있다.

2. 미수범 처벌규정 등을 마련한 관세법의 취지

헌법재판소는 구 특가법(2000. 12. 29. 법률 제6305호로 개정되고, 2010. 3. 31. 법률 제10210호로 개정되기 전의 것) 제6조 제7항 중 관세법 제270조의 죄를 범할

---

551) 당시 개정된 조세범처벌법 제9조 제1항 제1호는 "주세, 물품세, 석유류세, 입장세, 전기까스세, 통행세의 경우에는 3년 이하의 징역 또는 500만 환 이하의 벌금에 처한다. 이 경우에 포탈세액 또는 징수하지 아니하였거나 납부하지 아니한 세액의 3배에 상당하는 금액이 500만 환을 초과할 때에는 그 초과한 금액까지 벌금을 과할 수 있다."고 규정하고, 제3호는 "전2호에 규정된 이외의 국세의 경우에는 3년 이하의 징역 또는 500만 환 이하의 벌금에 처한다. 이 경우에 포탈하거나 환부받은 세액이 500만 환을 초과할 때에는 그 초과한 금액까지 벌금을 과할 수 있다."고 규정하였다. 제1호와 제3호를 비교하면 법정형 중 징역형은 동일하나, 벌금형은 제1호가 제3호에 비해 중하였다.

552) 김용준, 앞의 논문(주 365), 91면은 "주세포탈의 경우는 국민의 신체와 건강 등의 침해방지라는 관점에서 예외적으로 처벌하도록 한 것으로 생각된다."고 주장한다.

목적으로 그 예비를 한 자를 본죄에 준하여 처벌하도록 한 규정에 관해 "동 조항이 특정하고 있는 관세포탈죄 등[553]만은 그 특성과 위험성을 고려하여 이를 처벌함에 있어 조세범이나 다른 일반범죄와는 달리함으로써 건전한 사회질서의 유지와 국민경제의 발전에 이바지하기 위한 것이므로 입법목적의 정당성이 인정된다. 관세포탈 등의 예비나 미수가 기수에 비하여 위험성이나 법익침해 가능성이 다르다고 할 수 없고, 관세범은 행정범(재정범)으로서 국가경제에 미치는 영향이 크며, 조직성과 전문성, 지능성, 국제성을 갖춘 영리범이라는 특성을 갖고 있어 쉽게 근절되기 어려울 뿐만 아니라 범행의 인지·범인의 체포 등이 극히 어렵고 특히 기수와 미수, 미수와 예비를 엄격하게 구별하기 어려워 이 범죄에 대하여 철저하게 대처해야 할 필요성이 있으며, 법률의 위하적 효과로서의 일반예방적 효과를 제고할 필요도 있으므로, 이 사건 예비죄 조항은 입법목적의 달성을 위하여 필요할 뿐만 아니라 그 수단·방법에 있어서 적정하다고 인정된다."[554]고 판단하였다. 비록 헌법재판소의 판단 대상은 관세포탈죄의 예비죄 규정이었으나, 합헌 판단에 이른 근거는 미수범 처벌규정도 동일하다고 할 수 있다. 즉 헌법재판소는 '조세범이나 다른 일반범죄'와 다른 관세포탈죄의 특수성에 주목해 관세포탈죄를 엄벌하는 태도를 취한 것으로 이해한다.

이러한 헌법재판소의 입장에 비추어 보면 조세포탈죄를 위계공무집행방해죄나 조세포탈죄와 유사한 행위수단으로 규정된 특별법위반죄와 달리 취급할 특수성이 있는지, 그리고 그 특수성이 관세포탈죄의 미수범 처벌규정을 마련해 엄벌하는 이유와 동가치적으로 평가될 수 있는지에 관해 살펴볼 필요성이 있다. 일부 견해는 "① 관세도 조세의 일종이고, 관세포탈죄와 조세포탈죄 모두 국가의 과세권(조세 징수권)을 보호법익으로 한다는 점, ② 관세포탈죄의 구성요건인 '사위 기타 부정한 방법'이나 조세포탈죄의 구성요건인 '사기 기타 부정한 행위'가 문구상으로는 거의 동일하다는 점, ③ 사회적 비난가능성의 면에서 보아도 조세포탈죄가 관세포탈죄보다 비난가능성이 작다고 할 어떠한 근거도 없다는 점, ④ 최근 조세납부방식이 대부분 신고납부방식으로 전환되면서 현실적

---

553) 여기서 '관세포탈죄 등'이란 관세포탈예비 또는 부정수입예비로 인한 특가법위반을 의미한다.
554) 헌재 2010. 7. 29. 2008헌바88. 대법원 1999. 4. 9. 선고 99도424 판결도 관세포탈죄 등을 범할 목적으로 예비한 자와 미수범을 본죄에 준하여 처벌하도록 규정한 관세법 제182조 제2항과 관세법 제182조에 규정된 죄를 범한 자를 일정한 요건 하에 가중처벌하도록 규정한 특가법 제6조 제7항에 관해 같은 취지로 헌법에 위반되지 않는다고 판시하였다.

으로 조세사범을 적발하는 것도 관세사범 못지않게 어렵다는 점, ⑤ 조세의 규모에 비추어 볼 때 오히려 관세부분의 포탈 보다는 관세를 제외한 일반적인 조세포탈 부분이 국가경제상태에 미치는 폐해가 훨씬 크다는 점 등에 근거해 볼 때, 관세포탈죄의 경우에는 미수뿐만 아니라 예비까지도 처벌하고 있는 반면, 조세포탈죄의 경우에는 기수만 처벌하는 것은 균형을 잃은 입법이라고 할 것이다."[555]라고 주장한다. 그러나 이 견해는 앞서 살핀 것처럼 조세포탈죄를 사기죄의 법적 성격으로 단정해 조세포탈죄의 위계공무집행방해죄로서의 법적 성격을 간과하고, 위계공무집행방해죄, 관세포탈죄를 제외한 유사한 행위수단으로 규정된 특별법위반죄와 달리, 조세포탈죄는 어떤 특수성에 기인해 미수범 처벌규정을 두어야 하는지에 관한 설명이 없어 위 근거만으로는 조세포탈죄의 미수범 처벌규정을 두어야 하는 이유를 제대로 입증하지 못하였다고 생각한다.

Ⅳ. 조세포탈죄의 효율적 보호 근거에 대한 비판

조세포탈죄의 미수범 처벌규정을 신설하는 것이 조세포탈죄의 보호법익을 실효적으로 보호하는데 필요하다는 학설은 우리나라 조세포탈죄의 행위수단 개념이 주요국의 조세포탈죄의 개념과 차이가 있고, 관세포탈죄의 개념과도 상당한 차이가 있다는 것에 대한 이해가 부족한 것으로 여겨진다. 왜냐하면 조세포탈죄의 행위수단의 개념을 재구성하지 않는 한, 조세포탈죄의 미수범 처벌규정을 신설하더라도 실제 그 미수범 처벌규정에 의해 처벌되는 경우가 거의 없어 미수범 처벌규정을 마련한 실익이 없을 수 있기 때문이다. 독일, 일본, 미국 등 주요국의 관련 법률은 조세포탈죄의 행위수단을 조세부과와 징수를 불가능하게 하거나 현저히 곤란하게 할 정도로 엄격히 규정하지 아니한다. 그러나 2010 1. 1. 개정된 조세범처벌법 제3조 제6항에 조세포탈죄의 행위수단인 '사기나 그 밖의 부정한 행위'의 개념에 '조세의 부과와 징수를 불가능하게 하거나 현저히 곤란하게 하는 경우'를 명시하기 전부터 대법원은 '사기 기타 부정한 행위'를 그처럼 엄격하게 해석하였다. 이처럼 조세포탈죄의 행위수단을 엄격히 해석한 대

---

555) 손준성, 앞의 논문(주 88), 117−118면.

법원의 입장이나 2010. 1. 1. 개정된 조세범처벌법에 의하면 사실상 미수범의 성립범위를 상당히 제한하게 된다. 즉 조세포탈 행위자가 조세포탈의 목적 내지 의도로 조세의 부과와 징수를 불가능하게 하거나 현저히 곤란하게 하는 정도의 소득은닉행위를 해야 비로소 실행의 착수가 인정되고, 그 정도의 행위수단을 동원하면 사실상 포탈이라는 결과를 발생시키므로 조세포탈죄가 기수에 이른다. 반면, 조세포탈 행위자가 비록 조세포탈의 목적 내지 의도로 소득은닉을 시도하였으나 그 시도된 소득은닉행위가 조세의 부과와 징수를 불가능하게 하거나 현저히 곤란하게 할 정도가 아니면 조세포탈죄의 행위수단인 '사기나 그 밖의 부정한 행위'라고 볼 수 없어 조세포탈죄의 실행의 착수에 이르렀다고 보기 어렵다.556) 결국 조세포탈죄의 행위수단의 개념을 개정하지 않는 한, 조세포탈죄의 미수범 성립범위는 매우 좁아진다. 그렇다면 이러한 견해를 검증할 수 있는 방법이 있을까? 이와 관련해 1951년 조세범처벌법이 제정된 후 2010. 1. 1. 조세범처벌법이 주세포탈죄의 미수범 처벌규정조차 폐지해 조세포탈죄의 미수범을 전면 폐지하기까지 약 60년간 조세포탈죄의 미수범 내지 주세포탈죄의 미수범으로 처벌된 사례가 있는지 여부를 살펴볼 필요성이 있다.

　'조세 미수', '주세 미수', '조세포탈 미수'등으로 검색하면 대법원이 조세포탈죄 미수로 처벌한 사례를 발견하기 어렵다. 위 검색어로 검색하면 앞서 언급한 대법원 위 99도424 판결 이외에 대법원 1982. 12. 28. 선고 82도2276 판결과 대법원 2006. 3. 23. 선고 2004도7921 판결이 발견된다. 그러나 위 82도22776 판결은 법인세와 영업세는 당해 과세표준에 대한 정부의 결정 또는 조사결정을 한 후 그 납부 기한이 경과한 때에 포탈범칙행위의 기수가 되는데, 법인세에 관한 내부적인 가결정만이 있고 법인세 과세표준에 대한 정부의 결정이 없는 이상, 그 기수시기의 미도래로 미수에 그친다는 것을 판시한 것으로서, 이는 부과과세 방식의 조세포탈죄의 기수시기에 관한 언급에 불과하다. 또한 위 2004도7921 판결은 "원심은 피고인들에 대하여 2회의 조세포탈 및 조세포탈미수행위를 인정하고"라고 표현하나, 원심판결인 부산고등법원 2004. 11. 10. 선고 2004노518 판결은 적용법조에 "관세법 제270조 제1항 제1호, 제241조 제1항, 제271조 제2항"을 언급하고, 이들 조문은 관세포탈죄와 관세포탈 미수죄

---

556) 이 경우는 형법 제27조의 '수단의 착오'로 인하여 위험성이 있는 경우에 한해 처벌될 수 있다.

를 처벌하는 규정이므로 대법원이 '조세포탈 및 조세포탈미수행위'라고 표현한 문구는 '관세포탈 및 관세포탈미수행위'를 잘못 표현한 것이라고 이해할 수 있다. 다만 조세포탈죄의 미수범으로 처벌된 사례를 발견하기 어려운 이유가 오로지 종래 대법원의 입장과 2010. 1. 1. 개정된 조세범처벌법이 조세포탈죄의 행위수단 개념을 엄격히 이해 내지 규정하였기 때문이라고 단정하기는 어렵더라도 적어도 그런 사유가 주요한 이유 중 하나로 이해할 수는 있을 것이다.

V. 소결

조세포탈죄의 미수범 처벌규정을 마련할지와 어떤 세목에 한정해 미수범 처벌규정을 마련할지는 입법자의 재량사항이다. 그런데 1951년 조세범처벌법이 제정될 당시 조세포탈죄의 미수범을 전면적으로 처벌하는 체계에서 주세포탈죄의 미수범만 처벌하는 단계를 거쳐 2010. 1. 1. 주세포탈죄의 미수범 처벌규정마저 폐지하는 변천과정을 거쳐 왔던 사실, 조세범처벌법에 미수범 처벌규정이 존속된 약 60년간 조세포탈죄의 미수범으로 처벌된 사례를 발견하기 어려운 사실, 위계공무집행방해죄, 조세포탈죄와 유사한 행위수단으로 규정된 특별법위반죄 중 관세포탈죄를 제외하고는 미수범 처벌규정이 없는 사실, 관세포탈죄는 미수범 처벌규정이 존재하나, 관세법은 1949년 제정 당시부터 미수범 처벌규정이 있었고, 1961년 개정되면서 미수와 예비도 기수와 마찬가지로 처벌하도록 개정하는 등 조세범처벌법 등 관련 법률과 규율체계를 달리한 사실을 주목할 필요성이 있다. 이처럼 조세범처벌법과 관세법은 미수범 처벌규정에 관해 다른 변천과정을 거쳐 왔음에도 조세범처벌법도 미수범 처벌규정을 마련해야 한다는 주장은 규율체계를 달리하는 조세범처벌법도 관세법과 마찬가지로 미수범 처벌규정을 마련해야 하는 근거를 입법자가 수용할 수 있을 정도로 입증하지 못한 것으로 평가할 수 있다. 그리고 조세포탈죄의 보호법익을 적극적으로 보호하기 위해 미수범 처벌규정을 마련하더라도 현행 조세범처벌법의 행위수단에 관한 개념을 개정하지 않는 한, 미수범 처벌규정이 실효성 있게 적용되기 어려울 수 있다는 점을 감안할 때 현 단계에서 조세포탈죄의 미수범 처벌규정을 신설해야 한다는 주장은 수긍하기 어렵다.

조세범처벌법 주요 변천과정

CHAPTER 01

조세범처벌법(법률 제00199호)

[시행 1951. 6. 7.] [법률 제199호, 1951. 5. 7., 제정]

제1장 총칙

제1조 조세에관한법률(以下 單히 法이라 稱한다)에 위반한 자에 대하여서는 본법에 의하여 처벌한다.

제2조 본법에서 조세라 함은 국세를 말한다. 단, 등록세와 면허세를 제외한다.

제3조 법인의 대표자, 법인 또는 개인의 대리인, 사용인 기타의 종업인이 그 법인 또는 개인의 업무 또는 재산에 관하여 본법에 규정하는 범칙행위를 한 때에는 행위자를 벌하는 외에 그 법인 또는 개인에 대하여서도 각 본조의 벌금형에 처한다. 단, 행위자에 대하여서는 정상에 의하여 그 형을 감면할 수 있다.

제4조 제8조 내지 제11조의 범칙행위를 한 자에 대하여서는 형법 제38조제1항 단서, 제39조제2항, 제40조, 제41조, 제48조제2항, 제63조와 제66조의 규정을 적용하지 아니한다. 단, 징역의 형에 처할 때에는 예외로 한다.

제5조 제8조 내지 제10조의 범칙행위를 한 자는 정상에 의하여 징역과 벌금을 병과할 수 있다.

제6조 본법의 규정에 의한 범칙행위는 사세청장, 세무서장 또는 세무에 종사하는 공무원의 고발을 기다려 논한다. 단, 제15조 또는 제16조의 범칙행위는

예외로 한다.

제7조 좌의 각호의 1에 해당하는 것으로서 제조자 또는 판매자가 소지하는 물품은 이를 몰취할 수 있다.

1. 법에 의한 면허를 받지 아니하고 제조한 물품

2. 전호의 물품제조에 공한 기계, 기구 또는 용기

3. 법에 의한 납세필증인의 압날 또는 납세의 사실을 증명하는 일정한 표시를 하지 아니하고 반출한 물품

제2장 범칙행위

제8조 법에 의한 면허를 받지 아니하고 물품을 제조 또는 판매 한 자는 3년이하의 징역 또는 백만원이하의 벌금에 처한다.

법에 의한 영업감찰의 교부를 받지 아니하고 영업을 하는 자에 대하여서는 50만원이하의 벌금에 처한다.

제9조 사위 기타 부정한 행위로써 조세를 포탈하거나 포탈하고저 한 자는 3년이하의 징역 또는 그 포탈하거나 포탈하고저 한 세액의 5배이상 10배이하에 상당하는 벌금에 처한다.

제10조 납세의무자가 정당한 사유없이 3회이상 체납하는 경우에는 2년이하의 징역 또는 그 체납액의 2배이상 10배이하에 상당하는 벌금에 처한다.

제11조 조세징수의무자가 정당한 사유없이 그 세를 징수하지 아니하거나 징수한 세금을 납부하지 아니하는 경우에는 3년이하의 징역 또는 그 징수하지 아니하였거나 납부하지 아니한 세액의 5배에 상당하는 벌금에 처한다.

제12조 체납자 또는 체납자의 재산을 점유하는 자가 조세를 면탈할 또는 면탈케할 목적으로써 그 재산을 장닉탈루하거나 또는 허위의 계약을 하였을 때에는 2년이하의 징역에 처한다.

차압물건의 보관자가 그 보관한 물건을 장닉탈루, 소비 또는 훼손하였을 때에도 전항과 같다.

그 정을 알고 전2항의 행위를 방조하거나 제1항의 허위의 계약을 승낙한 자

는 1년이하의 징역에 처한다.

제13조 좌의 각호의 1에 해당하는 자는 1년이하의 징역, 20만원이하의 벌금에 처한다.

1. 법의 규정에 의한 정부의 명령에 위반한 자

2. 법의 규정에 의한 신고 또는 고지를 태만하거나 허위의 신고 또는 고지를 한 자

3. 재산에 관하여 허무인명의를 사용한 납세의무자 또는 그 정을 알고 이에 협력한 자

4. 타인의 조세에 관하여 정부에 허위의 신고를 한 자

5. 정당한 사유없이 법의 규정에 의한 지불조서 또는 계산서를 제출하지 아니하거나 또는 허위의 기재를 한 자

6. 법의 규정에 의한 장부 또는 요금영수증을 조제하지 아니하거나 그 기재를 태만 또는 허위의 기재를 하거나 또는 장부나 요금영수증을 은닉한 자

7. 법의 규정에 의한 검사 또는 승인을 받지 아니한 자

8. 미납세로 반출한 물품 또는 면세한 물품을 지정한 장소에 입고하지 아니하거나 소정용도에 사용 또는 수출하지 아니한 자

9. 법의 규정에 위반하여 검정을 받지 아니한 기계, 기구 또는 용기를 사용한 자

10. 세무에 종사하는 공무원의 질문에 대하여 답변을 하지 아니하거나 허위의 진술을 하거나 또는 그 직무의 집행을 거부 또는 기피한 자

제14조 납세의무자로 하여금 과세표준의 신고(申告의 修正을 包含한다. 以下 申告라 稱한다)를 하지 아니하게 하거나 허위의 신고를 하게 하거나 조세의 징수나 납부를 하지 않을 것을 선동 또는 교사한 자는 2년이하의 징역 또는 30만원이하의 벌금에 처한다.

납세의무자로 하여금 신고를 하지 아니하게 하거나 허위의 신고를 하게 하거나 또는 조세의 징수나 납부를 하지 아니하게 할 목적으로 폭행 또는 협박을 가한 자는 3년이하의 징역 또는 50만원이하의 벌금에 처한다.

제15조 세무에 종사하는 공무원 또는 보조하는 자가 조세에 관한 조사사무에 관하여 지득한 비밀을 고의로 누설하거나 절용한 때에는 3년이하의 징역에 처한다.

제16조 세무에 종사하는 공무원 또는 보조하는 자가 그 직무상 부정한 행위를 하였을 때에는 3년이하의 징역에 처한다.

부칙   <제199호, 1951. 5. 7.>

제17조 제8조 내지 제14조에 규정한 범칙행위의 시효는 2년을 경과함으로써 완성한다. 단, 범칙자가 국외로 도피한 때에는 그 기간을 5년으로 한다.

제18조 본법은 공포일로부터 30일 경과한 후 시행한다.

제19조 단기4248년제령 제4호 조세에관하여사범이있을때의처벌에관한건은 이를 폐지한다.

제20조 소득세법중 제9장 벌칙 제60조 내지 제64조의 2, 지세법중 제35조 내지 제39조, 법인세법중 제35조 내지 제37조, 영업세법중 제25조 내지 제27조, 통행세법중 제11조, 상속세법중 제31조 내지 제34조, 증여세법중 제16조 내지 제18조, 주세법중 제4장 제46조·제5장 벌칙 제47조 내지 제53조, 유흥음식세법중 제11조 내지 제13조·제15조 내지 제17조, 입장세법중 제12조 내지 제17조 전기까스세법중 제15조와 제16조, 마권세법중 제8조 내지 제10조, 인지세법중 제7조 내지 제11조, 직물세법중 제18조 내지 제23조, 물품세법중 제29조 내지 제35조, 국세징수법중 제4장 벌칙 제44조의 규정은 이를 삭제한다.

제21조 본법 시행전의 행위에 의한 범칙사건에 대하여서는 종전의 례에 의한다.

조세범처벌법(법률 제00820호)

[시행 1962. 1. 1.] [법률 제820호, 1961. 12. 8., 일부개정]

제1장 총칙

제1조 조세에관한법률(以下 單히 法이라 稱한다)에 위반한 자에 대하여서는 본법에 의하여 처벌한다.

제2조 본법에서 조세라 함은 국세를 말한다. 단, 관세 및 등록세를 제외한다. <개정 1956. 12. 31., 1961. 12. 8.>

제3조 법인의 대표자, 법인 또는 개인의 대리인, 사용인 기타의 종업인이 그 법인 또는 개인의 업무 또는 재산에 관하여 본법에 규정하는 범칙행위를 한 때에는 행위자를 벌하는 외에 그 법인 또는 개인에 대하여서도 각 본조의 벌금형에 처한다. 단, 행위자에 대하여서는 정상에 의하여 그 형을 감면할 수 있다.

제4조 제8조 내지 제11조와 제12조의2의 범칙행위를 한 자에 대하여는 형법 제9조, 제10조제2항, 제11조, 제16조, 제32조제2항 및 제38조제1항제2호중 벌금경합에 관한 제한가중규정을 적용하지 아니한다. 단, 징역의 형에 처할 때에는 예외로 한다.

[전문개정 1961. 12. 8.]

제5조 제8조, 제9조 및 제12조의2의 범칙행위를 한 자는 정상에 의하여 징역과

벌금을 병과할 수 있다. <개정 1956. 12. 31., 1961. 12. 8.>

제6조 본법의 규정에 의한 범칙행위는 사세청장, 세무서장 또는 세무에 종사하는 공무원의 고발을 기다려 논한다. 단, 제12조의2제1항제2호와 제5호 또는 제15조의 범칙행위에 대하여는 예외로 한다. <개정 1961. 12. 8.>

제7조 좌의 각호의 1에 해당하는 것으로서 제조자 또는 판매자가 소지하는 물품은 이를 몰취할 수 있다. <개정 1954. 4. 14.>

1. 법에 의한 면허를 받지 아니하고 제조한 물품

2. 전호의 물품제조에 공한 기계, 기구 또는 용기

3. 법에 의한 납세필증인의 압날 또는 납세의 사실을 증명하는 일정한 표시를 하지 아니한 물품

제2장 범칙행위

제8조 ① 법에 의한 면허를 받지 아니하고 주류, 주모, 주료, 국자, 립국, 종국을 제조 또는 판매한자는 3년이하의 징역 또는 100만환이하의 벌금에 처한다. 단, 주모 및 주료는 탁주로 간주한다. 이 경우에 당해주세상당액의 3배의 금액이 100만환을 초과할 때에는 그 초과한 금액까지 벌금을 과할 수 있다.

② 법에 의한 면허를 받지 아니하고 자가소비의 목적으로 탁주 또는 약주를 제조한 자에 대하여는 10만환이하의 벌금 또는 과료에 처한다. 단, 주모 및 주료는 탁주로 간주한다.

③ 전2항의 경우에 있어서 그 제조물품에 대한 세액은 제조자로부터 즉시징수한다.

[전문개정 1961.12.8]

제9조 ① 사기 기타 부정한 행위로써 조세를 포탈하거나 조세의 환부를 받은 자 또는 조세징수의무자로서 정당한 사유없이 그세금을 징수하지 아니하거나 징수한 세금을 납부하지 아니한 자는 다음 각호에 의하여 처벌한다. 단, 주세포탈의 미수범은 처벌한다.

1. 주세, 물품세, 석유류세, 입장세, 전기까스세, 통행세의 경우에는 3년이하

의 징역 또는 500만환이하의 벌금에 처한다. 이 경우에 포탈세액 또는 징수하지 아니하였거나 납부하지 아니한 세액의 3배에 상당하는 금액이 500만환을 초과할 때에는 그 초과한 금액까지 벌금을 과할 수 있다.

2. 인지세의 경우에는 증서·장부 1개마다 3만환이하의 벌금 또는 과료에 처한다. 이 경우에 포탈한 세액의 3배에 상당하는 금액이 3만환을 초과할 때에는 그 초과한 금액까지 벌금을 과할 수 있다.

3. 전2호에 규정한 이외의 국세의 경우에는 3년이하의 징역 또는 500만환이하의 벌금에 처한다. 이 경우에 포탈하거나 환부를 받은 세액이 500만환을 초과할 때에는 그 초과한 금액까지 벌금을 과할 수 있다.

② 전항의 경우에 있어서 포탈하거나 포탈하고자 한 세액 또는 환부를 받은 세액은 즉시징수한다.

[전문개정 1961.12.8]

제9조의2 다음 각호에 게기하는 소득금액은 사기 기타 부정한 행위로 인하여 생긴 소득금액으로 보지 아니한다.

1. 법에 의한 소득금액결정에 있어서 세무회계와 기업회계와의 차이로 인하여 생긴 금액

2. 법인의 행위 또는 계산에 불구하고 법인의 소득금액을 정부가 조사한 바에 의하여 결정한 경우(法人稅法 第28條第3項의 境遇를 包含한다)에 그 법인의 주주, 사원, 사용인 기타 특수한 관계있는 자에게 귀속되었다고 인정하는 근로소득금액과 배당이자소득금액

[본조신설 1961. 12. 8.]

제10조 납세의무자가 정당한 사유없이 3회이상 체납하는 경우에는 그 1년이하의 징역 또는 체납액에 상당하는 벌금에 처한다. <개정 1956. 12. 31., 1961. 12. 8.>

제11조 조세의 원천징수의무자가 정당한 사유없이 그 세를 징수하지 아니하거나 징수한 세금을 납부하지 아니하는 경우에는 1년이하의 징역 또는 그 징수하지 아니하였거나 납부하지 아니한 세액에 상당하는 벌금에 처한다. <개정 1956. 12. 31., 1961. 12. 8.>

제12조 ① 체납자 또는 체납자의 재산을 점유하는 자가 조세를 면탈할 또는 면탈케할 목적으로써 그 재산을 장닉탈루하거나 또는 허위의 계약을 하였을 때에는 2년이하의 징역에 처한다.

② 압수물건의 보관자가 그 보관한 물건을 장닉탈루, 소비 또는 훼손하였을 때에도 전항과 같다. <개정 1961. 12. 8.>

③ 그 정을 알고 전2항의 행위를 방조하거나 제1항의 허위의 계약을 승낙한 자는 1년이하의 징역에 처한다.

제12조의2 다음 각호의 1에 해당하는 자는 2년이하의 징역 또는 300만환이하의 벌금에 처한다.

1. 납세증지를 재사용하거나 정부의 승인을 받지 아니하고 이를 타인에게 양도한 자

2. 납세증인이나 납세증지를 위조 또는 변조한 자

3. 위조 또는 변조한 납세증인이나 납세증지를 소지 또는 사용하거나 타인에게 교부한 자

4. 법에 의한 입장권을 정부의 승인없이 양도 또는 양수한 업자

5. 법에 의한 입장권을 위조 또는 변조한 자

6. 법에 의한 입장권을 재사용한 자

7. 타인의 조세에 관하여 정부에 허위의 신고를 한 자

[본조신설 1961. 12. 8.]

제13조 다음 각호의 1에 해당하는 자는 50만환이하의 벌금 또는 과료에 처한다.

1. 법에 의한 정부의 명령사항에 위반한 자

2. 법에 의한 신고 또는 고지에 있어서 고의로 이를 태만하거나 허위의 신고 또는 고지를한 자

3. 재산에 관하여 허무인명의를 사용한 납세의무자 또는 그 정을 알고 이에 협력한 자

4. 법에 의한 지불조서, 계산서 또는 보고서에 허위의 기재를 한 자

5. 법에 의한 장부 또는 요금영수증에 허위의 기재를 하거나 장부나 요금영수증을 은닉한자

6. 법에 의한 검사 또는 승인을 받지 아니한 자

7. 미납세로 반출한 물품 또는 면세한 물품을 고의로 지정한 장소에 입고하지 아니하거나 소정용도에 사용 또는 수출하지 아니한 자

8. 법에 위반하여 검정을 받지 아니한 기계, 기구 또는 용기를 사용한 자

9. 세무에 종사하는 공무원의 질문에 대하여 허위의 진술을 하거나 그 직무집행을 거부 또는 기피한 자

10. 법에 의한 입장권을 교부하지 아니하거나 절취하지 아니한 자

[전문개정 1961. 12. 8.]

제14조 ① 납세의무자로 하여금 과세표준의 신고(申告의 修正을 包含한다. 以下 申告라 稱한다)를 하지 아니하게 하거나 허위의 신고를 하게 하거나 조세의 징수나 납부를 하지 않을 것을 선동 또는 교사한 자는 2년이하의 징역 또는 100만환이하의 벌금에 처한다. <개정 1954. 4. 14., 1961. 12. 8.>

② 납세의무자로 하여금 신고를 하지 아니하게 하거나 허위의 신고를 하게 하거나 또는 조세의 징수나 납부를 하지 아니하게 할 목적으로 폭행 또는 협박을 가한 자는 3년이하의 징역 또는 200만환이하의 벌금에 처한다. <개정 1954. 4. 14., 1961. 12. 8.>

제15조 세무공무원으로서 형법중 공무원의 직무에 관한 죄를 범하였을 경우에는 그 죄에 정한 형의 장기의 3분의 1까지 가중처벌할 수 있다.

[전문개정 1961. 12. 8.]

제16조 삭제 <1961. 12. 8.>

부칙 <제820호, 1961. 12. 8.>

본법은 단기 4295년 1월 1일로부터 시행한다.

조세범처벌법(법률 제08884호)

[시행 2008. 4. 15.] [법률 제8884호, 2008. 3. 14., 일부개정]

제1장 총칙

제1조 조세에관한법률(以下 單히 法이라 稱한다)에 위반한 자에 대하여서는 이
법에 의하여 처벌한다.

제2조 이 법에서 조세라 함은 국세를 말한다. 다만, 관세를 제외한다. <개정
1956. 12. 31., 1961. 12. 8., 1976. 12. 22.>

제3조 법인의 대표자, 법인 또는 개인의 대리인, 사용인 기타의 종업인이 그
법인 또는 개인의 업무 또는 재산에 관하여 이 법에 규정하는 범칙행위를 한
때에는 행위자를 벌하는 외에 그 법인 또는 개인에 대하여서도 각 본조의 벌
금형에 처한다. 다만, 국세기본법에 의한 과점주주가 아닌 행위자에 대하여서
는 정상에 의하여 그 형을 감면할 수 있다. <개정 1976. 12. 22.>

[단순위헌, 2010헌가14, 2010. 10. 28. 구 조세범 처벌법(1974. 12. 24. 법률
제2714호로 개정되고, 2010. 1. 1. 법률 제9919호로 개정되기 전의 것) 제3조
본문 중 '법인의 대리인, 사용인 기타의 종업인이 그 법인의 업무 또는 재산
에 관하여 제10조에 규정하는 범칙행위를 한 때에는 그 법인에 대하여서도
본조의 벌금형에 처한다.'는 부분은 헌법에 위반된다.]

[단순위헌, 2009헌가33(병합), 2010. 7. 29. 구 조세범처벌법(2004. 12. 31.
법률 제7321호로 개정되고, 2010. 1. 1. 법률 제9919호로 개정되기 전의 것)

제3조 본문 중 "법인의 대리인, 사용인, 기타의 종업인이 그 법인의 업무 또는 재산에 관하여 제11조의2 제4항 제1호에 규정하는 범칙행위를 한 때에는 그 법인에 대하여서도 본조의 벌금형에 처한다."는 부분은 헌법에 위반된다.]

[단순위헌, 2010헌가80, 2011. 10. 25. 구 '조세범 처벌법'(2004. 12. 31. 법률 제7321호로 개정되고, 2010. 1. 1. 법률 제9919호로 개정되기 전의 것) 제3조 본문 중 '법인의 대리인, 사용인, 기타의 종업인이 그 법인의 업무 또는 재산에 관하여 제11조의2 제1항 제2호에 규정하는 범칙행위를 한 때에는 그 법인에 대하여서도 본조의 벌금형에 처한다.'는 부분은 헌법에 위반된다.]

[단순위헌, 2013헌가18, 2013. 10. 24. 구 조세범처벌법(2004. 12. 31. 법률 제7321호로 개정되고, 2010. 1. 1. 법률 제9919호로 개정되기 전의 것) 제3조 본문 중 "법인의 대리인, 사용인, 기타의 종업인이 그 법인의 업무 또는 재산에 관하여 제11조의2 제4항 제3호에 규정하는 범칙행위를 한 때에는 그 법인에 대하여서도 본조의 벌금형에 처한다."는 부분은 헌법에 위반된다.]

제4조 (형법적용의 일부 배제<신설 1994.12.22.>) ① 제8조 내지 제11조·제12조의2와 제12조의3제3항의 범칙행위를 한 자에 대하여는 형법 제9조, 제10조제2항, 제11조, 제16조, 제32조제2항 및 제38조제1항제2호중 벌금경합에 관한 제한가중규정을 적용하지 아니한다. 다만, 징역의 형에 처할 때에는 예외로 한다. <개정 1967. 11. 29.>

② 제11조의2 및 제11조의3의 범칙행위를 한 자에 대하여는 형법 제38조제1항제2호중 벌금경합에 관한 제한가중규정을 적용하지 아니한다. <신설 1994. 12. 22., 2008. 3. 14.>

[전문개정 1961. 12. 8.]

제5조 (징역과 벌금의 병과<신설 1994.12.22>) 제8조, 제9조, 제11조의2제4항 및 제5항, 제11조의3, 제12조의2 및 제12조의3제2항 및 제3항의 범칙행위를 한 자에 대하여는 정상에 의하여 징역과 벌금을 병과할 수 있다. <개정 1956.12.31, 1961.12.8, 1962.12.8, 1967.11.29, 1994.12.22, 2008.3.14>

제6조 (고발<신설 1994.12.22>) 이 법의 규정에 의한 범칙행위는 국세청장·지방국세청장, 세무서장 또는 세무에 종사하는 공무원의 고발을 기다려 논한다. 다만, 제12조의2제2호 또는 제15조의 범칙행위에 대하여는 예외로 한

다.<개정 1961.12.8, 1967.11.29, 1994.12.22>

제7조 좌의 각호의 1에 해당하는 것으로서 제조자 또는 판매자가 소지하는 물품은 이를 몰취할 수 있다. <개정 1954. 4. 14.>

1. 법에 의한 면허를 받지 아니하고 제조한 물품

2. 전호의 물품제조에 공한 기계, 기구 또는 용기

3. 법에 의한 납세필증인의 압날 또는 납세의 사실을 증명하는 일정한 표시를 하지 아니한 물품

제2장 범칙행위

제8조 (무면허주류제조<신설 1994.12.22.>) ① 법에 의한 면허를 받지 아니하고 주류, 밑술·술덧을 제조(개인의 自家消費를 위한 製造를 제외한다) 또는 판매한자는 3년이하의 징역 또는 300만원이하의 벌금에 처한다. 다만, 밑술 및 술덧은 탁주로 간주한다. 이 경우에 당해주세상당액의 3배의 금액이 300만원을 초과할 때에는 그 초과한 금액까지 벌금을 과할 수 있다. <개정 1967. 11. 29., 1974. 12. 24., 1990. 12. 31., 1993. 12. 31., 1994. 12. 22.>

② 삭제 <1994. 12. 22.>

③ 제1항의 경우에 있어서 그 제조물품에 대한 세액은 제조자로부터 즉시징수한다. <개정 1994. 12. 22.>

[전문개정 1961. 12. 8.]

제9조 ① 사기 기타 부정한 행위로써 조세를 포탈하거나 조세의 환급·공제를 받은 자는 다음 각호에 의하여 처벌한다. 다만, 주세포탈의 미수범은 처벌한다. <개정 1962. 12. 8., 1965. 4. 3., 1967. 11. 29., 1970. 1. 1., 1974. 12. 24., 1976. 12. 22., 1980. 12. 31., 1993. 12. 31., 2006. 12. 30., 2007. 12. 31.>

1. 개별소비세·주세 또는 교통·에너지·환경세의 경우에는 3년이하의 징역 또는 포탈세액, 환급·공제받은 세액의 5배이하에 상당하는 벌금에 처한다.

2. 인지세의 경우에는 증서·장부 1개마다 포탈세액의 5배이하에 상당하는

벌금 또는 과료에 처한다.

3. 제1호 및 제2호에 규정한 이외의 국세의 경우에는 3년이하의 징역 또는 포탈세액이나 환급·공제받은 세액의 3배이하에 상당하는 벌금에 처한다.

② 전항의 경우에 있어서 포탈하거나 포탈하고자 한 세액 또는 환급·공제를 받은 세액은 즉시징수한다. <개정 1976. 12. 22.>

[전문개정 1961.12.8]

제9조의2 다음 각호에 게기하는 소득금액은 사기 기타 부정한 행위로 인하여 생긴 소득금액으로 보지 아니한다. <개정 1974. 12. 24., 1980. 12. 31.>

1. 법에 의한 소득금액결정에 있어서 세무회계와 기업회계와의 차이로 인하여 생긴 금액

2. 법인세의 과세표준을 법인이 신고하거나 정부가 결정 또는 경정함에 있어서 그 법인의 주주·사원·사용인 기타 특수한 관계에 있는 자의 소득으로 처분된 금액

[본조신설 1961. 12. 8.]

제9조의3 제9조에 규정하는 포탈범칙행위의 기수시기는 다음의 각호에 의한다. <개정 1967. 11. 29., 1974. 12. 24., 1980. 12. 31.>

1. 납세의무자의 신고에 의하여 부과징수하는 조세에 있어서는 당해세목의 과세표준에 대한 정부의 결정 또는 조사결정을 한 후 그 납부기한이 경과한 때. 다만, 납세의무자가 조세를 포탈할 목적으로 법에 의한 과세표준을 신고하지 아니함으로써 당해 세목의 과세표준을 정부가 결정 또는 조사결정을 할 수 없는 경우에는 당해 세목의 과세표준의 신고기한이 경과한 때

2. 전호의 규정에 해당하지 아니하는 조세에 있어서는 그 신고·납부기한이 경과한 때

[본조신설 1962. 12. 8.]

제10조 납세의무자가 정당한 사유없이 1회계연도에 3회이상 체납하는 경우에는 그 1년이하의 징역 또는 체납액에 상당하는 벌금에 처한다. <개정 1956. 12. 31., 1961. 12. 8., 1974. 12. 24.>

제11조 조세의 원천징수의무자가 정당한 사유없이 그 세를 징수하지 아니하거

나 징수한 세금을 납부하지 아니하는 경우에는 1년이하의 징역 또는 그 징수하지 아니하였거나 납부하지 아니한 세액에 상당하는 벌금에 처한다. <개정 1956. 12. 31., 1961. 12. 8.>

제11조의2 (세금계산서 교부 의무위반등<신설 1994.12.22.>) ① 부가가치세법의 규정에 의하여 세금계산서를 작성하여 교부하여야 할 자와 매출처별세금계산서합계표를 정부에 제출하여야 할 자가 다음 각호의 어느 하나에 해당하는 경우에는 1년 이하의 징역 또는 공급가액에 부가가치세의 세율을 적용하여 계산한 세액의 2배 이하에 상당하는 벌금에 처한다. <개정 2004. 12. 31.>

1. 세금계산서를 교부하지 아니하거나 허위기재하여 교부한 경우

2. 매출처별세금계산서합계표를 허위기재하여 제출한 경우

② 부가가치세법의 규정에 의하여 세금계산서를 교부받아야 할 자와 매입처별세금계산서합계표를 정부에 제출하여야 할 자가 폭행·협박·선동·교사 또는 통정에 의하여 세금계산서를 교부받지 아니하거나 허위기재의 세금계산서를 교부받은 때 또는 허위기재한 매입처별세금계산서합계표를 제출한 때에는 3년이하의 징역 또는 100만원이하의 벌금에 처한다. <개정 1994. 12. 22., 2004. 12. 31.>

③ 제2항 외의 자가 세금계산서를 작성하여 교부하여야 할 자로 하여금 세금계산서를 교부하지 아니하게 하거나 허위의 기재를 하게 할 목적 또는 매출처별세금계산서합계표를 정부에 제출할 자로 하여금 매출처별세금계산서합계표를 허위기재하여 제출하게 할 목적으로 폭행·협박·선동·교사한 때에도 제2항과 같다. <개정 2004. 12. 31.>

④ 부가가치세법의 규정에 의한 재화 또는 용역을 공급하지 아니하고 다음 각호의 어느 하나에 해당하는 행위를 한 자는 3년 이하의 징역 또는 그 세금계산서 및 계산서에 기재된 공급가액이나 매출처별세금계산서합계표·매입처별세금계산서합계표에 기재된 공급가액 또는 매출처별계산서합계표·매입처별계산서합계표에 기재된 매출·매입금액에 부가가치세의 세율을 적용하여 계산한 세액의 2배 이하에 상당하는 벌금에 처한다. <개정 2004. 12. 31.>

1. 부가가치세법의 규정에 의한 세금계산서를 교부하거나 교부받은 행위

2. 소득세법 및 법인세법의 규정에 의한 계산서를 교부하거나 교부받은 행위

3. 부가가치세법의 규정에 의한 매출·매입처별세금계산서합계표를 허위기재하여 정부에 제출한 행위

4. 소득세법 및 법인세법의 규정에 의한 매출·매입처별계산서합계표를 허위기재하여 정부에 제출한 행위

⑤ 제4항의 행위를 알선하거나 중개한 자도 제4항의 형과 같다. <신설 1994. 12. 22.>

[본조신설 1976. 12. 22.]

제11조의3(근로소득 원천징수영수증 거짓 기재 교부 등) ① 근로를 제공받지 아니하고 다음 각 호의 어느 하나에 해당하는 행위를 한 자는 3년 이하의 징역 또는 그 원천징수영수증 및 지급명세서에 기재된 총급여·총지급액의 100분의 20 이하에 상당하는 벌금에 처한다.

1. 근로소득 원천징수영수증을 거짓 기재하여 타인에게 교부한 행위

2. 근로소득 지급명세서를 거짓 기재하여 정부에 제출한 행위

② 제1항의 행위를 알선하거나 중개한 자도 제1항의 형과 같다.

[본조신설 2008. 3. 14.]

제12조 ① 체납자 또는 체납자의 재산을 점유하는 자가 조세를 면탈할 또는 면탈케할 목적으로써 그 재산을 장닉탈루하거나 또는 허위의 계약을 하였을 때에는 2년이하의 징역에 처한다.

② 압수물건의 보관자가 그 보관한 물건을 장닉탈루, 소비 또는 훼손하였을 때에도 전항과 같다. <개정 1961. 12. 8.>

③ 그 정을 알고 전2항의 행위를 방조하거나 제1항의 허위의 계약을 승낙한 자는 1년이하의 징역에 처한다.

제12조의2 (납세증명표지의 불법사용등<신설 1994.12.22>) 다음 각호의 1에 해당하는 자는 2년이하의 징역 또는 200만원이하의 벌금에 처한다.<개정 1967.11.29, 1969.7.31, 1974.12.24, 1994.12.22>

1. 법에 의한 납세증명표지를 재사용하거나 정부의 승인을 받지 아니하고 이

를 타인에게 양도한 자

2. 법에 의한 납세증명표지를 위조 또는 변조한 자

3. 위조 또는 변조한 법에 의한 납세증명표지를 소지 또는 사용하거나 타인에게 교부한 자

4. 삭제 <1994. 12. 22.>

5. 삭제 <1994. 12. 22.>

6. 삭제 <1994. 12. 22.>

7. 타인의 조세에 관하여 정부에 허위의 신고를 한 자

8. 소인된 인지를 재사용한 자

9. 삭제 <1974. 12. 24.>

10. 삭제 <1974. 12. 24.>

[본조신설 1961. 12. 8.]

제12조의3 (기장의무위반등 <신설 1994.12.22.>) ① 부가가치세법(同法 第25條의 規定에 의하여 課稅特例의 適用을 받는 者는 제외한다)·「개별소비세법」·주세법 또는 「교통·에너지·환경세법」의 규정에 의한 장부를 비치, 기장하여야 할 자가 그 장부를 비치, 기장하지 아니한 때에는 50만원이하의 벌금에 처한다. <개정 1970. 1. 1., 1974. 12. 24., 1976. 12. 22., 1980. 12. 31., 1993. 12. 31., 2006. 12. 30., 2007. 12. 31.>

② 조세포탈을 위한 증거인멸의 목적으로 다른 세법이 비치를 요하는 장부 또는 증빙서류를 당해 국세의 법정신고기한이 경과한 날부터 5년이내에 소각·파기 또는 은닉한 자는 2년이하의 징역 또는 500만원이하의 벌금에 처한다. <개정 1965. 4. 3., 1967. 11. 29., 1994. 12. 22.>

③ 법인의 결손금액을 과대계상한 자는 2년이하의 징역 또는 과대계상한 결손금액을 과세소득금액으로 보아 계산한 산출세액의 3배이하에 상당하는 벌금에 처한다. <개정 1976. 12. 22.>

④ 제9조의2와 제9조의3의 규정은 전항의 경우에 이를 준용한다. <신설 1967. 11. 29.>

[본조신설 1962. 12. 8.]

제13조 (명령사항위반등<신설 1994.12.22>) 다음 각호의 1에 해당하는 자는 50만원이하의 벌금 또는 과료에 처한다. <개정 1962.12.8, 1967.11.29, 1969.7.31, 1974.12.24, 1976.12.22, 1994.12.22, 2008.3.14>

1. 다음 각 목의 어느 하나에 해당하는 명령사항을 위반한 자

　　가. 「주세법」 제40조에 따른 주세보전명령

　　나. 「주세법」 제44조에 따른 납세증명표지에 관한 명령

　　다. 「개별소비세법」 제25조 및 「교통·에너지·환경세법」 제21조에 따른 납세보전을 위한 명령

　　라. 「소득세법」 제79조에 따른 사업장현황의 조사·확인을 위한 명령

　　마. 「소득세법」 제170조, 「법인세법」 제122조, 「상속세 및 증여세법」 제84조, 「종합부동산세법」 제23조 또는 「자산재평가법」 제31조제1항에 따른 제출명령

　　바. 「부가가치세법」 제35조제2항에 따른 납세보전 또는 조사를 위한 명령

　　사. 「소득세법」 제162조의2제5항에 따른 신용카드가맹점에 대한 명령

　　아. 「소득세법」 제162조의3제6항에 따른 현금영수증가맹점에 대한 명령

　　자. 「조세특례제한법」 제107조제5항에 따른 부정유통 방지를 위한 명령

2. 법에 의한 신고 또는 고지에 있어서 고의로 이를 태만하거나 허위의 신고 또는 고지를한 자

3. 재산에 관하여 허무인명의를 사용한 납세의무자 또는 그 정을 알고 이에 협력한 자

4. 법에 의한 지급조서, 계산서 또는 보고서를 제출하지 아니하거나 허위의 기재를 한 자

5. 법에 의한 장부 또는 요금영수증에 허위의 기재를 하거나 장부나 요금영수증을 은닉한자

6. 법에 의한 검사 또는 승인을 받지 아니한 자

7. 미납세로 반출한 물품 또는 면세한 물품을 고의로 지정한 장소에 입고하

지 아니하거나 소정용도에 사용 또는 수출하지 아니한 자

8. 법에 위반하여 검정을 받지 아니한 기계, 기구 또는 용기를 사용한 자

9. 세무에 종사하는 공무원의 질문에 대하여 허위의 진술을 하거나 그 직무 집행을 거부 또는 기피한 자

10. 법에 의한 납세증명표지가 첩용되어 있지 아니한 주류, 정부의 면허없이 제조한 주류 또는 면세한 주류를 판매의 목적으로 소지하거나 판매한 자

11. 법에 위반하여 주류를 구입, 사용 또는 소지하거나 제조장으로부터 출고 한 자

12. 인지를 첩용함에 있어서 소인하지 아니한 자

13. 법에 의한 사업자등록 또는 그 등록정정의 신청을 하지 아니하거나 사업 자등록검열을 받지 아니한 자

[전문개정 1961. 12. 8.]

[2008. 3. 14. 법률 제8884호에 의하여 2007. 5. 31. 헌법재판소에서 위헌 결 정된 이 조 제1호를 개정함.]

제13조의2(명의대여사업자 등 처벌) 조세의 회피 또는 강제집행의 면탈을 목적 으로 타인의 성명을 사용하여 사업자등록을 한 자 및 타인에게 자신의 성명 을 사용하여 사업자등록을 할 것을 허락한 자는 50만원 이하의 벌금 또는 과료에 처한다.

[본조신설 2008. 3. 14.]

제14조 ① 납세의무자로 하여금 과세표준의 신고(申告의 修正을 包含한다. 以 下 申告라 稱한다)를 하지 아니하게 하거나 허위의 신고를 하게 하거나 조세 의 징수나 납부를 하지 않을 것을 선동 또는 교사한 자는 2년이하의 징역 또는 50만원이하의 벌금에 처한다. <개정 1954. 4. 14., 1961. 12. 8., 1974. 12. 24.>

② 납세의무자로 하여금 신고를 하지 아니하게 하거나 허위의 신고를 하게 하거나 또는 조세의 징수나 납부를 하지 아니하게 할 목적으로 폭행 또는 협 박을 가한 자는 3년이하의 징역 또는 100만원이하의 벌금에 처한다. <개정 1954. 4. 14., 1961. 12. 8., 1974. 12. 24.>

제15조 세무공무원으로서 형법중 공무원의 직무에 관한 죄를 범하였을 경우에
는 그 죄에 정한 형의 장기의 3분의 1까지 가중처벌할 수 있다.

[전문개정 1961. 12. 8.]

제16조 삭제 <1961. 12. 8.>

제17조 (공소시효기간) 제8조 내지 제12조·제12조의2·제12조의3제2항 및 제3
항과 제14조에 규정한 범칙행위의 공소시효는 5년, 제12조의3제1항과 제13조
에 규정한 범칙행위의 공소시효는 2년을 경과함으로써 완성한다.

[전문개정 1994. 12. 22.]

부칙   <제8884호, 2008. 3. 14.>

① (시행일) 이 법은 공포 후 1개월이 경과한 날부터 시행한다. 다만, 제13
조제1호의 개정규정은 공포한 날부터 시행한다.

② (벌칙에 관한 경과조치) 이 법 시행 전의 행위에 대한 벌칙의 적용에 있
어서는 종전의 규정에 따른다.

CHAPTER
04

조세범처벌법(법률 제09919호)

[시행 2010. 1. 1.] [법률 제9919호, 2010. 1. 1., 전부개정]

제1조(목적) 이 법은 세법을 위반한 자에 대한 형벌 및 과태료 등에 관한 사항을 규정하여 세법의 실효성을 높이고 국민의 건전한 납세의식을 확립함을 목적으로 한다.

제2조(정의) 이 법에서 "조세"란 관세를 제외한 국세를 말한다.

제3조(조세 포탈 등) ① 사기나 그 밖의 부정한 행위로써 조세를 포탈하거나 조세의 환급·공제를 받은 자는 2년 이하의 징역 또는 포탈세액, 환급·공제받은 세액(이하 "포탈세액등"이라 한다)의 2배 이하에 상당하는 벌금에 처한다. 다만, 다음 각 호의 어느 하나에 해당하는 경우에는 3년 이하의 징역 또는 포탈세액등의 3배 이하에 상당하는 벌금에 처한다.

1. 포탈세액등이 3억원 이상이고, 그 포탈세액등이 신고·납부하여야 할 세액(납세의무자의 신고에 따라 정부가 부과·징수하는 조세의 경우에는 결정·고지하여야 할 세액을 말한다)의 100분의 30 이상인 경우

2. 포탈세액등이 5억원 이상인 경우

② 제1항의 죄를 범한 자에 대해서는 정상(情狀)에 따라 징역형과 벌금형을 병과할 수 있다.

③ 제1항의 죄를 범한 자가 포탈세액등에 대하여 「국세기본법」 제45조에 따라 법정신고기한이 지난 후 2년 이내에 수정신고를 하거나 같은 법 제45조

의3에 따라 법정신고기한이 지난 후 6개월 이내에 기한 후 신고를 하였을 때에는 형을 감경할 수 있다.

④ 제1항의 죄를 상습적으로 범한 자는 형의 2분의 1을 가중한다.

⑤ 제1항에서 규정하는 범칙행위의 기수(既遂) 시기는 다음의 각 호의 구분에 따른다.

1. 납세의무자의 신고에 의하여 정부가 부과·징수하는 조세: 해당 세목의 과세표준을 정부가 결정하거나 조사결정한 후 그 납부기한이 지난 때. 다만, 납세의무사가 소세를 꾜발할 목적으로 세법에 따른 과세표준을 신고하지 아니함으로써 해당 세목의 과세표준을 정부가 결정하거나 조사결정할 수 없는 경우에는 해당 세목의 과세표준의 신고기한이 지난 때로 한다.

2. 제1호에 해당하지 아니하는 조세: 그 신고·납부기한이 지난 때

⑥ 제1항에서 "사기나 그 밖의 부정한 행위"란 다음 각 호의 어느 하나에 해당하는 행위로서 조세의 부과와 징수를 불가능하게 하거나 현저히 곤란하게 하는 적극적 행위를 말한다.

1. 이중장부의 작성 등 장부의 거짓 기장

2. 거짓 증빙 또는 거짓 문서의 작성 및 수취

3. 장부와 기록의 파기

4. 재산의 은닉, 소득·수익·행위·거래의 조작 또는 은폐

5. 고의적으로 장부를 작성하지 아니하거나 비치하지 아니하는 행위 또는 계산서, 세금계산서 또는 계산서합계표, 세금계산서합계표의 조작

6. 「조세특례제한법」 제24조제1항제4호에 따른 전사적 기업자원관리설비의 조작 또는 전자세금계산서의 조작

7. 그 밖에 위계(僞計)에 의한 행위 또는 부정한 행위

제4조(면세유의 부정 유통) ① 「조세특례제한법」 제106조의2제1항제1호에 따른 석유류를 같은 호에서 정한 용도 외의 다른 용도로 사용·판매하여 조세를 포탈하거나 조세의 환급·공제를 받은 석유판매업자(같은 조 제2항에 따른 석유판매업자를 말한다)는 3년 이하의 징역 또는 포탈세액등의 5배 이하의 벌금에 처한다.

② 제1항에 따른 면세유를 공급받은 자로부터 취득하여 판매하는 자에게는 판매가액의 3배 이하의 과태료를 부과한다.

③ 「개별소비세법」 제18조제1항제11호 및 「교통·에너지·환경세법」 제15조 제1항제3호에 따른 외국항행선박 또는 원양어업선박에 사용할 목적으로 개별 소비세 및 교통·에너지·환경세를 면제받는 석유류를 외국항행선박 또는 원 양어업선박 외의 용도로 반출하여 조세를 포탈하거나, 외국항행선박 또는 원 양어업선박 외의 용도로 사용된 석유류에 대하여 외국항행선박 또는 원양어 업선박에 사용한 것으로 환급·공제받은 자는 3년 이하의 징역 또는 포탈세 액등의 5배 이하의 벌금에 처한다.

④ 제3항에 따른 외국항행선박 또는 원양어업선박 외의 용도로 반출한 석유 류를 판매하거나 그 사실을 알면서 취득한 자에게는 판매가액 또는 취득가액 의 3배 이하의 과태료를 부과한다.

⑤ 제2항 및 제4항에 따른 과태료는 관할 세무서장이 부과·징수한다.

제5조(유사석유제품의 제조) 「석유 및 석유대체연료 사업법」 제2조제10호에 따 른 유사석유제품을 제조하여 조세를 포탈한 자는 3년 이하의 징역 또는 포탈 한 세액의 5배 이하의 벌금에 처한다.

제6조(무면허 주류의 제조 및 판매) 「주세법」에 따른 면허를 받지 아니하고 주 류, 밑술·술덧을 제조(개인의 자가소비를 위한 제조는 제외한다)하거나 판매 한 자는 3년 이하의 징역 또는 3천만원(해당 주세 상당액의 3배의 금액이 3 천만원을 초과할 때에는 그 주세 상당액의 3배의 금액) 이하의 벌금에 처한 다. 이 경우 밑술과 술덧은 탁주로 본다.

제7조(체납처분 면탈) ① 납세의무자 또는 납세의무자의 재산을 점유하는 자가 체납처분의 집행을 면탈하거나 면탈하게 할 목적으로 그 재산을 은닉·탈루 하거나 거짓 계약을 하였을 때에는 3년 이하의 징역 또는 3천만원 이하의 벌금에 처한다.

② 「형사소송법」 제130조제1항에 따른 압수물건의 보관자 또는 「국세징수법」 제38조 단서에 따른 압류물건의 보관자가 그 보관한 물건을 은닉·탈루하거 나 손괴 또는 소비하였을 때에도 제1항과 같다.

③ 제1항과 제2항의 사정을 알고도 제1항과 제2항의 행위를 방조하거나 거짓 계약을 승낙한 자는 2년 이하의 징역 또는 2천만원 이하의 벌금에 처한다.

제8조(장부의 소각·파기 등) 조세를 포탈하기 위한 증거인멸의 목적으로 세법에서 비치하도록 하는 장부 또는 증빙서류(「국세기본법」 제85조의3제3항에 따른 전산조직을 이용하여 작성한 장부 또는 증빙서류를 포함한다)를 해당 국세의 법정신고기한이 지난 날부터 5년 이내에 소각·파기 또는 은닉한 자는 2년 이히의 징역 또는 2천만원 이하의 벌금에 처한다.

제9조(성실신고 방해 행위) ① 납세의무자를 대리하여 세무신고를 하는 자가 조세의 부과 또는 징수를 면하게 하기 위하여 타인의 조세에 관하여 거짓으로 신고를 하였을 때에는 2년 이하의 징역 또는 2천만원 이하의 벌금에 처한다.

② 납세의무자로 하여금 과세표준의 신고(신고의 수정을 포함한다. 이하 "신고"라 한다)를 하지 아니하게 하거나 거짓으로 신고하게 한 자 또는 조세의 징수나 납부를 하지 않을 것을 선동하거나 교사한 자는 1년 이하의 징역 또는 1천만원 이하의 벌금에 처한다.

제10조(세금계산서의 발급의무 위반 등) ① 「부가가치세법」에 따라 세금계산서(전자세금계산서를 포함한다. 이하 이 조에서 같다)를 작성하여 발급하여야 할 자와 매출처별세금계산서합계표를 정부에 제출하여야 할 자가 다음 각 호의 어느 하나에 해당하는 경우에는 1년 이하의 징역 또는 공급가액에 부가가치세의 세율을 적용하여 계산한 세액의 2배 이하에 상당하는 벌금에 처한다.

1. 세금계산서를 발급하지 아니하거나 거짓으로 기재하여 발급한 경우

2. 거짓으로 기재한 매출처별세금계산서합계표를 제출한 경우

② 「부가가치세법」에 따라 세금계산서를 발급받아야 할 자와 매입처별세금계산서합계표를 정부에 제출하여야 할 자가 통정하여 다음 각 호의 어느 하나에 해당하는 행위를 한 경우에는 1년 이하의 징역 또는 매입금액에 부가가치세의 세율을 적용하여 계산한 세액의 2배 이하에 상당하는 벌금에 처한다.

1. 세금계산서를 발급받지 아니하거나 거짓으로 기재한 세금계산서를 발급받

은 경우

2. 거짓으로 기재한 매입처별세금계산서합계표를 제출한 경우

③ 재화 또는 용역을 공급하지 아니하거나 공급받지 아니하고 다음 각 호의 어느 하나에 해당하는 행위를 한 자는 3년 이하의 징역 또는 그 세금계산서 및 계산서에 기재된 공급가액이나 매출처별세금계산서합계표, 매입처별세금계산서합계표에 기재된 공급가액 또는 매출처별계산서합계표, 매입처별계산서합계표에 기재된 매출·매입금액에 부가가치세의 세율을 적용하여 계산한 세액의 3배 이하에 상당하는 벌금에 처한다.

1. 「부가가치세법」에 따른 세금계산서를 발급하거나 발급받은 행위

2. 「소득세법」 및 「법인세법」에 따른 계산서를 발급하거나 발급받은 행위

3. 「부가가치세법」에 따른 매출·매입처별계산서합계표를 거짓으로 기재하여 정부에 제출한 행위

4. 「소득세법」 및 「법인세법」에 따른 매출·매입처별계산서합계표를 거짓으로 기재하여 정부에 제출한 행위

④ 제3항의 행위를 알선하거나 중개한 자도 제3항과 같은 형에 처한다. 이 경우 세무를 대리하는 세무사·공인회계사 및 변호사가 제3항의 행위를 알선하거나 중개한 때에는 「세무사법」 제22조제2항에도 불구하고 해당 형의 2분의 1을 가중한다.

⑤ 제3항의 죄를 범한 자에 대해서는 정상(情狀)에 따라 징역형과 벌금형을 병과할 수 있다.

제11조(명의대여행위 등) ① 조세의 회피 또는 강제집행의 면탈을 목적으로 타인의 성명을 사용하여 사업자등록을 한 자는 2년 이하의 징역 또는 2천만원 이하의 벌금에 처한다.

② 조세의 회피 또는 강제집행의 면탈을 목적으로 자신의 성명을 사용하여 타인에게 사업자등록을 할 것을 허락한 자는 1년 이하의 징역 또는 1천만원 이하의 벌금에 처한다.

제12조(납세증명표지의 불법사용 등) 다음 각 호의 어느 하나에 해당하는 자는 2년 이하의 징역 또는 2천만원 이하의 벌금에 처한다.

1. 「주세법」 제44조에 따른 납세증명표지(이하 이 조에서 "납세증명표지"라 한다)를 재사용하거나 정부의 승인을 받지 아니하고 이를 타인에게 양도한 자

2. 납세증명표지를 위조하거나 변조한 자

3. 위조하거나 변조한 납세증명표지를 소지 또는 사용하거나 타인에게 교부한 자

4. 「인지세법」제10조에 따라 소인(消印)된 인지를 재사용한 자

제13조(원천징수의무자의 처벌) ① 조세의 원천징수의무자가 정당한 사유 없이 그 세금을 징수하지 아니하였을 때에는 1천만원 이하의 벌금에 처한다.

② 조세의 원천징수의무자가 정당한 사유 없이 징수한 세금을 납부하지 아니하였을 때에는 2년 이하의 징역 또는 2천만원 이하의 벌금에 처한다.

제14조(거짓으로 기재한 근로소득 원천징수영수증의 발급 등) ① 근로를 제공받지 아니하고 다음 각 호의 어느 하나에 해당하는 행위를 한 자는 2년 이하의 징역 또는 그 원천징수영수증 및 지급명세서에 기재된 총급여·총지급액의 100분의 20 이하에 상당하는 벌금에 처한다.

1. 근로소득 원천징수영수증을 거짓으로 기재하여 타인에게 발급한 행위

2. 근로소득 지급명세서를 거짓으로 기재하여 세무서에 제출한 행위

② 제1항의 행위를 알선하거나 중개한 자도 제1항과 같은 형에 처한다.

제15조(현금영수증 발급의무의 위반) ① 「소득세법」 제162조의3제4항, 「법인세법」 제117조의2제4항에 따른 의무를 위반한 자에 대해서는 현금영수증을 발급하지 아니한 거래대금의 100분의 50에 상당하는 과태료를 부과한다. 다만, 해당 거래가 「국민건강보험법」에 따른 보험급여의 대상인 경우에는 그러하지 아니한다.

② 제1항에 따른 과태료를 부과받은 자에 대해서는 「소득세법」 제81조제11항제2호, 「법인세법」 제76조제12항제2호, 「부가가치세법」 제22조제3항제1호 및 제4항제2호를 적용하지 아니한다.

제16조(금품 수수 및 공여) ① 「국세기본법」 제2조제17호에 따른 세무공무원(이하 "세무공무원"이라 한다)이 그 직무와 관련하여 금품을 수수(收受)하였

을 때에는 「국가공무원법」 제82조에 따른 징계절차에서 그 금품 수수액의 5
배 내의 징계부가금 부과 의결을 징계위원회에 요구하여야 한다.

② 징계대상 세무공무원이 제1항에 따른 징계부가금 부과 의결 전후에 금품
수수를 이유로 다른 법률에 따라 형사처벌을 받거나 변상책임 등을 이행한
경우(몰수나 추징을 당한 경우를 포함한다)에는 징계위원회에 감경된 징계부
가금 부과 의결 또는 징계부가금 감면을 요구하여야 한다.

③ 제1항 및 제2항의 징계부가금 부과 의결 요구에 관하여는 「국가공무원법」
제78조제4항을 준용한다. 이 경우 "징계 의결 요구"를 "징계부가금 부과 의
결 요구"로 본다.

④ 제1항에 따라 징계부가금 부과처분을 받은 자가 납부기간 내에 그 부가
금을 납부하지 아니한 때에는 징계권자는 국세체납처분의 예에 따라 징수할
수 있다.

⑤ 관할 세무서장은 세무공무원에게 금품을 공여한 자에 대해서는 그 금품
상당액의 2배 이상 5배 내의 과태료를 부과한다. 다만, 「형법」 등 다른 법률
에 따라 형사처벌을 받은 경우에는 과태료를 부과하지 아니하고, 과태료를
부과한 후 형사처벌을 받은 경우에는 과태료 부과를 취소한다.

제17조(명령사항위반 등에 대한 과태료 부과) 관할 세무서장은 다음 각 호의
어느 하나에 해당하는 자에게는 500만원 이하의 과태료를 부과한다.

1. 다음 각 목의 어느 하나에 해당하는 명령사항을 위반한 자

　　가. 「개별소비세법」 제25조 및 「교통·에너지·환경세법」 제21조에 따른
납세보전을 위한 명령

　　나. 「부가가치세법」 제35조제2항에 따른 납세보전 또는 조사를 위한 명령

　　다. 「소득세법」 제162조의2제5항 또는 「법인세법」 제117조제5항에 따른
신용카드가맹점에 대한 명령

　　라. 「소득세법」 제162조의3제7항 또는 「법인세법」 제117조의2제7항에 따
른 현금영수증가맹점에 대한 명령

　　마. 「주세법」 제40조에 따른 주세보전명령

　　바. 「주세법」 제44조에 따른 납세증명표지에 관한 명령

2. 「주세법」을 위반하여 검정을 받지 아니한 기계 또는 용기를 사용한 자

3. 「주세법」에 따른 납세증명표지가 붙어 있지 아니한 주류, 정부의 면허 없이 제조한 주류 또는 면세한 주류를 판매의 목적으로 소지하거나 판매한 자

4. 인지를 붙일 때 「인지세법」 제10조에 따라 소인하지 아니한 자

5. 「소득세법」·「법인세법」 등 세법의 질문·조사권 규정에 따른 세무공무원의 질문에 대하여 거짓으로 진술을 하거나 그 직무집행을 거부 또는 기피한 자

제18조(양벌 규정) 법인(「국세기본법」 제13조에 따른 법인으로 보는 단체를 포함한다. 이하 같다)의 대표자, 법인 또는 개인의 대리인, 사용인, 그 밖의 종업원이 그 법인 또는 개인의 업무에 관하여 이 법에서 규정하는 범칙행위를 하면 그 행위자를 벌할 뿐만 아니라 그 법인 또는 개인에게도 해당 조문의 벌금형을 과(科)한다. 다만, 법인 또는 개인이 그 위반행위를 방지하기 위하여 해당 업무에 관하여 상당한 주의와 감독을 게을리하지 아니한 경우에는 그러하지 아니하다.

제19조(몰취) 지방국세청장 또는 세무서장은 다음 각 호의 어느 하나에 해당하는 것으로서 제조자나 판매자가 소지하는 물품을 몰취할 수 있다.

1. 「주세법」에 따른 면허를 받지 아니하고 제조한 물품

2. 제1호에 따른 물품제조에 사용된 기계, 기구 또는 용기

3. 「주세법」에 따른 납세필증인의 압날(押捺) 또는 납세 사실을 증명하는 일정한 표시를 하지 아니한 물품

제20조(「형법」 적용의 일부 배제) 제3조부터 제6조까지, 제10조, 제12조부터 제14조까지의 범칙행위를 한 자에 대해서는 「형법」 제38조제1항제2호 중 벌금경합에 관한 제한가중규정을 적용하지 아니한다.

제21조(고발) 이 법에 따른 범칙행위에 대해서는 국세청장, 지방국세청장 또는 세무서장의 고발이 없으면 검사는 공소를 제기할 수 없다.

제22조(공소시효 기간) 제3조부터 제14조까지에 규정된 범칙행위의 공소시효는 5년이 지나면 완성된다. 다만, 제18조에 따른 행위자가 「특정범죄가중처벌 등에 관한 법률」 제8조의 적용을 받는 경우에는 제18조에 따른 법인에 대한

공소시효는 10년이 지나면 완성된다.

부칙   <제9919호, 2010. 1. 1.>

제1조(시행일) 이 법은 공포한 날부터 시행한다. 다만, 제15조의 개정규정은 2010년 4월 1일부터 시행한다.

제2조(벌칙에 관한 경과조치) 이 법 시행 전의 행위에 대한 벌칙의 적용은 종전의 규정에 따른다.

제3조(공소시효에 관한 경과조치) 이 법 시행 전에 범한 죄의 공소시효에 관하여는 제22조의 개정규정에도 불구하고 종전의 규정에 따른다.

제4조(다른 법률의 개정) ① 전기통신사업법 일부를 다음과 같이 개정한다.

제54조제3항 각 호 외의 부분 중 "「조세범처벌법」 제11조의2제1항, 제4항 및 제5항"을 "「조세범 처벌법」 제10조제1항, 제3항 및 제4항"으로 한다.

② 특정 금융거래정보의 보고 및 이용 등에 관한 법률 일부를 다음과 같이 개정한다.

제2조제4호다목 중 "「조세범처벌법」 제9조"를 "「조세범 처벌법」 제3조"로 한다.

③ 특정범죄가중처벌 등에 관한 법률 일부를 다음과 같이 개정한다.

제8조제1항 각 호 외의 부분 중 "조세범처벌법 제9조제1항"을 "「조세범 처벌법」 제3조제1항, 제4조 및 제5조"로 한다.

제8조의2제1항 각 호 외의 부분 중 "「조세범처벌법」 제11조의2제4항 및 제5항"을 "「조세범 처벌법」 제10조제3항 및 제4항"으로 한다.

제5조(다른 법령과의 관계) 이 법 시행 당시 다른 법령에서 종전의 「조세범 처벌법」의 규정을 인용한 경우 이 법 중 그에 해당하는 규정이 있는 때에는 종전의 규정을 갈음하여 이 법의 해당 규정을 인용한 것으로 본다.

CHAPTER

05

조세범처벌법(법률 제13627호)

[시행 2015. 12. 29.] [법률 제13627호, 2015. 12. 29., 일부개정]

제1조(목적) 이 법은 세법을 위반한 자에 대한 형벌 및 과태료 등에 관한 사항을 규정하여 세법의 실효성을 높이고 국민의 건전한 납세의식을 확립함을 목적으로 한다.

제2조(정의) 이 법에서 "조세"란 관세를 제외한 국세를 말한다.

제3조(조세 포탈 등) ① 사기나 그 밖의 부정한 행위로써 조세를 포탈하거나 조세의 환급·공제를 받은 자는 2년 이하의 징역 또는 포탈세액, 환급·공제받은 세액(이하 "포탈세액등"이라 한다)의 2배 이하에 상당하는 벌금에 처한다. 다만, 다음 각 호의 어느 하나에 해당하는 경우에는 3년 이하의 징역 또는 포탈세액등의 3배 이하에 상당하는 벌금에 처한다.

1. 포탈세액등이 3억원 이상이고, 그 포탈세액등이 신고·납부하여야 할 세액(납세의무자의 신고에 따라 정부가 부과·징수하는 조세의 경우에는 결정·고지하여야 할 세액을 말한다)의 100분의 30 이상인 경우

2. 포탈세액등이 5억원 이상인 경우

② 제1항의 죄를 범한 자에 대해서는 정상(情狀)에 따라 징역형과 벌금형을 병과할 수 있다.

③ 제1항의 죄를 범한 자가 포탈세액등에 대하여 「국세기본법」 제45조에 따라 법정신고기한이 지난 후 2년 이내에 수정신고를 하거나 같은 법 제45조

의3에 따라 법정신고기한이 지난 후 6개월 이내에 기한 후 신고를 하였을 때에는 형을 감경할 수 있다.

④ 제1항의 죄를 상습적으로 범한 자는 형의 2분의 1을 가중한다.

⑤ 제1항에서 규정하는 범칙행위의 기수(旣遂) 시기는 다음의 각 호의 구분에 따른다.

1. 납세의무자의 신고에 의하여 정부가 부과·징수하는 조세: 해당 세목의 과세표준을 정부가 결정하거나 조사결정한 후 그 납부기한이 지난 때. 다만, 납세의무자가 조세를 포탈할 목적으로 세법에 따른 과세표준을 신고하지 아니함으로써 해당 세목의 과세표준을 정부가 결정하거나 조사결정할 수 없는 경우에는 해당 세목의 과세표준의 신고기한이 지난 때로 한다.

2. 제1호에 해당하지 아니하는 조세: 그 신고·납부기한이 지난 때

⑥ 제1항에서 "사기나 그 밖의 부정한 행위"란 다음 각 호의 어느 하나에 해당하는 행위로서 조세의 부과와 징수를 불가능하게 하거나 현저히 곤란하게 하는 적극적 행위를 말한다. <개정 2015. 12. 29.>

1. 이중장부의 작성 등 장부의 거짓 기장

2. 거짓 증빙 또는 거짓 문서의 작성 및 수취

3. 장부와 기록의 파기

4. 재산의 은닉, 소득·수익·행위·거래의 조작 또는 은폐

5. 고의적으로 장부를 작성하지 아니하거나 비치하지 아니하는 행위 또는 계산서, 세금계산서 또는 계산서합계표, 세금계산서합계표의 조작

6. 「조세특례제한법」 제5조의2제1호에 따른 전사적 기업자원 관리설비의 조작 또는 전자세금계산서의 조작

7. 그 밖에 위계(僞計)에 의한 행위 또는 부정한 행위

제4조(면세유의 부정 유통) ① 「조세특례제한법」 제106조의2제1항제1호에 따른 석유류를 같은 호에서 정한 용도 외의 다른 용도로 사용·판매하여 조세를 포탈하거나 조세의 환급·공제를 받은 석유판매업자(같은 조 제2항에 따른 석유판매업자를 말한다)는 3년 이하의 징역 또는 포탈세액등의 5배 이하의 벌금에 처한다.

② 제1항에 따른 면세유를 공급받은 자로부터 취득하여 판매하는 자에게는 판매가액의 3배 이하의 과태료를 부과한다.

③ 「개별소비세법」 제18조제1항제11호 및 「교통·에너지·환경세법」 제15조제1항제3호에 따른 외국항행선박 또는 원양어업선박에 사용할 목적으로 개별소비세 및 교통·에너지·환경세를 면제받는 석유류를 외국항행선박 또는 원양어업선박 외의 용도로 반출하여 조세를 포탈하거나, 외국항행선박 또는 원양어업선박 외의 용도로 사용된 석유류에 대하여 외국항행선박 또는 원양어업선박에 사용한 것으로 환급·공제받은 자는 3년 이하의 징역 또는 포탈세액등의 5배 이하의 벌금에 처한다.

④ 제3항에 따른 외국항행선박 또는 원양어업선박 외의 용도로 반출한 석유류를 판매하거나 그 사실을 알면서 취득한 자에게는 판매가액 또는 취득가액의 3배 이하의 과태료를 부과한다.

⑤ 제2항 및 제4항에 따른 과태료는 관할 세무서장이 부과·징수한다.

제4조의2(면세유류 구입카드등의 부정 발급) 「조세특례제한법」 제106조의2제11항제1호의 행위를 한 자는 3년 이하의 징역 또는 3천만원 이하의 벌금에 처한다.

[본조신설 2014. 1. 1.]

제5조(가짜석유제품의 제조 또는 판매) 「석유 및 석유대체연료 사업법」 제2조제10호에 따른 가짜석유제품을 제조 또는 판매하여 조세를 포탈한 자는 5년 이하의 징역 또는 포탈한 세액의 5배 이하의 벌금에 처한다. <개정 2013. 1. 1.>

[제목개정 2013. 1. 1.]

제6조(무면허 주류의 제조 및 판매) 「주세법」에 따른 면허를 받지 아니하고 주류, 밑술·술덧을 제조(개인의 자가소비를 위한 제조는 제외한다)하거나 판매한 자는 3년 이하의 징역 또는 3천만원(해당 주세 상당액의 3배의 금액이 3천만원을 초과할 때에는 그 주세 상당액의 3배의 금액) 이하의 벌금에 처한다. 이 경우 밑술과 술덧은 탁주로 본다.

제7조(체납처분 면탈) ① 납세의무자 또는 납세의무자의 재산을 점유하는 자가

체납처분의 집행을 면탈하거나 면탈하게 할 목적으로 그 재산을 은닉·탈루하거나 거짓 계약을 하였을 때에는 3년 이하의 징역 또는 3천만원 이하의 벌금에 처한다.

② 「형사소송법」 제130조제1항에 따른 압수물건의 보관자 또는 「국세징수법」 제39조제1항에 따른 압류물건의 보관자가 그 보관한 물건을 은닉·탈루하거나 손괴 또는 소비하였을 때에도 제1항과 같다. <개정 2015. 12. 29.>

③ 제1항과 제2항의 사정을 알고도 제1항과 제2항의 행위를 방조하거나 거짓 계약을 승낙한 자는 2년 이하의 징역 또는 2천만원 이하의 벌금에 처한다.

제8조(장부의 소각·파기 등) 조세를 포탈하기 위한 증거인멸의 목적으로 세법에서 비치하도록 하는 장부 또는 증빙서류(「국세기본법」 제85조의3제3항에 따른 전산조직을 이용하여 작성한 장부 또는 증빙서류를 포함한다)를 해당 국세의 법정신고기한이 지난 날부터 5년 이내에 소각·파기 또는 은닉한 자는 2년 이하의 징역 또는 2천만원 이하의 벌금에 처한다.

제9조(성실신고 방해 행위) ① 납세의무자를 대리하여 세무신고를 하는 자가 조세의 부과 또는 징수를 면하게 하기 위하여 타인의 조세에 관하여 거짓으로 신고를 하였을 때에는 2년 이하의 징역 또는 2천만원 이하의 벌금에 처한다.

② 납세의무자로 하여금 과세표준의 신고(신고의 수정을 포함한다. 이하 "신고"라 한다)를 하지 아니하게 하거나 거짓으로 신고하게 한 자 또는 조세의 징수나 납부를 하지 않을 것을 선동하거나 교사한 자는 1년 이하의 징역 또는 1천만원 이하의 벌금에 처한다.

제10조(세금계산서의 발급의무 위반 등) ① 「부가가치세법」에 따라 세금계산서(전자세금계산서를 포함한다. 이하 이 조에서 같다)를 작성하여 발급하여야 할 자와 매출처별세금계산서합계표를 정부에 제출하여야 할 자가 다음 각 호의 어느 하나에 해당하는 경우에는 1년 이하의 징역 또는 공급가액에 부가가치세의 세율을 적용하여 계산한 세액의 2배 이하에 상당하는 벌금에 처한다.

1. 세금계산서를 발급하지 아니하거나 거짓으로 기재하여 발급한 경우

2. 거짓으로 기재한 매출처별세금계산서합계표를 제출한 경우

② 「부가가치세법」에 따라 세금계산서를 발급받아야 할 자와 매입처별세금계산서합계표를 정부에 제출하여야 할 자가 통정하여 다음 각 호의 어느 하나에 해당하는 행위를 한 경우에는 1년 이하의 징역 또는 매입금액에 부가가치세의 세율을 적용하여 계산한 세액의 2배 이하에 상당하는 벌금에 처한다.

1. 세금계산서를 발급받지 아니하거나 거짓으로 기재한 세금계산서를 발급받은 경우

2. 거짓으로 기재한 매입처별세금계산서합계표를 제출한 경우

③ 재화 또는 용역을 공급하지 아니하거나 공급받지 아니하고 다음 각 호의 어느 하나에 해당하는 행위를 한 자는 3년 이하의 징역 또는 그 세금계산서 및 계산서에 기재된 공급가액이나 매출처별세금계산서합계표, 매입처별세금계산서합계표에 기재된 공급가액 또는 매출처별계산서합계표, 매입처별계산서합계표에 기재된 매출·매입금액에 부가가치세의 세율을 적용하여 계산한 세액의 3배 이하에 상당하는 벌금에 처한다. <개정 2012. 1. 26.>

1. 「부가가치세법」에 따른 세금계산서를 발급하거나 발급받은 행위

2. 「소득세법」 및 「법인세법」에 따른 계산서를 발급하거나 발급받은 행위

3. 「부가가치세법」에 따른 매출·매입처별 세금계산서합계표를 거짓으로 기재하여 정부에 제출한 행위

4. 「소득세법」 및 「법인세법」에 따른 매출·매입처별계산서합계표를 거짓으로 기재하여 정부에 제출한 행위

④ 제3항의 행위를 알선하거나 중개한 자도 제3항과 같은 형에 처한다. 이 경우 세무를 대리하는 세무사·공인회계사 및 변호사가 제3항의 행위를 알선하거나 중개한 때에는 「세무사법」 제22조제2항에도 불구하고 해당 형의 2분의 1을 가중한다.

⑤ 제3항의 죄를 범한 자에 대해서는 정상(情狀)에 따라 징역형과 벌금형을 병과할 수 있다.

제11조(명의대여행위 등) ① 조세의 회피 또는 강제집행의 면탈을 목적으로 타인의 성명을 사용하여 사업자등록을 하거나 타인 명의의 사업자등록을 이용하여 사업을 영위한 자는 2년 이하의 징역 또는 2천만원 이하의 벌금에 처

한다. <개정 2015. 12. 29.>

② 조세의 회피 또는 강제집행의 면탈을 목적으로 자신의 성명을 사용하여 타인에게 사업자등록을 할 것을 허락하거나 자신 명의의 사업자등록을 타인이 이용하여 사업을 영위하도록 허락한 자는 1년 이하의 징역 또는 1천만원 이하의 벌금에 처한다. <개정 2015. 12. 29.>

제12조(납세증명표지의 불법사용 등) 다음 각 호의 어느 하나에 해당하는 자는 2년 이하의 징역 또는 2천만원 이하의 벌금에 처한다.

1. 「주세법」 제44조에 따른 납세증명표지(이하 이 조에서 "납세증명표지"라 한다)를 재사용하거나 정부의 승인을 받지 아니하고 이를 타인에게 양도한 자

2. 납세증명표지를 위조하거나 변조한 자

3. 위조하거나 변조한 납세증명표지를 소지 또는 사용하거나 타인에게 교부한 자

4. 「인지세법」 제10조에 따라 소인(消印)된 인지를 재사용한 자

제13조(원천징수의무자의 처벌) ① 조세의 원천징수의무자가 정당한 사유 없이 그 세금을 징수하지 아니하였을 때에는 1천만원 이하의 벌금에 처한다.

② 조세의 원천징수의무자가 정당한 사유 없이 징수한 세금을 납부하지 아니하였을 때에는 2년 이하의 징역 또는 2천만원 이하의 벌금에 처한다.

제14조(거짓으로 기재한 근로소득 원천징수영수증의 발급 등) ① 근로를 제공받지 아니하고 다음 각 호의 어느 하나에 해당하는 행위를 한 자는 2년 이하의 징역 또는 그 원천징수영수증 및 지급명세서에 기재된 총급여·총지급액의 100분의 20 이하에 상당하는 벌금에 처한다.

1. 근로소득 원천징수영수증을 거짓으로 기재하여 타인에게 발급한 행위

2. 근로소득 지급명세서를 거짓으로 기재하여 세무서에 제출한 행위

② 제1항의 행위를 알선하거나 중개한 자도 제1항과 같은 형에 처한다.

제15조(현금영수증 발급의무의 위반) ① 「소득세법」 제162조의3제4항, 「법인세법」 제117조의2제4항에 따른 의무를 위반한 자에 대해서는 현금영수증을 발급하지 아니한 거래대금의 100분의 50에 상당하는 과태료를 부과한다. 다만,

해당 거래가 「국민건강보험법」에 따른 보험급여의 대상인 경우에는 그러하지 아니한다.

② 제1항에 따른 과태료를 부과받은 자에 대해서는 「소득세법」 제81조제11항제2호, 「법인세법」 제76조제12항제2호, 「부가가치세법」 제60조제2항제2호 및 제6항제2호를 적용하지 아니한다. <개정 2013. 6. 7.>

제16조(금품 수수 및 공여) ① 「국세기본법」 제2조제17호에 따른 세무공무원(이하 "세무공무원"이라 한다)이 그 직무와 관련하여 금품을 수수(收受)하였을 때에는 「국가공무원법」 제82조에 따른 징계절차에서 그 금품 수수액의 5배 내의 징계부가금 부과 의결을 징계위원회에 요구하여야 한다.

② 징계대상 세무공무원이 제1항에 따른 징계부가금 부과 의결 전후에 금품 수수를 이유로 다른 법률에 따라 형사처벌을 받거나 변상책임 등을 이행한 경우(몰수나 추징을 당한 경우를 포함한다)에는 징계위원회에 감경된 징계부가금 부과 의결 또는 징계부가금 감면을 요구하여야 한다.

③ 제1항 및 제2항의 징계부가금 부과 의결 요구에 관하여는 「국가공무원법」 제78조제4항을 준용한다. 이 경우 "징계 의결 요구"를 "징계부가금 부과 의결 요구"로 본다.

④ 제1항에 따라 징계부가금 부과처분을 받은 자가 납부기간 내에 그 부가금을 납부하지 아니한 때에는 징계권자는 국세체납처분의 예에 따라 징수할 수 있다.

⑤ 관할 세무서장 또는 세관장은 세무공무원에게 금품을 공여한 자에 대해서는 그 금품 상당액의 2배 이상 5배 내의 과태료를 부과한다. 다만, 「형법」 등 다른 법률에 따라 형사처벌을 받은 경우에는 과태료를 부과하지 아니하고, 과태료를 부과한 후 형사처벌을 받은 경우에는 과태료 부과를 취소한다. <개정 2012. 1. 26.>

제17조(명령사항위반 등에 대한 과태료 부과) 관할 세무서장은 다음 각 호의 어느 하나에 해당하는 자에게는 2,000만원 이하의 과태료를 부과한다. <개정 2013. 6. 7., 2014. 1. 1., 2015. 12. 29.>

1. 다음 각 목의 어느 하나에 해당하는 명령사항을 위반한 자

가. 「개별소비세법」 제25조 및 「교통·에너지·환경세법」 제21조에 따른 납세보전을 위한 명령

나. 「부가가치세법」 제74조제2항에 따른 납세보전 또는 조사를 위한 명령

다. 「소득세법」 제162조의2제5항 또는 「법인세법」 제117조제5항에 따른 신용카드가맹점에 대한 명령

라. 「소득세법」 제162조의3제8항 또는 「법인세법」 제117조의2제8항에 따른 현금영수증가맹점에 대한 명령

마. 「주세법」 제40조에 따른 주세보전명령

바. 「주세법」 제44조에 따른 납세증명표지에 관한 명령

2. 「주세법」을 위반하여 검정을 받지 아니한 기계 또는 용기를 사용한 자

3. 「주세법」에 따른 납세증명표지가 붙어 있지 아니한 주류, 정부의 면허 없이 제조한 주류 또는 면세한 주류를 판매의 목적으로 소지하거나 판매한 자

4. 인지를 붙일 때 「인지세법」 제10조에 따라 소인하지 아니한 자

5. 「소득세법」·「법인세법」 등 세법의 질문·조사권 규정에 따른 세무공무원의 질문에 대하여 거짓으로 진술을 하거나 그 직무집행을 거부 또는 기피한 자

제18조(양벌 규정) 법인(「국세기본법」 제13조에 따른 법인으로 보는 단체를 포함한다. 이하 같다)의 대표자, 법인 또는 개인의 대리인, 사용인, 그 밖의 종업원이 그 법인 또는 개인의 업무에 관하여 이 법에서 규정하는 범칙행위를 하면 그 행위자를 벌할 뿐만 아니라 그 법인 또는 개인에게도 해당 조문의 벌금형을 과(科)한다. 다만, 법인 또는 개인이 그 위반행위를 방지하기 위하여 해당 업무에 관하여 상당한 주의와 감독을 게을리하지 아니한 경우에는 그러하지 아니하다.

제19조(몰취) 지방국세청장 또는 세무서장은 다음 각 호의 어느 하나에 해당하는 것으로서 제조자나 판매자가 소지하는 물품을 몰취할 수 있다.

1. 「주세법」에 따른 면허를 받지 아니하고 제조한 물품

2. 제1호에 따른 물품제조에 사용된 기계, 기구 또는 용기

3. 「주세법」에 따른 납세필증인의 압날(押捺) 또는 납세 사실을 증명하는 일정한 표시를 하지 아니한 물품

제20조(「형법」 적용의 일부 배제) 제3조부터 제6조까지, 제10조, 제12조부터 제14조까지의 범칙행위를 한 자에 대해서는 「형법」 제38조제1항제2호 중 벌금경합에 관한 제한가중규정을 적용하지 아니한다.

제21조(고발) 이 법에 따른 범칙행위에 대해서는 국세청장, 지방국세청장 또는 세무서장의 고발이 없으면 검사는 공소를 제기할 수 없다.

제22조(공소시효 기간) 제3조부터 제14조까지에 규정된 범칙행위의 공소시효는 7년이 지나면 완성된다. 다만, 제18조에 따른 행위자가 「특정범죄가중처벌 등에 관한 법률」 제8조의 적용을 받는 경우에는 제18조에 따른 법인에 대한 공소시효는 10년이 지나면 완성된다. <개정 2015. 12. 29.>

부칙 <제13627호, 2015. 12. 29.>

제1조(시행일) 이 법은 공포한 날부터 시행한다.

제2조(공소시효에 관한 경과조치) 이 법 시행 전에 범한 죄의 공소시효에 관하여는 제22조의 개정규정에도 불구하고 종전의 규정에 따른다.

CHAPTER
06

조세범처벌법(법률 제17761호)

[시행 2021. 1. 1.] [법률 제17761호, 2020. 12. 29., 타법개정]

제1조(목적) 이 법은 세법을 위반한 자에 대한 형벌에 관한 사항을 규정하여 세법의 실효성을 높이고 국민의 건전한 납세의식을 확립함을 목적으로 한다. <개정 2018. 12. 31.>

제2조(정의) 이 법에서 "조세"란 관세를 제외한 국세를 말한다.

제3조(조세 포탈 등) ① 사기나 그 밖의 부정한 행위로써 조세를 포탈하거나 조세의 환급·공제를 받은 자는 2년 이하의 징역 또는 포탈세액, 환급·공제 받은 세액(이하 "포탈세액등"이라 한다)의 2배 이하에 상당하는 벌금에 처한다. 다만, 다음 각 호의 어느 하나에 해당하는 경우에는 3년 이하의 징역 또는 포탈세액등의 3배 이하에 상당하는 벌금에 처한다.

1. 포탈세액등이 3억원 이상이고, 그 포탈세액등이 신고·납부하여야 할 세액(납세의무자의 신고에 따라 정부가 부과·징수하는 조세의 경우에는 결정·고지하여야 할 세액을 말한다)의 100분의 30 이상인 경우

2. 포탈세액등이 5억원 이상인 경우

② 제1항의 죄를 범한 자에 대해서는 정상(情狀)에 따라 징역형과 벌금형을 병과할 수 있다.

③ 제1항의 죄를 범한 자가 포탈세액등에 대하여 「국세기본법」 제45조에 따라 법정신고기한이 지난 후 2년 이내에 수정신고를 하거나 같은 법 제45조

의3에 따라 법정신고기한이 지난 후 6개월 이내에 기한 후 신고를 하였을 때에는 형을 감경할 수 있다.

④ 제1항의 죄를 상습적으로 범한 자는 형의 2분의 1을 가중한다.

⑤ 제1항에서 규정하는 범칙행위의 기수(旣遂) 시기는 다음의 각 호의 구분에 따른다.

1. 납세의무자의 신고에 의하여 정부가 부과·징수하는 조세: 해당 세목의 과세표준을 정부가 결정하거나 조사결정한 후 그 납부기한이 지난 때. 다만, 납세의무자가 소세를 포탈할 복적으로 세법에 따른 과세표준을 신고하지 아니함으로써 해당 세목의 과세표준을 정부가 결정하거나 조사결정할 수 없는 경우에는 해당 세목의 과세표준의 신고기한이 지난 때로 한다.

2. 제1호에 해당하지 아니하는 조세: 그 신고·납부기한이 지난 때

⑥ 제1항에서 "사기나 그 밖의 부정한 행위"란 다음 각 호의 어느 하나에 해당하는 행위로서 조세의 부과와 징수를 불가능하게 하거나 현저히 곤란하게 하는 적극적 행위를 말한다. <개정 2015. 12. 29.>

1. 이중장부의 작성 등 장부의 거짓 기장

2. 거짓 증빙 또는 거짓 문서의 작성 및 수취

3. 장부와 기록의 파기

4. 재산의 은닉, 소득·수익·행위·거래의 조작 또는 은폐

5. 고의적으로 장부를 작성하지 아니하거나 비치하지 아니하는 행위 또는 계산서, 세금계산서 또는 계산서합계표, 세금계산서합계표의 조작

6. 「조세특례제한법」 제5조의2제1호에 따른 전사적 기업자원 관리설비의 조작 또는 전자세금계산서의 조작

7. 그 밖에 위계(僞計)에 의한 행위 또는 부정한 행위

제4조(면세유의 부정 유통) ① 「조세특례제한법」 제106조의2제1항제1호에 따른 석유류를 같은 호에서 정한 용도 외의 다른 용도로 사용·판매하여 조세를 포탈하거나 조세의 환급·공제를 받은 석유판매업자(같은 조 제2항에 따른 석유판매업자를 말한다)는 3년 이하의 징역 또는 포탈세액등의 5배 이하의 벌금에 처한다.

② 「개별소비세법」 제18조제1항제11호 및 「교통·에너지·환경세법」 제15조 제1항제3호에 따른 외국항행선박 또는 원양어업선박에 사용할 목적으로 개별 소비세 및 교통·에너지·환경세를 면제받는 석유류를 외국항행선박 또는 원 양어업선박 외의 용도로 반출하여 조세를 포탈하거나, 외국항행선박 또는 원 양어업선박 외의 용도로 사용된 석유류에 대하여 외국항행선박 또는 원양어 업선박에 사용한 것으로 환급·공제받은 자는 3년 이하의 징역 또는 포탈세 액등의 5배 이하의 벌금에 처한다. <개정 2018. 12. 31.>

제4조의2(면세유류 구입카드등의 부정 발급) 「조세특례제한법」 제106조의2제 11항제1호의 행위를 한 자는 3년 이하의 징역 또는 3천만원 이하의 벌금에 처한다.

[본조신설 2014. 1. 1.]

제5조(가짜석유제품의 제조 또는 판매) 「석유 및 석유대체연료 사업법」 제2조 제10호에 따른 가짜석유제품을 제조 또는 판매하여 조세를 포탈한 자는 5년 이하의 징역 또는 포탈한 세액의 5배 이하의 벌금에 처한다. <개정 2013. 1. 1.>

[제목개정 2013. 1. 1.]

제6조(무면허 주류의 제조 및 판매) 「주류 면허 등에 관한 법률」에 따른 면허 를 받지 아니하고 주류, 밑술·술덧을 제조(개인의 자가소비를 위한 제조는 제외한다)하거나 판매한 자는 3년 이하의 징역 또는 3천만원(해당 주세 상당 액의 3배의 금액이 3천만원을 초과할 때에는 그 주세 상당액의 3배의 금액) 이하의 벌금에 처한다. 이 경우 밑술과 술덧은 탁주로 본다. <개정 2020. 12. 29.>

제7조(체납처분 면탈) ① 납세의무자 또는 납세의무자의 재산을 점유하는 자가 체납처분의 집행을 면탈하거나 면탈하게 할 목적으로 그 재산을 은닉·탈루 하거나 거짓 계약을 하였을 때에는 3년 이하의 징역 또는 3천만원 이하의 벌금에 처한다.

② 「형사소송법」 제130조제1항에 따른 압수물건의 보관자 또는 「국세징수법」 제49조제1항에 따른 압류물건의 보관자가 그 보관한 물건을 은닉·탈루하거

나 손괴 또는 소비하였을 때에도 제1항과 같다. <개정 2015. 12. 29., 2020. 12. 29.>

③ 제1항과 제2항의 사정을 알고도 제1항과 제2항의 행위를 방조하거나 거짓 계약을 승낙한 자는 2년 이하의 징역 또는 2천만원 이하의 벌금에 처한다.

제8조(장부의 소각·파기 등) 조세를 포탈하기 위한 증거인멸의 목적으로 세법 에서 비치하도록 하는 장부 또는 증빙서류(「국세기본법」 제85조의3제3항에 따른 전산조직을 이용하여 작성한 장부 또는 증빙서류를 포함한다)를 해당 국세의 법정신고기한이 지난 날부터 5년 이내에 소각·파기 또는 은닉한 자 는 2년 이하의 징역 또는 2천만원 이하의 벌금에 처한다.

제9조(성실신고 방해 행위) ① 납세의무자를 대리하여 세무신고를 하는 자가 조세의 부과 또는 징수를 면하게 하기 위하여 타인의 조세에 관하여 거짓으 로 신고를 하였을 때에는 2년 이하의 징역 또는 2천만원 이하의 벌금에 처 한다.

② 납세의무자로 하여금 과세표준의 신고(신고의 수정을 포함한다. 이하 "신 고"라 한다)를 하지 아니하게 하거나 거짓으로 신고하게 한 자 또는 조세의 징수나 납부를 하지 않을 것을 선동하거나 교사한 자는 1년 이하의 징역 또 는 1천만원 이하의 벌금에 처한다.

제10조(세금계산서의 발급의무 위반 등) ① 다음 각 호의 어느 하나에 해당하 는 행위를 한 자는 1년 이하의 징역 또는 공급가액에 부가가치세의 세율을 적용하여 계산한 세액의 2배 이하에 상당하는 벌금에 처한다. <개정 2018. 12. 31.>

1. 「부가가치세법」에 따라 세금계산서(전자세금계산서를 포함한다. 이하 이 조에서 같다)를 발급하여야 할 자가 세금계산서를 발급하지 아니하거나 거짓 으로 기재하여 발급한 행위

2. 「소득세법」 또는 「법인세법」에 따라 계산서(전자계산서를 포함한다. 이하 이 조에서 같다)를 발급하여야 할 자가 계산서를 발급하지 아니하거나 거짓 으로 기재하여 발급한 행위

3. 「부가가치세법」에 따라 매출처별 세금계산서합계표를 제출하여야 할 자가

매출처별 세금계산서합계표를 거짓으로 기재하여 제출한 행위

4. 「소득세법」 또는 「법인세법」에 따라 매출처별 계산서합계표를 제출하여야 할 자가 매출처별 계산서합계표를 거짓으로 기재하여 제출한 행위

② 다음 각 호의 어느 하나에 해당하는 행위를 한 자는 1년 이하의 징역 또는 공급가액에 부가가치세의 세율을 적용하여 계산한 세액의 2배 이하에 상당하는 벌금에 처한다. <개정 2018. 12. 31.>

1. 「부가가치세법」에 따라 세금계산서를 발급받아야 할 자가 통정하여 세금계산서를 발급받지 아니하거나 거짓으로 기재한 세금계산서를 발급받은 행위

2. 「소득세법」 또는 「법인세법」에 따라 계산서를 발급받아야 할 자가 통정하여 계산서를 발급받지 아니하거나 거짓으로 기재한 계산서를 발급받은 행위

3. 「부가가치세법」에 따라 매입처별 세금계산서합계표를 제출하여야 할 자가 통정하여 매입처별 세금계산서합계표를 거짓으로 기재하여 제출한 행위

4. 「소득세법」 또는 「법인세법」에 따라 매입처별 계산서합계표를 제출하여야 할 자가 통정하여 매입처별 계산서합계표를 거짓으로 기재하여 제출한 행위

③ 재화 또는 용역을 공급하지 아니하거나 공급받지 아니하고 다음 각 호의 어느 하나에 해당하는 행위를 한 자는 3년 이하의 징역 또는 공급가액에 부가가치세의 세율을 적용하여 계산한 세액의 3배 이하에 상당하는 벌금에 처한다. <개정 2012. 1. 26., 2018. 12. 31.>

1. 「부가가치세법」에 따른 세금계산서를 발급하거나 발급받은 행위

2. 「소득세법」 및 「법인세법」에 따른 계산서를 발급하거나 발급받은 행위

3. 「부가가치세법」에 따른 매출·매입처별 세금계산서합계표를 거짓으로 기재하여 제출한 행위

4. 「소득세법」 및 「법인세법」에 따른 매출·매입처별계산서합계표를 거짓으로 기재하여 제출한 행위

④ 제3항의 행위를 알선하거나 중개한 자도 제3항과 같은 형에 처한다. 이 경우 세무를 대리하는 세무사·공인회계사 및 변호사가 제3항의 행위를 알선하거나 중개한 때에는 「세무사법」 제22조제2항에도 불구하고 해당 형의 2분의 1을 가중한다.

⑤ 제3항의 죄를 범한 자에 대해서는 정상(情狀)에 따라 징역형과 벌금형을 병과할 수 있다.

제11조(명의대여행위 등) ① 조세의 회피 또는 강제집행의 면탈을 목적으로 타인의 성명을 사용하여 사업자등록을 하거나 타인 명의의 사업자등록을 이용하여 사업을 영위한 자는 2년 이하의 징역 또는 2천만원 이하의 벌금에 처한다. <개정 2015. 12. 29.>

② 조세의 회피 또는 강제집행의 면탈을 목적으로 자신의 성명을 사용하여 타인에게 사업자등록을 할 것을 허락하거나 자신 명의의 사업자등록을 타인이 이용하여 사업을 영위하도록 허락한 자는 1년 이하의 징역 또는 1천만원 이하의 벌금에 처한다. <개정 2015. 12. 29.>

제12조(납세증명표지의 불법사용 등) 다음 각 호의 어느 하나에 해당하는 자는 2년 이하의 징역 또는 2천만원 이하의 벌금에 처한다. <개정 2018. 12. 31., 2020. 12. 29.>

1. 「주류 면허 등에 관한 법률」 제22조에 따른 납세증명표지(이하 이 조에서 "납세증명표지"라 한다)를 재사용하거나 정부의 승인을 받지 아니하고 이를 타인에게 양도한 자

2. 납세증명표지를 위조하거나 변조한 자

3. 위조하거나 변조한 납세증명표지를 소지 또는 사용하거나 타인에게 교부한 자

4. 「인지세법」 제8조제1항 본문에 따라 첨부한 종이문서용 전자수입인지를 재사용한 자

제13조(원천징수의무자의 처벌) ① 조세의 원천징수의무자가 정당한 사유 없이 그 세금을 징수하지 아니하였을 때에는 1천만원 이하의 벌금에 처한다.

② 조세의 원천징수의무자가 정당한 사유 없이 징수한 세금을 납부하지 아니하였을 때에는 2년 이하의 징역 또는 2천만원 이하의 벌금에 처한다.

제14조(거짓으로 기재한 근로소득 원천징수영수증의 발급 등) ① 타인이 근로장려금(「조세특례제한법」 제2장제10절의2에 따른 근로장려금을 말한다)을 거짓으로 신청할 수 있도록 근로를 제공받지 아니하고 다음 각 호의 어느 하나

에 해당하는 행위를 한 자는 2년 이하의 징역 또는 그 원천징수영수증 및 지급명세서에 기재된 총급여·총지급액의 100분의 20 이하에 상당하는 벌금에 처한다. <개정 2018. 12. 31.>

1. 근로소득 원천징수영수증을 거짓으로 기재하여 타인에게 발급한 행위

2. 근로소득 지급명세서를 거짓으로 기재하여 세무서에 제출한 행위

② 제1항의 행위를 알선하거나 중개한 자도 제1항과 같은 형에 처한다.

제15조(해외금융계좌정보의 비밀유지 의무 등의 위반) ① 「국제조세조정에 관한 법률」 제38조제2항부터 제4항까지 및 제57조를 위반한 사람은 5년 이하의 징역 또는 3천만원 이하의 벌금에 처한다. <개정 2020. 12. 22.>

② 제1항의 죄를 범한 자에 대해서는 정상(情狀)에 따라 징역형과 벌금형을 병과할 수 있다.

[전문개정 2018. 12. 31.]

제16조(해외금융계좌 신고의무 불이행) ① 「국제조세조정에 관한 법률」 제53조제1항에 따른 계좌신고의무자로서 신고기한 내에 신고하지 아니한 금액이나 과소 신고한 금액(이하 이 항에서 "신고의무 위반금액"이라 한다)이 50억원을 초과하는 경우에는 2년 이하의 징역 또는 신고의무 위반금액의 100분의 13 이상 100분의 20 이하에 상당하는 벌금에 처한다. 다만, 정당한 사유가 있는 경우에는 그러하지 아니하다. <개정 2020. 12. 22.>

② 제1항의 죄를 범한 자에 대해서는 정상에 따라 징역형과 벌금형을 병과할 수 있다.

[전문개정 2018. 12. 31.]

제17조 삭제 <2018. 12. 31.>

제18조(양벌 규정) 법인(「국세기본법」 제13조에 따른 법인으로 보는 단체를 포함한다. 이하 같다)의 대표자, 법인 또는 개인의 대리인, 사용인, 그 밖의 종업원이 그 법인 또는 개인의 업무에 관하여 이 법에서 규정하는 범칙행위(「국제조세조정에 관한 법률」 제57조를 위반한 행위는 제외한다)를 하면 그 행위자를 벌할 뿐만 아니라 그 법인 또는 개인에게도 해당 조문의 벌금형을 과(科)한다. 다만, 법인 또는 개인이 그 위반행위를 방지하기 위하여 해당 업무에

관하여 상당한 주의와 감독을 게을리하지 아니한 경우에는 그러하지 아니하다. <개정 2018. 12. 31., 2020. 12. 22.>

제19조 삭제 <2018. 12. 31.>

제20조(「형법」 적용의 일부 배제) 제3조부터 제6조까지, 제10조, 제12조부터 제14조까지의 범칙행위를 한 자에 대해서는 「형법」 제38조제1항제2호 중 벌금경합에 관한 제한가중규정을 적용하지 아니한다.

제21조(고발) 이 법에 따른 범칙행위에 대해서는 국세청장, 지방국세청장 또는 세무서장의 고발이 없으면 검사는 공소를 제기할 수 없다.

제22조(공소시효 기간) 제3조부터 제14조까지에 규정된 범칙행위의 공소시효는 7년이 지나면 완성된다. 다만, 제18조에 따른 행위자가 「특정범죄가중처벌 등에 관한 법률」 제8조의 적용을 받는 경우에는 제18조에 따른 법인에 대한 공소시효는 10년이 지나면 완성된다. <개정 2015. 12. 29.>

부칙 <제17761호, 2020. 12. 29.> (주류 면허 등에 관한 법률)

제1조(시행일) 이 법은 2021년 1월 1일부터 시행한다.

제2조 부터 제9조까지 생략

제10조(다른 법률의 개정) ①부터 ⑨까지 생략

⑩ 조세범처벌법 일부를 다음과 같이 개정한다.

제6조 전단 중 "「주세법」"을 "「주류 면허 등에 관한 법률」"로 한다.

제12조제1호 중 "「주세법」 제44조"를 "「주류 면허 등에 관한 법률」 제22조"로 한다.

⑪ 생략

제11조 생략

참고문헌

단행본

강석규, 조세법 쟁론, 삼일인포마인, 2022.

김문현 외 3명, 기본권 영역별 위헌심사의 기준과 방법, 헌법재판소, 2008.

김성돈, 기업처벌과 미래의 형법, 성균관대학교 출판부, 2017.

김성돈, 형법각론, 성균관대학교 출판부, 2022.

김성돈, 형법총론, 성균관대학교 출판부, 2020.

김성돈, 형법총론, 성균관대학교 출판부, 2022.

김일수 · 서보학, 새로쓴 형법총론, 박영사, 2018.

김종근, 조세형사법 해설, 삼일인포마인, 2022.

김태희, 조세범 처벌법, 박영사, 2020.

김혜정 외 4명, 형법총론, 정독, 2020.

박상기 · 전지연, 형법학, 집현재, 2021.

박영도, 입법학용어해설집, 한국법제연구원, 2002.

배종대, 형법각론, 홍문사, 2022.

성낙인, 헌법학, 법문사, 2022.

성낙현, 형법총론, 박영사, 2020.

소순무 · 윤지현, 조세소송, 조세영화통람, 2018.

송관호, 관세범죄 해설, 법문사, 2016.

신동운, 신형사소송법, 법문사, 2012.

신동운, 형법각론, 법문사, 2018.

신동운, 형법총론, 법문사, 2022.

안대희, 조세형사법, ㈜ 평안, 2015.

오영근, 형법각론, 박영사, 2022.

오영근·안경옥, 형사특별법의 제정실태와 개선방안, 한국형사정책연구원, 1996.

이동식, 일반조세법, 준커뮤니케이션, 2018.

이상원, 박상옥 등(편), 주석 형법(총칙 2), 한국사법행정학회, 2020.

이상주, 김대휘 등(편), 주석 형법(각칙 1) 한국사법행정학회, 2017.

이재상·장영민·강동범, 형법각론, 박영사, 2021.

이재상·장영민·강동범, 형법총론, 박영사, 2022.

이준봉, 조세법총론, 삼일인포마인, 2021.

이창현, 형사소송법, 정독, 2021.

이태로·한만수, 조세법강의, 박영사, 2020.

이헌섭, 김대휘 등(편), 주석 형법(각칙 5), 한국사법행정학회, 2017.

이형국·김혜경, 형법각론, 법문사, 2019.

임웅, 형법각론, 법문사, 2020.

임웅, 형법총론, 법문사, 2022.

정성근·박광민, 형법각론, 성균관대학교 출판부, 2019.

정성근·박광민, 형법총론, 성균관대학교 출판부, 2020.

정승영·이재영, 지방세범 공소시효 기산점에 대한 합리적 개선방안, 한국지방
    세연구원, 2018.

정영일, 형법각론, 학림출판사, 2019.

정종섭, 헌법학원론, 박영사, 2022.

최창호, 김희옥(편), 주석 형사소송법(Ⅱ), 한국사법행정학회, 2017.

한수웅, 헌법학, 법문사, 2021.

2010 개정세법 해설, 국세청, 2010.

金子 宏, 租稅法, 弘文堂, 2019.

佐藤英明, 脱稅と制裁, 弘文堂, 2018.

논문

강동범, "공범과 신분(2) – 목적과 신분", 형법 판례 150선, 박영사, 2019.

강석규, 금지금 수출업자의 매입세액 공제·환급 주장과 신의칙, 사법발전재단 사법 제17호, 2011.

권기환, 조세범처벌법과 형법의 관계, 대검찰청 검찰 제115호, 2004.

김갑순·박훈, 금지금 거래 관련 부가가치세 과세문제에 관한 소고, 한국세법학회 조세법연구 제13권 제3호, 2007.

김대휘, 양벌규정의 해석, 한국형사판례연구회, 형사판례연구 10, 2002.

김동률, 부진정부작위범의 정범기준으로서 의무범이론 — Roxin의 이론을 중심으로, 한국비교형사법학회 비교형사법연구 제19권 제1호, 2017.

김성규, 법익을 통한 기수와 미수의 구별에 대한 비판적 검토 — 주거침입죄의 기수와 미수의 구별에 관한 법익론적 사고방식을 중심으로 —, 한국비교형사법학회 비교형사법연구 제18호, 2008.

김성규, 추상적 위험범의 가벌성에 관한 해석론, 한양대학교 법학연구소 법학논총 제32집 제2호, 2015.

김성돈, 법인의 형사책임과 양벌규정의 해석과 적용, 한국법학원 저스티스 제168호, 2018.

김성돈, 양벌규정과 책임주의원칙의 재조명, 한국형사법학회 형사법연구 제27권 제3호, 2015.

김성돈, 이른바 '의무범'에 있어서 정범과 공범 — 록신의 이론을 중심으로 —, 공범론과 형사법의 제문제 하권, 삼영사, 1997.

김성돈, 주거침입죄의 주거개념과 기수시기, 한국형사법학회 형사법연구 제42호, 2010.

김성돈, 침해범/위험범, 결과범/거동범, 그리고 기수/미수의 구별기준, 한국형사판례연구회 형사판례연구 17, 2009.

김성룡, 의무범과 정범표지, 부작위범의 공동정범 표지로서 기능적 행위지배?, 대검찰청 형사법의 신동향 제52호, 2016.

김슬기, 한국 형법의 법정형에 관한 연구, 연세대학교 대학원 박사학위논문, 2010.

김완기, 행정형벌의 책임주의적 해석론에 관한 연구, 서울대학교 대학원 석사학위논문, 2016.

김완석·이중교, 면세금지금 변칙거래의 매입세액공제에 관한 연구 — 유럽지역

회전목마형 사기거래(carousel fraud)와의 비교법적 고찰을 중심으로 –,
한국조세연구포럼 조세연구 제10–1집, 2010.

김용섭, 양벌규정의 입법유형에 관한 법적 검토, 대한변호사협회 인권과 정의
제375호, 2007.

김용준, 조세범처벌법상 조세포탈죄의 형사범적 성격과 개선방안에 관한 연구,
고려대학교 대학원 석사학위논문, 2005.

김웅재, 기망행위에 의한 재산취득이 국가적·사회적 법익에 대한 침해를 수반
하는 경우 사기죄의 성립 여부 – 대법원 판례의 분석을 중심으로 –, 연
세대학교 법학연구원 법학연구 제31권 제1호, 2021.

김재현, 위험범의 본질적 구조, 한양대학교 법학연구소 법학논총 제34집 제1호,
2017.

김재현, 형법 도그마틱에 의한 위험범의 제한적 해석, 서울대학교 법학연구소
서울대학교 법학 제165호, 2012.

김종민, 조세포탈범의 형사처벌과 관련한 제문제, 법원도서관 사법논집 제45집,
2007.

김진욱, 헌법상 평등의 이념과 심사기준 – 헌법재판소의 평등심사기준 다시
쓰기, 한국법학원 저스티스 통권 제134호, 2013.

김진욱, 헌법상 평등의 이념과 심사기준(하) – 헌법재판소의 평등심사기준 다
시 쓰기, 한국법학원 저스티스, 제135호, 2013.

김진원, 조세포탈죄의 구성요건에 관한 연구, 고려대학교 법무대학원 석사학위
논문, 2011.

김천수, 조세포탈 목적의 구체적 적용에 관한 소고 – 사기 기타 부정한 행위
의 적극적 은닉의도를 중심으로(4) –, 서울시립대학교 법학연구소 조세와
법, 제12권 제2호, 2019.

김천수, '조세포탈의 목적'에 관한 대법원 판례의 의의(意義) – 사기 기타 부
정한 행위의 적극적 은닉의도를 중심으로(1) –, 인하대학교 법학연구소
법학연구 제22집 제3호, 2019.

김천수, 조세포탈의 목적의 체계적 지위에 관한 고찰 – 사기 기타 부정한 행
위의 적극적 은닉의도를 중심으로(2) –, 국민대학교 법학연구소 법학논총
제32권 제2호, 2019.

김태명, 업무방해죄의 법적 성질과 결과발생의 요부, 한국형사판례연구회, 형사
　　판례연구 18, 2010.

김혜경, 진정부작위범의 법리적 구성, 한국형사정책연구원 형사판례연구 23,
　　2015.

김희철, 조세범처벌법 제9조 제1항의 '조세포탈'의 의미, 한국형사판례연구회 형
　　사판례연구 16, 2008.

류석준, 조세범처벌법 제9조 제1항의 처벌대상 행위와 가벌성의 범위, 한국비교
　　형사법학회 비교형사법연구 제10권 제2호, 2008.

류전철, 조세범죄의 형사범화의 관점에서 조세포탈범의 고찰, 한국형사정책학회
　　형사정책 제15권 제1호, 2003.

명형식, 조세범의 일반형사범화에 관하여, 형사형사정책연구원 형사정책연구소
　　식 10, 1992.

문상배, 출원에 의한 인허가 및 그 유사 행정행위에 있어서의 위계에 의한 공
　　무집행방해죄의 적용범위 - 대법원 2016. 1. 28. 선고 2015도17297 판결
　　을 중심으로 -, 부산판례연구회 판례연구 제28집, 2017.

박달현, 위증죄의 해석론의 비교법적 접근 - 보호법익의 시각에서 본 '진술의
　　허위성 및 기수시기에 대한 체계적 이해'를 중심으로 -, 한국비교형사법학
　　회 비교형사법연구 제16호, 2007.

박대위, 관세포탈죄의 작위 및 부작위적 해석 - 대법원 판례를 중심으로 -,
　　서강대학교 경영대학원 서강경영연구소 서강경영논집 제3권, 1992.

박동률, 판례를 통해 본 위계공무집행방해죄 - 법적 성격과 위계의 범위를 중
　　심으로 -, 경북대학교 법학연구소 법학논고 제29집, 2008.

박상수, 원천징수제도의 문제점에 관한 연구 - 소득처분에 의한 원천징수의무
　　를 중심으로, 서울시립대학교 법학연구소 조세와 법 제5권 제1호, 2012.

박성욱, 조세형사범에 있어서 포탈세액과 공급가액 합계액 산정에 관한 연구,
　　고려대학교 대학원 박사학위논문, 2018.

박정우·마정화, "조세범처벌제도의 실효성 확보방안", 한국세무학회 세무학연
　　구 제23권 제4호, 2006.

박형준, 2000년대 초기 대법원판례의 동향 - 주요 재산범죄 관련 대법원판례
　　를 중심으로 -, 한국형사판례연구회 형사판례연구 20, 2012.

박흥식, 형사절차에서의 허위진술 허용여부에 대한 연구 ― 위계에 의한 공무
　　집행방해죄의 해석론을 중심으로 ―, 연세대학교 대학원 박사학위논문,
　　2016.

백광렬, 한국근대전환기 '신분'(身分)·'신분제'(身分制) 용어의 성립과 변천, 한
　　림대학교 한림과학원 개념과 소통 제22호, 2018.

서경환, 기망행위에 의한 조세포탈과 사기죄의 성립 여부, 법원도서관 대법원판
　　례해설 제78호, 2009.

서윤호, 입법이론에서의 체계정당성, 건국대학교 인문학연구원 통일인문학, 제
　　65집, 2016.

손준성, 조세포탈범의 형사범화에 관한 연구, 서울대학교 대학원 석사학위논문,
　　2003.

송쌍종, 조세범죄의 실태 및 대처방안, 한국형사정책연구원 형사정책연구 제6권
　　제2호, 1995.

송은희, 평등권 심사기준에 관한 소고, ― 헌법재판소의 제대군인가산점 결정
　　전후의 심사기준 변화를 중심으로 ―, 이화여자대학교 법학전문대학원
　　Ewha Law Review 제8권, 2018.

심규찬, 조세포탈죄의 형사법적 특수성에 관한 연구, 서울시립대학교 세무전문
　　대학원 석사학위논문, 2014.

안경봉, "납세환경의 변화와 조세범처벌법상 사기 그 밖의 부정한 행위의 판단
　　기준", 한국세법학회 조세법연구 제21권 제1호, 2015.

안정빈, 법인형사처벌에 있어서의 양벌규정에 관한 연구 ― 법인형사처벌에 있
　　어서 동일시이론 비판을 중심으로 ―, 서울대학교 대학원 석사학위논문,
　　2017.

양승국, 형법상 위증죄에 관한 연구: 허위진술의 개념을 중심으로, 아주대학교
　　대학원 박사학위논문, 2016.

윤장근, 양벌규정의 입법례에 관한 연구, 법제처 법제 제6호, 1994.

윤현석, 조세범처벌법의 개정동향과 과제, 한양법학회 한양법학 제41집, 2013.

이성일, 법인의 대표자의 위반행위 관련 양벌규정의 해석론 ― 중대재해처벌법
　　과 병역법의 면책규정을 중심으로 ―, 성균관대학교 법학연구원 성균관법
　　학 제34권 제3호, 2022.

이성일, 소송사기, 조세포탈죄, 위계공무집행방해죄의 행위수단의 통일적 이해, 법조협회, 법조 통권 제751호, 2022.

이성일, 업무방해죄와 위계공무집행방해죄의 법적 성격과 '방해'의 의미에 관한 통일적 이해, 사법발전재단 사법 제60호, 2022.

이성일, 위증죄의 법적 성격과 죄수 판단기준, 법조협회 법조 제748호, 2021.

이성일, 조세범처벌법의 원천징수의무위반죄 법정형의 적정성 여부, 법조협회 법조 통권 제754호, 2022.

이성일, 조세포탈죄와 체납처분면탈죄의 법정형의 적정성 여부, 대검찰청 형사법의 신동향 제75호, 2022.

이수진, 의무범의 타당성과 그 성립요건에 대한 소고, 부산대학교 법학연구소 법학연구 제54권 제4호, 2013.

이순욱, "법인의 양벌규정에 관한 연구", 서울대학교 대학원 박사학위논문, 2016.

이승식, 조세범처벌법 제3조의 '사기나 그 밖의 부정한 행위'에 관한 고찰, 경희대학교 법학연구소 경희법학 제48권 제4호, 2013.

이승식, 조세포탈죄의 구성요건에 관한 연구, 경희대학교 대학원 박사학위논문, 2013.

이용식, 의무범 이론에 관한 소고, 서울대학교 법학연구소 서울대학교 법학 제43권 제1호, 2002.

이은정, 양벌규정의 유형별 문제점과 개선방안, 국회사무처 법제실 법제현안 2003 – 10, 통권 제152호, 2003.

이인규, 양벌규정에 관한 고찰, 부산대학교 법과대학 연구소 법학연구 제36권 제1호, 1995.

이인영, 공범과 신분에 관한 연구, 서울대학교 대학원 박사학위논문, 2001.

이인철, 신고납세방식 조세에 있어서의 신고행위의 하자, 한국세법학회 조세법연구 제2집, 1996.

이정원, 위계에 의한 공무집행방해죄의 적용범위, 한국비교형사법학회 비교형사법연구 제5권 제2호, 2003.

이종남, 조세범처벌법상 '사기 기타 부정한 행위'의 유형과 판례동향, 한국세무사회 세무사 제36권, 1985.

이주희, 양벌규정의 개선입법에 관한 고찰, 한양법학회 한양법학 제28집, 2009.

이준봉, 조세포탈죄의 고의에 관한 연구, 세경사 조세법연구 제25-3호, 2019.

이천현, 우리나라 조세형법의 발전과정과 문제점, 한양법학 제11집, 한양법학회, 2000.

이천현, 조세포탈죄의 기수시기와 죄수, 경희대학교 법학연구소 경희법학 제48권 제4호, 2013.

이철, 양벌규정에 관한 고찰, 법조협회 법조 제36권 제2호, 1987.

이태엽, 관세법상의 무신고수입죄를 둘러싼 쟁점연구 - 편의치적 선박 및 귀금속의 밀수입을 중심으로 -, 법조협회 법조 제57권 제6호, 2008.

임광주, 몇 가지 유형의 범죄에 대한 재정립, 한양대학교 출판부 법학논총 제25집 제4호, 2008.

장한철, 양벌규정에 관한 헌재의 위헌결정과 개정 양벌규정에 관한 고찰, 한양법학회 한양법학 제23권 제3집, 2012.

정미경, 조세범처벌에 관한 제반 문제점과 개선방안, 홍익대학교 세무대학원 석사학위논문, 2003.

정성윤, 부가가치세 포탈에 있어서의 '사기 기타 부정한 행위' 판시 대법원 전원합의체 판결 평석 - 부가세 신고는 하였으나 징수불능 의도시 조세포탈에 해당한다는 대법원 판결 -, 대검찰청 형사법의 신동향 제10호, 2007.

정승환, 현행 형법에서 법정형의 정비방안, 한국형사법학회 형사법연구, 제23권 제4호, 동향 제10호, 2007.

정태호, 헌법재판소 평등권 심사기준의 재정립 필요성, 한국헌법학회 헌법학연구 제19권 제3호, 2013.

조명화·박광민, 양벌규정과 형사책임 - 개정된 양벌규정의 문제점을 중심으로 -, 숭실대학교 법학연구소 법학논총 제23집, 2010.

조상제·이종민, 위계에 의한 공무집행방해죄의 성격 - 전국연합학력평가 모의고사 문제 유출사건을 중심으로 -, 아주대학교 법학연구소 아주법학 제3권 제2호, 2009.

조성훈, 금지금을 이용한 사기사건의 올바른 처리, 법률신문 제3998호, 2012. 1. 9.

조연홍, 조세포탈범에 관한 연구, 호남대학교 논문집 제5권, 1985.

조용주, 조세범처벌의 문제점과 적절한 양형을 위한 연구, 한국조세연구포럼 조세연구 제6권, 2006.

조일영·장성두, 조세포탈죄에서 '적극적 은닉의도'의 자리매김, 조세법의 쟁점 Ⅳ, 경인문화사, 2020.

조해현, 원천징수 법인세에 있어서의 조세포탈의 주체와 그에 대한 원천징수의 무자의 공범 가공의 가부, 법원도서관 대법원판례해설 제30호, 1998.

조현욱·류여해, 타인의 사업자등록을 이용하여 그 명의로 세금계산서를 발급한 재화공급자의 죄책, 한국비교형사법학회 비교형사법연구 제17권 제2호, 2015.

최동렬, 조세범 처벌법 제9조 제1항의 '조세 포탈'의 의미, 법원도서관 대법원판례해설 제70호, 2007.

최복규, 법령에서 명한 금지행위의 위반과 위계에 의한 공무집행방해죄의 성립 여부, 법원도서관 대법원판례해설 통권 제48호, 2004.

최성진, 위계에 의한 공무집행방해죄의 적용범위에 대한 비판적 고찰, 한국형사법학회 형사법연구 제23권 제2호, 2011.

최원, 조세범처벌법 제3조 제6항(사기나 그 밖의 부정한 행위)의 위헌성, 한국조세연구포럼 조세연구 제18권 제3집, 2018.

최형기, 판례를 중심으로 한 조세포탈범의 성립요건과 문제점, 형사법에 관한 제문제(하), 법원행정처, 1990.

하태훈, 협박죄의 범죄구성요건적 유형, 한국형사판례연구회 형사판례연구 16, 2008.

한가람, 공무집행방해죄에 관한 연구, 경북대학교 대학원 석사학위논문, 2017.

한영수, 특가법상 가중처벌규정의 문제점과 개선방안 ─ 재산범죄를 제외한 구성요건을 중심으로─, 한국형사법학회 형사법연구 제26호, 2006.

한정환, 작위와 부작위, 진정·부진정 부작위범의 구별, 한국비교형사법학회 비교형사법연구 제7권 제1호, 2005.

한정환, 지배범, 의무범, 자수범, 한국형사법학회 형사법연구 제25권 제2호, 2013.

허성호·권형기, 징수불능으로 인한 조세포탈죄 법리의 타당성과 그 대안으로서 체납처분면탈죄의 확장해석, 대검찰청 형사법의 신동향 제76호, 2022.

황남석, 조세포탈죄의 객관적 구성요건으로서의 부정행위, 사법발전재단 사법
     제42호, 2017.

     기타자료

대한민국국회 의안정보시스템 의안번호 020089 조세범처벌법안 제10회 국회정
     기회의 속기록
대한민국국회 의안정부시스템 의안번호 060634 특정범죄가중처벌등에관한법률
     안 제53회 국회 법제사법위원회 회의록 제2호
대한민국국회 의안정보시스템 의안번호 AA0256 조세범처벌법중개정법률안(재
     정경제위원장)

사항색인

(ㄷ)

(ㅁ)

(ㅂ)

(ㅅ)

판례색인

이 성 일

학 력

· 연세대학교 법학과 졸업
· 서울시립대학교 세무전문대학원 석사과정 졸업(세무학 석사)
· 성균관대학교 법학전문대학원 박사과정 졸업(형사법 박사)

주요 경력

· 사법연수원 수료(제31기)
· 전주지검(특수)
· 서울남부지검(특수, 금융, 공정거래, 공안)
· 부산지검 강력부
· 법조윤리협의회 파견
· 의정부지검 공안부 부부장검사
· 부산지검 서부지청 부부장검사(공안)
· 대구지검 포항지청 형사1부장
· 광주지검 순천지청 형사1부장
· 서울남부지검 중요경제범죄조사단 부장검사

논 문

· 조세소송의 소송물 문제, 법제 통권 제661호.
· 마약류 투약사건의 공소사실 특정 및 가명조서의 제보자 진술 특정 정도, 법학연구 제24권 제2호.
· 사실과 다른 세금계산서의 매입세액 공제 여부 - 부가가치세법 시행령 제75조 제2호와 제3호의 관계를 중심으로, 법제 통권 제666호.
· 양도소득 과세표준과 세액에 관한 예정신고에 따른 납세의무의 확정 여부, 조세와 법 제7권 제2호.
· 예정신고와 중간예납에 따른 납세의무의 확정 여부, 서울시립대학교 세무전문대학원 석사학위논문.

· 변호인선임서 등 경유제도의 본질과 운영 실태 및 대책, 인권과 정의 통권 제450호.

· 현행 변호사법의 징계개시신청권과 관련된 징계절차 규정의 문제점과 개선방안, 저스티스 통권 제148호.

· 퇴직공직자에 대한 변호사법의 규율방법의 문제점과 개선방안, 법조 통권 제705호.

· 공직퇴임변호사에 대한 점검방안의 문제점과 개선방안, 법조 통권 제708호.

· 수임사건과 자문사건의 구별에 관한 고찰, 성균관법학 제27권 제4호.

· 조세포탈죄의 법적 성격과 성립범위에 관한 연구, 성균관대학교 법학전문대학원 박사학위논문.

· 조세포탈죄의 사기죄 또는 위계공무집행방해죄로서의 법적 성격에 관한 고찰, 법조 통권 제747호.

· 위증죄의 법적 성격과 죄수 판단기준, 법조 통권 제748호.

· 조세포탈죄의 진정신분범 여부에 관한 고찰, 저스티스 통권 제187호.

· 소송사기, 조세포탈죄, 위계공무집행방해죄의 행위수단의 통일적 이해, 법조 통권 제751호.

· 업무방해죄, 위계공무집행방해죄이 법적 성격과 '방해'의 의미에 관한 통일적 이해, 사법 60호.

· 조세포탈죄와 체납처분면탈죄의 법정형의 적정성 여부, 형사법의 신동향 통권 제75호.

· 조세범처벌법의 원천징수의무위반죄 법정형의 적정성 여부, 법조 제754호

· 변종 보이스피싱 범죄 관련 컴퓨터등사용사기죄 내지 업무방해죄 적용에 관한 고찰, 형사법의 신동향 통권 제76호.

· 법인의 대표자의 위반행위 관련 양벌규정의 해석론 - 중대재해처벌법과 병역법의 면책규정을 중심으로 -, 성균관법학 제34권 제3호.

학술회의 발표

· 조세포탈죄의 행위주체 제한 여부, 한국국제조세협회·조세전문검사 커뮤니티 공동학술대회.

조세포탈죄의 형사법적 이해

초판발행　　　2023년 1월 14일

지은이　　　　이성일
펴낸이　　　　안종만 · 안상준

편 집　　　　장유나
기획/마케팅　　정연환
표지디자인　　이영경
제 작　　　　고철민 · 조영환

펴낸곳　　　　(주) **박영사**
　　　　　　　서울특별시 금천구 가산디지털2로 53, 210호(가산동, 한라시그마밸리)
　　　　　　　등록 1959. 3. 11. 제300-1959-1호(倫)

전 화　　　　02)733-6771
f a x　　　　02)736-4818
e-mail　　　　pys@pybook.co.kr
homepage　　www.pybook.co.kr
ISBN　　　　979-11-303-4366-2　93360

* 파본은 구입하신 곳에서 교환해 드립니다. 본서의 무단복제행위를 금합니다.
* 저자와 협의하여 인지첩부를 생략합니다.

정 가　　　　22,000원